立命館大学社会システム研究所叢書 1

近代中国と企業・文化・国家

金丸裕一 編

ゆまに書房

研究所叢書発刊にあたって

　　　　　　　　　　　　　立命館大学社会システム研究所長　岩田　勝雄

　政治・経済・社会の基礎的及び応用的研究の展開を目的とした社会システム研究所は、1998年に開設した。社会システム研究所は、開設以来、開放型の研究センターとしてプロジェクト研究を中心に推進してきた。研究所は立命館大学経済学部、経営学部及び理工学部、情報理工学部の教員、衣笠キャンパスの教員、さらには学外の研究者によって、学部、大学を超えた研究組織として存在している。これまでは、企業のコーポレート・ガバナンス、イノベーションと技術経営、ヨーロッパにおける日系企業の動向、中国の企業及び技術移転史、人口問題、アジアにおける経済発展過程分析など今日の世界及び日本の政治的・経済的あるいは企業経営問題など、社会的な要請度あるいは緊急性の高い課題に関する研究を多岐にわたって進めてきた。また研究所はプロジェクト研究だけでなく、学術公開講演会、学術公開シンポジウムを開催してきた。学術公開講演会は国内外の著名な研究者を招き、政治・経済の現代的な課題とは何かを直接問うものであった。学術シンポジウムは、2005年に東アジア経済共同体形成の可能性を探ることを目的として、2008年は「金融危機」以降の現代経済分析の視点とは何かを明らかにする目的で開催した。いずれのシンポジウムも国内外の研究者から注目を集めた。

　社会システム研究所は、プロジェクト研究、学術講演会・公開シンポジウム開催の他に、研究発表の場として、査読付き研究紀要『社会システム研究』を発行している。さらに各研究プロジェクトの研究経過は四季報『ROSSI』に掲載し、学内外へ研究動向を発信している。

　また研究所の研究成果を世に問うために研究所叢書の発刊を計画した。本書は、研究所叢書の第1号となる。本書のもとになったプロジェクト研究は、「中国企業文化研究会」（研究代表者　金丸裕一経済学部教授）であり、2005年度から3年にわたる研究の成果をあらわしている。

　本書を通じて社会システム研究所の活動が広く知れ渡ることを望むとと

もに、読者からの忌憚のない御意見を頂戴できれば幸甚である。
　本書は、学内外研究者の研究努力の反映であり、各執筆者に敬意を表わしたい。また出版事情が悪化するなかで発行を引き受けていただいた、ゆまに書房にも御礼を申し上げる。

　　2009年3月25日

緒　言

　　　　　　　　　　　　　　　　　　　　　　　　金丸　裕一

　本書は、2005年度～2007年度、立命館大学学内提案公募型プロジェクト研究として採択され、同・BKC社系研究機構社会システム研究所を拠点に活動した「中国企業文化研究会」における成果を集大成した論文集である。刊行にあたっては、立命館大学研究部より出版助成金を支援され、加之「社会システム研究所叢書」第1号として広く江湖に本書を問う機会が与えられ、まことに光栄である。

　3年間におよぶ研究活動期間において、数多くの先輩方、同業の方々が、このプロジェクトに参加して下さった。今回、論文集として編纂を行う際には、以下の点に心懸けながら作業を進めていった。

　第一に、特に30代の若手研究者や、客員研究員としてプロジェクトに積極的にご参加くださった現役の中学校・高等学校教諭の方々に、論文執筆を強く依頼したこと。いうまでもなく、近年の18歳人口激減により、大学の入口は益々広くなった。各大学とも必死になって「高大連繋」を進め、編者みずからもこうした仕事に幾らかは関わってきたが、「連繋」とはいっても、余りに「志願者」充足の側面に偏重してはいなかったか？　現在の高等教育・研究機関が置かれた状況を鑑みると、既に大学が研究を「独占」する条件は消失し、中等教育機関やあるいは在野において実直な研究を継続する同業者とのチーム・ワークは必至である。なお、原則として各章は全て書き下ろしであるが、第4章に収録された陳計堯論文は、既に『社会システム研究』第12号（2006年）に掲載された論考の改訂であることを明記しておく。

　第二に、本書は実証的研究を強く志向する歴史家による論文によって構成される。これは是非とも強調しておきたい。無論わたくしたちは、実証主義の限界や陥穽についていろいろと学んでおり、歴史が持つ物語性、実証主義ではカバーできない対象への想像力・共感力などを運用した叙述について、これを否定する立場にはない。ただ、現在さまざまな領域におい

て熱く議論される問題群、例えば南京事件・従軍慰安婦・靖国神社や、国外でもホロコースト問題など、戦争史やナショナリズムの激突といった破壊的局面をめぐる研究から派生してきたものが多いのではないか。経済史・経営史・政治史・文化史など、どちらかというと日常生活の中に歴史研究の主題を求めるわたくしたちは、柳田国男的な表現を拝借するならば「ハレの日」ではなくて「ケの日」の在り方を追究する立場にある。本書に収録される論文も、地味な論題が大半を占めるが、禁欲的に実証作業を行い、文献史学において解明できる範囲を各自が苦心して解明する営為は、読者諸賢からも理解していただけるだろう。徹底的実証が完了したと歴史家が判断した後にはじめて、感性の次元をも動員した歴史観の跳躍が許されるのではないかと、編者は考えている。

　いずれにせよ、略々時代順に排列された各論文に対して、国内外の同業者より、忌憚なき御批判と御助言が寄せられることを、強く願う次第である。

目　次

研究所叢書発刊にあたって ……………………………………………… 1

緒　言 ……………………………………………………………………… 3

第1章　清朝駐英公使薛福成の領事設置活動
　　　　──総理衙門との論議を中心に──
　　　　　　　　　　　　　　　　　　　　　　　　　　　青山治世
　　　はじめに ……………………………………………………………… 11
　　　1. イギリス政府の「同意」と総理衙門への提議 ………………… 13
　　　2. 総理衙門との電報問答 …………………………………………… 20
　　　3. 総理衙門の「妨害者」と領事設置活動の継続 ………………… 31
　　　おわりに ……………………………………………………………… 36

第2章　中国塩「専売」芻議
　　　　──司馬遷、加藤繁と左樹珍──
　　　　　　　　　　　　　　　　　　　　　　　　　　　山腰敏寛
　　　はじめに ……………………………………………………………… 51
　　　1. 20世紀初頭の日中における中国塩の認識状況 ………………… 52
　　　2. 対比しようとする日中の対象 …………………………………… 53
　　　3. 「専売」以前の伝統的な用語で語られる塩法論議 …………… 55
　　　4. 論客左樹珍の登場の意義 ………………………………………… 57
　　　5. 『清国行政法』における中国の塩専売 ………………………… 66
　　　6. 『清国行政法』と左樹珍の分析の比較 ………………………… 70
　　　7. 『管子』と武帝の政策に対する加藤繁と左樹珍の記述 ……… 76
　　　おわりに ……………………………………………………………… 81

第3章　官営製鉄所と赤谷鉱山：大冶鉱石獲得前史
　　　　　　　　　　　　　　　　　　　　　　　　　　　長島　修
　　　はじめに ……………………………………………………………… 89
　　　1. 製鉄所と鉄鉱資源 ………………………………………………… 91
　　　　（1）銑鋼一貫製鉄企業の原料調達
　　　　（2）創立期予算と鉄鉱石原料の確保
　　　2. 三菱の赤谷取得の経緯と売却 …………………………………… 94
　　　　（1）大塚専一調査
　　　　（2）三菱の取得
　　　　（3）休業願の提出

　　　　(4)　三菱による赤谷調査
　　　　(5)　三菱と製鉄所
　　　　(6)　生野鉱山と製鉄所
　　　　(7)　三菱から製鉄所へ
　　3. 製鉄所の赤谷開発計画 …………………………………………103
　　　　(1)　製鉄所の赤谷鉄鉱石の開発計画
　　　　(2)　北越鉄道ルート
　　　　(3)　岩越鉄道ルート
　　　　(4)　和田長官による変更
　　　　(5)　加茂か赤谷か
　　　　(6)　鉄索運搬計画
　　　　(7)　赤谷開発計画の変更：和田開発計画の変更
　　　　(8)　赤谷出張所の設立
　　　　(9)　釜石鉄鉱石の展望
　　　　(10) 大冶と赤谷
　　おわりに ………………………………………………………………117

第4章　民国期華商企業における西洋式会計制度移植
　　　　——中華煤球公司の事例研究（1926-1936年）——
　　　　　　　　　　　　　　　　　　　　　　　陳　　計　堯
　　　　　　　　　　　　　　　　　　　　　　　楊秋麗・楊素霞訳
　　はじめに ………………………………………………………………129
　　1. 公司の創立およびその背後の「会計伝統」…………………131
　　2. 中華煤球公司の初期運営における会計組織 …………………133
　　3. 新制度の確立 ……………………………………………………137
　　4. 新概念の導入 ……………………………………………………140
　　5. 「コスト会計」VS「財務会計」………………………………143
　　おわりに ………………………………………………………………146

第5章　中国における近代的出版業の展開
　　　　――「雑誌の時代」を演出した張静廬――

　　　　　　　　　　　　　　　　　　　　　　　　　　絹川浩敏

　はじめに ………………………………………………………157
　1．泰東図書局から光華書店へ ………………………………158
　2．光華から現代へ ……………………………………………162
　3．上海雑誌公司 ………………………………………………163
　4．光華書局・現代書局の廃業と中国近代出版業の弱点 ……165
　おわりに――30年代の出版業産業化の内実―― ………………166

第6章　近代上海日系中小企業の存立基盤

　　　　　　　　　　　　　　　　　　　　　　　　　　許　金生

　はじめに ………………………………………………………171
　1．日系中小企業の優位性は何だったか？ …………………172
　2．時流への順応と先取 ………………………………………177
　3．産業チェーンの形成 ………………………………………180
　おわりに ………………………………………………………183

第7章　19世紀末－1930年代初期の上海における製革業

　　　　　　　　　　　　　　　　　　　　　　　　　　吉田建一郎

　はじめに ………………………………………………………187
　1．19世紀末以降の中国における革・革製品の輸入増加 ……188
　2．製革工場の設立、発展と皮坊での製革 …………………191
　　　（1）19世紀末―第1次大戦前
　　　（2）第1次大戦の勃発―1930年代初期
　　　（3）皮坊における製革
　3．原料皮の流通と鞣剤の利用 ………………………………198
　　　（1）原料皮の流通
　　　（2）輸入鞣剤原料の利用
　4．革及び革製品の需給関係の変化 …………………………203
　おわりに ………………………………………………………206

第8章 抗戦前期上海租界における資本家の経済活動
――虞洽卿の言動にみる「救済市民」と「発国難財」――

今井就稔

はじめに …………………………………………………………………213
1. 戦時期上海租界の米事情 …………………………………………215
　　(1) インドシナ側の状況
　　(2) 上海の米事情　①戦前　②戦時中―1939年まで　③1940年初
　　　　から1941年12月まで
2. 戦時期上海における米行政と虞洽卿の活動 ……………………225
3. 虞洽卿によるサイゴン米買付け活動推論 ………………………231
　　(1) 船舶の状況
　　(2) 買付け・積載
　　(3) 運搬
　　(4) 虞洽卿批判の背景
おわりに …………………………………………………………………240

第9章 上海電力公司接収前後
――各種調査報告書の陥穽――

金丸裕一

はじめに …………………………………………………………………247
1. 租界包囲期における言説 …………………………………………249
　　(1) 中支電業組合調査団
　　(2) 各種調査報告書が語ること
2. 華中水電公司と上海電力公司 ……………………………………254
3. 『上海電力株式会社調査報告書』(1942年2月) …………………258
4. 『上海電力江岸発電所超高圧設備実地調査報告書』(1942年9月) 261
おわりに …………………………………………………………………263

第10章 近代日本の「外地」における高等商業教育
――台北・京城・大連を事例として――

横井香織

はじめに …………………………………………………………………271
1. 「外地」高商の設立 …………………………………………………272
　　(1) 台北高等商業学校　①設立の経緯と沿革　②入学者の状況
　　(2) 京城高等商業学校　①設立の経緯と沿革　②入学者の状況

            (3) 大連高等商業学校　①設立の経緯と沿革　②入学者の状況
      2. 日本の高等商業教育のモデル ……………………………………278
            (1) アントワープ高等商業学校と東京高等商業学校
            (2) アントワープ高等商業学校の特色
            (3) 東京高等商業学校の教育活動
      3. 「外地」高商の特質と社会的機能 ………………………………284
            (1) 教育課程
            (2) 社会との接点と調査・研究活動
            (3) 卒業生の動向
      おわりに …………………………………………………………………299

第11章　戦時経済統制下の台湾炭鉱業：1937－1945

　　　　　　　　　　　　　　　　　　　　　　　　　　　　陳　　慈玉
　　　　　　　　　　　　　　　　　　　　　　　　　　　　星野多佳子訳
      はじめに …………………………………………………………………307
      1. 石炭業統制体制の形成 ……………………………………………307
            (1) 日本統制経済政策の出現
            (2) 台湾石炭業統制政策の実施
      2. 戦時台湾炭生産販売構造の分析 …………………………………316
            (1) 生産構造
            (2) 需給構造
      3. 台湾軍需工業化と石炭業の相関性 ………………………………322
            (1) 工業塩
            (2) 無水エタノール
            (3) アルミニウム
            (4) 紙パルプ
            (5) 金
      おわりに …………………………………………………………………336

後　記 ………………………………………………………………………343

主要人名索引 ………………………………………………………………347

第1章　清朝駐英公使薛福成の領事設置活動
　　──総理衙門との論議を中心に──

青山　治世

はじめに

　19世紀前半から20世紀初頭は英露の対立が世界規模で展開した時代であった。特に、露土戦争（1877〜78）によって獲得した領土や権益をベルリン条約（1878）によって失ったロシアが、その後地中海進出を一時断念し、中央アジアや北東アジアへの進出に力を注ぐようになった1880年代以降は、アフガニスタン、チベット、朝鮮半島などをめぐって英露の角逐がいっそう激しさを増していた[1]。これらはいずれも清朝中国の辺疆やそれに隣接する地域であり、アジアにおける英露の対立は、直接的にも間接的にも清朝の外交に様々な影響を与えることになった。1880年代後半から90年代初頭の清朝外交の中で、英露対立が問題の推移に絶大な影響を与えたものの1つに、在外領事の増設問題がある[2]。

　近代中国の歴史の中で、中国政府が在外領事を設置・拡大していったことの意義や成果については、華僑史・外交史の双方においてすでに多くの検討がなされ、一定の結論が与えられている。華僑史研究においては、19世紀後半から20世紀前半にかけての清朝政府や中華民国政府による在外領事設置の努力とその限界が指摘され、領事の設置により在外華人の利益はある程度擁護されたものの、外国政府の妨害や本国政府の消極姿勢のために、期待された成果をあげるには至らなかった、と結論づけられている[3]。一方、外交史研究においては、概説的な制度史研究のほかに[4]、外交思想の面からも検討がなされ、国際法を援用して在外領事の設置や拡大をめざすことが、中国外交に対する西洋諸国の認識を変えさせ、ひいては不平等条約の改正にもつながることが期待されていた、と指摘されている[5]。

　華僑史研究、外交史研究、そして近代中国の人物研究においても、在外領事の設置・拡大に多大な貢献をなした外交官として、特に高い評価が与

えられているのが、19世紀末に清朝の駐英公使を務めた薛福成である（在任1890～94)[6]。薛福成については、現在では特に中国人研究者を中心に、傑出した政治思想家、愛国精神に満ちた外交官としての評価が定着している一方[7]、彼の外交を同時代の国際政治の動向に即して理解しようとする研究も現れている[8]。近代中国の在外領事設置問題において薛福成の役割が特に重要視されるのは、1880年代初頭以降停滞していた清朝領事の拡大を、90年代前半において彼が再び促進させたからである。薛福成の領事設置活動は、大きく２つに分類できる。１つは、在外領事の設置・拡大を清朝の政策として定着させるべく、本国政府に盛んに働きかけたことであり、もう１つは、領事の設置を認めさせるべく、接受国である外国政府と粘り強く交渉したことである。

　薛福成はイギリスのほかに、フランス、イタリア、ベルギーの駐在公使も兼務していたが、これら自身の担当国以外も含めた海外全般にわたって、在外華人の居住・往来する地に広く清朝の領事を増設すべきであるとの提言を行なっていた（「通籌南洋各島添設領事保護華民疏」)[9]。しかし、具体的な領事の増設については、当然のことながら、みずからの担当国の範囲内で進められ、①在シンガポール領事の総領事への格上げ、②在香港領事の設置、③在ペナン副領事の設置、④在カルカッタ領事の設置、⑤在ヤンゴン領事の設置の５点が、実際に薛福成とイギリス政府との間で交渉が行なわれたものであった。そのうち、①と③は実現し、⑤は条約上の権利を勝ち取っている。

　こうした薛福成の領事設置活動の経過は、国内外の研究者によってすでに一定程度の検討がなされており[10]、中国人研究者は、主に薛福成の愛国性や開明性を評価する一方で、それとは裏腹に、本国政府の売国性や頑迷ぶりを強調し、日本の研究者は、国際法（万国公法）を援用して領事の設置を求めることが、中国の国際的地位を向上させ、ひいては不平等条約の改正にもつながるという薛福成のねらいを強調してきた[11]。しかし、これらの研究は、『出使公牘』や『庸盦海外文編』など薛福成の文集に収録されている彼の言説を断片的に引用し、その主張のみを取り上げたものがほとんどであり、薛福成が実際に行なった領事設置活動について、彼の文書記録（『出使公牘』『庸盦海外文編』など）はもちろんのこと、彼の日記（『出使英

法義比四国日記』『出使日記続刻』）や李鴻章側に残された薛福成と総理各国事務衙門（以下、総理衙門と略称）との往復電報（『李鴻章全集（二）電稿二』所収）[12]、そしてイギリス側の外交記録であるFOなどをもとにして再現した研究は、いまだ存在していない。そのため、この時期の領事設置問題が、華人保護や国際政治のみならず、財政や外交などにおける中国の利権回収の動きと連動していた面が軽視されるなど、この問題に対する多角的な考察はいまだ行なわれていない。その上、既存の研究では、薛福成の言説を時間的な経過を無視して断片的に引用しているため、彼の領事設置活動がいかなる契機で始まり、いかなる経過をたどって「収束」したのかが、必ずしも明確とはなっていない。

　そこで本稿では、上記の諸記録に残されている薛福成が行なった領事設置活動に関する史料を時系列に排列し直し、問題の推移を要点を押さえながらたどってみたい。主な考察期間は、薛福成が「南洋」領事の増設問題に関する総理衙門からの書簡を受け取った1890年8月24日から、薛福成がヤンゴンとカルカッタにおける領事の増設を総理衙門に提起した91年11月22日までとする。この期間の問題の推移をたどってみると、大きく2つの時期に分けることができる。まずは、1890年8月24日から91年1月1日までの時期で、この間は薛福成と総理衙門との間の論議は咨文や書簡によって行なわれていた。次に、1891年2月10日から同年8月26日までの時期で、特に5月1日から同月22日までの間は、薛福成と総理衙門との間の論議は主に電信を使って行なわれた。これは後述するように、1891年5月に至り領事問題をめぐる事態が急展開し、ヨーロッパと中国との間で当時通常往復に2カ月以上を要した書簡のみによっては、双方ともその目的を達するのに支障をきたすと判断し、電信による迅速なやり取りが必要不可欠だと判断されたためであろう[13]。本稿もこの2つの時期に分けて検討していきたい。

1. イギリス政府の「同意」と総理衙門への提議

　1890年4月にロンドンに着任した薛福成は、その5カ月後の9月24日、総理衙門[14]から1通の咨文（同年6月30日付）を受け取る[15]。そこには、

北洋大臣李鴻章が総理衙門に宛てた書簡が引用されており、その中にはまた北洋海軍提督丁汝昌の報告書が引用されていた。それによると、丁汝昌は1890年4月に北洋艦隊を率いて東南アジア各港を巡航し[16]、帰国後に李鴻章に対して、既設の在シンガポール領事（1878年設置）を総領事に格上げし、その他の各地に副領事を設置して、これに公正で富裕な華人商人を充て、総領事によってそれらを統轄させるよう建議したという。李鴻章は丁汝昌の建議をただちに総理衙門に送り、総理衙門はそれを薛福成に伝達するとともに、領事の設置についてイギリス外務省と協議するよう指示した。薛福成は総理衙門の指示を受ける以前に、駐英公使館の保存記録の中から、両広総督張之洞が派遣した王栄和・余瓗による「南洋」調査（1886～88年）に関する記録を調べ出し、「南洋」および「南洋」華人の現状について事前に理解を深めていた[17]。

　総理衙門の指示を受け取った翌日（9月25日）、薛福成は領事設置について清朝駐英公使館の英文参賛官であったハリディ・マカートニー（Halliday Macartney）[18]らと相談し、翌26日には、領事設置を求めるイギリス外務省宛の照会をマカートニーが起草し、薛福成に提出している。そして、29日になり、薛福成はマカートニーをイギリス外務省に派遣し、設置場所を限定せず広くイギリス領における清朝領事の増設を求める照会を手交させた。その際、マカートニーはイギリス外務次官サンダーソン（Thomas H. Sanderson）と会談し、イギリス側は、外務省としては領事増設に同意するが、植民地省の了承を得る必要があると伝えたという[19]。

　マカートニーらとの打ち合わせを行なった9月25日、薛福成は総理衙門宛に書簡をしたため送っているが、そこではまず、新疆西端のカシュガルにイギリスが駐在官（あるいは領事）の設置を求めている件に関する薛福成の見解が示され[20]、つづいて清朝が香港に領事を設置する件に関する見解が述べられていた[21]。カシュガル問題については、マカートニーをイギリス外務省に派遣して協議した結果も受けて、カシュガルにイギリスの官員を設置することは、イギリスにとっては「大益」があり、清朝にとっても損はないと述べている。その理由としては、イギリスにとっては、英領インドの防壁となるアフガニスタン防衛のために有利となるからであり、清朝にとっては、イギリスに官員を設置させることによって、すでにカ

シュガルに領事を設置しているロシアとの間に中央アジアにおいて均衡が保てるからだとしている。それにつづいて、イギリスに対して要求した「南洋」領事の増設については、その成否はまだわからないが、これを機会に、従来の懸案であった在香港領事の設置についても、再度イギリスに求めるべきである、と述べている。

在香港領事の設置問題[22]は、1860年代末のオールコック協定以来、清英間の懸案となっており、1880年代初頭にも駐英公使曾紀沢によってイギリス側と交渉が持たれ[23]、両広総督張之洞も1886年3月に「南洋」に清朝の調査員を派遣することを建議した上奏とともに、在香港領事の設置を求める上奏も提出していた[24]。清朝政府が在香港領事の設置を求めたのは、①密貿易〔走私〕の取締、②香港に逃亡した犯罪者〔逃犯〕の逮捕および内地の反清勢力への援助途絶、③香港在住華人の保護および不法な華人売買の取締、などを実施するために、香港常駐の官員を必要としたからであった[25]。

1890年10月8日、薛福成は総理衙門に咨文を送り、丁汝昌提督の建議に全面的に賛同し、加えて香港にも領事を設置すべきことを重ねて提起した[26]。同月20日、薛福成は再び総理衙門に咨文を送り、イギリス領における清朝領事の増設問題に対するイギリス側の動向について次のように伝えた。

> （外務省としては）許可してもよいが、植民地省・インド省と協議して決定しなければならず、もしインド省が（現地の）インド総督と協議することになれば、2、3カ月後でなければその返答を得ることはできないと言っている。その真意は、（清朝側の要求を）拒否することは難しいと思いながらも、にわかに許可もしたくないので、先延ばしにしているだけなのだろう[27]。

薛福成が、清朝側の要求をイギリス側が「拒否することは難しい」と自信を示したのは、国際法（万国公法）を援用して他国との平等な扱いを求めた清朝側の要求に対し、イギリス側は明確に反論することはできないとの読みと、後述するように、イギリスがロシアとの対抗上、清朝と誼を通

じておきたいとの思惑を持っていることを熟知していたためであった。薛福成はその後、再びマカートニーをサンダーソンのもとに派遣し、香港とカシュガルの問題に対するイギリス側の出方を探らせている。その内容は、同月23日付の総理衙門宛の書簡で伝えられた[28]。それによれば、香港問題に関するイギリス側の条件は、清朝側が「洋務」に明るい人物を領事に任命し、香港において越権行為によってイギリスの植民地行政の妨害とならないことのみであり、それは容易にクリアできる問題であり、イギリス側が遷延しているのはイギリス外務省の常套手段であって、問題はないとした。つづいて、カシュガル問題については次のように述べている。

> ここのところ外務省から言及はない。このこと（カシュガル駐在領事の設置要求）はワルシャム公使が貴署（総理衙門）に対して求めているものであり、（清朝側の）南洋駐在領事の設置要求とは関わりないことである。現在イギリスが軟化の態度を見せているのは、清朝側の妥協を引き出したいためであるから、もし貴署がカシュガル問題で最終的に妥協しなければ、失望して（清朝側の領事設置要求に対する）内諾も反古にしてしまうかもしれない。あるいは、（カシュガル駐在領事の設置を）にわかに認めてしまえば、すでに要求を満たしたイギリスは、清朝側が求める領事設置問題（に対する最終判断）をかえって棚上げしてしまうかもしれない。現時点では、貴署は遷延策を採り、「カシュガルの状況がよくわからないので、現地当局に書簡で問い合わせる」などと言ってみてはどうか。（北京とカシュガルとの間を書簡が）往復する間の数カ月は先延ばしにして、動静を見極めることができる。将来（イギリスのカシュガル駐在領事の設置は）害がないことが確かになった時に、再び貴署が（交換条件となる）その他の「利益相当」の案件を見つけて、交渉を成立させればよい。総じていえば、香港駐在領事の設置とカシュガル駐在官の設置の2つの案件はもともと分けて別個に処理する問題であり、現在は一緒に取り上げないほうがよい。

カシュガル問題に当たって、薛福成がイギリス側の遷延策を模倣しようとしたことは明らかであるが、この書簡からは、イギリス側のカシュガル

駐在官の設置にはさほど熱心ではない一方で、清朝側の「南洋」領事の増設は是が非でも実現させたい薛福成の意気込みが感じられよう。

　ほぼひと月後の11月21日、薛福成は、イギリス領のみならず「南洋」全域にわたる大規模な領事の増設を建議した上奏をしたため本国に送付する。それが「通籌南洋各島添設領事保護華民疏」である[29]。その内容については別稿においてすでに詳しく論じているが[30]、その要点をまとめると次のようになる。

　　〈領事増設の目的〉　　通商を振興し、在外華人からの本国への送金を促進する。
　　〈領事増設の予定地〉　オランダ・スペイン領の4カ所、イギリス・フランス領の5カ所に領事を設置し、ペナン島などの6カ所に副領事を設置する。
　　〈領事経費の確保〉　　現地華人からの寄付に頼るべきではなく、領事が華人から徴収する諸登記料や証明書発行料などは、領事らの手当に充足させる程度でよく、多額の資金を徴収すべきではない。
　　〈在外華人の有益性〉　在外華人の本国への送金総額は、中国の貿易赤字を補填するほどである。
　　〈領事像〉　　　　　　領事は外国の植民地行政に関与することはできないが、通商貿易を保護・振興するために不可欠なものである。

　この上奏と同時に、在香港領事の設置に関するイギリス政府との交渉経過を報告する上奏も送付された[31]。これらの上奏を本国に発してまもなく、清朝の領事増設要求に対するイギリス側の回答が薛福成のもとに届く。イギリス外務省は11月29日、薛福成に照会を発し、イギリス領における清朝領事の設置を基本的には許可すると伝えたが、それには、現地の状況によって認可状をすぐには発給できない場所もあるという条件が附加されていた（11月30日受理）[32]。イギリス側の照会を受け取った薛福成は、マカートニーに対し、この附加条件は「香港やオーストラリアのことを指しているのか」と尋ねると、マカートニーは「もっぱらオーストラリアのことを言っているだけで、香港はすでに許可されたうちに入っている」と答えた

という[33]。そこで薛福成はただちにイギリス外務省に返書し、「中国が派遣すべき領事官は、まずは香港とシンガポール付近の地に駐在する領事官であり、すでに2名を選んで総理衙門の決裁を待っている」と伝えた。また同時に、その2名の人選については、香港駐在には現任在シンガポール領事の左秉隆を、シンガポール駐在には駐英公使館二等参賛の黄遵憲をそれぞれ充てる予定であり、在シンガポール領事を総領事に昇格させ、ペナンやマラッカおよびその付近の各地も兼管させた上で、ペナンにも副領事を設置する予定であることも伝えられた[34]。

　イギリス外務省が領事増設に基本的に同意したことは、12月12日付の書簡によって、薛福成から本国の総理衙門と李鴻章にも伝えられた[35]。その書簡の中で薛福成は、在香港領事の設置と在シンガポール領事の総領事への格上げ、および在シンガポール領事に付近の各島を兼管させることを優先するよう、特に求めた。また同日付で総理衙門宛にしたためられた書簡では、イギリス領での領事の増設に成功すれば、フランス・スペイン・オランダもこれに倣うはずだとの見通しが示され、在香港領事の設置は広東省の「政事」にも必ずや有益となることが強調された[36]。そして、1891年1月1日には、香港とカシュガルの問題に絞って2通に分けて書簡をしたため、総理衙門に送っている。まず1通目では、清朝が求める在香港領事の設置とイギリスが求める在カシュガル領事の設置は、もはや交換条件としてもよいのではないかとの意見が述べられ[37]、2通目では、在カシュガル領事の設置を認めることは、関税問題と「准照」[38]（認可状exequatur）問題において清朝側にメリットがあることが述べられていた[39]。

　まず、関税問題から見てみよう。1881年2月に清朝側全権曾紀沢とロシア外相ギールス（Nikolai K. von Giers）との間で結ばれたペテルブルク条約（1881年8月19日批准）には、次のような規定（第12条）が盛り込まれていた。

> ロシア人は中国の蒙古地方で貿易することが許され、旧来どおり無税とする。蒙古各地・各盟の（ロシアの）官員が設置されているところはもちろん、いまだに設置されていないところも、すべて貿易を許し、これも旧来どおり無税とする。また、ロシア人がイリ・タルバガタイ・カシュガル・ウルムチおよび関外の天山南路・北路の各都市において

貿易することを許し、これも暫時無税とする。将来（現地の）商務が盛んになれば、両国は税則を議定して免税規定を撤廃する[40]。

　この規定は、「曾紀沢が、この地域の商務がまだ始まったばかりで貿易が盛んではなかったため、ロシア貨物の入境関税規定においてしばらく免税とすることを許した」ものだった、と薛福成自身は述べている[41]。条文に「旧来どおり」とあるように、1851年に清露間で締結されたイリ条約によって、イリ・タルバガタイにおいては互いに貿易関税を徴収しないことになっていた[42]。曾紀沢はこの無税状態の解消を目指したが、結局「暫時無税とする〔暫不納税〕」と「暫」の1字を挿入し、「将来商務が盛んになれば、両国は税則を議定して免税規定を撤廃する」との一文を挿入させるに留まった。1881年のペテルブルク条約は、批准交換の10年後に協議して修正でき、その6カ月前までにいずれの国からも修正要求がなければ、自動的に更新されることになっていた（第15条）[43]。この規定に従えば、最初の修正要求の期限は、批准交換から10年後の1891年8月19日の6カ月前（2月19日）であり、薛福成が先の書簡を書いたのはその2カ月前に当たっていた。薛福成は、書簡の中でこう述べている。

　　いま条約改正の時期となったが、ロシア側はいまだに正常な関税（の徴収）に同意していないという。今回イギリスが（カシュガルに）官員を駐在させたいと言っており、（設置されれば）若干でも商務が発生することになろうから、（イギリス側と）協議して通例に従い「およそカシュガルに入境する貨物は、5％の取り決め〔章程〕に従って一律に（関税を）徴収しなければならない」と規定すべきである。（イギリスとの間にそのような取り決めを行なえば、）もはやロシア側に先延ばしの口実を与えることはないであろう。先日マカートニーがサンダーソンと会った際に、すでにこのことに言及しており、このほど受け取った（イギリス側の）書簡では、すでに認めているようである。これもまた（清朝側が得られる）利益の1つである[44]。

　薛福成が関税問題を持ち出したのは、領事問題は解決が容易であり、カ

シュガル問題と交換条件とすることはなく、イギリスに5％の関税を認めさせ、それを根拠にロシアにも無税状態の解消を迫るべきである、との考えによるものであった[45]。

つづいて、准照問題について見てみよう。准照とは、接受国が外国の領事に与える認可状であり、大使・公使とは異なり、通常領事の駐在は、領事が赴任するたびに接受国の認可状を得なければならなかった。しかし、列強が清朝に駐在させていた領事は、それがなおざりにされ、列国は清朝政府の認可状を受け取ることなく、自由に領事を中国各地に駐在させていた。薛福成はこの状態を改善し、中国の「自主之権」を取り戻すため、今回イギリスがカシュガルに官員を駐在させることを求めている機に乗じて、「中国が認可状を与えて、はじめて（清朝側の）新疆の地方官はイギリスの領事とみなす」という規定を設け、これを足がかりに、中国各地に駐在する西洋各国の領事にも清朝側の認可状を得させることを企図したのである。

この2通の書簡が出された10日後、薛福成は兼任地であるフランス・イタリアなどに赴くためイギリスを離れ、それに伴って領事問題に関する議論も一旦停止状態とならざるを得なくなった[46]。薛福成がイギリスを離れた翌月（2月3日）、「南洋」全域における領事の増設を求めた前年11月21日付の薛福成の上奏（「通籌南洋各島添設領事保護華民疏」）に対する諭旨がようやく下った。それは「該衙門知道せよ」との硃批であり、総理衙門に対して薛福成の上奏について考慮するよう命じたものではあったが、必ずしも総理衙門に対して、審議を行なってその結果を上奏〔議奏〕するよう命じたものではなかった。そのため、この上奏に対して総理衙門が直接反応し、具体的な措置が採られることはなかったのである[47]。

2. 総理衙門との電報問答

　総理衙門の消極的な態度を薛福成がこの時どの程度把握していたかは定かではないが、上奏に対する硃批が下されてまもない1891年2月10日、薛福成はパリから総理衙門に打電し、イギリス政府との領事設置交渉に関する続報を次のように伝えた。

イギリスは、在香港領事の設置と在シンガポール総領事による各島の兼管を許可した。今回の交渉が容易だったのは、（イギリスが）カシュガルに領事を設置することを希望し、先に好意を示したからである[48]。

　イギリス政府が在香港領事の設置や在シンガポール領事の総領事への格上げを承認したのは、カシュガル進出問題における清朝側の便宜を期待してのことであり、この電報のとおり、薛福成もその点はよく承知していた。
　3月5日、フランス滞在中であった薛福成は、再び領事問題に関する上奏（「瀕海要区添設領事疏」）をしたため、在シンガポール領事を総領事に格上げしてこれに駐英公使館参賛の黄遵憲を充て、同時に在香港領事を設置してこれに現任の在シンガポール領事である左秉隆を充てる配置転換を行なうよう求めた[49]。そして、この上奏が北京に届いて以降、事態はにわかに動き出す。
　5月2日、薛福成の上奏に対し「該衙門議奏せよ」との硃批が下り、薛の提議は総理衙門の審議に付されることとなった[50]。その前日、総理衙門はすでに「議奏」の命が下ることを察知してか、さっそく薛福成に電報を発し、次のように伝えている。

　　イギリス公使（ワルシャム）によれば、同国の外務省は「香港に領事を設置することは基本的には承認できるが、ただ犯罪人の引渡〔交犯〕については、清朝の官員は法律に暗いため、九龍税務司を派遣して兼管させるよう求める」と言っているそうだ。これは以前に左（秉隆）と黄（遵憲）を派遣するよう求めた（貴殿の）上奏と合わず、いぶかしく思う。（この件については）そちらからの電報に言及されていないが、新たな波乱が起きないよう、速やかに外務省に対して（矛盾を）ただすように。また（イギリス外務省は）「イギリスがカシュガルに官員を派遣しようとするのは、辺疆の情勢を探るためであって、通商のためではなく、派遣するのは領事ではない」と言っており、また「このこと（カシュガル問題）は在香港領事の設置問題と関連しており、互いに取り消し合うことを明確に望んでいる」とも言っている。（そうだとすれば）税則と准照の2つの問題を要求する術がなくなるばかりか、

イギリスの官員が（カシュガルに）ただ駐在するだけということになれば、ロシアが必ずや疑念を抱くことになり、何と言って弁明すればよいのか。本署（総理衙門）はなお斟酌してこの問題は先延ばしにすべきと考えるが、尊意はいかに。ただちに検討の上返電されたし[51]。

　この電報からもわかるとおり、在香港領事の設置問題やカシュガル問題については、ロンドンのみならず、北京の総理衙門とイギリス駐清公使との間でも議論が行なわれていた。総理衙門は、北京でイギリス公使から伝え聞いたイギリス外務省の意向と、薛福成がロンドンから報告してきたイギリス外務省のそれとが食い違うとして、薛福成を質したのである。この総理衙門の電報によれば、香港に逃亡した中国人犯罪者の引き渡しは、設置される在香港領事ではなく、香港付近にすでに設置されている九龍税務司に兼務させることをイギリス外務省は望んでいたという。九龍税務司は西洋人が務めており、香港に逃亡した中国人犯罪者の逮捕・引き渡しを在香港領事設置の主要な目的の1つと考えていた清朝側としては、同意しがたいものであった。また同時に、イギリス側がカシュガルへの官員の派遣要求を取り下げることと引き換えに、清朝側にも在香港領事の設置要求を取り下げさせたいというのがイギリス政府の「本音」であり、そうであれば、イギリス側が税則や准照の問題に同意するはずはなく、もし通商に関わらないイギリスの官員をカシュガルに駐在させれば、ロシアが疑念を抱き、弁明の余地がなくなるというのが総理衙門の主張であった。

　しかし、総理衙門がいうイギリス側の「本音」とは、はたして真実を伝えたものだったのか。もし事実であれば、薛福成の計画は根底から覆されることになる。この問題について総理衙門とワルシャムとの間で会談が行なわれたのは、総理衙門が薛福成に電報を送った前日（4月30日）であり、その際の会談記録はイギリス外務省史料（FO）に残されている[52]。それによれば、この時ワルシャムに応対した総理衙門大臣は、慶郡王奕劻、孫毓汶、廖寿恒、徐用儀の4人であったという。

　記録ではまず、領事設置問題に対するイギリス側の原則的な立場が示されていた。原則的な立場とは、在華イギリス人は「特定の人に限られた権利（restricted rights）」を享有していること、中国と列強との間には「特異

な性質の関係（peculiar nature of the relations）」が存在していること、の2点であり、「特定の人に限られた権利」とは、領事裁判権などの西洋側にのみ認められた特権を指し、中国と列強との間の「特異な性質の関係」とは、文明や軍事的な実力の差異に基づく「不対等」を前提とした国家間関係を指していた。つまりイギリス側は、清朝と欧米列強との間にはこうした「不対等」な関係が前提として存在する以上、互恵原則や他国との平等な扱いを求めて、清朝側が領事の設置を要求することは、本来不可能なことである、との立場に立っていたのである。しかし、そうした原則を示しつつも、清朝側の希望にできる限り応じるため、イギリス政府は「原則として清朝側の要求を認める準備を始めた」ことを薛福成に通知し、同時に、領事を設置する地方の状況やその他の理由により、領事の設置が不都合ないくつかの場所においては、イギリス側は「その行使を却下する完全な選択の自由を保有すべきである」ことも付け加えられたが、これは、前述の薛福成側の記録とも一致するものであった。

　しかし、それに続いて、薛福成側の記録には見られないイギリス側の意図が、会談記録には記されていた。薛福成の記録では、付加条件には香港は含まれないことを、薛福成はマカートニーを通して確認したというが、この会談記録では、香港も本来はこの「カテゴリーに含まれる場所の1つであった」とし、イギリス側の「好意」を清朝側に示すために、清朝側に「有利で受け入れ可能な提案」を行なったのだという。その提案というのが、九龍税務司に在香港領事を兼任させるという案であり、イギリス側は「香港付近に設置された高位の信頼すべき経験のある」「九龍税務司を領事に任命することにより、中国政府は期待どおりに協議を完全に成し遂げることになるであろう」と考えていた。ところが、この提案に対し総理衙門は、「（清朝側に）有利になるような提案だと見なすことはできない」、「税務司は重要な徴税官であり、領事機能の職務（を兼務すること）は許されない」と述べ、特に慶郡王は「中国人を（在香港）領事とすることから始めたい。そして、もし必要であれば、後から（領事に）税務司を頼らせるようにしてはどうか」と、笑いながらワルシャムに語ったという。

　そもそも、この九龍税務司兼任案は、なにゆえイギリス外務省から薛福成に伝えられなかったのか。イギリス側の記録によれば、左秉隆を在香港

領事に任命したいとの意向が、薛福成からイギリス外務省に伝えられる直前に、イギリス外務省はワルシャム宛てに兼任案を打電してしまったからだという。また、香港に中国人の領事が設置されることをイギリス側が嫌った理由は、膨大な数の中国人が住む中国本土と地理的にも「密接につながっている香港に、領事としての中国人が存在することは、(イギリス側の香港統治を)不便にさせる」との考えによるものだったが、こうした「本音」を、ワルシャムは清朝側に「詳細に述べる必要性があるとは考えなかった」。一方、総理衙門が薛福成に知らせた、カシュガル駐在官の設置要求の取り下げと引き換えに、清朝側にも在香港領事の設置要求を取り下げさせたいというイギリス政府の「本音」については、イギリス側の記録からは確認することができなかった。ともかく、総理衙門は対露関係への配慮もあり、在香港領事の設置を先送りするよう、薛福成に求めたのであった。

　総理衙門から領事設置問題の先送りを勧められた薛福成は、それをまったく意に介せず領事増設の準備を着々と進めていた。5月3日、薛福成は、領事増設の具体的な手順や経費の支出方法について提議した咨文を総理衙門に送ったが、その内容は以下のようなものであった[53]。

①丁汝昌が建議したペナン島などの6カ所に領事を増設する方法は採らず、4カ所に副領事を設置し、現地の「殷実公正の華紳」を選んでこれに充て、月に「薪水百金」を支給する。
②総領事の「薪俸」はとりあえず430両とする[54]。
③随員・通訳・供弁の「薪俸」額。
④総領事が管内を巡回する際の費用は、毎年2回で合計600金を超えないようにする。
⑤在シンガポール領事の経費として、今までどおり駐英仏公使館の経費より年7000金余りを支出するほか、別に8000金前後を追加して支出する。
⑥在香港領事が設置された後は、年7000金前後を支出する。その費用は、総理衙門から両広総督・広東巡撫に依頼して、粤海関割当分の出使経費から支出させる。
⑦在香港領事は、両広総督・広東巡撫および出使大臣(駐英公使)による

統轄に「兼帰」させる[55]。

　しかし、当時イギリスから北京へ送られる書簡は、通常到着までに1カ月以上かかり、北京の総理衙門にこの書簡が届くより前に、電報を使った問答が薛福成・総理衙門間で始められた[56]。

　5月6日、総理衙門は先の5月2日の電報につづいて、次のように薛福成に打電した。

　　貴殿からの電報では、左（秉隆）を香港に派遣することについて、（イギリス）外務省はすでに許可したというが、ワルシャム公使はまだ許可していないと言っている。外務省から確実な言質を取るように。その電報でもってワルシャム公使（の言い分）を制止して、はじめて（在香港領事の件を）進めることができる。外務省の返書を確認してみると、（領事を設置する）地点について審議した上で委任状（consular commission）〔文憑〕を発するようにとあるが、現在認可状〔准照〕はすでに発せられているのか。犯罪者の引き渡しについて外務省は許可したのか。貴殿の電報にはまったく言及されていない。………イギリスに戻った後に交渉の様子について速やかに返電されたし[57]。

これに対し薛福成は、5月9日に次のように返電した。

　　ワルシャム公使の発言は、イギリス外務省がカシュガル問題は解決しがたいと見て、見込みがなくなったことを悔やみ、我が国（清朝）が（イギリスとの）友好を顧みなくなったと疑っているところからきたものであろう。………イギリス政府はロシアに使節を派遣して行なっている交渉で手一杯であり、全力でこれに取りかかっている[58]。再三交渉した結果、左（秉隆）の香港行きと黄（遵憲）のシンガポール行きはそれぞれすでに許可されており、1年の試設期間を経た後に（正式に承認するかを）再び決定すると言っている。カシュガル問題については、事実上官員の設置を許可し、表向きは遊歴のために人員が常住することを認めるようにするか、もしくは、ロシアとの（ペテルブルク）条約の改訂交渉の終了を待って再び議論することにし、今は返答しな

いようにするか、のどちらかにしてはどうか。(領事の) 認可状〔准照〕はいまだに発給されていない。左 (秉隆) と黄 (遵憲) に対する (領事任命の) 上諭が下った日付を電報で知らせていただきたい。そうすれば委任状〔文憑〕を請求しやすくなる。犯罪者の引き渡しについては、領事が設置されるのを待って別に協定〔章程〕の締結について交渉すればよい[59]。

ここにいう「1年の試設期間」とは、イギリス政府が在香港領事の設置を一旦承認したものの、香港政庁や香港在住のイギリス商人らの強い反対を受けて[60]、イギリス側が新たに追加してきた領事設置の条件であった。これを受けて総理衙門は、12日に薛福成に次のように打電する。

ワルシャム公使がやって来て、在香港領事には税務司を派遣 (して兼任させる) よう求めてきている。これは貴殿が言っていることと食い違うではないか。その上、黄 (遵憲) と左 (秉隆) についても、いまだに認可状〔准照〕が発給されていないと言い、カシュガル問題もすぐには解決しがたい状況にある。貴殿の上奏 (「瀕海要区添設領事疏」) は諭旨によって議奏することになっているが、このような状況では議覆することは難しい。(領事の) 試設1年 (という条件) や、カシュガル問題について事実上 (官員の設置を) 許し、表向きは (遊歴のために人員が常住することを) 認めるなどというやり方は、ともに正しい処置の仕方ではない。つまるところ、彼ら (イギリス) が重視しているのはカシュガルにおける駐在官 (の設置) であり、我々 (清朝) が苦慮するのはロシアへの対応である。香港 (における領事設置) が遷延されている以上、(カシュガル問題も香港問題も) ともに取りやめるべきである。適切に処理し (問題を) 収束させることを望む。前回の上奏 (「瀕海要区添設領事疏」) に固執しないように[61]。

総理衙門はついに在香港領事の設置の取りやめを薛福成に迫ったのである。しかし、薛福成はなおも諦めず、14日と16日に分けて次のように総理衙門に返電し、懸命に「誤解」を解こうとする。

ワルシャム公使の発言は、イギリス外務省の現在の意向とは異なり、税務司による兼任という話はもはや出ていない。認可状〔准照〕については、イギリスの規定はアメリカとは異なり、上諭の日付を通知してはじめて発給されることになっている。(イギリス)外務省が香港の(領事設置を許可した)件は、去年の冬の(イギリス外務省から受け取った)照会が根拠となっている。報告し忘れていまだに書き写してそちらに送っていなかったので、いろいろお疑いがあるのだろう。現在出ている(在香港領事の)計画はカシュガル問題と関連させてはならない。詳細は3日後に打電する[62]。
(香港問題とカシュガル問題を)ともに取りやめて収拾を図るようにとのご指示を受け取った。私が思うに、カシュガル問題のほうが発端が先で、香港問題のほうが後であり、香港問題は中止できてもカシュガル問題を中止することはできないし、(交渉の)権利はイギリス側にある。香港(における領事設置)の議論がまとまったのは、イギリス側が友好的な態度を示したからである。………在外公使は海外に駐在しており、貴署の協力に頼ってはじめてよく問題を処理することができる。香港問題は幸いにして交渉がまとまったのに、貴署は取りやめるよう命じ、使臣(わたし)の発言を虚言とみなした。(イギリス)外務省が今後問題を処理しづらくすることは、貴署の望むところではなかろう。外務省が先の照会で許可したことをもし取りやめてしまえば、彼らも面子が立たない。(貴署は)昨日こちらの言い分のうち、香港問題とカシュガル問題は混同して考えるべきではなく、香港の件は大した問題にはならないとほのめかしたことを詰責されたが、(イギリス側と)数日交渉し、(イギリス側は)すでにワルシャム公使に対し、香港問題について妨害しないよう打電して命じたという。………もし(領事任命の)上諭が下っても認可状〔准照〕が発給されなければ、使臣(わたし)の責任を問うていただきたい。(試設)1年という話は、外務省は実際には通常の状態(と変わらないもの)であり、1年間(香港の)華人に何事も起こらなければ継続できると言明している。………むかし在シンガポール領事も暫設から常設になった。お疑いを解かれますよう

に[63]。

　このように薛福成は、イギリス外務省の同意はすでに得ており、左秉隆と黄遵憲に対する領事任命の上諭の日付さえ本国から通知されれば、すぐにでも認可状は発給されると総理衙門を説得したのである。領事任命の上諭の日付を知らせるよう求めたのは、この時点では、薛福成が先に提出した上奏（「瀕海要区添設領事疏」）に対する総理衙門の「議覆」がいまだ行なわれておらず、総理衙門の「議覆」がなければ、左秉隆や黄遵憲を領事に任命する上諭も下りない状態にあり、薛福成としては、左秉隆と黄遵憲の領事任命に賛同する総理衙門の「議覆」が何としても必要だったからである。

　総理衙門から外交上・手続上の齟齬を追及された薛福成は、引用のとおり、それらはすべてクリアしていることを盛んに強調し、何とか総理衙門の賛同を得ようとした。しかし、総理衙門は、次は「利害の軽重」を理由に、在香港領事の設置を取りやめるよう薛福成に迫り始める（5月20日付薛福成宛電報）。

　　………試設1年や暫設から常設へという方法は採用せず、「公例」と合わせるようにしていただきたい。もし（領事任命の）上諭が下った後で、（イギリス）外務省がなおも許可するようで許可しない状態がつづき、体よくあしらわれるような通知文を発せられたら、まったく無駄なことになってしまう。シンガポールの件がよい例である。イギリスはワルシャム公使に香港問題について妨害しないようすでに打電したというが、おそらくカシュガル問題について要求しないようにとは言っていないであろう。香港とカシュガルを比較すると、（香港に領事を設置しても）利は少なく、（カシュガルにイギリスの駐在官が設置されることのほうが）害が多い。本署は（在外公使に）全力で協力しないというわけではないが、ただ（清朝の対外問題の）利害を全体的に調整しなければならないのである。適切にお考えになり返電されたし[64]。

　総理衙門はこのように利害を持ち出して薛福成を説得したが、薛福成も

利害でもって反論を試みる（5月22日付総理衙門宛電報）。

> 香港問題とカシュガル問題はすでに別個の問題となっている。彼らがカシュガル問題を取り上げれば、（我々は）税則と准照の2つの問題でもって対抗すれば、彼らがもし（そのうち）1つでも認めたならば、我らの得る利益は比較的大きなものであり、もし認められず、これを取り下げても（この問題を取り上げたという）事実は残る。先日（貴署宛に発送した）書簡ですでに詳しいことは書いておいたが、（イギリス側は）在香港領事についてはすでに問題にならないことをほのめかしており、（清朝側の）試設（と明記した）委任状〔文憑〕さえ得られれば、（設置後に）暫設から常設となり、問題は解決されるであろう。香港（の領事設置）を暫時（棚上げすれば）、カシュガルもおのずから取りやめになり、ともに取りやめになれば問題は解決するということでは、（今後在香港領事の設置を）再び要求することができなくなってしまう。シンガポールに領事が設置されて十数年経つが、利があるばかりで害はない。今総領事に改めることを協議しても異議はなく、暫時棚上げになっているわけではない[65]。

　記録が残っている限り、5月1日に始まった総理衙門と薛福成との間の領事設置問題をめぐる電報問答はここで終わっている。最後の5月22日付の電報の中で薛福成が言っていた「先日（貴署宛に発送した）書簡」が、『出使公牘』巻3に収録されている「四論添設香港領事及英派員駐喀什噶爾書」（1891年5月19日付）である[66]。この書簡は、「電文では簡略すぎて誤解を生じやすい」として、薛福成の主張を詳しく説明して総理衙門宛に発送されたものであるが、電文の内容を丁寧に説明し直している以外に、電報では語られていない内容も含んでいた。それは、イギリス駐清公使のワルシャムがカシュガル問題を香港問題とセットにして取り上げ始めたのは、総税務司ロバート・ハート（Robert Hart）の教唆によるものではないか、九龍税務司に在香港領事を兼務させるというイギリス側の要求も、ハートが自らの権力を拡大するために画策したことではないか、という疑念であった。その真偽については、現在のところ確認できないが、当時、李鴻章を

中心とする淮系官僚はハートと政治的な対立関係にあり、この記述はそれを反映したものであったと思われる。

　この書簡に対する総理衙門の反応は確認できない。その後、7月23日になって、薛福成は「長江教案」に関する意見をしたためた書簡とともに、外国の駐華領事に対しては清朝政府から「准照」を発給すべきであることを説く書簡を、総理衙門に送った[67]。これらの書簡は、同年4月から6月にかけて長江中下流域の各地で発生したキリスト教徒への襲撃事件（教案）を受けて書かれたものであり、その中で薛福成は、教案に乗じて清朝当局に対して無理な要求を繰り返す西洋の在華領事（特にイギリス領事）の「蛮横」ぶりを、李鴻章の幕僚として中国の開港場で西洋領事と相対した自らの過去の体験を踏まえて指摘し、このような領事を排除するためにも、清朝側が外国領事に対して認可状を発給する権利を取り戻すべきであると主張していた。前述のとおり、准照問題は清朝側の在外領事の設置とも関わりの深い問題であり、同じ書簡の中で、

　　総じて言えば、(清朝が抱える) 対外問題では、取り返さなければならないものが大変多く、1つ取り返そうとすれば、何も取引材料なしに行なうことはできず、必ず交換条件が必要となる。(外交交渉上の) 交換取引はことごとく行なってはならないというものではなく、利害の軽重を量って行なうだけである。(イギリスの) カシュガル駐在官の設置は、つまるところ通商問題に過ぎず、通商ならば中国側に大きな損害は生じない。

と主張し、カシュガル問題で譲歩してでも、在香港領事の設置を実現しようとする姿勢を改めて示した。そして、2カ月半後の8月7日になり、薛福成は総理衙門に次のように打電する。

　　領事設置に関する (私の) 上奏に対して議覆を行なわないのか。現在左秉隆は6カ月間の休暇願を出して (帰国して) 墓参しているので、香港問題はしばらく延期したい。(イギリス) 外務省に認可状〔准照〕の発給を要請できるよう、在シンガポール総領事 (への格上げ) を許

可し委任状を発給することを先に議覆していただきたい。このことは、南洋全体に関わる問題であり、他の問題と関連させることはできないし、その上、イギリスが中国を他国と平等に扱っている証拠でもあり、当然受け入るべきものである[68]。

　このような薛福成の督促もあったためか、8月26日になり、総理衙門はようやく薛福成の上奏に対する「議覆」を行なった。そこでは、薛福成の求めに応じ、在シンガポール領事の総領事への格上げは求められたが、在香港領事の設置については、「試設1年という提案には中国側は満足できない」として、しばらく棚上げし、後日再交渉することが望ましいとされた[69]。総理衙門の上奏は、朝廷の裁可〔依議〕を得、同日、すぐさま総理衙門から薛福成に対して次のような電文が送られた。

　　在シンガポール総領事に黄遵憲を充てることはすでに奏准された。在香港領事についてはしばらく延期する。1年（の試設期間）という議論については、いまだ満足のいくものではないと（イギリス側に）伝え、その返答を見てから再び貴殿から上諭を請うように[70]。

　これは、薛福成が再三求めつづけた総理衙門による「議覆」を経た末の結論である。8月7日の電報では、左秉隆の墓参帰国を理由に、在香港領事の設置を一時延期することが薛福成側から伝えられていたが、総理衙門は「試設1年という提案には中国側は満足できない」として、薛福成が伝えてきたイギリス側の条件は受け入れられないとの意志を、上奏において明確に示した。このような「議覆」がなされた以上、もはや薛福成には打つ手はなく、在香港領事の設置をめぐる議論はここで打ち止めとなる[71]。

3. 総理衙門の「妨害者」と領事設置活動の継続

　薛福成がイギリスから在香港領事の設置許可を得たにもかかわらず、本国政府（総理衙門）がこれを実施に移さなかった理由はどこにあったのか。薛福成自身は、最後の決定を伝える総理衙門の電報を受け取った後の9月

3日付の日記の中で、一連の領事設置問題の顛末を、次のように振り返っている。

> 私は以前イギリス外務省と交渉して、香港に領事を設置し、在シンガポール領事を総領事に改めようとし、(光緒17年)正月にその旨を上奏した。(この上奏に対して)総理衙門に回付して議奏させよとの諭旨が下った。(しかし)これを阻止しようとする者がおり、総理衙門はしばらく放置して議覆しなかった。(そのため、イギリス)外務省はこれに乗じて少し意見を覆し、在香港領事はまず試設1年の許可を出し、もしイギリス官吏の権利を侵害せず、在住華人の意志に違わないようなら、切り換えて常設の認可状を発給する、ということになってしまった。これ(領事設置)を阻止しようとする者は、利害を口実にこのことを取りやめようとした。私はしばしば電報を発してこれと論争したが、決着を見なかった。そうしている間に、たまたま在シンガポール領事の左秉隆が、老親の病気が悪化したため、休暇を願い出て故郷に戻ってしまった。左(秉隆)を在香港領事に転任させるつもりだったが、私は妥協して総理衙門に打電し、「しばらく在香港領事の件は延期する。先に在シンガポール総領事の格上げを許可し委任状を発給されたし。そうすれば(イギリス)外務省から認可状を得やすくなる。このことは南洋全体に関わる問題であり、他の問題(カシュガル問題など)と関連させることはできないし、その上、イギリスは中国に対して他国と同一の対応をしており、これは当然受け入れるべきである」と伝えた。しかし、(総理衙門は)結局「在シンガポール総領事に黄遵憲を充てることはすでに奏准された。在香港領事についてはしばらく延期する。1年(の試設期間)という議論については、いまだ満足のいくものではないと(イギリス側に)伝え、その返答を見てから再び貴殿から上諭を請うように」と返電してきた[72]。

この日記では、自身の領事増設計画を妨害している者が総理衙門大臣[73]の中にいることが示唆されているが、それが誰であり、どのような目的であったのかについては記されていない。しかし、旧知の間柄にあり当時総

理衙門章京（書記官）を務めていた袁昶に宛てた書簡や、のちに袁昶や黎庶昌から送られてきた書簡の中には、その妨害者が誰であるのかを特定できる記述がある。総理衙門との電報問答が行なわれていた1891年5月前後に書かれたと思われる薛福成の袁昶宛の書簡には、次のように記されていた。

> 貴署の某公は、（公使として）外国に駐在していた際に、在マニラ領事の設置について（スペイン政府と）交渉したものの、3年を費やしても成功しなった。そのため、おそらく在香港領事がいとも簡単に派遣されてしまえば、自らの短所が露となってしまうことを恐れ、イギリス公使のワルシャムがカシュガルに領事を設置することを求めてきたのに乗じて、香港（駐在領事の設置問題）に対して極力妨害しているのであろう[74]。

ここにいう「某公」が、1886年4月から89年9月まで駐アメリカ・スペイン・ペルー公使を務めていた張蔭桓を指していることは、在マニラ領事の設置問題が取り上げられていることから、容易に察せられる。張蔭桓はアメリカから帰国した後の1890年3月、病に倒れた曾紀沢と交替するように総理衙門大臣に就任していた。

一方、薛福成の日記に引用されている袁昶の薛福成宛の書簡では、イギリスのカシュガル駐在官の設置を認めることは清朝にとって「有益無損」だとする薛福成の意見に反対したのは、張蔭桓と同じく総理衙門大臣であった徐用儀であり、イギリスにカシュガル駐在官の設置を認めれば、ロシアが疑念を抱き、新疆やチベットがイギリスとロシアによって「瓜分」されてしまう、というのがその理由とされ、当時の総理衙門大臣の中で特に発言力が強かった孫毓汶がそれを後押ししたことも記されていた[75]。また、この年（1891年）の1月まで駐日公使を務めていた黎庶昌からの書簡には、在香港領事の設置に反対したのは徐用儀であり、その目的がカシュガルにイギリスの駐在官を派遣させないためであることがはっきりと記されていた[76]。しかし、これらの証言はすべて薛福成側の文集や日記に記されているものであり、張蔭桓や徐用儀が「妨害者」であったという客観的

な証拠は、現在のところ見当たらない[77]。とはいえ、特に徐用儀が、カシュガル問題を理由として在香港領事の設置に異を唱え、それが総理衙門の採った政策に反映されたことは、間違いないように思われる。

　在香港領事の設置はこのように完全に立ち消えとなったが、先の本国政府の決定を受け、在シンガポール領事はまもなく総領事に格上げされ、薛福成の提案どおり、黄遵憲が任命され赴任することとなった[78]。海禁旧例の正式な廃止を実現させた薛福成の有名な上奏「請豁除旧禁招徠華民疏」(1893年6月提出)[79]も、シンガポールから送られてきた黄遵憲の意見書に基づいて作成されたものであった。

　薛福成はその後も、その他のイギリス領における領事の拡大を進めていく[80]。1891年11月22日、同じくイギリス領であったビルマのヤンゴンとインドのカルカッタに領事を増設するよう総理衙門に働きかけ始めた。これは、薛福成によってビルマ視察の任務を与えられた前駐独公使館随員の姚文棟が、在ヤンゴン領事の設置を求める意見書を薛福成に提出したことに加え、駐蔵辦事大臣の升泰が前年にインドを訪れた際、現地の福建・広東出身の商人から、インドに清朝の領事を設置するよう求められたことを受けての行動であった[81]。

　1886年1月、イギリスは北部を含めたビルマ全域を英領インドに併合し、同年7月に清朝政府もそれを承認していた。しかし、その後も清英間には、雲南・ビルマ間の国境画定（界務）や通商（商務）に関する懸案が残されており、薛福成はその処理も行なっていた[82]。実際にイギリス政府との交渉が開始されたのは1892年に入ってからであり、翌93年4〜5月には、ビルマと境界を接する雲南省を統轄する雲貴総督王文韶が薛福成に打電し、在ヤンゴン領事の設置について薛福成が「主稿」して上奏文をしたため、共同で奏請するよう求めてきた[83]。そして、界務・商務双方に関するイギリスとの交渉が妥結した1894年3月1日、薛福成とイギリス外務大臣ローズベリー(Rosebery)との間で「中英続議滇緬界務商務条款」(全20条)が締結された[84]。そのうち、商務に関する条項では、雲南・ビルマ間の陸路通商の開設が正式に規定され（第8〜12条）、清朝の在ヤンゴン領事の設置とイギリスの在蛮允領事の設置も同時に規定された（第13条）。

　この条約はイギリスとの間に締結・批准された条約の中で、イギリス領

内における中国領事の設置を明記した初めての条約であったが、この条約規定を受けて、薛福成は同年4月19日に在ヤンゴン領事の設置を求める上奏を提出した[85]。そこでは、かつて在香港領事として派遣されるはずだった元在シンガポール領事の左秉隆を、新設の在ヤンゴン領事に任命するよう提起されていた。また同時に、在ヤンゴン領事の設置規定がイギリス側の在蛮允領事の設置規定と引き換えに盛り込まれたものであったことが明記されており、この条約が批准されれば、イギリスはすぐさま蛮允に領事を派遣するであろうから、後からあれこれと遷延されないためにも、清朝側の在ヤンゴン領事もイギリス側の領事設置と同時に行なわなければならないことが訴えられていた。

　この時すでに駐英公使を退任することが決まっていた薛福成は、在ヤンゴン領事の派遣を後任の龔照瑗に託し、1894年5月27日に4年2カ月におよぶヨーロッパ駐在を終え帰国の途に就いた。同年7月1日に上海に帰還した薛福成は、そのまま同地で伝染病に冒され、21日に病没する。あれほど心血を注いで勝ち取った条約による領事設置規定に基づいて清朝の領事が派遣されるのを見届けることなくこの世を去ったのである。在ヤンゴン領事の設置を求めた4月19日の上奏に対しては、薛が没する前の6月12日に「該衙門知道せよ」との硃批が下されたが、その後、何ら具体的な措置が採られることはなかった[86]。

　在ヤンゴン領事の派遣が実施されたのは、条約締結から15年後の1909年になってからのことである。実施がこれほど遅れたのは、薛福成の死によって、在外領事の増設に熱意をもつ外交担当者が清朝政府内に当面いなくなったことが、大きな要因の1つであろう。事実、薛福成から在ヤンゴン領事の設置について後事を託された後任の龔照瑗は、何ら具体的な措置を採っていないようである。しかし、やはり最大の原因は、薛の上奏後まもなく勃発した日清戦争とその敗北を契機とした中国をめぐる国際環境の変化であろう。前述した1891年5月19日付の総理衙門宛の書簡（「四論添設香港領事及英派員駐喀什噶爾書」）において、薛福成は1890年代初頭の国際情勢とその領事問題との関係について、次のように分析している。

　私が見るところ、近年の中外交渉の大局は転機にあるようである。

ヨーロッパの諸大国は中国と友好関係を結ぼうとして、(中国を) 重視している。中英関係が堅固なものとなれば、ロシアはますます中国を重視するようになるであろう。中露関係が堅固なものとなれば、イギリスもまた中国を重視するようになるであろう。英露は互いに猜疑心を抱いているが、にわかに戦端が開かれるとは限らず、武力行使〔用兵〕に対しては極めて慎重である。新聞各社が筆墨を弄び、臆測の談を流布しているが、すべてを信ずることはできない。中国はこれを機に、(領事問題とカシュガル問題の) 双方で利益を確保するべきである[87]。

つまり、英露対立をうまく利用して、領事問題などにおいても清朝が利益を得られるように努めるべきであるというのである。しかし、日清戦争とその敗北を機に、中国本土における列強による租借地の拡大や勢力範囲の設定が進み、義和団などの排外運動も激化するなど、清朝を取り巻く国際情勢は劇的に変化し、清朝政府はそれらの問題処理に忙殺され、領事問題は後景に退いていった[88]。

おわりに

郭嵩燾・曾紀沢・張蔭桓などの在外公使や、李鴻章[89]・張之洞などの地方大官のように、19世紀末の清朝において在外領事の設置に取り組んだ官僚は多い。しかし、薛福成の領事設置活動はそれまでの官僚とは一線を画するいくつかの特徴を有していた。それらをまとめると次のようになろう。
　①在外華人の保護にとどまらない、中国の利権回収や不平等条約の改正
　　に向けての有効な手段として、領事設置問題をとらえていた。
　②国際政治の展開の中で、清朝領事の増設・拡大を考えていた。
　③外国政府との交渉よりも、総理衙門をはじめとする領事の増設に慎重
　　な本国政府に対する説得に意を注いだ。
　④任期中、一貫して領事設置問題にこだわりつづけた。
「(中国が西洋と) 最初に条約を締結した際、中国は西洋の事情を知らず、また、華人の出国が多いことも知らなかったために、西洋諸国に在華領事の設置権を与えたにもかかわらず、中国が海外に領事を設置する規定を設

けなかった」[90]。こう薛福成自身が述べているように、①には、中国の領事設置権のような領事の設置に関わる直接的な利権の回収を当然含むが、本稿で見たように、カシュガル問題に合わせて対露関税の税則問題や外国領事に対する認可状〔准照〕問題をも解決しようとするなど、薛福成は領事問題を利用してその他の利権回収や不平等条約の改正をも果たそうとした。

そもそも、領事設置を含む在外華人問題を薛福成が重要視した背景には、彼の人口論があった。端的に言えば、領事の増設などによって在外華人に対する保護が進めば、中国人の海外移民がより促進され、国内の人口過剰の状態が緩和されて、国家財政も好転する、と考えたのである。つまり、中国国内の「人満之患」を緩和させるためには海外移民の促進が必要であり、そのためには在外領事の増設による保護の拡大が不可欠であるという主張である[91]。

②〜④は、本稿で見てきた薛福成・総理衙門間のやり取りを見ればよくわかることだが、総理衙門の反対により在香港領事の設置が取りやめとなったことに対する薛福成の「恨み節」は、その後の薛福成の論説の中でもしばしば目にすることができる。たとえば、1892年に執筆された論説「南洋諸島致富彊説」は、次のような言葉で締めくくられている。

> イギリス領では我が国が領事を設置することはすでに許されているが、政策担当者〔当事者〕がなお財源不足を口実に、（領事を海外に）多く設置することを望んでいない。中国は富強となる機会があるのに、それを用いることを知らず、貧弱に終わるのみである。何と言ったらよいのか[92]。

また、同じ年に執筆され、中国が万国公法の外にあることの有害性を力説した「論中国在公法外之害」では、領事問題に絡めてさらに激烈に中央政府を批判している。

> 昨年私は心血を注いで（交渉し）イギリス政府と在香港領事の設置について合意に達したが、これは（イギリス以外の）他国に手本を示すことになり、また、これまでに損害を生み出してきた（不平等）条約を取

り除く手本ともなるものである。(しかし)いかんせん中央政府のお歴々〔当事諸公〕のうち、1人2人の者が私恨を抱き、死力を尽くしてこれを阻止してしまった。(彼らが)どのような心うち〔肺肝〕でこのようなことをするのかを理解できないのは私一人だけなのだろうか。中国で物事を処理することの難しさは、ここまでくると嘆かわしいばかりだ、嘆かわしいばかりだ[93]。

前述してきたとおり、薛福成は香港への領事の派遣が挫折すると、次はヤンゴン・カルカッタへの領事派遣を提起するなど、イギリス領における清朝領事の拡大を矢継ぎ早に実現しようとした。薛福成自身はその理由を次のように説明している。

イギリス政府は公法に照らしてイギリス領に領事を設置する権利を中国に対して認めており、今後もその言説を変えることはないであろう。しかも、イギリス側は(ヤンゴンとカルカッタに対しては)香港ほど慎重にはならないであろうし、(カシュガル問題を持ち出したように)他の問題と関連させることもないであろう。………香港の(領事設置の)ことはしばらく取り上げないことにしたとはいえ、決して永久に取りやめたわけではない。1、2年の内に状況が少しでも変われば、再度取り上げるべきである。………もしこの2カ所に領事を増設すべきでないというのであれば、やはり香港(における領事設置)を実施すべきである[94]。

在香港領事の設置に対する薛福成の執念の深さが見て取れるが、薛福成にとっては、万国公法を援用することによってイギリスから得た領事設置の権利を、「行使する」ことが何よりも重要なことであった。つまり、第1段階として、清朝が万国公法をはじめとする西洋外交の手法をマスターし、第2段階として、その手法を駆使して西洋国際関係上の権利を獲得していくことが目指された。そして、第3段階として、そうして得た権利を実際に行使することによって、清朝をして西洋国際社会の内に入らしめ、列強との対等な地位を確立することが、最終目標とされたのである。「南洋」

全域における大規模な領事の増設を奏請した「通籌南洋各島添設領事保護華民疏」で示されたとおり、まずは「比較的中国に好意的なイギリスから領事増設交渉を始め、それが成功してから、それを活かしてフランスやオランダと交渉する」との手順を薛福成は考えており[95]、その足がかりとして、自らの所管内で自らが示した手順どおりに、領事の増設をできるだけ実現しようと試みたのであった。

そのためには、領事設置の「バーター取引」も交渉術の１つとして容認された。はじめは、香港問題とカシュガル問題とを分けて考えることを主張していた薛福成も、最後には、イギリスのカシュガル駐在官の設置を交換条件としてでも、清朝の在香港領事の設置を実現すべきであると唱えるようになった。そして、その後成功した滇緬条約交渉では、在ヤンゴン領事の設置規定を得るために、その代償としてイギリス側に在蛮允領事の設置を認めたのである[96]。

近代中国における諸外国との領事関係の設定の大きな特徴の１つに、それが中国側の内地開放問題と表裏の関係にあったことが挙げられる。初代駐英公使の郭嵩燾が、清朝初の在外領事となる在シンガポール領事の設置を要求した際には、イギリス政府は、清朝側の内地開放が進んでいないことを最大の理由として、当初は清朝側の要求を拒否していた[97]。外交の場において、そうしたバーター的な取引や判断がなされることは、むしろ常識的なことであるが、中国において領事設置問題に顕著にそれが現われたのは、いわゆる「改革・開放」政策が始まる1970年代末まで断続的につづいた中国の「鎖国」状態と無縁ではなかった。国内秩序を維持し政権を安定させることが、政権担当者の最大の課題であり、そのために、外国勢力の影響が内地に及ぶことをできるだけ回避することが目指された。在香港領事設置問題における徐用儀らの判断基準もそこにあったのであろう。在外領事の設置は、国内秩序の安定との比較・選択の末に、政策的な優先順位が低くならざるを得なかったのである。その点、紆余曲折の末、1894年には外国人居留地の廃止を決め、99年にそれを実行に移して「内地雑居」へと踏み切った日本とは、かなり対応が異なっていたが、それは中国が国内に抱えていた諸矛盾の深さを、逆に物語っていたともいえよう。

国際法（万国公法）を駆使した外交を展開することによって西洋諸国と

の対等な関係を確立しようという、薛福成が領事問題などを通して目指した中国外交の1つのスタイルは、在香港領事の設置では挫折を余儀なくされたが、在ヤンゴン領事の設置では、条約によってその権利を明文化させることに成功し、実際にその条約規定に基づいて領事を派遣することによって実績を積み上げていく段階に入りかけていた。その矢先に訪れたのが、薛福成自身の死（1894年7月21日）と日清戦争の勃発（同月25日）であった。日清戦争の敗北は、清朝中国の国際的地位をさらに低下させ、イギリス・ロシアをはじめ、諸大国の清朝に対するまなざしは冷やかなものへと変わっていった。こうして薛福成が「転機」ととらえた中国の自強にとって有利となるべき国際環境は、期せずして彼の死とほぼ同時に失われたのである。

1） 中央アジア・チベットにおける英露対立については、入江啓四郎『支那辺疆と英露の角逐』（ナウカ社、1935）を、朝鮮半島については、岡本隆司『属国と自主のあいだ—近代清韓関係と東アジアの命運』（名古屋大学出版会、2004）第9章を参照。日清戦争以前の朝鮮半島については、実際には英露ともに朝鮮に対する直接支配を望んでいたわけではなかったが、特にイギリス側はロシアの朝鮮進出を危惧していたという。

2） 1880年代後半から90年代初頭にかけて、清朝政府内において在外領事設置問題がクローズアップされた経緯については、拙稿「清朝政府による『南洋』調査団派遣（1886〜88年）の背景—清末『南洋』領事設置問題との関連で」（『文研会紀要』〔愛知学院大学大学院文研会〕第13号、2002）、同「清朝政府による『南洋』調査（1886〜88年）—華人保護の実施と領事設置の予備調査」（『文研会紀要』第14号、2003）を参照。

3） Yen Ching-hwang（顔清湟）, Coolies and Mandarins :*China's Protection of Overseas Chinese during the Late Ch'ing Period（1851-1911）*, Singapore University Press, 1985、荘国土『中国封建政府的華僑政策』（廈門大学出版社、1989）ほか。

4） 陳体強『中国外交行政』（商務印書館、1945）第6章、王立誠『中国近代外交制度史』（甘粛人民出版社、1991）第7章・第14章。

5） 佐藤慎一『近代中国の知識人と文明』（東京大学出版会、1996）38頁。

6） 薛福成（1838〜1894）は、字は叔耘、号は庸盦・湘三子、江蘇省無錫の人。

1858年に秀才、65年に曾国藩の幕、72年に李鴻章の幕に入る。89年5月に駐英公使を受命し、翌90年4月に着任。94年5月に離任し、同年7月に帰国したが、北京に復命することなく同月上海で病没。薛福成の伝記には、費成康『薛福成』（上海人民出版社、1983）、丁鳳麟『薛福成評伝』（南京大学出版社、1998）がある。

7） 費成康前掲書、丁鳳麟前掲書、王金香「薛福成保護華僑思想述略」（栄鉄生主編『中国近代史論文集』河南大学学報編輯部、1986）ほか。

8） 箱田恵子「薛福成の滇緬界務交渉」（夫馬進編『中国東アジア外交交流史の研究』京都大学学術出版会、2007）。

9） この上奏は、在外領事の大規模な増設を実現するために、清朝はいかなる姿勢で臨み、またいかなる行動を採るべきかを、具体的かつ説得力をもって論じたものであり、その仔細については、拙稿「清末における『南洋』領事増設論議―清仏戦争後の議論を中心に」（『歴史学研究』第800号、2005）においてすでに詳しく検討している。

10） ①③⑤については、Yen Ching-hwang, *op. cit.*, ch. 4、荘国土前掲書第6章、余定邦・喩常森等『近代中国与東南亜関係史』（中山大学出版社、1999）第20章；余定邦「清朝政府在仰光設置領事的過程」（『中山大学学報（哲学社会科学版）』1990年第1期、同『中緬関係史』光明日報出版社、2000、第8章第4節、改訂再録）、費成康前掲書第11～12章、丁鳳麟前掲書第7～8章、王金香前掲論文などの研究があり、②については、余定邦「清朝外交官眼中的香港和中英関於香港設領的交渉」（『学術研究』1998年第3期）、郭双林「晩清香港設領問題初探」（『近代史研究』1998年第6期）がある。

11） 佐藤慎一前掲書第1章、箱田恵子前掲論文447～448頁。

12） 顧廷龍・葉亜廉主編『李鴻章全集（二）電稿二』（上海人民出版社、1986）。薛福成『出使公牘』（同『庸盦全集』涵芬楼、光緒24年、所収―以下略）などには、薛福成側の咨文・書簡・電報のみしか収められていないが、『李鴻章全集（二）電稿二』には、総理衙門が薛福成に発した多くの電報が収められており、先行研究で検討されることのなかった総理衙門側の見解を知ることができる。なお、本稿で使用した『李鴻章全集（二）電稿二』所収の電文は、顧廷龍・戴逸主編『李鴻章全集』（安徽教育出版社、2008）第23冊にも収録されているが、新出の関係電文はないため、本稿の典拠はすべて旧版に拠った。

13） なお、薛福成側の一部の電報は、『出使公牘』巻10「電報」にも収録されており、以下重複するものの典拠は併記する。

14） 1890年後半から91年前半当時の総理衙門大臣は、慶郡王奕劻、許庚身、福錕、

徐用儀、廖寿恒、孫毓汶、続昌、張蔭桓の8人であった。

15) 薛福成『出使英法義比四国日記』(以下『出使四国日記』と略記。同『庸盦全集』所収—以下略) 光緒十六年八月十一日 (1890年9月24日) 記、「咨総理衙門並北洋大臣李　英外部答允添設各属部領事」(『出使公牘』巻1、3～5頁)。総理衙門の1890年6月30日 (光緒十六年五月十四日) 付の咨文であることは『出使四国日記』にのみ記されている。

16) 1890年に行なわれた北洋艦隊の東南アジア巡航については、陳育崧「甲午前夕—北洋水師訪問新加坡記」(『南洋文摘』第7巻第12期、1966年12月)、荘国土「論清朝艦隊巡歴海外華埠」(『海交史研究』1990年第1期)、余定邦「近代中国海軍四次到過新加坡」(『東南亜研究』1991年第1・2期) を参照。

17) 『出使四国日記』光緒十六年六月二十二～二十七日 (1890年8月7～12日) 記。

18) 初代駐英公使であった郭嵩燾の着任以来、清朝の駐英公使館で参賛官を務めたマカートニーについては、Boulger, Demetrius C., *The life of Sir Halliday Macartney K.C.M.G. : commander of Li Hung Chang's trained force in the Taeping Rebellion, founder of the first Chinese arsenal, for thirty years councillor and secretary to the Chinese Legation in London,* London, J. Lane the Bodley Head, 1908を参照。

19) 『出使四国日記』光緒十六年八月十六日記。イギリス外務省への照会の漢文テキストは、『出使四国日記』光緒十六年八月十三日記と『出使公牘』巻8、1～2頁に収録されているが、FO17／1104所収の照会原本とは異同が多い。異同が多い理由はよくわからないが、漢文テキストは次に述べる10月8日付の咨文とともに、参考資料として総理衙門にも送られていることから、『出使公牘』に載せられた漢文テキストは、総理衙門へ提出するために、実際にイギリス外務省に手交したテキストに添削を加えたものである可能性もある。なお、FO所収の照会原本と『出使四国日記』『出使公牘』所収の照会文との校合を、岡本隆司・青山治世「清末出使日記解題」(岡本隆司編『中国近代外交史の基礎的研究—19世紀後半期における出使日記の精査を中心として』平成17～19年度科学研究費補助金 (基盤研究 (C)) 研究成果報告書、2008) 39～41頁において行なったので、そちらも参照されたい。

20) この問題は、北京においてイギリス駐清公使のワルシャム (Sir John Walsham、在任1886年6月～92年9月) が総理衙門に提起したことから始まっている。当時イギリスは、インド支配の安定とロシアとの中央アジアへの進出競争において優位に立つため、新疆のカシュガルにイギリスの領事または駐在官を置くことを望んでいた。1881年のペテルブルク条約の結果、カシュガルには

82年10月にロシア領事館が開設されていた。イギリスは、ヤクブ・ベク政権が崩壊した後、一時新疆での拠点を失っていたが、パミール帰属問題が起こってからは、自国民保護を口実に、カシュガルにおける官吏の常駐を清朝側に求めていた。結局、清朝側はイギリスのカシュガル駐在「遊歴官」の受け入れに同意し、ジョージ・マカートニー（1867〜1945）がその任に就き、1891年9月から1918年まで新疆におけるほとんど唯一のイギリス代表として、清朝・ロシアとの交渉や自国民保護に従事した。ちなみに、ジョージ・マカートニーはハリディ・マカートニーの息子であり、イギリス政府の新疆政策におけるハリディ・マカートニーの役割についても、十分留意する必要がある（以上、片岡一忠『清朝新疆統治研究』雄山閣出版、1991、217頁、箱田恵子前掲論文、448・459頁を参照）。

21) 「論英派員駐喀什噶爾及商設香港領事書」光緒十六年八月十二日（『出使公牘』巻3、5〜8頁）。この書簡は、9月19日に受け取った総理衙門からの来電に答えたものであり、総理衙門側からカシュガル問題について問い合わせがあったものと思われる（同、5頁）。

22) 専論としては、郭双林前掲論文、余定邦前掲「清朝外交官眼中的香港和中英関於香港設領的交渉」がある。

23) 「倫敦致総署總辦論事三條」辛巳（光緒七年）七月初一日（1881年7月26日）（曾紀沢『曾恵敏公遺集』江南製造総局、光緒19年、文集巻4、12〜13頁）；「致総署函稿」光緒七年閏七月十一日（1881年9月4日）倫敦（「曾紀沢未刊書牘」、『近代史資料』総75号、1989年11月、154〜155頁）。

24) 「請催設香港領事摺」光緒十二年二月二十五日（張之洞撰・王樹枏編『張文襄公全集』〔文華斎、1928〕奏議巻15、14〜17頁）。

25) 郭双林前掲論文、176〜180頁。

26) 「咨総理衙門 与英外部商辦添設領事」光緒十六年八月二十五日（『出使公牘』巻1、3〜5頁）。

27) 「咨総理衙門 英外部審量添設領事」光緒十六年九月初七日（『出使公牘』巻1、7頁）。

28) 「論添設香港領事及英派員駐喀什噶爾書」光緒十六年九月初十日（『出使公牘』巻3、11〜12頁）。

29) 『出使奏疏』（『庸盦全集』所収—以下略）巻上、20〜26頁。

30) 前掲拙稿「清末における『南洋』領事増設論議」7〜12頁。

31) 「与英外部商設香港領事情形片」光緒十六年十月初十日（『出使奏疏』巻上、27頁）。

32) 『出使四国日記』光緒十六年十月十九日記。
33) 同、二十日記。
34) 同上。
35) 「咨総理衙門並北洋大臣李　英外部答允添設各属部領事」光緒十六年十一月初一日（『出使公牘』巻1、11～12頁）。またここでは、領事を増設しても経費はさほど多くはかからないことが強調されていた。
36) 「論添設南洋領事書」光緒十六年十一月初一日（『出使公牘』巻3、14～15頁）。
37) 「再論添設香港領事及英派員駐喀什噶爾書」光緒十六年十一月二十一日（『出使公牘』巻3、18～19頁）。
38) 馬頓斯著、聯芳・慶常訳、丁韙良鑑定校刻『星軺指掌』（同文館、光緒2年）第3巻「論領事官」第12章「論領事官之責任」第4節「論簡派領事官及到任之例」にいう「准行執照」を略していったものである。
39) 「三論添設香港領事及英派員駐喀什噶爾書」光緒十六年十一月二十一日（『出使公牘』巻3、20～21頁）。
40) 王鉄崖編『中外旧約章彙編』第1冊（生活・読書・新知三聯書店、1957）383～384頁。
41) 「三論添設香港領事及英派員駐喀什噶爾書」光緒十六年十一月二十一日（『出使公牘』巻3、20頁）。
42) 前掲『中外旧約章彙編』第1冊、78頁。
43) 同、384頁。
44) 「三論添設香港領事及英派員駐喀什噶爾書」光緒十六年十一月二十一日（『出使公牘』巻3、20頁）。
45) 新疆におけるロシア商人の無関税問題は、1880年代後半以降、新疆巡撫劉錦棠によってその異常性が盛んに指摘され、総理衙門や駐露公使は、すでに新疆での貿易は盛んになっており、中国商人のみ課税されるのは不公平であるから税則を定めてロシア商人からも関税を徴収すべきである、とロシア側に要求していた。この時ロシア側は、ウルムチに総領事を設置することを清朝側に要求しており、結局両国は、領事問題と税則問題とを交換条件として、ともに取り下げることになった。1892年、中国商人からのみ徴税するのは不公平であり、当面ロシア商人から徴税できないのであれば、中国商人からの徴税も停止すべきであるとの新疆巡撫陶模の奏請を受け、清朝政府は同年12月に新疆における中国商人からの流通税の徴収を停止した。日清戦争後、ロシアは三国干渉によって日本に対して遼東半島を清朝に返還させた「功績」をもって、在ウルムチ領事の設置を再度清朝政府に迫った。新疆当局や北京政府はこれ

を機に再び税則を定めて無税状態の解消を図ろうとしたが、ロシア側の強硬な反対に遭い、結局ロシア側の在ウルムチ領事の設置のみ認められた（1896年設置）。2度目の条約改正時期であった1901年にも、新疆当局は無税規定の廃止を求めたが、前年に起こった義和団事件のため、ロシアに対して廃止を要求することができなかった。その上、4.5億両白銀におよぶ義和団賠償金支払いの影響を受け、同年新疆省では中国商人に対する課税が再開され、ふたたび中国商人のみ徴税される状態に戻っていた。3度目の改正期限を迎えた1910年12月から翌11年11月にかけて、清露間では度重なる交渉が行なわれ、清朝側は再度無税状態の解消を目指したが、ロシア側は最後通牒を発して武力行使も辞さない強硬な態度をとり、曾紀沢が挿入させた「暫」の字と「将来商務が盛んになれば、両国は税則を議定して免税規定を撤廃する」との一文をも削除し、無税状態をかえって恒久化しようとした。しかし、その後も交渉が難航している間に辛亥革命が勃発し、改正は行なわれず、1912年7月になってロシア側は中華民国政府に対し、1881年条約は自動延長された旨を通告した。その後、1917年のロシア革命によって帝政ロシアが崩壊し、新疆省（省長は楊増新）は新たに成立したソビエト政府と交渉して、1920年5月に「イリ臨時通商協定」（伊寧会議定案）を結び、これにより、イリ国境を出入りするロシア商人の貨物はすべて新疆当局の関税規定に従って課税されることとなった。この協定は9月8日に北京政府の批准を受け、9月1日付で徴税が開始され、1922年からは新疆南部でも税関が設けられて徴税が始まった。こうして、1851年以来つづいたロシア側の貿易免税特権は撤廃された。以上、厉声『新疆対蘇（俄）貿易史1600—1990』（新疆人民出版社、1993）第3章（特に189〜197頁）・第5章（特に248〜258頁）を参照。

46) 薛福成が再びロンドンに戻ったのは同年5月4日のことであり、領事問題の議論も薛のロンドン帰還を待って、再び動き出すことになる。薛福成自身が、「（領事問題については）私がフランス・イタリア両国に赴いて数カ月留まっていた間は（他の問題と）同時に処理することができず、（その間に）ついに面倒なことになってしまった」（「四論添設香港領事及英派員駐喀什噶爾書」光緒十七年四月十二日、『出使公牘』巻3、50〜53頁）と述べているとおり、清末の在外公使が数カ国の公使を兼務していたことの弊害が、ここにも現れていた。ここに言う「面倒なこと」については後述する。

47) しかし、この薛福成の上奏は、しばらくして『申報』や『万国公報』に掲載される（『申報』1891年4月19・20日、『万国公報』第29冊、1891年6月）。特にこの時期の『万国公報』は、在外公使の上奏を掲載することはほとんどなく、

この薛福成の領事増設の上奏をいかに注目していたかが伺われる。また、この上奏は、後の経世文編の類にも繰り返し掲載され、中国の本国政府が在外華人の保護や領事の増設を推進していくための有力な論説として、広く知られることになる（陳良倚編『皇朝経世文三編』宝文書局、光緒24年、巻78「洋務」10；麦仲華編『皇朝経世文新編』上海大同訳書局、光緒24年、巻15中「交渉」；宜今室主人輯『皇朝経済文新編』上海宜今室、光緒27年、「外国交渉」巻２；甘韓編『皇朝経世文新編続集』商絳雪参書局、光緒28年、巻15；席裕福・沈師徐編『皇朝政典類纂』上海図書集成局、光緒29年、巻476「外交」11「通使」）。

48) 「光緒十七年正月初二日逓北京」（『出使公牘』巻10「電報」 5頁）および「薛使致訳署」光緒十七年正月初四日申刻到（『李鴻章全集（二）電稿二』339～340頁）。

49) 「瀕海要区添設領事疏」光緒十七年正月二十五日（『出使奏疏』巻上、35～36頁）、および「使英薛福成奏瀕海要区添設領事揀員調充摺」（王彦威・王亮編『清季外交史料』〔外交史料編纂処、1933〕巻84、10～11頁）。

50) 「使英薛福成奏瀕海要区添設領事揀員調充摺」（『清季外交史料』巻84、11頁）。

51) 「訳署寄薛使」光緒十七年三月二十四日辰刻到（『李鴻章全集（二）電稿二』359～360頁）。電文の末尾は「漾」であり、発信日は光緒十七年三月二十三日（1891年5月1日）である。

52) Interview at the Tsungli Yamen, 30 Apr. 1891, Record Book of Interviews with Chinese Authorities, etc., FO233 / 40. 以下、この時の会談記録はすべてこの史料による。

53) 「咨総理衙門 酌議添設領事経費及籌辦事宜」光緒十七年三月二十五日（『出使公牘』巻１、13～14頁）。

54) 1876年9月30日に奏定された「出使経費」では、総領事は600両、正領事は500両、副領事・署領事は400両と定められていた（「総理各国事務衙門奏」、朱寿朋編『光緒朝東華録』〔中華書局、1958〕第１冊、総276頁、光緒二年八月辛丑条）。

55) 在香港領事が設置された後、地理的に近い両広総督の管轄下に置くという案は、曾紀沢や張之洞の計画にもすでに見られたが（「倫敦致総署総辦論事三条」辛巳七月初一日、『曾恵敏公遺集』文集巻４、12～13頁；「請催設香港領事摺」光緒十二年二月二十五日『張文襄公全集』奏議巻15、17頁）、曾紀沢は「粤中大吏」のみに「節制」させるとしたのに対し、張之洞は両広総督（張之洞自身）と駐英公使（当時は劉瑞芬）に「兼帰」させるとするなど、若干の違いが見られた。

56）本国と在外公館との間で電報が使われるのは、緊急性があり、しかも長文ではないものに限られた。長文の電報が避けられたのは、電報にかかる費用が当時高額であったためでもある。在外公館の設立に合わせた電信を含む清末の対外通信体制の確立については、千葉正史『近代交通体系と清帝国の変貌―電信・鉄道ネットワークの形成と中国国家統合の変容』（日本経済評論社、2006）第2章を参照。
57）「訳署致薛使」光緒十七年三月二十九日午刻到（『李鴻章全集（二）電稿二』361頁）。電文の末尾は「勘」であり、発信日は光緒十七年三月二十八日（1891年5月6日）である。
58）この経緯については不詳。
59）「四月初二日逓北京」（『出使公牘』巻10「電報」5頁）、および「薛使致訳署」光緒十七年四月初四日酉刻到（『李鴻章全集（二）電稿二』362頁）。
60）郭双林前掲論文、191～194頁を参照。
61）「訳署致薛使」光緒十七年四月初五日戌刻到（『李鴻章全集（二）電稿二』363頁）。電文の末尾に発信日を表わす文字がないため、『李鴻章全集（二）電稿二』の記載に拠ったが、おそらく発信日はこの前日（11日）あたりと思われる。
62）「薛使寄訳署」光緒十七年四月初八日酉刻到（『李鴻章全集（二）電稿二』364～365頁）。電文の末尾は「虞」であり、発信日は光緒十七年四月七日（1891年5月14日）である。
63）「四月初九日逓北京」（『出使公牘』巻10「電報」5～6頁）、および「薛使致訳署」光緒十七年四月十一日亥刻到（『李鴻章全集（二）電稿二』365～366頁）。
64）「訳署致薛使」光緒十七年四月十三日酉刻到（『李鴻章全集（二）電稿二』366頁）。電文の末尾に発信日を表わす文字がないため、『李鴻章全集（二）電稿二』の記載に拠ったが、おそらく発信日はこの前日（19日）あたりと思われる。
65）「薛使致訳署」光緒十七年四月十八日辰刻到（『李鴻章全集（二）電稿二』366頁）。電文の末尾は「咸」であり、発信日は光緒十七年四月十五日（1891年5月22日）である。
66）『出使公牘』巻3、50～53頁。『庸盦文別集』巻6所収の「論添設香港領事及英派員駐喀什噶爾書（致総理衙門）」辛卯もほぼ同文である（同、208～211頁）。
67）「論長江教案書」光緒十七年六月十八日（『出使公牘』巻4、3～4頁）、「論外国領事宜中国給予准照書」光緒十七年六月十八日（同、巻3、5～6頁）。

68）「薛使致訳署」光緒十七年七月初七日戌刻到（『李鴻章全集（二）電稿二』383頁）。電文の末尾は「江」であり、発信日は光緒十七年七月初三日（1891年8月7日）である。
69）「総署奏遵議添設香港領事改設新嘉坡総領事摺」（『清季外交史料』巻84、28～30頁）。
70）「訳署寄薛使」光緒十七年七月二十三日巳刻到（『李鴻章全集（二）電稿二』388頁）。電文の末尾は「養」であり、発信日は光緒十七年七月二十二日（1891年8月26日）である。
71）その後、1907年になり、清朝政府は再度在香港領事の設置をイギリス側に求めたが、香港総督が頑強に反対したため、結局清朝は最後まで在香港領事を設置することはできなかった（郭双林前掲論文、190頁）。
72）薛福成『薛福成日記』（吉林文史出版社、2004）651～652頁、光緒十七年八月壬辰朔（1891年9月3日）記。
73）1891年5月当時の総理衙門大臣については、註14をみよ。
74）「答袁戸部書」戸部郎中袁昶時為総理衙門総辦・辛卯（『庸盦海外文編』巻3、5頁）。
75）薛福成『出使日記続刻』（『庸盦全集』所収）光緒十七年九月十二日（1891年10月14日）記。
76）同、光緒十七年十月二十日（1891年11月21日）記。
77）袁昶が当時、「南洋」領事増設問題について薛福成と往復書簡で意見を交換していたことは、袁昶側の日記からも確認できる（袁昶『毗邪台山散人日記』光緒十六年十二月、光緒十七年十月〔李徳龍・兪冰主編『歴代日記叢鈔』学苑出版社、2006、第72冊、489、608頁〕）。薛福成の計画が挫折した後の1891年11月に袁昶が受け取った薛の書簡には、「当路」者に対する不満が記されていたという（前掲『毗邪台山散人日記』光緒十七年十月の日記〔前掲『歴代日記叢鈔』第72冊、608頁〕）。
78）黄遵憲の在シンガポール総領事在任時期の活動については、Kamachi, Noriko, *Reform in China : Huang Ysun-hsien and the Japanese Model,* Harvard University Press, Cambridge and London, 1981、盛邦和「黄遵憲辦理華僑事務的功績」（呉沢主編『華僑史研究論集（一）』華東師範大学出版社、1984）、蔡佩蓉『清季駐新加坡領事之探討（一八七七―一九一一）』（新加坡国立大学中文系・八方文化企業公司、2002）、鄭海麟『黄遵憲伝―附黄遵楷伝』（中華書局、2006）第8章などを参照。
79）『出使奏疏』巻下、5～9頁；「使英薛福成奏請申明新章豁除旧禁以護商民摺」

80) 1893年にはペナンに副領事が設置され、現地華人の張振勲が任命されている。
81) 「論仰光及加里吉打宜設領事書」光緒十七年十月二十一日（『出使公牘』巻4、16～17頁）。
82) 特に界務交渉については、箱田恵子前掲論文に詳しい。
83) 「豫籌仰光領事揀員充補疏」光緒二十年三月十四日（『出使奏疏』巻下、46～48頁）。同文が『清季外交史料』巻91、5～6頁に収録されている。
84) 前掲『中外旧約章彙編』第1冊、575～581頁。
85) 「豫籌仰光領事揀員充補疏」光緒二十年三月十四日（『出使奏疏』巻下、46～48頁）。
86) 在ヤンゴン領事の設置交渉については、余定邦「清朝政府在仰光設置領事的過程―兼論清廷所派領事与華僑的関係」（『中山大学学報（哲学社会科学版）』1990年第1期）などの研究があるが、清朝側の政策決定過程やイギリス側との交渉過程など、検討すべき点はまだ多い。
87) 『出使公牘』巻3、52～53頁。
88) そんな状況下においても、米西戦争の結果、フィリピンがスペインからアメリカに割譲されたことにより、1880年代初頭以来の懸案であった在マニラ領事の設置が1898年に実現している。
89) 当時清朝の対外政策に重きをなしていた北洋大臣李鴻章は、薛福成が行なった領事設置活動についてどのように見ていたのか。薛福成は元々李鴻章の幕僚であり、その駐英公使への就任にも李鴻章の推挙があった以上、李鴻章が薛福成の大きな後ろ盾となっていたことは疑いないであろうが、李鴻章が薛福成が行なった領事設置活動について直接言及した史料は現在のところ見当たらない。しかし、李鴻章側の保存記録（前掲『李鴻章全集（二）電稿二』）の中に薛福成と総理衙門との往復電報が残されていること自体、李鴻章が両者の論議の内容をよく承知していたことの紛れもない証拠である。李鴻章側に残された電報記録には、薛福成以外のその他の在外公使らと総理衙門との間でやり取りされた電信も多く残されている。これは、在外公使（後には国内の督撫も）から総理衙門へ送られる電信を仲介する電報局を李鴻章が押さえていたためであるが、そもそも電報以外にも、奏摺をはじめとする在外公使と本国との間のあらゆる連絡文書や私信のやり取りは、天津・上海間を結ぶ文報局組織を通じて行なわれ、それらもすべて李鴻章の管理下にあった（千葉正史前掲書、第2章を参照）。
90) 「通籌南洋各島添設領事保護華民疏」光緒十六年十月初十日（『出使奏疏』巻

91) こうした薛福成の主張は、彼の論説や日記の中に散見される（「南洋諸島致富彊説」、『庸盦海外文編』巻3、26～27頁；「許巴西墨西哥立約招工説」同、巻1、31～33頁；『出使四国日記』光緒十七年正月十六日〔1891年2月24日〕記。丁鳳麟前掲書、478～480頁も参照）。
92) 『庸盦海外文編』巻3、26～27頁。
93) 『庸盦海外文編』巻3、15～16頁。
94) 「論仰光及加里吉打宜設領事書」光緒十七年十月二十一日（『出使公牘』巻4、16～17頁)。
95) 「通籌南洋各島添設領事保護華民疏」光緒十六年十月初十日（『出使奏疏』巻上、25頁）。
96) 「豫籌仰光領事揀員充補疏」光緒二十年三月十四日（『出使奏疏』巻下、46頁）。
97) FO.17/794, Salisbury to Kuo Ta-Jên, Apr. 16, 1878.

第2章　中国塩「専売」芻議
——司馬遷、加藤繁と左樹珍——

山腰　敏寛

はじめに

　塩は中国史を解き明かす重要な鍵の一つであることは確かである。それは人にとって必須の消費物質であると同時に王朝の最重要な財源であった（一例をあげれば唐朝や元朝の財源の半ばは塩による）。19世紀の半ば以降になると欧米において化学工業が勃興し、その波はやや遅れて20世紀初頭に東アジアへと波及してきた。1910年代に日本の塩業関係者は工業塩の需要について思案し将来の入手先として中国塩に着目するようになった。その後、中国塩は日本では近海塩とも言われ、日本の工業塩を長きにわたって支えた。冷戦期にも竹のカーテンの向こうからＬＴ貿易により日本に中国塩はもたらされたのである。また中国においても永利化工が天津（の日本租界）において誕生したのも1910年代である。このように日本近代と中国塩というのは切っても切れない関係にある。本稿は中国塩について日本と中国の双方において、近代的な歴史学によりまたは経済政策としてどのように認識が深められていったのかを考察する。

　筆者は先に、中国の塩政史を見るにあたって「専売」と「徴税」という用語の違いに留意すべきことを指摘した[1]。それは正確な用語としては「就場専売」と「就場徴税」という熟語を省略したものであった。省略した形で本質的な政策部分は表されていると判断し、他分野や初学の者に本質的な違いを理解してもらいたいと論じたものである。本稿では、まさに「専売」という二字の用語に着目し、日本と中国の用語・学説が相互に与えた影響の跡を追ってみることとする。「専売」という用語は日本と中国で近代的な政策用語として使われるようになったが、この二字だけであると、実は意味するところがまだ曖昧である。その曖昧さ故に中国に伝わった時点で多少の混乱をもたらしながらも政策論を前進せしめたのではない

かと筆者は考えている。

1. 20世紀初頭の日中における中国塩の認識状況

　日中の双方において歴史上の中国塩を近代的な歴史学または政策論として認識し始めるのは辛亥革命前後から1910年代頃であったとすることができる。勿論、両国においてはその前史は異なる。

　日本における中国塩に対する1910年前後の認識は（本稿では特に『清国行政法』を意識するが）まだ幼いものであった。渡辺惇は、日清戦争時には日本で余り気味であった塩を中国に輸出できないかと企図したことも紹介する。しかし、中国における塩の生産は大規模で、清朝政府の側は厳格な統制下においていた産品であったことから下関条約には塩に関する条文が盛り込まれることはなかった[2]。日本側は中国における塩が財源として重要かつ法的な統制は厳格であったことも認識していなかったようである。しかし、日本が領有した台湾で内地に先行して専売制が1899年から施行され、さらに台湾統治に資するためにと『清国行政法』が編纂されることになった。『清国行政法』が刊行された時代（1905—1914）というのは、まさに日本における化学工業の勃興前夜にあたるが、『清国行政法』における中国塩認識はまだまだ幼いものであった。

　中国においては塩をめぐる用語と議論と資料は十分すぎるほどあった。何と言っても実際の塩政が運用されており、政務文書やら檔案はいくらでもあり、編纂物でも各地の塩法志などが多く刊行されていた。しかし、これは専門家以外にはほとんど理解不能であっただろう。「塩迷」「塩糊塗」という言葉は、日本の塩の研究者にも知られている言葉であるが、これはそのような塩に限定した難解な用語と膨大な文書を対象として研究する者を形容した言葉である[3]。塩についての理解を深めることの難しさの一端を指摘すると、岡本隆司は魏源の票塩の記述について着目し実務に通じていたのかと疑念を呈してもいる[4]。魏源は『皇朝経世文編』を実際に編纂しており、その中には塩法論も含んでいるのであるから読解をすることはある程度は可能であっただろうが、魏源にして塩政全般（含公文書）の理解が怪しいということになる。魏源を弁護するなら、実際の末端の書類と

政府中央でまとめられた文書と論者の主張は、ほとんど違う分野の文書であったとも言うことができる。このように中国においても膨大な運用実績と歴史を前にして、その全てに通じることはかなりな難事であったとも思われるのである。

　清代の塩政を一文でまとめれば、特権を賦与された大商人（彼らは納税をする一方、零細な商人を下請けとして酷使搾取した）に壟断させた塩政が主たるものであったとすることができる（綱法と同治年間からの循環転運法など）。一部知識人には、もっと自由にさせるべきであるとの主張が継続してあり、それが19世紀には実際の塩政で試行されつつあった[5]。それは、各地で実績をあげたのであるが、太平天国の影響もあり世襲特権商人の壟断する循環転運法へと回帰していったのである。しかし、19世紀から20世紀への世紀の変わり目においてはそのような自由化を求める改革論議は強く主張されつつあった。現に清末に張謇はそのような主張をもっていたのである[6]（後述）。言い換えれば、一見すると清代の塩政は大商人に丸投げした「綱法」的な運用が実際に行われたと概観できるが、同時に自由化を求める議論も根強くあった。

2. 対比しようとする日中の対象

　清末期からの日本と中国の両国における塩をめぐる諸動向については渡辺惇が精力的に分析をし紹介をしている。渡辺惇は『日本塩業体系』で近代日本とかかわりをもった中国塩について述べ、また中国史の専論として、浙江における製塩法[7]、清代を通した自由化への主張と動向[8]、中国における清末期から民国期の塩法論や改革運動（塩政討論会）の動向も紹介している[9]。人物としては塩政討論会を組織し『塩政雑誌』を創刊した景学鈐[10]、景学鈐と交友のあった張謇や[11]、論者として知られた左樹珍を紹介する[12]。更に、日本の専売法規が中国の論者に与えた影響も紹介する[13]。

　本稿では1910年代から1930年代にかけての日中における中国塩の分析を比較することとするが、着目する著作と人物をまず示しておく。

　まず、日本側では『清国行政法』と加藤繁、中山八郎、藤井宏である。『清国行政法』は台湾を統治するために公法学者織田萬に委嘱して近代公

法学の立場から清朝の行政制度を分析させたものである。特に第6巻には塩法についての記述を含む。これを日本における中国塩の分析の起点としたい。加藤繁は東京大学を卒業した直後に『清国行政法』の編纂に参加している。本稿では後年の彼の分析と中山八郎と藤井宏の中国塩政史の研究を検討したい。

　中国側の検討の対象としたいのは清末民初に登場した論客の左樹珍である。彼の理解者であり塩政改革運動の推進者であったのは景学鈐である[14]。実は、民国期の各論者の議論にも多少の異同はある。その異同の一例を挙げれば、明代における塩商が三つの商人グループ（内商・水商・辺商）に分かれた契機について左樹珍と曾仰豊の意見が異なっている。それぞれ左樹珍は「余塩買補制」の成立に、曾仰豊は「兌支法」に、更に藤井宏は「銀納が可能となり両淮と両浙に塩商が移ってきたこと」にその契機があるとする[15]。しかし、民国期の他の論者が異論を持っていたとしても左樹珍の塩法論は「就場専売」という用語でもって唐の劉晏の位置づけをしていることに特徴があり、このような分析を景学鈐と曾仰豊も踏襲しているのであるから、民国期の中国で圧倒的な影響を行使していたのが左樹珍であったのは確かである。左樹珍と景学鈐が辛亥革命後に協力し合ったことは非常に重要である。左樹珍は自身の主張を唱える場として『塩政雑誌』誌上を得、景学鈐は強力無比な論者を擁して改革運動を進めることが出来た訳である。景学鈐は清末には張謇と出会い、民国期には塩政討論会を組織し『塩政雑誌』を刊行し、永利化工の設立にも関わっている。このように政界にも強い影響力を徐々に持つようになっていった景学鈐が理事として名を連ねていたことは永利化工の工業塩対策と無関係ではなかっただろう。化学工業は膨大な工業塩を使用する。現在の日本を例にとれば、食塩に数倍する工業塩が使われている。工業塩というのは化学工業が勃興するための大前提である。旧来のように財源として高課税政策が維持されれば中国で化学工業などは成立し得なかったはずである。そのような政策の変更はまさに1917年になされたのである。そのような大きな政策の変化は永利化工の理事であった景学鈐の存在抜きには考えられないし、景学鈐のそのような活躍自体も論客左樹珍の塩法論無くしては不可能であっただろう。

3.「専売」以前の伝統的な用語で語られる塩法論議

　中国においては「専売」という言葉が使われる前には、実態に即した用語と主張があった。どのような用語でどこまで内容を表すことができたのかを、専売という用語と比較するためにも見ておきたい。具体的に以下に景学鈴が張謇と初めて会った時のことを回顧した文章を掲げる。この時点では両者には意見の違いがあった。

> 癸卯冬（1903年〜1904年にかけての冬）、張謇先生に海上で会うことができ淮南塩と両浙塩の弊害について、縦横に語り尽くしたが、その時の張謇先生は「塩税は塩場で収税すること（そして自由に売りに行かせる）」との説をもたれており、これに対して私は「官が買い上げて、商人が売りさばく」べきであると考えていた。いささか考えが違った。しかしながら、改革をせんとする志は同じであった。16)（筆者訳）

　清最末期においては張謇は税を取るならと当たり前に税制として語っていたことが判る。他方、これに対する景学鈴の主張は国家（官）が一旦買い上げるべきということで専売論であった。但し、この景学鈴の主張は当時に行われていた塩法とは大いにかけ離れたものであったし、この記述も1913年に景学鈴が10年前を回顧したものである。張謇と最初に会ったときには景学鈴には国家専売という用語ではなく「官が買い上げて商人に売ら」せるべきと語っていた。この後、張謇は専売論に転じるがそれは景学鈴の影響であろう17)。専売論に転じた張謇と景学鈴は塩政改革運動に取り組むが、1913年4月に善後借款が成立して塩税収入が担保となり塩務稽核總所の会辦となったデーン（塩務稽核總所の会辦1913―1918）が列強の力を背景に改革を進めることになる。インドにおける経験とデータで「就場征税」で取り組むように景学鈴ら当時の有力な論客らも説得し、景学鈴の側も引き下がることになる18)。この時点でも専売論を捨てきれなかった景学鈴であるが、やがて専売論という持論をやがて取り下げることになる19)。さて、張謇と景学鈴が最初に出会った時に交わした会話における用語は次

のような四文字熟語となっている。

　就場徴税（不問所之）→「塩税は塩場で収税すること（そして自由に売りに行かせる）」
　官収商銷→「官が買い上げて、商人が売りさばく」

　前者こそは明末清初以来一部の知識人が唱えていた主張であった。これには括弧内で示したように「不問所之」という言葉が続くのである（「任其所之」とすることもある）。筆者などは、この「就場徴税」「不問所之」などの旧来の用語は実態に即した優れた用語であったと考える。更に言えばより具体的で正確な用語であったろうと考える。例えば、「就場徴税」は「塩場内で税を徴収する」である。政策内容としてはかなり具体的である。「不問所之」は流通を妨げてはいけないと官方が取り締まりをしてはいけないとまでも含意する。この二つの熟語を併せた八字は「就場徴税、不問所之」は、リチャード=デーンの改革時に後の4字が改められて「就場徴税、自由貿易」と言い換えられ、そして1931年の新塩法の原則として掲げられることになる。確かに、「好きに売りに行かせる」と「自由貿易」は共通することが多い。しかし、自由貿易となると、官が商人に自由にさせるのか、また商人が自由であるのか主体が判然としない。そう考えると、官などが干渉してはいけないという意味すら持つ、「不問所之」の方がより明確であろう。また景学鈴が使っている「官収商銷」という表現も「官が収買し、商人が売る」と各段階での主体が明確に示されている。

　さて、このような具体的な施策まで含意する「就場徴税」「不問所之」に比して、専売という用語は二字だけであると主体が曖昧である。子細に読むと『清国行政法』も景学鈴も1910年代初頭で共通して、特に留意している場合には「国家専売」などと字を付加して使っている[20]。民国期には更に「商専売」という用語もでてくるようになる。これは綱法における特権商人たる綱商を念頭においた語である。また「就場徴税」から「就場」を取り出して「専売」と結びつけて「就場専売」とした造語も左樹珍以降使われるようになる。

4. 論客左樹珍の登場の意義

　民国初年の中国の塩法論の論者としては渡辺惇が紹介している左樹珍が注目すべきである[21]（渡辺惇1977）。筆者は、左樹珍の塩法論の特徴はいくつかあるが、その中でも「専売」という用語をうまく利用したことに着目したい。以下、左樹珍の塩法論を述べる前提として「専売」という用語について述べる。

　中国における塩政を今日でも「専売」という用語で言及することがある。用語というのは明確な議論をするためには、定義が必要である。もしも専売の定義を「皇帝権力により塩を厳格な統制下において財源化したもの」とすれば日本で行われてきたほとんどの議論は今でも有効であろう。しかし、専売という2字に「専ら売る」という意義を見出すなら、何者が売るのかという明確な定義もせずに、論議してきたことでどれだけの学問的な労力が未だ十分に結実せず徒労で終わっていることだろうか。かつては日中の双方の研究者・先学も専売制と税制策を混同したものである。

　本稿としては、専売という用語をある程度確定しておきたいので、専売と単にある以上は国家が主体となった国家専売とする。このような国家専売の例としては、日本における専売公社の時代に展開された塩・タバコなどの政策事例が判りやすい。日本における塩の専売制は（内地においては）日露戦争の戦費を補うために1905年から行われた。しかし、日本が領有した後の台湾ではこれに先行して1899年から塩の専売制が行われていた。日本内地における塩の専売の施行は台湾における先行事例を抜きに語ることはできない。日本における塩の専売について、以下に年号を掲げて確認しておく。

　　1895年　　下関条約。
　　1899年　　（日本統治初期に塩政が一旦廃された後）専売制の施行。
　　1905年6月　日本内地における塩の専売制度。
　　1919年　　塩専売の収益主義から公益主義へ。
　　1997年　　塩の専売の終了。

中国の塩政で一般にも知られたものは前漢の武帝の塩鉄策ということになるが、その実態は後述するように不明である。まだしも確実な史実として判るのが劉晏が完成させた唐代の塩政である。これは官が塩場で買い上げて転売したとされているので専売制として大過ないであろう。
　ところで、左樹珍の塩法論を理解するために清代の塩政状況とそれをとりまく諸議論を知らないといけない。明末の萬暦45（1617）年に世襲の特権商人（綱商）に壟断させる塩法が成立した（綱法）。そうした特権商人の壟断に帰した現実の政策に対して、もっと自由に販売させるべきだとする「就場征税」の主張も明末清初におこってくる。渡辺惇はこの「就場征税」説の登場は綱法の成立と無縁ではないだろうとしている[22]。そのような主張を説いたのは『皇明経世文編』を編集した明末清初の李雯であるとされる。ただし李雯自身の記述は残っていず、顧炎武『日知録』が伝えるのみである。また後に雍正期の顧成天も唱えた。その主張は、清代を通じて知識人の一部には継承され続け、18世紀末から19世紀にかけて、主要な塩の販売区画（行塩区）において試行的に導入される動きも見ることができた[23]。道光朝の陶澍の両淮の塩政改革のうち淮北における票法の導入とは、そのような政策主張が両淮塩のうちのまだしも狭い行塩区とは言え主要な行塩区へ導入された画期的なできごとであった[24]。このことについては日本においては佐伯富の研究が有名であるが、佐伯富は陶澍の事跡として述べるのみで、劉晏以来千年もしくは明末清初200年来の政策論の中でとらえることに失敗している[25]。明末以来の動向を清代の各行塩区での試行も含めて総合的に考察しようとしたのは渡辺惇であった。渡辺惇はそのような文脈の中で陶澍の改革が如何に画期的であるかという位置づけをするつもりだったのだろう[26]。筆者は陶澍の文集を検討するうちに、佐伯富がいうがごとく票法の導入を当初意図したものではないとした[27]。更に政策論の応酬を検討しても、政府内でも「就場征税」で改革するようにとの意見が強まる中、実は陶澍は寧ろ一貫して反対していたのであるが、やむなくしたところ成果を挙げたのである[28]。
　渡辺惇は清末以来塩政改革に取り組んだ景学鈐を紹介している。景学鈐の思索の変遷は以下のようになっている。清最末期の頃には、明末清初以

来の「就場徴税」の主張が再び高まっていた。太平天国前の淮北行塩区の実績はその根拠の一つとなったであろう。しかし、その最中にあって景学鈐は釈然としないものを心中に抱えていた。浙江省で漁塩（魚を保存するために使う塩で必需品であった）の問題を通して塩の改革をしなければと考えていた景学鈐は張謇に会って意見の交換をした。既に見たようにこの時の両者の意見は必ずしも一致しなかったが、塩政問題に対する危機感は同じであり、提携していくことになった。その後、景学鈐は史書と各国の塩政を検討し、唐代の劉晏の塩法とそれに基づいたはずの明末清初以来の主張であった「就場徴税」は実は違うものではないかと漠然と考えるようになっていった。しかし、主張としては優勢な「就場徴税」を景学鈐は否定できなくもどかしくしていたところ、そのことを理路整然と説く左樹珍の塩法論に出会う。左樹珍は劉晏の説は国家専売であったとしたのである。左樹珍は唐代の劉晏の塩法が国家専売であって民末清初以来の「就場徴税」の主張とは異なると明らかにしたのである[29]。左樹珍も景学鈐も「専売」という用語を知ることによって自分の考えをまとめることができ、立論できたようである。

　ところで景学鈐の議論で筆者が首肯しかねるのは、景学鈐が劉晏の専売制は後世の儒者によってそのありようが歪められ誤解されたとする説明である。景学鈐はこう説明する、劉晏の当時には専売という言葉はなかったし、これに加えて後世の儒者が国家が民と利を争うなどあってはならぬとばかりに「商人に転売（糶商人）」という文言が抹消されたのだと[30]。景学鈐は更に顧炎武は知っていた（はずである）が、それを伝えなかったために清代一代の名臣達の引界打破の主張は（塩をまず官が買い上げなければならないということが判らず）ことごとく失敗したとしている。このような景学鈐の主張は真に受けるべきではなく、寧ろ景学鈐が望んだ国家専売という改革政策への願望を見るべきであろう。景学鈐にとっては、理想とされた唐代の劉晏の塩法は実は「国家専売」なのであって、今こそ「国家専売」をすべきだという彼の主張に正統性を賦与するものが唐代の塩法であったのだろう。

　筆者は、景学鈐の儒者云々という論法とは違う専売制から税制策へと移っていった歴史的必然を考える。このことは別稿でも述べたことなので

簡単に最小限述べれば、人口の増大を背景として、扱う塩の量が膨大になり、それを買い上げる資金や買い上げた塩の保管・管理・輸送などすべての部門で負荷が大きくなるが、専売制につきまとうこのような種々のリスクは税制策に転じるとそのほとんどを回避することができるのである。機械化がされる以前の中国史において専売制から税制策への転換は、人口の増大がもたらした必然であるとすべきであろう[31]。

しかし、筆者が掲げるような理論で左樹珍や景学鈴が唐代から明代にかけての塩政の変遷を説明していないのは何故であろうか。実は、中国史における塩政は、専売制から税制へ移行する間、第3の塩政というべき政策が展開されていたのである。その要点を言えば。

① 辺境の軍隊に軍糧を納める。そのことで塩を販売する許可証を得る。
② 販売許可証を得た商人は塩を販売する。

すべての段階で、現金による決済が行われる訳ではない。①の辺境の軍隊に軍糧を納めるというバーター取引的な側面がある。また政府の信用を背景とする高度な金融政策的な側面もある。この手法の核にあるのは、①の辺境の軍隊に軍糧をおさめるという「労力」の代償を②の塩の販売で得るということである。

このような政策として展開されたのが、宋代の折中法であり、明初に始まり明代を通して展開されたとされる開中法である（但し途中で変容した）。藤井宏は折中法と開中法という用語で使われる「中」というのは、「政府が保証する」という意味があるのではないかとしている[32]。このことにより、政府は旧来の専売策なら費やさなければならなかったであろう多くの労力と手間を省くことができたはずであるから、そこにある程度の必然性を見ることができるだろう。なおかつ、国防の備えと財源確保という重要な課題も達成できたはずだったのである。

ところで明代の開中法は時とともに矛盾が積み重ねられる。開中法は洪武3 (1370) 年に始まり、洪武28 (1395) 年に完成したとされる。初期にはうまくいったのである。開中法において、辺境で開墾された農地を「商屯」という。これにより軍糧は調達され、商人は塩を得て販売し利を挙げ、

政府の側は財源としての塩を維持できたのである。この開中法の起源を宋代の折中法ではないかと左樹珍と藤井宏はしている。藤井宏は自分がかつて卒業論文でそう論じたところ、「其の後」曾仰豊の著が出たと記している[33]（藤井宏1941）。しかし、このような見解は左樹珍の『塩法綱要』で示されているのであるから、1941年という時点でも左樹珍の塩法論は（曾仰豊の概説書を通して）間接的にしか日本の研究者に知られていなかったのではないだろうか[34]。

ところで、このような開中法（中塩とも言った）が明代を代表する塩政であるなら、筆者は加藤繁や中山八郎や藤井宏らの日本の論者と中国の論者が一様に唐代から明代までを専売制としていることにある疑念を抱く。このような運用を専売という一つの財源政策で片付けてよいのであろうか。

明代の開中法（宋代の折中法もそうであるが）の興味深い側面は、労働価値の移転であろう。Aという地点で苦労して果たしたことに対し（開中法で言えば辺軍への軍糧の納入）、Bという場所での特権的な商行為（塩の販売）を認められ利をあげることができたのである。必需品として人々が求めるものを保証する証券（鈔）の出現であった。そこには政府の施策としての信頼と保証も介在したのである。しかし、その証券を使った施策も、証券が濫発され、その証券を持っていても塩は支給されず追い銭を出してやっと購入できたなど、悪辣な政策も生み出す土壌でもあった。宋代に見られたことであるが、塩引というのは販売期間というのは決められていて、販売期間を短時日にして政府は銀納を納めさせるも、その販売期間が過ぎてしまうと塩引は単なる紙切れと変じたのである。増収を図る政府は、時としてそれを冷酷に短時日とし、巨富を納めた商人が期限が過ぎたとして一朝にして財産を失うということもあり、政府の施策は盗賊と選ぶところがなかった[35]。現物を扱うことに専心するだけでよい政策とは違い、それよりは更に進んだと言える政府に対する信用と証券を利用した施策は信頼に足る政府と確乎とした施策があって成立し維持されるものであった。悪い意味でも高度な問題が塩をめぐって起こっている。このような複雑な問題を起こした中国の塩政を専売という用語の範疇で扱う当否も再考が必要であろう。他の研究者はいざ知らず藤井宏の場合には「中」に政府の信用を背景としてという意味すら見出しており、以下に見るように政府の政策の

変遷に伴い辺商・内商・水商の分化を説明し（これは銀の流通と余塩の売買が行われるようになったことが背景としてあるとする）、塩の裏付けのない空引を濫発した魯保を厳しく追及しているのであるから、このような運用について違う政策分類を立ててもよかったのではないかと思われる。中国の塩政史を理解しようとするなら単に専売であるとするという思いこみがあれば、この数百年の塩政は実は税制策であり、専売制のつもりで税制論を読めば混乱するだけである。また、このように専売策とも言い難く、また税制策とも言い難く、むしろ信用取引・決済的な手法も行われていたのである[36]。実際、筆者が道光年間の塩務の実務官僚（両淮塩運使）として注目した兪徳淵は紙幣の復活の構想まで持っていた[37]。

　明代の開中法は途中で大きく変容した。成化（1465—1487）・弘治（1488—1505）年間、銀の流通が増えたことにより（大航海時代以前のことであり、日本の石見銀山の開発前である、それ以前の日本産の銀が通用したものか？）銀を納めることにより塩を販売する許可証の塩引を獲得できるようになった。これは両淮を中心に導入された。時の戸部尚書葉淇とその一党こそは首魁であるとするのが『明史藁』『明史』以来中山八郎（1939）に至るまでの解釈であった。このことについて葉淇以前にすでに銀納の事例があり、葉淇は寧ろ既定路線の実行者として汚名を被ったのではないかと藤井宏はする。ただ、これも曾仰豊が『中国塩政史』で指摘していることである[38]。この銀納化が導入された時に、実際に軍糧を納めた方が得なのか、銀納をした方が得なのかということについてはあきれかえるような論理が政府内にあった。商人は儲けているから運司に銀納させその時に8倍もの収入になるように更めるのですとしているのである[39]。中山八郎も物価を勘案して辺境で納める軍糧の代金の7～8倍の銀額でようやく塩引が得られたとしている。それだけの銀額を払ってでも現物納よりは銀納を望んだ者もいたほど、多くの困難が旧来の開中法にあったのではと中山八郎はしている[40]。また中山八郎も藤井宏もすべてが銀納に切り替わったのではなく、運用規定がその後も改定されていることから、辺境への現物納も継続してあっただろうとしている。このような8倍もする銀納をさせた新方針は一時的には中央政府に増収をもたらしたが、辺境における物資の不足が生じた[41]。商人は儲けているから政府がその上前をはねて何が悪いというのは傲慢な

政治判断である。

　加藤繁のこの時代の論証は『明実録』をまず精査している。更に藤井宏となると、曾仰豊の概説では簡単に過ぎると、地方志や諸資料を博捜して自分の論を進める。

　この銀納化により、大商人は塩場としては巨大な両淮・両浙へと移り住むようになり（新安商人と山西商人）、辺境近くの「商屯」は衰退した（とは言えこの時点で途絶はしなかった）[42]。更に、藤井宏は論を進めて、このような銀納化は塩商が三者に分かれるきっかけになったとする。塩場近くへ移っていき最も強盛に勢力を謳歌した「内商」、塩の運搬と販売の下請けをした「水商」の二者が出現し、本来はこの二者は対等な存在であったと思われるが、塩引を獲得する資本力に優り塩場の近くにいた「内商」が、販運の困難を担っていた「水商」を支配下においていったとする。この二者以外に辺境に残っていたもと土着の「辺商」は衰亡していくことになるのである。清代になると、内商が場商となり、水商が運商となり、「辺商」は消えていった。この三者の関係は更に空引の濫発や北辺における防衛が再び懸念されるようになるとその影響を受けるのである[43]。

　明末の綱法の成立は以下のように説明される。政府に銀を納めることにより塩鈔（引）が得られ、これを産塩地にもって行き、塩を受け取り販売するようになっていた。この証券は販売許可証であると同時に、政府の信頼が背景にあれば、払っただけの価値のある有価証券であり得たはずである。しかし、恐るべきことに塩の裏付けのない塩引の発行・濫発が行われるようになった。通常の商業行為で、代金が支払われても現物は渡せないとなれば犯罪行為であるが、印刷するだけで政府が金が得られるとしたら何が悪いという発想だったのだろう。その萌芽はすでに高額な銀納をさせた時に見られたものであるが。

　さて、これに先行して政府が厳重に管理していたはずの塩場で異変が起こっていた。塩場でつくられる塩は当然政府の側の厳重管理下に置かれるものであった。正課として納められる塩は当然のことながら、それ以外につくられた塩は余塩と言われたがこれも勝手に売買してはいけなかったのである[44]。これは明会典にも見られる規定である。正課（両淮の洪武23年の規定によれば毎歳毎正丁16小引 [1小引＝200斤]）以外の余塩は勝手に売買

はできなかったが、当初はこれを官に納める、官が買い上げることになっていた。その後、麦・米が支給されるようになった（当初は適宜にやがて制度的に商人に上納させたもの）が、これとても嘉靖初年には行われなくなったという。そして、成化4（1468）年頃には政府も余塩を商人が直接竈戸から買い付けることを黙認・許可した。更に成化19（1483）年には商人が余塩を買うことを公然と黙許されるようになる。政府の側も正課塩に余塩を抱き合わせて割安感を出そうともしたのである。このように成化年間においては商人が製塩場に入り、竈戸と直接交渉することが大勢となった[45]。更に弘治16（1503）年に廃物に過ぎない古い塩引の大量払い下げを受けた朱達なる商人が孝宗の外戚の家人の名義により塩引をもって竈戸より余塩を買って販売することを許された。これ以後、これに倣う者が続出し、竈戸の塩は余塩はもとより正課の分にいたるまで、その壟断に帰したという。成化4年と19年に商人達に余塩を買うことを拡大的に許していったことは謂わば蟻の一穴となった。正課外の余塩とは言え竈戸と商人の直接取引を許した結果、正課分の塩まで商人の購買に任せることとなってしまったのである。嘉靖14（1535）年に至り商人の自買を許したことから各地へ波及した。これをもって明末に至って官が行う「専売」制度は全く崩壊するのであると中山八郎は述べている。同様に唐代からの「就場」専売は明末に滅びたとする制度史上の記述は曾仰豊の概説に見られる[46]。

　余塩の動向に最初に着目したと思われるのは左樹珍であるが、彼が余塩補買が始ったと掲げる年号はこれよりは遅い弘治2（1489）年である[47]。後進の者は先駆者の業績を意識し超えようとする加上説の伝で言えば、中山八郎は左樹珍と曾仰豊の議論を踏まえて、史料を発見してその始まりを遡ったのであろう[48]。曾仰豊は、その後正徳（1506—1522）・嘉靖（1522—1567）年間、塩引1引ごとに2引の余塩を買うことが許されていたとしている。さて、これが加藤繁となると『明実録』を見て漠然と塩場で塩商人と製塩業者が取引するようになっていたと考えていたにとどまる。加藤繁は史料にも散見される補買、内商、水商、返商という用語は使っていないし、また明代の塩政について「専売」という用語を用いていない（これに対して中山八郎と藤井宏は「専売」という用語を使用する）。「両淮塩法の徹底的な破壊者」の魯保が塩の裏付けのない空引を濫発し更に混乱させた後、

袁世振により綱法が万暦45 (1617) 年に導入された。綱法はグループ（綱といった）を編成して、堆積塩を売りさばかせた。当時においては滞っていた塩を販売させたということでは大きな成果を挙げたものであるが、清代を通しての綱法の評価はよくはない。その理由は、これは大商人に世襲の特権を与えて壟断させたものであり、下請けの商人は搾取され、塩が高価となったためである（塩が高価になった原因についてはこの他にも政府が拠出させた報效銀も顧慮しなければいけないが）。ただ、綱法自体実はその時点の臨時の便法として行われたもので、それが恒常化したことにその弊害の主因があるだろう。清末には、綱法といい、（票塩から転じた）循環転運法も大商人の壟断を許したものであり、批判も多かった。

　左樹珍の分析は早くも辛亥革命前に出現している。これは『清国行政法』の専売項目を含む第6巻が刊行される前である。渡辺によれば景学鈴が左樹珍の塩法論を知ったのは宣統元 (1909) 年であった。彼は『帝国日報』に漢東潜夫の筆名で記されていた記事に感銘を受けた。その記事は「古今塩法の利弊を歴陳（列陳古今塩法之利弊）」し「劉晏が就場征税ではなく国家専売である（劉晏非就場征税。為国家専売）」と断じたものであった。民国初年の『塩政雑誌』における左樹珍の著述も「弘治」という年号の「弘」の字を欠画で記しているから、清朝の頃に考えると文章がまとまったものであることが想像される。景学鈴は出版社に赴き筆者を探すも果たせなかった。ところが1913年になって景学鈴が主宰していた『塩政雑誌』に左樹珍がこの旧稿を議論に供したいと申し出てきて両者は出会い、同誌に『塩法綱要』が連載されるようになったのである[49]。

　『清国行政法』で財源としての塩が扱われているのは第6巻でその刊行は、景学鈴は探して会えなかった左樹珍と出会った1913年のことである。このように見ると、清末民初期の塩政の実態に即した議論はおそらく中国での議論が日本における研究を遙かに凌駕していた。逆に言えば日本の側の中国塩理解はあまりにも幼いものであった。

　しかし、左樹珍の論断は日本からもたらされた専売という用語を使い、明末以来の主張との異同を強調した。

　伝統的な政策用語の方がより具体的で実際的な用語ではないかというのが筆者の疑念であるが、それにも関わらず「専売」や「自由貿易」という

言葉が中国で使われるようになった。それは日本からもたらされたという近代的な雰囲気を伴い、近代国家の経済政策として望ましいと思われたからではないだろうか。筆者は「就場徴税、不問所之」が「就場徴税、自由貿易」と言い換えられたのは果たしてよかったのか疑問に思う。この言い換えは塩務稽核總所の外国人会辧のデーンが改革に取り組んだ時に起こっている。

　ところでこのように中国で出現した左樹珍の分析は、日本の研究者にも影響を与えている。中山八郎は民国期の論者の主張を紹介しているし、「商専売」などの用語を使う藤井宏になるとそれはよりはっきりとする。しかし、それ以前はどうであっただろうか。そのためには起点となる『清国行政法』における塩がどう分類・記述されているかを検討したい。

5.『清国行政法』における中国の塩専売

　『清国行政法』は近代日本における中国研究の初期の成果と見るべきであるが、その項目に「専売」がある。財源としての塩はこの「専売」の項目で説明されている。この「専売」という項目は編纂当時に台湾・日本において行われていた現実の政策に規定されていると言える。今日から見てかなり困難な研究状況の中で進めたと思われる『清国行政法』の編纂であるが、その記述に苦労と工夫が見られる。一例を挙げれば『清国行政法』を編纂した人々は編纂する過程で清代中国における塩政は多分に税制であり日本のような国家専売とは異なるものであるという見解を持つに至ったようなのである。

　『清国行政法』の編集方針の一つとして近代的公法概念により清国の行政法を分析するということであったので、このような塩を専売という項目の中で扱うという分類は編集の意図にそもそも由来する。

　では『清国行政法』において財源としての塩はどう扱われているだろうか。第5巻の途中から第4編の財政行政が述べられるが、これは概論（第1章）のみである。辛亥革命後、民国初年・大正元年（1912）をはさんで、第6巻が1913（大正2）年11月に刊行されており、第2章で以下の各節が紹介される。

第 2 節　租税　　地丁税、常関税及び落地税、釐金、土薬税釐、契税、
　　　　　　　　 礦課其他の内地税、洋関税
第 3 節　専売　　塩、茶
第 4 節　捐納
第 5 節　其他の収入
第 6 節　国債

　実は『清国行政法』における記述は必ずしも「清国」の塩政は専売制であると貫徹し切って述べてもいない。一部には、事実上税制であるともしているのである。『清国行政法』は『中国度支考』により清朝の塩政を以下のように分類する。

①官督商銷（現今の所謂専売方法とは稍其趣を殊にす……昔時［訳注：清代］最も広く行われたれども輓近に及び其欠典を認め往々その他の方法を採用するにいたれり……。）
②官運商銷（塩場より買い上げ一定の価格をもって塩商に売下ぐる。……現今の国家専売法と酷似するものとす。……）
③官運官銷（……此法四川に行わると云えるは俄に信じがたし、今何れの地に実行せらるるかは未だ之を詳らかにせずと雖も此法は最も能く国家専売の主義に適合する）
④帰入地丁（一般人民に対し直接に塩税として賦課し丁税と同じく徴収するものとす。……課税の方法は極めて簡単なることを得べし従いて塩より生ずる公課は唯単純なる消費税たるに止まり塩専売の主義とは遙かに相懸隔するに至る）[50]。（現代仮名づかいに改めた）

　注目すべきは、清代に「最も広く行われた」とすることができる①（＝綱法）を、なんと所謂専売方法とは稍其趣を異に」するとしているのである[51]。専売としていないのである。最も「国家専売」に近い②は四川と両淮などにおいて行われたとしている[52]。しかし、これはより正確には19世紀以降、ごく限られた地域と場所で行われたものである。「最も能く国家

専売の主義に適合する」③については実際に行われのかと疑問すら投げかけている[53]。④に至っては消費税であるとしているのである[54]。このような分類は専売という分類と齟齬を来している。専売項目の中でなぜに敢えて税制策であろうという主張をすることが出来たかと言えば、『清国行政法』が参考図書として掲げ、後年加藤繁が愛用した『皇朝政典類纂』の塩法の項目の中に塩課の項目があることなどから（70巻「塩課総額」）、史料を読解する上で税制とすべきと気がついたものであろう。『清国行政法』の専売項目にはこのような不整合が見られる。実際の調査が進む中で分類と記述内容が矛盾したものとなりながらも、織田萬が立てた項目立てを是正するには至らなかったのである。

　加藤繁が『清国行政法』に関わったのは東京帝国大学を卒業したばかりであった[55]。彼自身が参加した当時は「私は清朝の制度については何も知らない素人であったので」とし、『清国行政法』についても「誤謬もあれば脱漏もある」と認めている[56]。加藤繁「清代の塩法について」(1937) もこの①～④の分類を踏襲するが、内容には変化がある。加藤繁は明代から清代にかけて行われた塩政であった①「官督商銷（＝綱法）」までもが「稍其趣を異」にするどころか「消費税」政策であったとするようになった。『清国行政法』において明確に消費税として記されるのは④のみであったが。もちろん消費税と言っても、①は流通業者に課され（納税し）、④は丁税と一体化されたもので内容は異なる。しかし、これは加藤繁による『清国行政法』の「専売」という項目立ての否定なのである。

　後年の実績と主張を考慮すれば、『清国行政法』の該当部分も多分に加藤も関わって文献研究を進めたのではないかと考えられる。その傍証を更にあげれば、加藤繁は『清国行政法』で見られたのとほぼ同じ分類をこの「清代の塩法について」の終盤においても紹介している（ただし、④を除く）。流石にこの「清代の塩法について」は清代の塩政の概観としてはよく改善されており、加藤繁は①がもっともよく行われたものとしている。②③については、例外的に行われたに過ぎないとしている。このような加藤繁自身の『清国行政法』の記述に対する手直し的な記述は多少なりとも若年時の彼が関わったことを裏付けるものかもしれない。更に、中山八郎がその２年後にこれとほぼ同じ枠組みを『支那塩政史概説』(1939) で使っている。

中山八郎（1939）も加藤繁（1937）に引き続き④は述べず、①については流石に詳しくは説明をしている。②と③もこの順番で説明し、更に中山八郎は、加藤繁の「清代の塩法について」によっていることを注記している[57]。しかし中山の概説で怪訝なのは明代における諸資料の博捜ぶりに比べて、20年以上も前に不十分な資料でまとめられた『清国行政法』で述べられた旧説を、清代の塩政をまとめた終盤で唐突に紹介しているのである。中山はその概説で明末に成立した綱法の経緯までも詳しく述べ、綱法の成立も不明であった『清国行政法』と加藤繁「清代の塩法について」の記述を凌駕している筈なのに、義父たる加藤繁が述べたところへ回帰するのである。その際に（加藤繁が利用できなかった）曾仰豊の概説を参照したことは、言及がある以上、確かである。中山八郎は義父でもあった加藤繁の言説（そこには『清国行政法』の記述を含む）をないがしろにできなかったと思われる。

　このように『清国行政法』における塩をめぐる記述は、台湾統治をしていく上での政策欲求に基づく項目立てと文献研究をする中から立ち上がってきた研究者の知見との齟齬を内包している。ここで、中国における議論との比較をする必要上、『清国行政法』が刊行された年を以下に掲げる。

　　第1巻（汎論）　　1905（明治38）年5月
　　第2巻　　　　　　1910（明治43）年11月
　　第3巻　　　　　　1910（明治43）年12月
　　第4巻　　　　　　1911（明治44）年2月
　　第5巻　　　　　　1911（明治44）年6月
　　第6巻　　　　　　1913（大正2）年11月（財務行政のうち、第2章　収入を
　　　　　　　　　　　含む）
　　第1巻（上巻）　　1914（大正3）年2月
　　第1巻（下巻）　　1914（大正3）年3月

　中国で景学鈐が左樹珍の分析を知ったのは、第1巻（汎論）の出版後ということになる。『清国行政法』は中国語訳（当時として漢文訳）として出版する構想があったが、それはこの旧版の第1巻（汎論）にとどまったの

である。第1巻は概論・行政組織・官吏法などを含むが、主編であった織田萬にとっては不備なもので、編纂し直し上下二分冊として出版され直している。改訂された第1巻を見る限り、あくまでも公法学の立場から行政組織をまとめたのみで財政について多くを述べているわけではないので『清国行政法汎論』の中国語（漢文）訳はそう大きな影響を与えるものではなかっただろう。加筆は主に中央官庁と地方官庁についての記述が狩野直喜と加藤繁によって補われた[58]。

『清国行政法』における塩法の記述は大部な中のほんの5頁に過ぎない[59]。すでに1909年に『帝国日報』の漢東潜夫の記事は出現していた[60]。日本における入手は困難であったかもしれないし、単行本の出現は『清国行政法』の該当部分の6巻が1913年以降になる。左樹珍が景学鈐の前に現れて論客として本格的に活躍をし始めるのがこの1913年である。当時の出版事情を考えると、この時点では相互にそう大きな影響はないように思われるのである。寧ろ左樹珍は日本の専売塩法規の方に大きな影響を受けたものと思われる[61]。左樹珍にしろ『清国行政法』にしろ、専売という用語を使っているのは、日本の専売政策という現実の政策（と専売法規）があったからだと思われるのである。次節においては、日中における塩政についての分析を比較してそれ以降の相互の影響を考察したい。

6.『清国行政法』と左樹珍の分析の比較

日中の塩の研究者の論調に、独立した主張と思われる部分と相互に影響が認められる部分がある。以下にその内容のいくつかを取り出して、比較したい。左樹珍以降の民国の論者の論法にはいくつかのポイントがある。このうち以下の3つに着目したい。

① 唐代の専売制
② 宋代の行塩区の成立
③ 明末の綱法の出現

『清国行政法』と左樹珍の論調を単純に比較してもよいのであるが、日

中の論調の相互関係が判る著作として既に引用もしている中山八郎『支那塩制史概説』(1939) も参照したい。中山八郎のこの概説は既に見たように加藤繁の影響も見られるし、民国期の中国の論者の影響も見られるものである。そして、1930年代の後半以降の日本の塩政研究の構造が判る書物である。

　①の唐代の塩法についてはどのような運用が行われたかについての史料もある程度残っている。その史料の分析には『清国行政法』と左樹珍の分析では違いがある。重点の置き方がそれぞれに異なる。『清国行政法』では第五琦が専売を始めたとするのに対して左樹珍は第五琦の事業を引き継いで整備した劉晏の方を高く評価している。また政策についても、『清国行政法』が「官鬻（鬻＝売る）」という用語で言及しているのに対して、左樹珍らは「収買（官が買い上げる）」という言葉を使っている。このような違いがある。左樹珍と景学鈐などの中国の論者は塩政改革をするためには（私塩の大元を断つためにも）まずは国家が塩を買い上げることと具体的な欲求を明確にもっていたからであろう。ただ、これだけの違いではなんとも言えない。違いがあるから別個に行われた研究であると見ることもできるし、あえて異なる点に着目し強調して、自己の主張を正当化しようとしたことを疑うこともできる。ただし、これが後年の加藤繁の「清代の塩法について」になると、第五琦と劉晏がほぼ対等に扱われ、政府が買い上げる過程も販売する過程とともに重視されている。これは中国の論者により近接したと言える。

　②の宋代の塩政についても、同じような現象を表す語を使いながらも、位置づけが異なるので、それぞれが独立して立論したものと思われる。左樹珍は宋代の塩政には一貫性はないと断った上で、行われた塩法として「官般法」「産塩法」「通商法」をあげ、「官般法」が廃れてから「鈔法」が出現したとする（『塩法綱要』丙編83—86）。『清国行政法』で対応するのは「官売」「通商」「鈔法」という用語になる。このうちの「鈔法」は「通商」に含まれるとする。また、「産塩法」に対応するであろう塩法は海塩・井塩には塩課が課されているという記述であろう[62]。このような名称・用語の違いは『宋史』「食貨史」などをそれぞれが別個に読解したからであるかも知れない。

ところで中山八郎の『支那塩政史概説』の宋代についての記述である。中山八郎ははっきりと曾仰豊『中国塩政史』に拠ることを記している。中山八郎の概説の宋代の部分は『清国行政法』の分類に従いつつも曾仰豊の概説を参照している。中山八郎はこの他にも遼と金の塩政について曾仰豊『中国塩政史』によることを記している。1939年という時点で日本の研究者が曾仰豊『中国塩政史』を知っていたということは日中の研究が交錯する重要なポイントとなる。曾仰豊『中国塩政史』は奥付によると初版は1936年12月には刊行され、邦訳は1941年に刊行されている。中山八郎は1939年の概説を書くときには邦訳以前の原書を踏まえて書いたのである。他方、加藤繁は「清代の塩法について」(1937) を書いた時点では参照できなかったのかも知れない。

　そして、最後の③についてである。この明末における重大な変容が『清国行政法』においてはなんと記されていない。清代最もよく行われたとすることが出来る綱法の成立は、本来は記されるべきであるが『清国行政法』には記されず、この1937年という時点でも加藤繁はなおも清代の塩法については他の人に依拠するがごとく「これは清代に始まったことではなく、明の或る時期からのことであったらしく、明末にはすでにそのような慣習が成立して居たようである」とまだ漠然と述べているのである。当然のことであるが、1910年前後に出現した左樹珍の『塩法綱要』においては明末の綱法の出現が明記されている。なんと『清国行政法』においては、清代に施行されたということでは最も重要な施策の起源が書かれていない（しかも本国の中国では専論で議論されているにもかかわらずである）のである。『清国行政法』が掲げる参考図書をみるとやはり清代を対象としたものが多い。その中には賀長齢篇（実際の編者は魏源）『皇朝経世文編』や後年加藤繁が愛用した浩瀚な『皇朝政典類纂』を含むが、明代の経世論を集めた『皇明経世文編』などは含まれていない。この浩瀚な『皇明経世文編』巻474〜477には綱法の成立に関わった袁世振の文集も収録されているのであるが（この書については流石に中山八郎は典拠としてあげている）。清代という線引きで対象図書からはずされたのかもしれない。当時としては、閲覧も困難であったかも知れない。もし、左樹珍等の主張を知っていたのであれば清代の塩政に直結する明末の変容を（『清国行政法』が編纂された頃にしろ

1937年にしろ）記していないのも奇異なことであり、加藤繁は『明実録』を読んで漠然と明末の変容を認識していたようである。

ところで加藤繁は「清代の塩法について」において、「古来塩の専売を行った場合には」「塩を悉く官に買い上げ」としたうえで、清代には塩が「竈戸より直ちに商人に売り渡され」、これは「唐宋以来の制度に比べて非常な変化である」としている。それは明の嘉靖年間両淮・両浙において行われつつあったことは『世宗実録』に散見されることを加藤は記している（加藤繁1937）。中山八郎『支那塩制史概説』においては、明代における塩政を開中法としつつもそれが変容したとして綱法の出現が述べられていることは既に紹介した。中山の「明代における余塩私売の起源」は、それに先立つ論考が『支那塩制史概説』の巻末に収められている（正課として収めるべき塩以外に余分に作られた）。余塩を取引する商人に塩場に入ることを許した成化年間（1465—87）以降、政府による「専売制」は崩壊したとしているのである[63]。これは、加藤繁がその概要を紹介しつつも重要な変化であると指摘したものを中山が論証したものである。実際、『支那塩政史概説』の巻末に収められているその論考は加筆されて、加藤繁の還暦記念論集（1941）に収録されているのである。しかし、中山八郎のそのような明末の変化、余塩で認めた売買により専売制が崩壊したととらえる枠組みは曾仰豊『中国塩政史』を踏まえてのことと疑われるのである[64]。中山八郎は曾仰豊よりも多くの種々の史料を掲げて年代をより遡って述べているものの、正徳（1506—1522）・嘉靖（1522—66）年間に余塩が事実上売買されるようになり、（就場）専売が崩壊していったことは曾仰豊の概説で簡潔に述べられていることである。日中の論者の主張がそれぞれ微妙に異なるので以下のように余塩の動向に着目した時点を年代と対照して見てみよう。

正統（1436—1450）・景泰（1450—56）年間余塩は官買が原則。
中山八郎（1941）

成化元（1465）年　『明史』「食貨史」に余塩の売買が見える。
中山八郎（1939, 1941）

成化19（1483）年　『明実録』余塩私売買が黙許。
中山八郎（1939, 1941）

弘治2 (1489) 年	余塩補買始まる。	左樹珍 (1913)
正徳 (1506—1522)・嘉靖 (1522—1567) 年間	塩引正1引毎に2引の余塩を買うことが許されている。	曾仰豊 (1936)
嘉靖 (1522—1567) 年間	塩は製塩者（竈丁）より直接商人に売り渡されていた。	加藤繁 (1937)
嘉靖6 (1527) 年	官買は行われず。	中山八郎 (1941)

　このように見ると、余塩の動向に注目し年号まで掲げたのは左樹珍がもっとも早い。これに比べて、そのことにはやり着目した加藤繁 (1937) はそれが行われたとする期間を嘉靖年間という年号で指摘しながらも、その年号は左樹珍の掲げる年号よりも数十年も後の年号である。その直前に中国で出た曾仰豊の概説は嘉靖年間のみならずそれに先立つ正徳年間もそうであったとしている。また、史料には「補買」という用語で言及されているが、これを左樹珍も曾仰豊も使っているのであるが、加藤繁は使っていない。加藤繁は左樹珍と曾仰豊の分析を知らなかったのであろう。加藤繁のこのような見解は左樹珍の主張は知らなかったものの『明実録』などを読む中で自身の感覚で明末の変容としてつかんでいたものと思われる。加藤繁よりも、丹念に明代の諸史料と『明実録』を検討し、余塩の売買が成化年間に見え、そして黙認されたのではと指摘したのは中山八郎の概説である[65]。中国で出された議論よりも遡って年代と順序を記したのであるから、中山八郎の業績も多とすべきであるが、やはり中山八郎は先行研究として加藤繁の「清代の塩法について」の他にも曾仰豊の著作もその概説でかかげるべきであっただろう。宋代や遼・金の部分では参照しておきながら明代の記述では参照していないでは通らないであろう。更に言えば、中山八郎は塩場に塩が直接入って取引するようになって専売制が崩壊したとするがその大枠は曾仰豊の概説にもみえるのであるからなんとしても記すべきであった。中山八郎にしてみれば、曾仰豊が述べているようなことは義父たる加藤繁も主張していることなので、参照文献と掲げるまでもないとしたのであろうか。そうだとしたら、それは当時の日本の研究者の間でのみ通用することであろう。今日の研究者としてはその研究の来歴を不

明にしたことについては批判せざるを得ない。勿論、独立して同じようなことを考えることはあり得る。加藤繁が示した明末における変容の認識もそうであり、藤井宏は自分の卒論で開中法の起源は宋代の折中法にあるとしたが、後に曾仰豊も同様の主張をしていると知ったと記している。加藤繁（1937）は明末の変容は唐宋代の運用上から見て大きな変化があるとしているが、そこには専売制云々という表現はない。このように見ると「清代の塩法について」に至るまで加藤繁は中国における議論を知らなかったと思われるのである。しかし、彼の女婿であった中山八郎は外務省の嘱託を受けて中国塩政の概説をまとめるときには曾仰豊『中国塩政史』を参照したのである。そして、中山八郎は明代まで専売制とする考え方については受け入れ、唐代以来の専売制が崩壊した（専売という用語を使用し）としている。これは曾仰豊らの中国の論者に影響された分析であろう。この明末に専売制が崩壊という見方は藤井宏にも見られるが、藤井宏の場合は典拠として曾仰豊『中国塩政史』をあげている。このように見ると、まず『清国行政法』が編纂された当時の日本の中国学では民国期の左樹珍の議論は知られていなかった。そして、曾仰豊『中国塩政史』が出版された後、日本の研究者も中国における議論を踏まえて研究されるようになったのではと判断できる。

　ところで、加藤繁の（1937）におけるひとつの功績は明末から清代にかけての中国の塩政は消費税策であるとしたことであろう。この加藤の「消費税策」であったとの論断以降、日本の中国史における塩の研究者はそれに従った[66]。しかし、中山八郎や藤井宏などは民国期の中国における塩法論を明確に意識するようになっていた。

　藤井宏となると、明確に中国の論者を意識した議論をするようになる。藤井宏は「明代塩商の一考察　―辺商・内商・水商の研究―」の冒頭で、左樹珍と曾仰豊の見解を提示してから、既に見たような明代の塩政の変遷を曾仰豊と中山八郎の論を更に推し進めて述べる[67]。藤井は「商専売」という中国で使われている用語も紹介し使用している[68]。また、藤井宏が紹介する「全部専売」と「一部専売」という分類も左樹珍が行った分類であり、「明代の塩商の一考察」でも明代までを専売制としておりこのように民国期の論者の影響を受けている[69]。漢代の武帝の塩鉄策についての論考

でも中国での議論を踏まえて自説を述べている。

　中国における塩政の研究は、民国期においては現実の塩政改革と直結する研究であった。中国においては、左樹珍以降、左樹珍の塩法論の影響を受けた種々の塩法論が台頭することになる。1930年代の初等に北平（北京）の中央研究院で劉雋は両淮の票塩改革（これは佐伯富に先んじている）や雲南の塩政についての論考を精力的に著している。劉雋は自身の塩政論を現今の塩政改革に資するためとしているのである。

　これに対し、文献史家であった加藤繁は現実の政策に直結した中国における塩政に対する分析をあまり知らなかったようである。彼の関心は広範な中国史における経済の各分野に及んだ。中山八郎の塩の概説は外務省の嘱託でしたものである。その巻頭に見るが如く、日中戦争の本格的な拡大に伴い、中国塩に対する理解が必要となりまとめられた著作である。

7.『管子』と武帝の政策に対する加藤繁と左樹珍の記述

　今日においては、加藤繁は勿論であるが、左樹珍の中国塩の分析のすべてに従うというわけにはいかない。『管子』の扱い方を通して両者の脆いところと違いをみることもできる。

　『管子』は興味深い書である。箴言として「倉廩実ちて則ち礼節を知り、衣食足りて則ち栄辱を知る」はよく知られている。また、塩を消費税として徴収していかなる利が得られるかという一覧表を掲げるかの如く数値を列挙する論議もある。しかし、内容が興味深いと言っても戦国期から漢代にかけて加筆されていることが疑われる『管子』によって春秋期の塩を今日にそのまま記述する訳にはいかない。また、鉄器の普及は戦国期以降であると思われるが、『管子』には塩以外にも鉄の針に課税する議論が出てくるが、このことから『管子』の成立は鉄が普及して久しくその普及の仕方が判りづらくなった時期以降にまとめられたことが想像される。左樹珍は史料を博捜し、その『塩法綱要』も議論としてはなかなか膨大なものであるが、戦国期などはこの『管子』に記された塩法を紹介しているのである。実際、中国では『管子』に依拠した記述は左樹珍以降よく見られたものである[70]。『塩政辞典』も春秋時代の斉の政策をいささか詳しく述べて

いるがそれは『管子』の記述によるものであるし、曾仰豊『中国塩政史』(1936)の通史的記述も同様である。流石に近年の『中国塩業史』となると距離をおいた記述となる。

　管仲以後のことも記されたのが『管子』であるのだから、この書の記述に依拠して管仲の塩法を云々するのは危険であり、堅実な研究手法とはほど遠いものである。『管子』が戦国期から漢代初期にかけてなったものであることは清朝考証学の一つの成果であるが、この清朝考証学の分析には寧ろ加藤繁が左樹珍よりは近いと言える。加藤繁は『管子』の記述について疑義を示している。加藤繁は「清代の塩法について」の冒頭で『管子』の「海王篇」「地数篇」に塩と鉄の専売に関する詳細な議論が掲げられていることを認めるとともに、「漢の武帝が塩と鉄との専売を実行した後、その眼前の事実に基づいて塩鉄専売の理論を組み立て、これを管仲の創始に託したものか」としている[71]。このあたりは中山八郎も継承している[72]。しかし、加藤繁と中山八郎のこの不用意な疑念、『管子』における塩と鉄についての議論は武帝の塩鉄政策を反映したものではないかという記述は、加藤繁と中山八郎が『塩鉄論』や『史記』を十分検討していないことを示している。何故なら、『史記』と『塩鉄論』には『管子』がしばしば引用されていて、『管子』を踏まえた用語もあるのである。『管子』なる書物が武帝と司馬遷の時代には書物として流行していたことは確かなのである。『史記』における『管子』を踏まえた表現の一例を挙げれば『管子』の篇目に使われている「軽重」という用語である。この「軽重」なる語は『史記』の「平準書」においても使われている。この語の意義は「物価の上下」または「価格統制」であり、その手法として生産と流通を調整することまでも含意する。このように見ると『管子』なる書が司馬遷の時代にはある程度形をなして流布し、一部の政策用語もこれにもとづいて使われていたことは明らかである。漢代以降に『管子』に手が加えられたことは全く否定はできないが、漢代によく知られた書物にそんなに多く手が加えられているというのも信じがたい話である。加藤が『管子』の一部について武帝の塩鉄策を反映した記述となっていると書くためには、一言漢代以降にも『管子』に手が加えられたことも疑われると書き、そして根拠も示さなければならなかったはずである。『史記』についていささかの読解がで

きていれば以下のような考案もできる。「太史公自序」をみれば、司馬遷の祖先はもとは周に仕えた天官であったが、その後晋に仕えた者もいる。春秋期の晋の文公の覇業に（塩水の湖であり風力により自然製塩が行われる）解州塩があったのは確かだろう[73]、やがて秦につかえて鉄官となった者も現れる。そして司馬遷は漢に仕えた。結果として見事に強国間を渡り歩いたのが司馬氏である。これはその時々の司馬氏が的確に強国となる国を見抜いたというよりも、日本の戦国時代の真田氏や中国の三国時代の諸葛氏のように一族が生き残るために各国に分散するという現実的な戦略を展開した結果と見るべきであろう。このように、司馬氏の生き残ってきた来歴には塩が春秋期に、鉄がその普及に伴って戦国期に財源として認識されていったことが窺われるようにも思われる。

このように左樹珍と加藤繁の塩法論の脆さを『管子』という書物の扱いでもってみることができる。ところで、加藤繁も左樹珍も共通して漢の武帝の塩鉄策を専売制と分類している。これはどうしてであろうか。既に別個に日本の専売制度・法規の影響で自身の中国塩分析を進めていた彼らであるが、それ以外に理由はあるであろうか。

ここで再確認しておきたいのは、漢代の武帝の塩と鉄の財源開発はその著名さ（その著名さの中には喧しい論争も加えてよい）に反してどのような運用であったかは不明だということである。政府の財源となったことと、『塩鉄論』の冒頭で民の疾苦であり直ちにやめるべきであると非難された悪政であったことは事実である。しかし、その具体的な記述は『史記』の「平準書」におけるごく限られた記述のみである。

> 私がみるところ、各地方（郡国）においては、県官が塩鉄を作ることが不都合に思われている。（加藤繁訳注（1942））
> 見郡国多不便県官作塩鉄。（『史記』「平準書」、『漢書』「食貨志」ともに同文。）

> 願はくは、民を募りて自ら費を給し、官器に因りて煮塩を作さしめ、官、牢盆を与へん。（中略）敢て私に銀器を鋳、塩を煮る者は左趾に胈し、其の器物を没入せん。（同上）

願募民自給費。因官器作煮塩。官與牢盆。(中略) 敢私鑄鉄器煮塩者、釱左趾没入其器物。

　実は、後者の冒頭の「願募民自給費」ですら、どのように訓読してよいのかは不明である。この6文字で怪訝であるのは、「民」が何のメリットがあって、応募するのかが不明なのである。「自ら費を給し」ということであれば、自分で出費覚悟の上である。製塩を浮民がして利益を上げていたという前提があるので、そのような者を取り込むとの趣旨であるのかも知れないが、それでもこれだけの文字数では如何ともしがたい。また「官器に因りて」とあるので、官が塩を煮る器具を与えたのは確かであるが、さてその次の文にでてくる「牢盆」が何であるかは後述するようになかなかに難しい。これを鉄の鍋とする解釈が優勢な状況であるが、こうも近接して製塩具の器が二つ「官器」「牢盆」がでてくるのも不自然である。ここで見る限り、器という漢字で鍋のような器具は明確に指示しているようにも見える。筆者の思いつきを記せば、「自給費」ではなく「官給費」であり最低限の賃金は政府は出すとしたのではないか、また後世に「牢盆」が鉄鍋であったのは間違いがないにしても、漢代にあっては「かまど」を意味したものかもしれない。近接した道具間で名称が混同されることはよく起こることである。現に日本語でも「かま」は「かまど」も鍋状の容器も意味する。「牢盆を与へん」とあるのは、政府 (官) が鉄鍋を据えて炊く広大な「かまど」を並べた製塩場を準備したという意味かも知れない。そこから労務管理、または生産機具は政府が管理するものであったと解釈もできる。こうすれば、官は「官器」と「製塩場」の双方の面から製塩を管理することができるのであるが、このような解釈は文献的に何の根拠もあるわけではない。さて、少なくとも判っているのは、従来塩税で財をなした者の一部を巧みに利用したということである。

　　郡として鉄を算出しないところには小鉄官をおき、在所の県に属せしめた。孔僅と東郭咸陽をして全国の駅伝網をつかって巡視させ塩鉄の業務を遂行せしめ、官府をつくって塩鉄家の富める者を吏となし、吏道はますます雑になり人事よろしきを得ず、商人 (賈人) が多くなっ

た。
　郡不出鉄者、置小鉄官、便属在所県。使孔僅、東郭咸陽乗伝挙行塩鉄、作官府除塩鉄家富者為吏、吏道益雑不選、而多賈人矣。

　既に触れたが、「牢盆」の解釈はいろいろとあり、中国では「千数百年も論争が続き、日本で徳川時代以来、諸説が続出した」のである[74]。大別すれば、①労務管理の手法であるか、②製塩具の「鉄鍋」であるという解釈に大別される。田秋野も「牢盆」についての諸説を紹介し、左樹珍の説も紹介され「官が製塩する器具を備え、工を雇って、工費を給する」としている[75]。諸説の折衷案で、なおかつ総合的な内容であるが、いずれの説についても特に正しいとできる根拠はない。藤井宏・佐伯富は鉄製の鍋とする。藤井宏は『史学雑誌』誌上で繰り広げた論争で「その論争に終止符を打った」とするが、それより前に書いた『世界歴史事典』の「塩法」の項目を書いた時点では、雇用形態は不明であるとし、「牢盆」は「雇直と煮塩盆」とする解釈が一般的であるとしていた。どのように人を働かせたかという内容を含むということについては特に否定はしていない。その後藤井宏は「牢盆」は鉄鍋であり、そう特定したのは自分であると強調するようになる。佐伯富著『中国塩政史の研究』(1987)への恩賜賞授与に異議を唱えた藤井宏は157枚もの原稿用紙で佐伯富に抗議の手紙を送ったとされる。その批判は「漢代から清代まで使われた「牢盆（ろうぼん＝鉄ナベ）」という言葉を定義したのは自分なのに、そのことについて触れていない」との内容があったとのことである[76]。実際には佐伯は註釈で明示している[77]。ちなみに『中国塩業史』「古代編」は「牢」を製塩場、「盆」を製作器具とする解釈に立っている[78]。しかし、二千年以上も経って運用方法をめぐって論争が起きるなどそれはとりもなおさず、具体的な運用方法についてはもはや失われてしまったとするしかないのである。孔僅と東郭咸陽といった大商人を利用したということには違いないが、どのようにこの大商人達を利用したのかも不明である。定めし酷薄で性悪説的な運用であったのだろうと想像できるのみである。今日としては、木簡・竹簡などの出土物で再構築することで判るかもしれないと留保し期待をかけるのみであろう。
　付加税という考え方自体については漢代までにはかなり明確に認識され

ていたことは『管子』を見ると判る。ただ、漢代にかなり明確に付加税もしくは消費税という考え方と手法があったらしいということは逆に議論を混乱させかねない。「平準書」はマクロ的に武帝時代の財政破綻を描いたということで史家司馬遷の名を高からしめているものではあるが、塩鉄政策の具体的な運用の記述には失敗している。

学術的な議論というのは用語について定義をするのが大前提であるが、漢の武帝の塩鉄策については運用をしていたかは全くもって不明なのである。定義と命名のしようがないものである。しかし、その内容もわからないまま、漢の武帝の塩政は今日なお専売制と言われるのである。より正確な用語としては「塩鉄」策と呼ぶべきであろう。実際『清国行政法』より古い農商務省水産調査所『清国塩業視察報告書』(1900) は両淮塩を述べるところで中国塩の歴史の概要を述べるが、武帝の政策については「塩鉄の制度」とするのみで、「牢盆」は特に言及していない[79]。ちなみに、この報告書は宋元明清の各塩政にそう大きな差異を認めていないということで『清国行政法』の分析よりも更に幼く拙い分析である。

今日なお漢の武帝の専売政策を専売制とするのは、日本であれば加藤繁や、中国であれば左樹珍・景学鈴らが国家のあるべき塩政とは（日本の明治期において導入された）国家専売であり、それを前漢の武帝に（中国の論者は更に春秋期に斉を強国化した管仲と唐代の劉晏に）託して近代的な強国を思い描いていた名残りではないだろうか。

おわりに

近代的な意識を持って中国塩の歴史を研究することが始まったのは、日中でほぼ同時期の辛亥革命前後としよう。当初はどうも相互のことは知らずに、日本で行われつつあった塩の専売制からそれぞれ影響を受けたものと思われる。左樹珍の塩法の分析は有力な議論であって、それを踏まえた塩政改革運動家の景学鈴の政治力が永利化工の創業に寄与し工業塩の免税を勝ち取る上でも大であったことは確かであろう。そういう意味で、有効な議論であったと言えよう。これと比して『清国行政法』における拙い中国塩の分析がさして現実の政策に貢献できたとは思えない。何しろ清代を

通して行われた塩法とするべき綱法（＝官督商鎖）を主たる政策であったことを認識出来ていないし、その形成についての認識もあやふやであった。

　その著名さに反比例し漢の武帝の塩鉄策の実際は判らない。これを専売制とするのは、近代的な強国が行うべき塩政と日本と中国で思われたことが20世紀初頭にあったからかも知れない。

　唐代の劉晏の運用となるとかなり具体的な記述が判り、政府が専売したと認めることができる。しかし、後世の理想とされたことにより、明末清初期以降の一部知識人の主張と錯綜した。清末民初期に出現した左樹珍は、唐の劉晏の塩法論と明末清初以来の議論は違うものであると論じた。唐の劉晏の塩政は国家専売であり、明末清初以来の一部の知識人達の主張は税制たる就場徴税であると区別した。しかし、唐代から明代まで一貫していたのは塩場（またはそこへの出入り）は厳重に管理していたということであり、これは確かに専売制が成立する一つの前提であった。この塩場の管理が明末において崩壊したということについては、中国の論者と日本の加藤繁は独立して着目したらしく思われる。しかし、宋代や明代においては、官が買い上げて転売するという専売制が必ずしも行われたわけではなく、辺境の軍隊に軍糧を納入した代償として塩を売る権利を与えるという、証券の介在した施策も行われた。明代においては、このような施策である開中法が大々的に行われた。この開中法はやがて銀の流通を背景としてか、銀納化が認められた。これは一時的には政府に増収をもたらしたが、国防上と民政上弊害を与えたものであった。さらに塩を売る権利の引が濫発され、一時的には中央政府に増収をもたらしたが、塩の流通と民生更には国防上支障を来した。他方、塩場に商人達が直接に出入りし、明末に正課以外の余塩の売買が事実上認められるようになっていた。

　明末には、売れ残った塩を売りさばくために当初は便宜的に綱法が成立したが、これが清代にかけて展開される塩政となった。加藤繁はこれは消費税策であるとしたが、民国期の中国においては「商専売」と言及され、藤井宏はこれを踏襲し明代の塩法の諸側面を検証した。綱法成立後、明末以来の中国の一部の知識人は「塩場において一度納税すれば、あとは自由な売買をさせるべき」という政策を望んでいた。実際に各地で危機的な状況下で試され、最も重要な両淮においても行われたこともあったのである。

清末になり、日本が領有した台湾で塩の専売が行われ、ついで日本内地でも施行された。この日本で運用され始めた「専売」制が用語として伝わり中国における議論を刺激した。それはその語のもつ意味がというよりも、近代的な強国化策を「専売」という語の中に見たものかも知れない。一時は専売論の強力な論客であり運動家であった景学鈐もやがて「就場徴税、自由貿易」の立場へ転じることとなり、1931年に成立した新塩法も冒頭にこれを掲げるようになる。その後、曾仰豊の概説を通して民国期の中国で流行した議論をやがて日本の論者も明確に意識するようになったようである。

　日本の中国史学界に於いては何と言っても佐伯富の塩政研究は有名であるが、Thomas A. Metzger が brilliant と形容し私にとってのヒーローとまで語った藤井宏は今日ではその業績よりも研究外の行動で寧ろ記憶されているかもしれない[80]。筆者は、自分の研究が如何なる先学と外国の研究の影響を受け引き継ぎ発展させようとしたことをはっきりとさせず、超然と日本に於ける中国塩政史研究を集大成したかのような大著を成した佐伯富よりは、当時日本で見ることが出来た史料を博捜し、民国の論者を超克しようとした藤井宏の業績に寧ろ惹かれるものがある。なぜなら佐伯富の『清代塩政の研究』(1956) は劉雋の論考である「道光朝両淮廃引改票始末」(1933) が日本で広く知られていれば、書かれる必要がなかった著作である。百歩譲ってこの著作については戦前戦中戦後には資料と書籍の入手が困難であったとしよう。実際に筆者にとっても2001年に劉雋の論考を日本で探すのは難しくようやく京都大学人文科学研究所でコピーができない所蔵本で見つけ、その後京都の古書肆で所収の論文集をようやく手にした。webcat で検索しても東京大学文学部と名古屋大学に所蔵が確認されるだけであり、カードで研究を調べるしかなかった時代であれば日本においては埋没していた研究である。しかし、理由はどうあれ1933年の北京（当時は北平）の中央研究院で劉雋が行った研究を半世紀後の『中国塩政史の研究』(1987) で言及もしていないことについては釈然としないものを筆者は感じる。佐伯富と藤井宏の両人をひっくるめていえるのは、学界内の両巨頭たる二人が、一方は恩賜賞受賞という学界内の最高評価を勝ち得、一方は鋭い論理と史料の博捜ぶりとその攻撃的な論調で良くも悪しくも畏怖さ

れたため、研究を長らく停滞させてしまったということである。斯界では塩の研究はタブーの領域の観すらあった。実際、筆者が塩を研究していると聞き知った何人かの研究者の方は懸念されたそうである。塩はこわいということを語った人もいた。中国の塩政というのは多くの史料が残されているし、重要な分野であるにも関わらず一時全く停滞した。多方面の分析で活躍した渡辺惇は孤軍奮闘した例外と言える。実際筆者が思いつくようなアイデアはほとんど渡辺惇により研究されていて、筆者にとっては高い研究目標であると今でも感じている。本稿では、20世紀の加藤繁以来の佐伯富・藤井宏の中国塩研究を批判してみた。

―――――――――――

1）　山腰敏寛「中国塩の研究を進めるために：『徴税』と『専売』により見る塩政および山腰敏寛「中国塩の研究を進めるために：『徴税』と『専売』により見る塩政および現代の工業塩への留意など」『社会システム研究』Vol.13　pp. 89—107，2006
2）　渡辺惇「近代中国の塩専売制度と改革への努力」『日本塩業の研究』26集1998.
3）　佐伯富『中国塩政史の研究』法律文化社　1987.
4）　岡本隆司「魏源の塩法論を中心として」『洛北史学』第3号、2001.
5）　渡辺惇「清代塩政における自由販売論の展開　―中期の場合―」『中国史における中央政治と地方社会』昭和60年度科学研究費補助金総合研究（A）研究成果報告書（59319952）1986、同「清代塩政における自由販売論と票法（上）」『駒沢史学』36　1987
6）　渡辺惇　「清末における張謇の塩法論とその歴史的背景　―中国塩政近代化の一側面―」（『熊本大学教育学部紀要』第24号第2分冊　13—44頁　1975、同「左樹珍の塩法論について　―中国塩政近代化の一側面―」『熊本大学教育学部紀要』第26号　35—60頁　1977.
7）　渡辺惇「板刪法の擡頭とその影響　―清末両浙塩業の一面―」『東洋史研究』21—1　1962
8）　渡辺惇（1986）前出5）論文、同（1987）前出5）論文
9）　渡辺惇　「辛亥革命期における塩政改革運動Ⅰ」（『熊本大学教育学部紀要』第27号　59—88頁　1978）、渡辺惇「辛亥革命期における塩政改革運動Ⅱ」（『熊本大学教育学部紀要』第28号　計72頁　1978，1979）
10）　渡辺惇（1978）前出6）論文Ⅰ、Ⅱ。「辛亥塩政」、同「民国初年塩政討論会の

活動-辛亥革命期における塩政改革運動Ⅲ」『近きに在りて』第39号　299—315頁　2001．8
11) 渡辺惇（1975）前出6) 論文。同「張謇の塩業経営について　—中国塩政近代化の一側面—」『熊本大学教育学部紀要』第25号　15—44頁　1976
12) 渡辺惇（1977）前出6) 論文
13) 渡辺惇「日本の塩専売法と中国の塩政改革」『日本塩業の研究』27集　2000．
14) 渡辺惇（1977）前出6) 論文
15) 藤井宏「明代塩商の一考察　—辺商・内商・水商の研究—（一）～（三）」(『史学雑誌』54—5，6，7，1948
16) 景学鈐「左氏塩法綱要書後」『塩政彙編』三「雑録」所収
17) 劉経華「民初塩務改革與近代化問題論析」『江漢論壇』5号　1997年．21—5、同「論民初食塩就場専売与就場征税制之争」(中国経済史論壇［website］2004—5—9　23：33：30)
18) 李涵等『繆秋傑与民国塩務』中国科学技術出版社1990　p.16　p.204，繆秋傑『近四十年代中国塩政之変遷』1957（李涵等『繆秋傑与民国塩務』195—246頁に再録）1957　p.204)
19) 劉経華「論民初食塩就場専売與就場征税制之争」（既出）。
20) 『清国行政法』6巻180頁。「官運官銷」に言及して「……現今の国家専売の意義にて適合す……」。また、景学鈐の「左氏塩法綱要書後」には「……申明劉晏非就場征税、為国家専売……」とある。
21) 渡辺惇（1977）前出6) 論文
22) 『新唐書』「食貨」の塩法論の以下の件を渡辺惇は紹介する。「……出塩郷、因旧監、置吏亭戸、糶商人、縦其所之、……。」最後の四文字は「そのゆくところを縦にせしむ」と訓むことができる。渡辺惇「左樹珍の塩法論について—中国塩政近代化の一側面—」(『熊本大学教育学部紀要』第26号　35—60頁　1977
23) 渡辺惇（1986）前出5) 論文、渡辺惇（1987）前出8) 論文。
24) 劉雋「道光朝両淮廃引改票始末」『中国近代経済史研究集刊』1933年5月、渡辺惇（1987）前出8) 論文、山腰敏寛「陶澍の票法の採用について」無窮会『東洋文化』復刊第68号1992、同「兪徳淵の塩法論により見る道光朝淮北改票」京都大学人文科学研究所研究報告『中国近代化の動態構造』2004年。
25) 佐伯富『清代塩政の研究』東洋史研究会1956、同『中国塩政史の研究』法律文化社1987。
26) 渡辺惇（1986）前出5) 論文、同（1987）前出5) 論文。

27) 山腰敏寛（1992）前出24）論文。
28) 山腰敏寛（2004）前出24）論文。
29) 『塩政彙編』3「左氏塩法綱要書後」「……漢東潜夫……申明劉晏非就場征税為国家専売……」渡辺惇（1977）前出6）論文。
30) 『塩政彙編』3「左氏塩法綱要書後」、渡辺惇（1977）前出6）論文。
31) 山腰敏寛前出1）論文。
32) 藤井宏「開中の起源及び意義」『加藤博士還暦記念東洋史集説』富山房1941
33) 藤井宏同上32）
34) 「開中者、本宋折中法。而變通之。……」『塩法綱要』丙編　p. 89
35) 外務省（中山八郎）調査部調第一六八号『支那塩制史概説』1929
36) 山腰敏寛前出1）論文。
37) 山腰敏寛（2004）前出24）論文。
38) 曾仰豊『中国塩政史』商務印書館発行1936　p. 18.
39) 「商人輸粟……以銀五分、得塩一引、於商利。……已奏請更其法、課輸銀於運司、銀四銭一分…以一引之塩、致八倍之獲……。」(『明大政纂要』35巻、弘治5年8月。藤井宏1941による）
40) 外務省調査部（中山八郎）1939
41) 外務省調査部（中山八郎　1939　p. 52
42) 藤井宏「明代塩商の一考察」
43) 藤井宏「明代塩商の一考察」
44) 外務省調査部（中山八郎）
45) 藤井宏「明代塩商の一考察」
46) 曾仰豊『中国塩政史』商務印書館発行1936　pp. 8—19.
47) 左樹珍『塩法綱要』1913
48) 外務省調査部（中山八郎）
49) 渡辺1977，景学鈐「左氏塩法綱要書後」『塩政彙編』3「雑録」
50) 『清国行政法』巻6　pp. 174—81.
51) 『清国行政法』巻6　p. 174.
52) 『清国行政法』巻6　p. 178.
53) 『清国行政法』巻6　p. 180.
54) 『清国行政法』巻6　p. 181.
55) 山根幸夫編『臨時台湾旧慣行調査会会第一部報告清国行政法索引』大安,1967年，6頁。
56) 山根幸夫「清国行政法解説」『臨時台湾旧慣行調査会第一部報告清国行政法索

57) 外務省調査部（中山八郎） p. 71.
58) 山根幸夫「清国行政法解説」『臨時台湾旧慣調査会第一部報告清国行政法索引』大安 pp. 1—21. 1967
59) 『清国行政法』同書 6 巻 pp. 160—3.
60) 渡辺惇（1977）前出6) 論文。
61) 左樹珍『塩法綱要』丙篇に「……考日本塩専売法……」と直接言及している。詳しくは渡辺惇「日本の塩専売法と中国の塩政改革」『日本塩業の研究』27集 2000。
62) 『清国行政法』6 巻 pp. 159—60.
63) 中山八郎「明代における余塩私売の起源」(『加藤博士還暦記念東洋史集説』富山房1941『明清史論集』汲古書院1995所収)
64) 曾仰豊著 pp. 18—19)
65) 外務省調査部（中山八郎）1939
66) 鈴木正「清初両淮塩商に関する一考察」(『史淵』35：1946, 36—37：1947)。その他中山八郎・藤井宏・佐伯富らも同様の指摘をする。
67) 藤井宏「明代鹽商の一考察 ―辺商・内商・水商の研究―（一）～（三）」(『史学雑誌』54—5, 6, 7, 1948)
68) 藤井宏「開中の起源及び意義」『加藤博士還暦記念東洋史集説』富山房1941
69) 渡辺惇（1977）前出6) 論文。
70) 渡辺惇（1977）前出6) 論文。
71) 加藤繁「清代の塩法」原載『史潮』7—1, 1937『支那経済史考証・下』493—504頁所収。加藤繁は実はこれと並記して、戦国期以降の法家の手になるものかという違う説も紹介するものの、やはり武帝の政策を反映したものという解釈に加藤繁は強く執着している。
72) 外務省調査部（中山八郎）調第一六八号『支那塩制史概説』pp. 5—9
73) 佐伯富『中国塩政史の研究』（既出）
74) 藤井宏「漢代塩鉄専売の実態 ―史記平準書の記載をめぐる諸問題―」(『史学雑誌』79—2, 3 1970)
75) 田秋野・朱維亮『中華塩業史』台湾商務印書館 1979.
76) 『毎日新聞』1988年5月31日付、藤井宏「学士院恩賜賞に異議あり」『諸君！』1988—7 pp. 256—63.
77) 佐伯富『中国塩政史の研究』1987 p. 42 p. 57.
78) 『中国塩業史』「古代編」p. 45.

79) 農商務省水産調査所『清国塩業視察報告書』1900　p. 38
80) "brilliant" との形容は Thomas A. Metzger. The Organizational Capabilities of the Ch'ing State in the Field of Commerce: The Liang-huai Sa-lt Monopoly, 1740—1840（W. E. Willmott, ed. *Economic Organization in Chinese Society*. Stanford University Press. 1972　pp. 9—45.）。また、ヒーローとの記述は「海外の東方学研究者による京都大学人文科学研究所の教育研究活動に関するレビュー」に掲載されている。「新安商人に関する彼の四部にわたる論文を読んでからは，私にとって彼はヒーローとなりました」とある。ただ、メッツガーはこれに続けて「また佐伯富の清代の塩の専売に関する著書も私にとってきわめて有用でありました」とする（http://www.zinbun.kyoto-u.ac.jp/symposium/review.pdf）。これに対して、活字となって残されている藤井宏が引き起こした状況については北海道大学における事例として「創設期の東洋史学講座に大きな、深刻な、壊滅的打撃を与えたのは56年6月—58年3月の第一次藤井教授問題と、これに続く61年10月—64年11月の第二次藤井教授問題である。この、いわゆる藤井事件の影響は上記の5年間にとどまらず、藤井宏氏の教育方針と行動様式が、当時、そしてその前後においても及ぼした甚大な被害は計り知れない」「歴史学系—この四半世紀の歩み」（http://www.e-yubun.jp/pdf/ yu12-1.pdf）とある。

第3章　官営製鉄所と赤谷鉱山：大冶鉱石獲得前史

長島　修

はじめに

　官営製鉄所の鉄源獲得問題は、製鉄所建設計画当初より大きな課題となってきた。結論的に述べれば、創立期製鉄所の鉄鉱石は主に中国湖北省の大冶鉄山より供給をあおぐことになった。こうした事実については、すでに多くの研究によって明らかにされている。とりわけ、大冶鉄鉱石の獲得にあたり、大蔵省預金部からの資金を通じて漢冶萍公司を金融的従属下においていたことは、安藤実[1]、佐藤昌一郎[2]、藤村道生[3]などの研究によって明らかにされている。また、大冶鉄鉱石を当初から獲得する意図をもって、政府＝製鉄所が動いていたのかどうかをめぐっては、佐藤と藤村の間で論争になっている。この問題については、筆者は、佐藤の実証的研究[4]によって、決着がついたものと判断している。

　また、漢冶萍公司の一次資料を使った近年の迎由理男の実証研究は、漢冶萍公司の内部事情について、明らかにしており、藤村の主張は、無理があることが明らかにされた[5]。

　実際に製鉄所建設にあたり、大冶鉱石の獲得交渉の一方で、製鉄所は赤谷鉱山を取得し、開発をはじめていた。この点について、佐藤は資料によって、赤谷取得が、三菱の鉱石運搬事情ともかかわっていたことを明らかにした。佐藤の研究は、赤谷の問題に照射した最初の研究である。

　佐藤は「一定の条件の整備によって採掘・搬出・製鉄所への輸送が可能であった。それにもかかわらずそれが放棄の方向をたどり、そして放棄されるのは大冶鉄鉱石を中心とする帝国主義的原料取得（いわゆる鉄鉱石の自由な売買関係ではない）政策の見透しの確立と「成功」であった」。そして、三菱に対する鉱石独占的運搬契約は「国家（資本）と財閥資本の結合関係」を示しており、両者の関係の「一断面」をしめすものとして評価した。

しかし、それでは、製鉄所はどういう経緯で赤谷鉱山を取得したのか、どのような赤谷開発を計画したのかは、不明である。また、赤谷の開発保留は、どのような経緯でなされたのかは、明示されていない。私は、こうした点を総合的に評価しなくては、佐藤のような評価はうまれてこないと考える。筆者は結論的には、佐藤の評価を基本的には支持している。

清水憲一は、佐藤の残した問題を考える研究を発表した。清水は、製鉄所と三菱の関係を追及した論稿のなかで、赤谷の買収と売却について考察している[6]。清水の研究は、赤谷について、上記三氏の視角からではなく、製鉄所と三菱という独自の視角を設定し、赤谷を分析した唯一のものである。清水は「三菱が製鉄所に赤谷を売りつけた、と考えることもできよう」という評価を下している。三菱の赤谷投資額は、1897年末約5万4千円（98年6万円）で、20万円の売却であるから、売却によって14万円前後の利益をえたことになる。しかし、これだけではすまなかった。清水ばかりでなく、多くの論者は、赤谷は製鉄事業調査会（1902年）において「放棄」としているが、そう単純なものでもなかった。

勿論、清水は、製鉄所の赤谷獲得過程を三菱の観点で基本的事実を明らかにした優れた業績である。筆者はさらに、三菱の赤谷獲得と製鉄所への売却過程を、もう少し突っ込んで明らかにしたい。また、研究論文ではないが、菅和彦「二つの鉱山　赤谷と大冶」という論考もあることを付け加えておこう[7]。

つまり、佐藤、清水が遣り残した問題もある。本稿では、現在の製鉄所研究の進展を踏まえて、赤谷と製鉄所の問題を考えて行きたい。

赤谷開発の重要問題のひとつは、新潟港から八幡までの運搬ではなく、新潟港までの鉱石の運搬であった。しかし、このことについては、従来それほど注目されていなかった。第2に、清水の論文を除いて、赤谷はどのようにして製鉄所の所有となったのか、このこともあまり明らかにされていない。本稿では従来あまり触れることがなかったこの問題（三菱の赤谷獲得→製鉄所への委譲）とそもそもの取得がどのような経緯であったのかに焦点をあてて、佐藤、清水の論考を補足することを課題とする。いわば、赤谷開発の取得から留保までの経緯である。しかし、赤谷のそれは、また大冶の獲得交渉と並行した過程であった。赤谷のこの問題は、大冶の裏返

しでもあるのである。製鉄所構想の変遷をおいながら、鉄鉱石の獲得の問題を明らかにする[8]。

1. 製鉄所と鉄鉱資源

(1) 銑鋼一貫製鉄企業の原料調達

銑鋼一貫製鉄所は、大量生産のために大量の原料を購入しなければならない。その原料としては主に原料炭と鉄鉱石である。大量生産を継続し発展させてゆくためには「原料購入の大量性・安定性・廉価性」[9]が求められる。官営製鉄所もまた、例外ではない。

特に原料資源の乏しい日本においては、国内ばかりでなく、海外にも原料資源を求めなければならなかった。しかし、日本は、最初から海外の資源を求めて製鉄所構想をたてていたのではなく、最初は国内に資源を求めていたのである。少なくとも1896年当初予算409万円構想では、そうであった[10]。

一般的に、銑鋼一貫製鉄所の製鉄原料の確保には、①単純購買②長期契約による購入③自己所有という主に3つの方式がある。どのような形態をとるのが最も適切かどうかは、製鉄所の規模やその構造、資源の賦存状態、鉄鋼業を取り巻く外部環境、鉄鉱石および鋼材価格など様々な要因によって規定される。官営製鉄所の設立期前後においては、日本は、帝国主義的な国際環境にあって、鉄鋼業の確立をめざしていた。いわば、そのなかでどのような形態の製鉄所を建設するべきかによって当然のことながら、鉄鉱原料の取得の形態も異なってくる。例えば、製鋼所であれば、製鉄原料よりも銑鉄が必要とされるし、一貫製鉄所であれば安定的な鉄鉱石資源として②ないし③がのぞましい。しかし、高炉の規模が小さいとしたら、それほどの鉄鉱石は必要ないから、①ないし②を組みあわせることでも可能である。

(2) 創立期予算と鉄鉱石原料の確保

1896年（明治29年）予算によって成立した当初の製鉄所構想では高炉の規模は、ベッセマー転炉（7トン2基）用銑鉄を供給するために高炉を建設

するということに限定された。この予算を審議・立案した製鉄事業調査会では、銑鉄生産6万トン案が結局4万2000トンに縮小された[11]。この構想が96年度から始まる製鉄所建設計画であったのである。したがって、製鉄事業調査会では、原料鉄鉱石をどのように調達するかという問題については、それほど大きな問題になってはいなかった。

　この予算の立案に主導的役割を果たした野呂影義は次のように述べている。

　「私ノ理屈カラ云ヘバ銑鉄ハ鋼工場デ拵ヘナクテモ民間デ出来ルダラウト思ヒマス又一方カラ云ヘバ民間ノ製造者ニ同盟罷工見タ(ママ)ヤウナコトヲヤラレタ時ニハ製鋼所ハ原料ノ蒐集ニ困ルデアラウト云フ議論ガアルカモ知ラヌガ一度政府デ製鋼事業ヲ起シタナラバ随テ銑鉄ノ事ハ殖ヘテ来ルダラウ、然ラバ其方デ競争ガ行ハレルカラ直段(ママ)ガ高クナルト云フヤウナコトハ無イカト思ヒマス」[12]

　ここでは銑鉄については民間からの供給に期待しており、それについてはきわめて楽観的な見通しを表明している。平炉については外部からの銑鉄や屑鉄供給によっており、自給する銑鋼一貫製鉄所構想になっていないのである。

　それでは、ベッセマー転炉用の銑鉄を生産するために高炉建設を計画しているが、そのための原料をどこからもって来ることを想定しているのであろうか。

　原田宗助海軍大技監が「中国辺（日本国内…引用者）ニ製鉄所ガ建ツタトスルト今鉱石ハ重ニ釜石、仙人山カラ出マスガ其處マデ運搬スルノデスカ」と質問したのに対し、野呂は「サウデス」と答えている[13]。鉄鉱石は釜石、仙人山からの供給に期待していたのである。ここでは、赤谷の問題はほとんど出ていないのである。

　ただ内藤政共海軍大技士は次のような質問をしている。「民間ノ鉄ヲ買フトスレバ或ハ仙人山或ハ釜石或ハ赤谷ニ出来ルモノハ幾分性質ガ違フ」[14]がそれは差し支えないかと質問している。ここでは赤谷も入っている。つまり、鉄鉱石の供給は釜石を主に考えており、銑鉄を民間から購入するという構想から当初の製鉄所は構想されたのである。第9議会で可決された409万円の予算構想は銑鋼一貫製鉄所構想とはいえないものであり、

鉄鉱石そのものもそれほど必要としない構想であったのである[15]。予算の説明によれば、銑鉄4万2000トン、粗鋼能力6万トン（ベッセマー転炉3万5000トン、平炉2万トン、錬鉄4500トン、坩堝鋼500トン）の製鉄所であるから鉄鉱石についても国内自給で間に合うという楽観的な期待をもって構想されたのである[16]。

　後にみるように、この構想は、採掘から製銑・製鋼・圧延の一貫製鉄所を構想した和田意見書によって一変することになるのである[17]。和田意見書の解説をした「製鉄所設計ノ要旨」（1898年1月31日）によれば、次のように採掘部門の拡充の必要性を述べている。

「従来ノ計画ニ於テハ製鉄ノ原料タル鉄鉱石炭及石灰ハ悉ク之ヲ購入スルノ予定ナリ然ルニ我国ニ於テハ鉄鉱ニ乏シカラスト雖モ鉱床ノ大ナルモノハ二三ニシテ採鉱ノ業ヲ営ムモノニ至テハ唯釜石鉄山アルノミ且釜石ト雖モ目下ノ施設ハ唯自用ノ鉄鉱ヲ供給スルニ止マルヲ以テ製鉄所ニ原料ヲ供給セント欲セハ数拾萬円ヲ投資シテ其設備ヲナサヽルヲ得ス況ンヤ其他未開ノ鉄山ニ於テヲヤ又骸炭製造ニ要スル石炭ノ如キモ其種類少ナク且我国ノ炭価ハ日々益騰貴シ目下ノ価格ハ外国諸鉄山ニ於テ消費スルモノヨリ遥カニ高価ニシテ将来ト雖モ其低落ハ決シテ予期スルヲ得ス加之製鉄事業ニ於テ最モ肝要ナルハ恒ニ原料ノ性質一定シ時々変更セサルニ在リ是ヲ以テ外国ノ製鉄所ハ務メテ鉄山炭坑及石灰山等ヲ所有シ一ハ廉価ナル原料ヲ消費シ一ハ原料ノ一定不変ナルコトヲ計レリ外国ノ如ク原料ノ供給饒多ナル邦ニ於テスラ尚斯ノ如クナルニ我国ノ如ク原料ノ供給少数者ニ限ラレ且其値ノ高貴ナル国ニ於テ悉ク之ヲ購入スルトキハ原料高値ニシテ到底外国品ト競争スルコト能ハサルヤ事理ノ明白ナルモノナリ故ニ<u>製鉄事業ノ存立上鉄山炭坑及石灰山ヲ購入シ自ラ之ヲ採掘シ性質ノ均一ニシテ廉価ナル原料ヲ供給スルノ途ヲ計ラサルヘカラス</u>」[18]

　この文書は、製鉄所の意図を明確にしている。一つは、採掘部門を所有することによって、原料価格を引き下げることができること、二つめに、一定品質の原料の継続的安定的確保のためには採掘部門をもつ必要がある

こと、三つめには、日本国内には釜石以外に有力な鉄鉱供給源がみつからず、それも現在は自家用で大規模な投資をしなければならないこと、四つめに、従来の計画を大きく変更して鉄山、石炭山、石灰山を所有することにしたこと、以上4点について簡潔に述べている。

以上のように、銑鋼一貫製鉄所へ規模を大きく変更したばかりでなく、採掘部門まで所有するドイツで発展した銑鋼一貫製鉄所構想に大きく舵をきったことによって、赤谷の所有が現実化したのである。また、石炭部門では、それは二瀬炭坑の所有へと拡大していった。

和田意見書を受けて、製鉄所では早速創立費予算の変更を計画し、第11議会（1897年12月24日―12月25日）に提出したが、衆議院は解散したため実現できなかった。さらに、第12議会（5月19日―6月10日）に955万円を提出したが、工場拡張にかかわる追加予算のみ認められ、原料鉱山費については次の議会に回されることになった。そして、第13議会（1898年12月3日―99年3月9日）において漸く、原料鉱山費などを含む363万円の創立費予算が認められたのである。そして、1899年8月16日製鉄所は漸く赤谷鉱山を三菱から購入することができたのである[19]。

1901年に操業を開始すると議会に約束していた製鉄所にとって、赤谷開発は1900年度から開始して1901年度に鉄鉱石を供給するという切迫した状況になっていた。時間的に実現がきわめてむずかしいことになっていたのである。1901年に操業するためには、どこかから安定的に鉄鉱石と石炭を確保することが必要とされた。しかし、鉄鉱石の国内供給はきわめて難しいことになっていた。それでは、まず三菱が赤谷をどのように獲得したか、次節で検討してみよう。

2. 三菱の赤谷取得の経緯と売却

（1）大塚専一調査

赤谷の科学的鉱山調査は、大塚専一による調査と報告が最も早いものである。それは、鉱山局『赤谷仙人鉱山地質報文』（1893年3月）として明らかにされている。大塚が、1892年7月上赤谷鉱山地質調査の命をうけて調査した結果をまとめたものが、同書に収録されている「上赤谷鉄山地質調

査報文」である。この報告のなかでは、埋蔵鉱量は、銑鉄換算で、合計8万9685トンと評価している。大塚は、この報告では、木炭高炉を設けて銑鉄を生産し、搬出する計画を前提にして調査している。大塚によれば、赤谷鉄鉱床から産出する鉱石を年間3000トンの能力をもつ木炭小型高炉を設置して、銑鉄として新潟まで搬出する計画である。

赤谷鉄鉱石（17）と釜石佐比内鉱石（1.8）の重量比率で製出した銑鉄は、釜石1号銑に匹敵する良質の銑鉄であったことが香村小録より報告されていた。したがって、鉱石の品質については、問題はなかったという認識が示されていたのである。

問題になるのは、急峻な山中より運搬する手段である。大塚は、鉱床の所在地から上赤谷本村までの搬出する方法について次のような困難があることを指摘している。

「上赤谷本村ニ至ル二里半ノ間ハ道路山岳ノ岩腹ニ在ルヲ以テ、随テ運搬自在ナラス、貨物ノ如キハ僅ニ負担シテ以テ往復スルモノナレハ、運搬賃銭ハ頗ニ廉ナラス」12貫につき片道13銭（一人または馬の負担する量と推測される）とその調査結果を示した。

上赤谷から新発田までの4里半の運搬は飯豊川（現在の加地川）の船運を利用してゆけば、「敢テ困難ナラス」としている。100貫60銭と評価している。「上赤谷村近傍ヨリ新発田市ニ至ル道路ハ、車馬ノ往復容易ナルモ、水運ニ較フレハ少シク廉ナラサルモノハ如シ」としている。

結論として、「赤谷鉄山ニ於テハ盛大ノ事業ハ得テ望ム可カラサルニモ、其規模小ナレハ、後来必スヤ好結果ヲ得可ヘキモノナラン」と記している。

つまり、大塚は、運搬、採掘量、採掘条件という点（高炉建設を前提）で、赤谷の大規模開発には否定的な見解を報告していたのである。

(2) 三菱の取得

赤谷鉄山は、新潟県北蒲原郡飯豊山系の加治川（飯豊川）上流にあり、製鉄所構想の段階でも注目するべき鉄山として期待されていた。

赤谷付近の鉱床は、鉄ばかりでなく銅、雲母箔などに利用されていたが、鉄鉱採掘を目的にして、鉱区の特許を取得したのは、1896年10月、長崎県人村上忠吉外1名といわれ、その後、何人かの鉱業家の手を経て三菱の取得

にいたったのである[20]。

　三菱は、取得した赤谷鉱山の3つの採掘権特許を1897年8月1日製鉄所に売却した。三菱の取得した赤谷鉄山の鉱区は以下のとおりである。
① 特許1665号1895年12月26日（1895年12月24日濱政弘名義）上赤谷瀧谷入会地弥一沢、小股沢銅鉄鉱区58万120坪[21]
② 特許2941号1898年12月12日[22](1898年12月12日譲受契約、12月20日特許取得[23]）赤谷村大字上赤谷、滝谷入会弥一沢、銅鉄鉱区1万1637坪
③ 特許4924号1898年12月7日[24]（1897年1月6日名義を濱政弘とする）[25] 上赤谷瀧谷入会地弥一沢、小股沢大字滝谷字内ノ沢鉄鉱区45万776坪

　それでは、三菱がどのような経緯でこの3つの鉱山採掘権を取得したのか何をめざしていたのかをまず明らかにしよう。

　特許1665号は、濱政弘（三菱）[26]が村上忠吉らから譲渡されたものである。値段は1万7360円、報償として村上外2名に3万2640円支払った[27]。われわれが注目するのは、購入した年月日である。1896年2月の第9議会で官営製鉄所設立が可決され、八幡の創立（官制公布）は1896年3月であるから、三菱は、それに先んじて①の鉄鉱区を取得していたことである。1895年製鉄事業調査委員会において、製鉄所の設立予算が検討され、八幡が創立されることは確定していたとはいえ、なぜ、三菱が鉄鉱区をいち早く獲得したのかということである。この段階で三菱は自己の製鉄所を創立する計画はないのであるから、この鉱区取得は、何故であるか、この点については検討を要する。

　特許2941号は1898年12月12日石川県金沢市士族高山勝行（代理人泉直次郎）より三菱合資会社が採掘権を買い取ったものである。特許4924号は、1897年12月7日にとった[28]。

　後者二つの採掘権の取得は、製鉄所の開業にともない、周辺鉱区を買い取って、赤谷周辺の鉱物資源（鉄）の開発をめざしたものであろう。

(3) 休業願の提出

　かくして、赤谷の3つの鉱区は三菱の手に入ったのである。ところが第4924号については、すぐに「休業願」が農商務大臣山田信道あてに出されているのである[29]。1897年12月（日にちのところは空欄になっている）には

1898年1月から12月までの休業願が農商務大臣あてに書かれているのである。この休業願は、期間を1年と区切って出されたものである。

　同願いは、「鉱業人ニ於テ独力ヲ以テ道路ノ開通ニ任スルコトハ固ヨリ鉱業上収支不相償儀ニ有之候得共先ツ運搬ノ途ヲ開カサレハ鉱業上ノ方針モ難相立次第ニ候間現今同地方ニ於ケル一般交通事業ノ進歩発達ニ随伴シ本鉱区ヨリ付近主要ノ町村ニ達スル運搬道路開鑿ノ上鉱業ニ従事候様仕度存候」と述べており、交通事業の発達なくして、鉱業上の収益をあげることが難しいことを指摘している。しかしながら、早々と取得し、取得したその年にすぐに休業願いを提出するというのいかにも不可解な行動をとっている。

　そして、1898年10月には、特許1665号、特許4924号については下記のような「休業願」を正式に提出し、長期にわたる休業を求めたのである。

　　「右両鉱区之儀測量及ヒ探鉱ニ従事罷在候処本鉱区タル僻遠ノ山谷ニ介在シ人馬交通ノ途殆ト無之付近市邑若クハ海辺其他凡ソ運搬交通ノ便アル地ニ達スル通路ニ至リテモ或ハ数里或ハ十数里ヲ隔テ其間概子狭隘険悪ニシテ器具機械其他諸材料ノ運搬極テ困難ニ有之鉱物ヲ採掘スルモ之カ搬出ニ至リテハ頗ル至難ノ有様ニ候因テ本鉱区ヨリ付近主要ノ市邑ニ達スル通路ノ開通セント欲シ目下専ラ其経営中ニ有之候然ルニ本鉱区所在地方ハ例年秋末ヨリ春初ニ懸ケテ半歳ノ間積雪融解セス夏期ト雖モ雨天勝ノ上深草繁茂シ為メニ事業ヲ阻害セラレ進歩頗ル遅々タル実況ニ有之候旁以明治三十二年一月一日ヨリ三十五年末ニ至ル迄止ムヲ得ス鉱業休止致度候間前記事情御酌量ノ上特別御詮議ヲ以テ三ヶ年間休業之儀御許可被成下度此段奉願候也」[30]

運搬上の条件の悪さと気候条件悪さなどをあげて3年間にわたって休業したい旨農商務大臣宛に「休業願」を出している。1897年10月8日三菱の赤谷鉱山調査員は、秋冷のため調査不能となり、山元を引き揚げている[31]。したがって、97年秋から翌年の春にかけては調査が十分出来なかったと思われる。つまり、98年の春以降、調査が行われ、三菱単独での赤谷開発の困難さが明らかになったものと推測される。実際に、1897年6月12日三菱

社員竹清富三郎が来山し、道路及び鉱区の実測調査をしており、翌98年6月15日には三菱技師鈴木敏、技士西和田久学、竹清富三郎らが、鉱区、地質、鉱量調査をおこなったのである[32]。これに基づいて、三菱は「休業願」を出したのである。

　鉱業権を取得しながら、すぐに休業願いを提出するといういかにも唐突なことである。何故、こうした行動をとったのであろうか。赤谷についての情報がない中で、三菱は鉱業権だけとりあえず取得したという事情を示している。とりあえず、特許＝採掘権の取得だけを急いだのである。この結果、ばらばらになっていた採掘権が、三菱一本にまとめられて、赤谷の採掘体制が整えられたということにはなったのであるが。

　製鉄所の設立と操業を前に、赤谷の採掘体制が整えられたのである。三菱は、1895年12月26日の特許1665号によって、赤谷の一部の採掘権は得ていたが、97年まで他の2つの鉱区を押さえて赤谷の有力な採掘鉱区をすべて押さえたことになる。しかし、すぐ休業願を提出した。このことは、鉱山経営をおこなうために、単に三菱だけの利益のために行ったとは考えられない。三菱は、とりあえず鉱区を押さえ開発を円滑にする役割になったと推測されるのである。しかし、開発コスト（運搬など）が、三菱が単独で行うにはあまりにも高かったのである。また、気候条件も開発を懸念する材料となった。

（4）三菱による赤谷調査

　三菱は、自らの手で埋蔵量調査をおこなっている。三菱合資会社、技師鈴木敏、技士西和田久学の調査によれば、鉱量2,925,060トン、採鉱量2,333,645トン、銑鉄換算1,173,190トンと大塚が行なった調査よりかなりの増加をしめした。

　採掘可能量調査をおこなった鈴木敏は、1863年（文久3年）11月25日生まれ、東京大学理学部地質学科を1883年（明治16年）7月卒業、同年10より農商務省、地質調査所に勤務し、1898年（明治31年）5月25日三菱の技師に雇われた[33]。そして1899年（明治32年）5月には製鉄所技師に雇われたのである[34]。赤谷の採掘量調査のために三菱に5月にやとわれ6月から赤谷を調査し、開発の可能性が少なくなるとすぐに再び製鉄所に戻っているのであ

る。赤谷の調査ためにのみ、鈴木は三菱に雇われたといっても過言ではない。

　このことは何を意味するのであろうか。第一に、三菱は、調査を始めて、情報を集めるにつれて、その困難さに開発の意欲を急速に失っていったのである。

　第二に、三菱は、農商務省のバックアップの下で開発をおこなっていたということが推測される。三菱単独では、赤谷の採掘可能性について、評価できず、地質学の知識をもった政府の技術者を雇い、判断が明らかになると技術者は、すぐに元の役所にもどっているのである。この間わずか1年である。この時期の技術者の流動性の高さは周知のことであるが、その出入りはあまりにも不自然である。三菱の赤谷開発のために製鉄所（農商務省）が、三菱に技術者を貸し出したというのが実相であろう。

　第三に、鉄鉱石の採掘可能量は大塚の調査よりかなり増加して、赤谷の有望性は高まっていた。

　第四に、赤谷に関する情報について製鉄所はある程度もっていたはずである。その困難性についても認識していたはずである。政府は、三菱に開発を促すことで、国家財政の制約から免れることができることを期待したのである。こうした中で、三菱は、1897年7月出張所を建設した。

(5) 三菱と製鉄所

　三菱は、製鉄所より鉄山開発依頼を受けていた様子も窺われる。岩崎彌之助から松方正義にだされた書簡は、政府から三菱に対して鉄山の探鉱を依頼したことを窺わせる。

「御下命之鉄山探鉱之儀ハ、可及丈ケ盡力可仕ニ付、御安心可被遣候、大島氏見聞之鉄鉱場所書御下付被遣、難有奉存候、近日何分之見込上申可仕と奉存候(ママ)」35) とあるように、赤谷と特定しているわけではないが、前後関係からみて赤谷の探鉱を松方から岩崎（三菱）に対して、促していたことは確実である。ただ、官営後、大島が赤谷の調査に出かけたのは、1899年6月26日であるから、「大島氏見聞之鉄鉱場所」とは大冶であると推測される36)。大島がもっている鉄山（中国大冶）の情報が三菱に対して伝達されていたと推測される。

三菱が赤谷鉱山を取得する以前に、1892年7月野呂影義と服部漸が赤谷を調査し、鉱石を採取している。また、1893年12月的場中が調査、1895年9月27日製鉄事業調査委員会の清水實隆嘱託が調査していた[37]。赤谷に関する情報は三菱が取得する以前にある程度、政府は、得ていたのである。三菱は、これらの情報は当然得たうえで、赤谷を獲得したことは確実であろう。
　したがって、先行取得の意図をもっていたことはあきらかであるが、同時に政府関係者から委嘱（「下命」）があったものと思われる。それにともなって、農商務省から鈴木敏などが三菱に移動したのである。

(6) 生野鉱山と製鉄所

　三菱と大島道太郎、和田維四郎[38]の関係は、すでに製鉄所に技監として勤務する前後に微妙な関係にあった。製鉄所研究家である菅和彦氏の調査によれば、1897年3月8日父大島高任宛の大島道太郎技監の書簡[39]によって、岩崎と大島の間に何らかの関係があったことが明らかにされている。
　三菱・和田・大島の結節点は、生野鉱山をめぐる問題である。生野鉱山は、御料局鉱山であったが、コワニーの指導の下で、設置した機械類は、明治20年代になると安定した操業を期待できなくなっていた。1889年2月大島道太郎はそうした中で、技師として生野に派遣されることになった。大島は、生野において、「生野鉱山改良意見書」[40]という大論文を支庁長朝倉盛明に提出し、生野鉱山の抜本的な改良を提言した。この改良提言に基づいて、1894年より、生野鉱山、大阪精錬所[41]においては、改良工事が着手されたのである。
　そうした中で、1895年12月には、和田維四郎は、生野支庁長心得に任ぜられていた。和田は、まさに製鉄所長官になる直前に生野にあったのである。製鉄所長官、技監となる直前に、生野において、和田と大島は、技師と支庁長のコンビがつくられたのであった。和田は、生野鉱山における開発計画において、大島の技量を充分に理解していた。大阪精錬所の所長は、開業から1895年まで大島道太郎、96年1月から10月まで所長心得和田維四郎であった。創立期製鉄所は、まさに、銅採掘・製錬の経験者によって、

実質的な運営されたのである。
　そして、生野鉱山は、1896年11月1日、三菱に払い下げられたのである。この際、和田は、経済的に採算の見込みあるとして、三菱への生野払い下げに反対の立場をとった。したがって、三菱の立場を代弁するものとして、両者をみるのは、短絡的な考え方である。和田は、その後の製鉄所においても、技術官僚として、中立的で誠実な対応を示している。両者は、非鉄金属鉱山の採掘・精錬に関する鉱山技師としての確かな目をもっていたと評価することがむしろ、適切であろう。大島は、みずからの計画した生野改良工事の半ばに製鉄所へ技監として移動した（1896年6月）。和田は、生野支庁長として、改革を完了する前に、製鉄所長官に転出した（1897年10月6日）。

(7) 三菱から製鉄所へ

　岩崎の松方宛書簡や人的移動をみると、政府あるいは製鉄所からの働きかけがあって、三菱は採掘権取得に動いたことは明らかであろう。三菱は、購入以前の一定の情報に基づいて、探鉱調査を展開したのであろう。すでに、1895年に赤谷の一部の鉱区を取得していた三菱に、農商務省は、赤谷鉄山開発を委任したと推測される。
　とくに、1897年の二つの鉱区取得はそうした意味合いがおおきかったと推測される。それでは、三菱にとって赤谷はどのような意味をもったのであろうか。三菱の史料は次のように総括している。
①1万7360円で買収。有望であった場合には2万9000円（斡旋報酬）を新井福三なるものに支払い、村上外1人に3640円を支払った。合計5万円[42]。
②特許2941号については2700円
③については取得額は不明である。
　いずれにしても、20万円の売却は三菱には損害はなく、十分に償う金額を手にいれることができた。三菱は、赤谷開発を単に先行取得による政府への売却を考えていたかというと必ずしもそのようにいうことはできない。「買収後ハ直チニ道路ノ開設ヲ企画シ家屋ヲ建造シ稼行ノ準備ニ着手」していたのである[43]。また、鉱業用品運搬のために、瀧谷地区内の道路開設

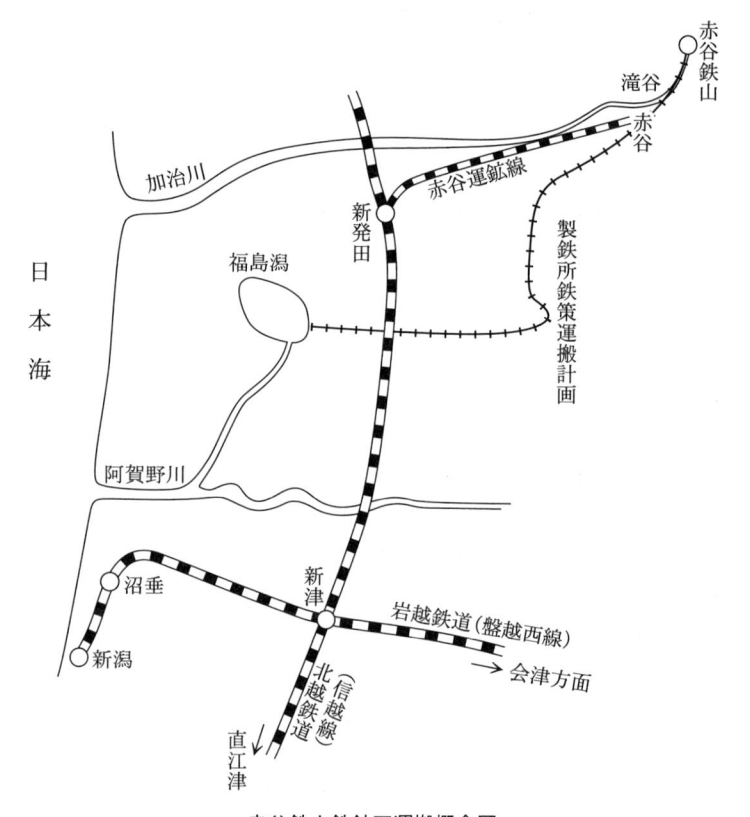

赤谷鉄山鉄鉱石運搬概念図

注：本図は、地図などを参照して大体の位置関係を明らかにしたものであり
縮尺などを考慮していない。

の折衝などにつとめ、1896年11月漸くその折衝が妥結をみている[44]。したがって、単純に、三菱は高く売り抜けることをねらって赤谷鉱山を買収したとすることも適切ではない。三菱は少なくとも、政府からの情報も得て、政府の懇請によって開発のための情報を集め、開発作業を始めていたが、事業化の段階で開発コストの大きさの前に断念した。開発の意図をもって赤谷に投資を始めたものの、インフラストラクチュアの未整備の状況で、三菱の単独による開発を断念したものと推測される。

最後に付言しておくと、製鉄所は、三菱が赤谷調査のために雇用した鈴木敏、西和田久学を製鉄所職員として迎え入れ、赤谷に関する情報をそっくり自らの手におさめた。

3. 製鉄所の赤谷開発計画

(1) 製鉄所の赤谷鉄鉱石の開発計画

赤谷鉄山は埋蔵量については一定の予測がたっていたが、最大の問題は、鉄鉱石を急峻な山岳地帯からどのように運搬するかということであった。製鉄所は、北越鉄道または岩越鉄道[45]に「支線ヲ敷カシメテソレニ拠テ出ス其鉄道ノ所マデハ多少ノ鉄索ヲ設ケテ出ス」[46]というのが最初の計画であった。

そのために製鉄所は、鉄道による赤谷鉱石の運搬を構想したのである。赤谷―新発田―新潟経由で鉱石を運搬し、そこからは水路による八幡までの運搬を計画していたのである。その際、問題になるのは、新発田―新津―新潟間の鉄道の運行を確保することであった。こうした鉄道ルートを早急に確保する上で、新潟県をめぐる鉄道路線の計画をどのように取り込むかということであった。最も、有力であったのは、北越鉄道の新津―新発田への延伸によって、新潟港へのルートを確保することであった。

(2) 北越鉄道ルート

北越鉄道の成立事情は複雑であった。鉄道敷設法によって、米や織物の一大生産地である新潟と関東地方を結ぶ計画は3つのルートが第1期予定線となっていた。3つのルートとは①直江津―新潟・新発田（北越海岸線）②豊野―新潟・新発田（信越線）③前橋―新潟新発田（上越線）である。①のルートが工費も安く距離が短いことから第1番目の着工が選択された。しかし、政府は財政的な困難から、軍部の反対を押し切って、これを私鉄の手にゆだねることになったのである[47]。こうして、うまれたのが北越鉄道株式会社である。

1897年11月には、沼垂―上沼垂―亀田―新津間は、北越鉄道によって完成され、新津からの沼垂までの輸送は確保されていた。しかしながら、新

津―新発田の鉄道が完成しない限り赤谷から新発田までの支線が完成しても意味がなかったのである。

新津―新発田間の運輸は、北越鉄道株式会社の路線開通に依存した。そして、新発田―赤谷間は支線を敷設し新発田まで鉱石を運搬する計画であった。製鉄所の照会に対して、北越鉄道側は、

「新津新発田間ノ線路ハ来ル明治三十三年度若クハ遅トモ三十四年中ニ成効ノ見込ニ有之候（ママ）」「新発田ヨリ赤谷迄支線布設云々ノ義ハ線路調査ノ上建設費概算ヲ定メサル以上ハ判定難致儀ニ付本件ハ追テ答申可仕候」としていた。さらに運賃は1トン1マイル2銭と回答した[48]。

北越鉄道側は、瀧谷（赤谷村）より新発田までの路線布設を実測調査した結果、加治川南岸の路線は「難工事ニテ到底見込無之」北岸に路線を設定することになり、調査結了しだい製鉄所側との協議に入ることになっていた[49]。

結局、新津と新発田の間を結ぶ鉄道の完成は遅れており、完成は、1912年9月になってのことであった。北越鉄道が計画した赤谷―新発田間の鉄道はさらに遅れることになった。第1次大戦による鉄鋼需要の増加を背景に、赤谷―新発田間の赤谷鉄道は、製鉄所が長岡建設事務所に委任して、設計、計画され、1918年6月から測量を開始した。赤谷鉄道は、赤谷鉱山の鉱石を運搬する「運鉱線」として1922年12月完成した[50]。

(3) 岩越鉄道ルート

一方、新津から新潟間の路線は、岩越鉄道株式会社の分担にもなっていたのである。津川から新津をへて新潟にいたる路線は1901年5月に竣工予定であるが、請願線を越えるため、未確定の要素をもっていた[51]。岩越鉄道は年間5万トン以上で1マイル、1トン2銭5厘を要求していた。

製鉄所側は、「当所ニ於テハ今ニシテ設計ノ方針ヲ定メサレハ将来差支ヲ生スヘキ虞」があるから速やかに意向を固めるように催促していた[52]。これは、開業をまじかにひかえ、安定的な原料調達の道を確保したいという製鉄所側のあせりを現わしたものであった。しかし、当所の予定線は新津までであり、新津から新潟までの延長については、株主の了承を、具体的には増資によらなければならないという岩越鉄道側の事情があった[53]。

岩越鉄道は、製鉄所側との特約締結の意向をしめし、議論が始まっていた。
　しかし、「該線路工事竣工ノ儀ハ御期限モ有之事ニテ諸般之準備ヲ要シ且酒屋新潟間線路之儀ハ請願未済之地ニ付株主決議之上本線延長線トシテ出願之手続ニ可及順序ニ有之候ヲ以テ来年一月株主之総会ニ提議仕度心得ニ有之候間此際何分之御沙汰相願候様仕度」[54]と製鉄所側に回答してきた。さらに、酒屋から新潟まで延長も必要とされるが、それについてもさらに認可が必要とされるが、逓信省への申請は、1900年2月にまでずれこんでしまったのである[55]。
　製鉄所は、1900年3月の時点になっても、鉄道による赤谷鉱石への期待をもっていた。
　製鉄所は、1900年2月22日、逓信次官古市公威から農商務次官宛に岩越鉄道の延長についてやり取りしていた。製鉄所は、岩越鉄道が出願しているかどうかが、計画の重要な条件になっていた。北越鉄道がすでに新津―沼垂間の鉄道を完成していたが、岩越にも並行して新津から新潟までの延伸を促していた節もある。新潟港まで両線を利用して鉱石の運搬を促したのである。

　　「岩越鉄道株式会社ヨリ酒屋新潟間延長線路布設出願ニ付該会社提出ノ書類中記載事項ノ事実有無ニ関シ御照会之趣了承当省所管製鉄所所属赤谷鉄鉱ノ運搬ハ岩越鉄道若クハ北越鉄道ノ内何レニテモ速ニ竣功スヘキ（ノ見込アル―削除）線路ニ拠ルヘキ方針ニ有之特ニ岩越線ニ拠ルモノト決定シタル趣ニ無之候設シ岩越線ヲ新潟マテ延長スルニ於テハ赤谷鉄鉱運搬ノ外津川附近ニ存スル鉄山ヨリ鉄鉱運搬ノ便ヲ得候義ニ付製鉄事業ニ関シテ将来最モ有益ノ線路ニ有之候間其速成ヲ希望スル次第ニ有之候」[56]

　すでに、新津―沼垂間の鉄道は完成しているにもかかわらず、岩越鉄道に対しても新潟港までの延伸を促し、新津―新潟港間の接続をどちらでも早く実行する鉄道へ鉱石運搬を委任しようとした。あるいは、両者を競合させることも意図していたようにうかがえる。
　1900年2月8日に「岩越鉄道延長之義願」が岩越鉄道から逓信大臣芳川

顕正宛に出されていた。

  「当会社郡山酒屋間鉄道敷設之義ハ兼テ據御許可居候處今般酒屋ヨリ新潟ニ至ル凡十一里間ノ線路延長仕度若ハ別紙目論見書ニ記載仕候通リ製鉄所ニ於テ採鉱相成候赤谷鉱石運搬ノ儀ハ単ニ会社ノ利益而已ニ無之製鉄事業ハ頗ル御国益ニ関係仕候事柄ニ付株式総会ニ於テモ全会一致ヲ以テ原案ヲ可決仕候次第ニテ当社必要ノ延長線ニ御座候間御認可被成下候様支度……」57)

 この資料では、岩越鉄道はあきらかに、新津から延伸して、酒屋・新潟まで鉄道を伸ばすことを予定していたのである。このことは、北越鉄道と、岩越鉄道の両者が競合することになる。製鉄所は、どちらでも早く竣工した新津—新潟間路線を用いて、供給の安定的運搬がはかろうとしたのであった。しかし、両者とも民間鉄道であるがゆえに、すべて株主総会の承諾を必要とし、投資と採算との関連でしか、線路の延長はできなかったのである。

(4) 和田長官による変更
 しかしながら、鉄道側の路線計画は、製鉄所の希望するような計画にならなかった。また、鉄道の開業は製鉄所の操業に間に合わなくなることが明らかになったのである。製鉄所は、「鉄道ニ拠ッテ運搬スルト云フコトハ見込ガ付カヌ」58) ことになったことから、製鉄所自ら、赤谷から福島潟まで鉄索を敷設する計画に変更せざるをえなくなったのである。

 当初の計画が鉄道であったことから、北越鉄道は、来山、測量調査までおこなったが、和田長官は、「洋行中」突如、鉄索による鉄鉱石の搬出に計画を変更したのである。

 赤谷出張所にいた書記小林運重は次のようにのべている。

  「(変更) が、小山技師に知れるや鉄道敷設の測量設計は中止となり殆んど役立たず、更に上赤谷より鉄山に至る約3里の車道を開設することゝなった、是は其後落成して軽便鉄道を敷設して鉄山用の工事其

第3章 官営製鉄所と赤谷鉱山：大冶鉱石獲得前史　107

他の材料を運搬することゝなった、既に購入せし石材も過半は道路工事に使用せられたるも幾分捨てられたのもあった様だ。
　此の設計計画に関することは長官に伺出で決定すべきものにて赤谷出張所に於て勝手に材料等を購入するは不都合なり経理事務を担当する君が居りて此の如き失態を生ずるは如何にと和田長官に叱責せられた、私は小山技師が宜しく長官、技監の意見を伺ひて私に下命したるものと思ひ居った、小山技師も技監には相談せしならんも洋行中の長官の意向は知らざりしならん」59)

　設計計画の突然の変更は、長官の強い意向で決められていて、現場は突然の設計計画の変更で混乱をきたしていたのである。技師はすでに鉄道敷設設計計画にもとづいて、資材の購入までしていたにもかかわらず、長官の突然の計画変更によって現場は混乱していたのである。
　小林が述べているように、設計変更による鉄索運搬計画は、主に和田長官大島技監主導のトップダウンで進められたので、その後和田の失脚とともに流れてしまったのである。

(5) 加茂か赤谷か
　赤谷鉄山の鉄索計画は、赤谷計画にとどまらなかった。一時、加茂鉄山の開発にも傾いた時期もあった。製鉄所は、どこを開発するか迷っていたのである。
　製鉄所の鉄鉱の開発については、もともと加茂鉄山と赤谷どちらを優先するか問題になっていた。大島は次のように述べている。

　　「加茂ハ北越鉄道ノ一ツノ停車場デ、丁度長岡ト新潟トノ真ン中デアリマス、……之ハ製鉄所ガ一度迷ツタコトガアリマス、赤谷ヲ先キニ開カウカ加茂ヲ先キニ開カウカ、今ノ民設鉄道ノ方ノ模様ガ悪ルクナツタ時分ニ、迚モ赤谷ヲ製鉄所ノ力デ出スノハ大変ダカラ民設鉄道ガ出来ヌトナルト、サウスルトモウ少シ便利ノ方法デ出スト云フノニ加茂ノ方ガ良クハナイカ、加茂駅マデ製鉄所ガ出セバ加茂駅カラハ北越ガ現在動イテ居ルカラ、ソレヲ当テニシタ方ガ良クハナイカト云フ

コトデ、独逸カラ来タ専門技師ニ鉄索ノ線路抔ヲ調ベサセマシタ、……何分ニモ鉱石ノ在ル場所ハ人家カラ遠クテ一寸千五百尺デアリマシタガ一ツノ峠ヲドウシテモ超ヘナケレバナラヌ、ソレダケノ何カノ山デ使ウ材料ハ其峠ヲ一ツ超ヘナケレバナラヌ、掘鑿費モ随分掛ル、営業用品米味噌抔モ鉄索ガ出来レバソレデ持ッテ往ケルガ其間ハ運搬スルト云フコトハ難儀デアル、ソレヨリハ寧ロ赤谷ヲ生カス外ニ工風ガナイト云フノデ、色々調ベマシタ結果ガ本田マデ赤谷カラ鉄索ヲ引張ツテアレカラハ水路ヲ改良シテ往カウ、ソレナラバ先ヅ往ク、是ナラバ山ノ方ノ営業上ハ加茂ニ較ベルト余程楽デアル、水路ノ改良抔デ加茂ニ較ベルト銭ハ余計掛ルカ知レヌガ其方ガ宜シカラウト云フノデ、私ノ意見ニナッテ赤谷ノ方ヲ先キニシヤウト云フコトニナッタ」60)

　これによれば、製鉄所は、赤谷と加茂両者を比較して、どちらも鉄索による鉱石の運搬による開発を考えていた。加茂の場合は、鉄索ができるまでの費用が相当にかかることが難点になっていた。加茂駅から新潟までの運搬は楽であるが、鉄索ができるまでの費用などがかかり、加茂駅までの運搬が困難であることから加茂を断念した。
　加茂鉄山と呼ばれているのは、新潟県南蒲原郡粟ケ岳鉱区のことである。製鉄所は、1900年7月粟ケ岳を買収した61)。また、別の資料によれば、製鉄所は、1899年越後北、中、東、南の蒲原群を探鉱区にして製鉄所の所属にしたとうえで、15万円で買収した62)。
　製鉄所は、自前の鉱山を持つためにいろいろと模索をしており、単に赤谷開発だけに進んでいたわけではなかった。

(6) 鉄索運搬計画
　鉄道による運搬は和田の意向により断念され、鉄索による運搬に赤谷の計画は変更されることになった。赤谷鉄山から鉄索によって、本田村まで、鉱石を運びその後、福島潟から水運によって、新潟港まで運搬する計画に変更された。
　赤谷においては事務所の建設、職員官舎、鉱夫長屋、機械修繕工場、倉庫、発電所など建設工事は1901年から02年にかけて着々と進められた。そ

の他、道路、電話などの工事も進められた。

鉄索の測量は、雇外国人カールラーブによって1900年7月2日より開始された。中央停車場を赤谷村滝谷に設け、各鉱床から中央停車場まで鉄索によって鉱石が運ばれ、さらに中央停車場より、夏井―西山―松浦村荒川―上中山―本田村―福島潟まで運搬される計画であった。5箇所の停車場を設けて毎時間40トンの鉱石が運ばれる計画であった。設計はすべて、ドイツ、ゴールス、ブライヘルト会社の設計によるものであった。この鉄索の原動力として赤谷村滝谷に発電所が建設された。

福島潟に、集積された鉱石は、新潟まで運搬され、鉱石置場に鉄鉱石は集積されて、八幡まで海路運搬される予定であった[63]。

(7) 赤谷開発計画の変更：和田開発計画の変更

しかしながら、赤谷に対する方針については、かなりブレがあり、製鉄事業調査会（1902年）でもそのニュアンスはかなり違っているのである。

第2部調査報告（1902年11月13日）では、

「本山ノ鉱量及採掘ノ方法並製鉄所マテ鉱石運搬ノ方法ハ従来ノ調査ヲ以テ未タ充分ナリトスル能ハス故ニ今直ニ本山ノ開発ニ著手スルハ不可ナリトス依テ総鉱量採掘鉱量及採掘並運搬ノ方法等ニ付テ充分ノ調査ヲ遂ケ（仮令ハ二三ノ坑道ヲ開発スル等ノ如キ）其結果ヲ待テ之カ開発ノ可否ヲ決セサルヘカラス而シテ鉄鉱ノ供給ニ付テハ他ニ充分之ヲ得ルノ見込アリトス」

この2部の報告は、赤谷開発に着手することを否定し、もう一度調査してその可否を決定するようにという勧告である。

これに対して、古市公威を委員長とする第4部の報告（1902年10月9日）は、赤谷の開発を前提とし、1年5万トンの運搬を前提にして、赤谷からの製鉄所への鉱石運搬を肯定的に評価していた。

鉄索は、1年10万トンの鉱石を搬出するのに支障はない。「鉄索ノ材料ハ大概購入済ナルヲ以テ之ヲ架設シ其各部ヲ完成セシムル為メニ更ニ約十四萬円ヲ支出セントスルハ至当ニシテ此間ノ運輸ニ就テハ別ニ考慮ヲ要セス

「ト認ム」とのべた。
　「新津新発田間ノ鉄道ハ数年ヲ出スシテ敷設セラルヘシ然ルトキハ本田ヨリ新津ヲ経テ沼垂ニ至ル距離ヲ二十五哩ト算シ一噸一哩ノ運賃ヲ壱銭五厘トスレハ沼垂マテ一噸ノ運賃三拾七銭五厘ナリ但他ニ車輛費及鉱石置場ノ設備費等ヲ要スレトモ結局水路ニ依ルノ運賃ニ比シテ大差ナク（参考二号）シテ運搬力ノ確実ナル点ニ於テ水路ハ鉄道ニ及ハス」ゆえに、水路にするか鉄道にするか、一部鉄道一部水路にするか研究決定すればよい。
　「赤谷ヨリ毎年五六萬噸ノ鉱石ヲ出サハ他ノ鉱山ニ対スル牽制ノ目的ハ達スルヲ得ヘシ又向後数年間ハ大冶ヨリ輸入ノ量ヲ幾分カ増加シテ赤谷ノ不足ヲ一部補填スルトセハ事業ニ大ナル支障ナカルヘシ然レトモ将来ニ於テハ赤谷ノ鉱石一年十萬噸ヲ出スヲ必要トスルノ日アルヘキヲ以テ豫メ之ニ応スルノ策ヲ講セサルヘカラス」
　第4部は運輸土木の部会であるが、赤谷鉱石の今後の更なる拡大をめざし、予算措置もふくんだ運搬のシステム構築を提案していたのである。第2部会（採鉱冶金）との赤谷に対する位置づけはかなりの格差をもっていたのである。4部報告は赤谷から新潟港までの運搬については充分な自信と展望をもった積極的な報告となった。
　2部と4部の開発に対する意見は対立した状態であった。結局、報告書では、次のような形をとることになった。

　　　「赤谷及加茂両鉄山ニ就テハ赤谷ハ採掘ヲ中止シ（加茂ニハ未著手ノ計画ナシ）機械其ノ他ノ工事ハ成ルヘク損失ヲ少カラシムルノ手段ヲ取リ現状ノ儘保存ノ方法ヲ為シ鉱量及運搬方法ニ就テノ研究ニ多少ノ費用ヲ投シテ之ヲ継続シ其ノ結果如何ニヨリ更ニ開掘ヲ進行スヘキヤ否ヤノ方針ヲ決スヘシ」64)

　この結論は、わかりにくいものである。前半では採掘中止をうたいながら、機械は現状保存し、研究の結果如何によっては「開掘」するという、いったいどのような方針であるのか、どちらにも取れる表現となった。赤谷は、こうして留保＝「現状」「保存」されることになったのである。こうしたわかりにくい表現も、第2部と第4部の意見の対立の産物であった。

(8) 赤谷出張所の設立

1899年8月赤谷に出張所が設立され[65]、同年同月製鉄所赤谷出張所庶務規程が制定された[66]。第1条において、所長は技師とされた。同年9月「赤谷出張所委任条件」[67]が制定されて、赤谷出張所の権限の確定もはっきりとした。

赤谷鉱山の開発費用は、創立費として計上されていたが、継続費としての期限は、1901年度、繰り越されるとしても1902年には打ち切りとなる。あいまいな決着はその後の現状保存の予算措置なども決めずにいたため、新たに閣議に提案をすることになった。

「結局今年度末迄ニ於テ鉄山ノ為メニ支出シ及支出スヘキ金額ハ百弐拾壱萬千四百弐拾六円ナリトス然ルニ製鉄事業調査委員ノ意見ニ依レハ赤谷鉄山ノ鉱量及採掘ノ方法並鉱石運搬ノ方法ハ従来ノ調査未タ充分ナラサルモノアルヲ以テ此等ニ就テ充分ノ調査ヲ遂ケ其ノ結果ヲ待テ之カ開掘ノ可否ヲ決スヘキモノトシ明治三十六年度ニ於テハ同鉄山ノ維持及調査費弐萬円ヲ要スヘシトノ趣旨ヲ報告セリ蓋シ当初同鉄山採掘準備ニ着手スルニ当リテハ相当ノ調査ヲ経タルモノナリシモ該委員ノ所見ニ於テ不充分ナリト認定セラレタル今日ニ於テ尚一層精密ニ之カ調査ヲ為スハ将来事業上一層正確ヲ期シ得ヘキヲ以テ来年度ニ於テハ該委員ノ意見ヲ採用スルヲ以テ穏当ノ処置ナリト思惟ス而シテ同鉄山ノ費用タル製鉄原料鉱山費ハ明治三十四年度迄ノ継続費ニ係リ本年度ニ於テハ前年度ニ於ケル未竣工費額ヲ繰越使用シタルモノナルヲ以テ本月末ニ至リ全ク費途ノ出處ヲ失フノ場合トナレリ依テ同鉄山ニ対スル来年度予算ハ追テ開カルヘキ臨時議会ニ対シテ之ヲ要求シ其ノ以前ニ於ケル三箇月間ノ費用ハ予算外支出ヲ仰クノ方針ニ依リ之カ処理ヲ為サント欲ス

製鉄事業調査委員ノ報告ニ対シ将来ニ於ケル製鉄所経営ノ一般方針ヲ定ムルノ件ニ就テハ過般請議致置候處赤谷鉄山ニ就テハ右方針ノ如何ニ決定セラルヽニ関係ナク殊ニ目下年度末ニ差迫リ居候ニ付此際来年度ニ於ケル同鉄山施設ノ方法ヲ定ムルノ必要アルヲ以テ特ニ本議ヲ提

出致候」[68]

　1903年度以降の措置がきめられない状況で、製鉄原料鉱山赤谷鉄山維持費4、5、6月の3ヶ月分5589円を第2予備金より支出せざるをえなくなったのである。01年度までの継続費で、02年度においては、前年度の未竣工費を繰り替え使用したが、03年度は出所を失っているので、3ヶ月分の費用は予算外支出することに閣議決定したのである。7月以降の分は議会に要求する予定としたが、それをおこなった形跡はない[69]。

　赤谷一時採掘中止であって、赤谷を放棄したとすることはできない。3—4年後には赤谷を再開発する計画ももっていたのである。すなわち1904年2月までは赤谷はまだ有力な鉄源供給地として位置付けられていたことを考えなければならない。以下の赤谷を一時中止するとした資料はこのことを明確に示している。

　製鉄所は赤谷鉄山を1899年買収し、採掘運搬の準備をしてきたが、予算額が不足し、予定の工程を進めることが出来なかった。製鉄事業調査会の報告では「其鉱量ニ就テハ略有望ノ見込相立チタルモ其鉱石ヲ確実ニ且ツ経済的ニ運搬スルノ方法ニ就テハ未タ十分ナル見込相立タス然ルニ製鉄所ニ於テハ現在多量ノ鉱石ヲ貯蔵シ居ルノミナラス今回大冶借款締結ノ結果大冶鉄山ヨリ年々多量ノ鉱石ヲ買収シ得ルコトト為リタルニ依リ尚ホ此他ニ邦内各地ニ散在スル所ノ鉱石ヲ奨励採掘セシメテ彼此併用スルトキハ少クモ今後三四年間ハ赤谷鉄山ノ鉱石ヲ採掘セサルモ製鉄原料ノ供給上毫モ支障ヲ生セサルヘキ見込ナルヲ以テ同鉄山ノ採掘ハ此際一時之ヲ中止シ同鉄山付属ノ家屋器械等ハ製鉄所特別会計ニ移シテ之ヲ維持スルコトトシ其鉱石運搬ニ関スル方法確立スルヲ待チテ之カ採掘ヲ開始スル様致度此段至急閣裁ヲ請フ」[70]

　結局、赤谷は作業費で費用をまかなうことになったのである。以後赤谷には、技手が1名常駐する体制となった。

(9) 釜石鉄鉱石の展望

　さて、赤谷と並んで、採掘をおこなっていた釜石との関連はどのようにみたらよいのであろうか。当初より、釜石鉄鉱石は、期待すべき鉄源で

あった。製鉄所は、釜石鉄鉱石の獲得についても重要な位置づけを与えていた。

若松港の竣渫工事には釜石港からの鉄鉱石の輸送を展望したものであった。茂木鋼之は次のように報告している。「竣渫工事並ニ工場落成ノ期限ハ四年後ノ後ニシテ其竣工ヲ告クルヤ直ニ釜石港ヨリ年々鉱石弐拾四五万噸ヲ若松製鉄所ヘ輸送セサル可カラスト云フ因テ其輸送方法等ニ関シ和田製鉄所長官ヨリ諮問ニ接シタレトモ……」71)

とある。若松港竣渫工事かかわって提出された報告書では明らかに釜石鉄鉱石を視野においた計画となっているのである。この報告書が作成された年月が1897年11月であるからこの時点では釜石からの24、5万トンの獲得を展望していたと思われるのである。

また、小林運重によれば、次のようにのべている。

「製鉄所創立事業着手後和田長官は製鉄原料鉱山費の予算を得て鉄山購入の事を心配せられた、先づ釜石鉄山を買収せんとしたるも当時の所有者田中長兵衛氏の拒絶に遇ひ単に鉄鉱を購入しただけだ、」72)

釜石から鉄鉱石を大量に調達することは、非常に困難であった。少なくとも、田中長兵衛の経営のもとでは追加設備投資をするだけの余裕がなかった。釜石を政府が購入するということになれば別であるが、そのことは失敗したと思われる。和田の説明では、製鉄所が必要とする鉱石は、年間24万トンであるが、釜石にそれを依存した場合はいくつかの困難があったのである。

> 「釜石鉄山ハ今日ノ状況デ云フト、僅カニ二万噸バカリノ銑鉄ヲ拵ヘテ居ル工場デゴザイマスカラ、今日ノ運搬ノ方法ト云フモノハ、其二万噸ニ対スル鉱石ヲ運搬シテ居レバ十分デゴザイマス、精々自分ノ工場デ需要スル所ハ、五六万噸ノ鉱石ガアレバ十分デゴザイマス、ソレ故ニ現在ノ有様ハ、僅カ十二三磅ノレールヲ単線ニ敷イテ、<u>鉄道馬車デ遣ッテ居ルト云フ有様デゴザイマス</u>、若シ此釜石ニ依ッテ製鉄所ノ原料ガ、一箇年二十四万噸モ要ル鉱石ヲ供給サセヤウトシマスレバ、ドウシテモ釜石鉄山ト云フモノハ、別ニ起業ヲシテ二十四万噸ノ鉱物ノ需要ニ応ズルダケノ起業ヲセヌケレバナラヌ、サウスルトアノ所デ(ママ)

予算シテミマスト、少ナクモ五拾万円以上要ル仕事デアル、」[73]
　「更ニ起業セナケレバナラナイト云フノデスカラ、釜石ニ於テモウ一層製鉄所ノ方ノ需用ニ応ジヤウト云フニハ、マルデ其起業費ノ償却ノ付クマデ買上グル契約ヲシテ安全ヲ与ヘナケレバ起業スル者ガナイ、併セ其契約ヲ与ヘルニシテモ、値段ニ付イテ何十年ト云フ契約モ出来ナイカラ、年々已ムヲ得ヌ事情カラ、値ヲ上ゲテ欲シイト云ハレタ日ニハ実ニ仕方ガナイ、ソレデ事実ニ於テ今日ノ有様デハ、内地ニ於テ製鉄所ノ需要ニ応ズルダケ原料ヲ供給スル途ガ、鉄山ニ付イテハナイ」[74]

　釜石の現状では、鉄鉱石を製鉄所に供給するには、追加投資して運搬設備などの改修を必要とした。また、追加投資を回収するためには、供給者に長期契約で鉱石を購入する保証をあたえなければならなかったが、それは製鉄所としても難題となったのである。釜石のほうが40—50万円の起業費がいるとなると、20万円で赤谷を買ったということは製鉄所にとっては安い買い物であったともいえるのである。
　鉄鉱石の値段は、大冶鉱石の獲得の際には、農商務大臣との間で約束して、6円50銭を標準とした。25年にわたって起業費を償却するという計算で、利子も含めて6円50銭で鉱石を購入するという標準をたてて交渉している[75]。

(10) 大冶と赤谷

　大冶鉄鉱石と赤谷の開発、放棄は並行する過程であった。したがって、様々な不正確な認識をもたらした。これらの謬説のいくつかは、佐藤昌一郎[76]、安藤実[77]の実証的研究において、明らかにされているので、ここでは、事実経過そのものを再説する必要はないであろう。また、第1次大戦後の借款にともなう重要問題となった接管問題については、奈倉文二によって、明らかにされている。こうした研究は、大冶鉄鉱石の供給が、日本帝国主義の金融的従属の下に置かれていった過程を明瞭にしている。
　本稿では、赤谷開発＝製鉄所の鉄鉱資源供給との関連において、従来の研究によって、あまり問題とされていなかった点を少し言及してみよう。

まず、佐藤は、2点を明らかにしている[78]。①大冶購入契約が国内鉱山開発の失敗に起因するという説明は、誤りである。②製鉄所の立地は当初から中国・朝鮮の資源獲得を念頭においていたという説明もまた誤りである。この点については、ここに年表を見ても明らかであろう。

そもそも、製鉄所が、鉄鉱資源を本格的に大量に必要とするようになったのは、1897年11月の和田意見書以降のことである。前述のように製鉄所は、自ら採掘する鉱山を所有することを求めていたのである。この1点においても、佐藤の批判は正しいのである。

大冶鉱石と漢陽製鉄所の成立の経緯はどのようになっているのであろうか。

国内鉄道建設の急務を唱える張之洞は、製鉄所を設けてレールを製作する計画をたてて、広東において、イギリスから高炉及び機械一式を購入した（1890年）。張之洞は、蘆漢鉄道を建設することを企てて、この監督のために、湖広総督となり、武昌へ転任した。その結果、イギリスより購入した機械設備一式は、湖北省に移して製鉄所建設を進めていた。

一方、汽船会社招商局総理盛宣懐は、かつて買収していた大冶鉄山を張に献じて、製鉄所建設への協力を申し入れた。これを受けて張は、ドイツ人技師に大冶鉄山の再調査をさせたところ、品質、鉱量申し分なく製鉄所建設に支障がないことを確認したのである。各地方との取引に便利である漢陽に製鉄所を建設することにした。1892（明治25）年100トン高炉1基を完成し、鉱石の製錬を開始した。

ドイツ人技師は本国へ電報し、ドイツ政府は北京総理衙門に交渉し、鉄山開発と運搬鉄道の敷設権を獲得しようとしたが、張の反対で実現しなかった。しかし、ドイツは、ドイツ人技師の招聘と同国機械の購入を約せしめた。

張は、漢陽製鉄所はベルギー人を雇用して作業を司らせた。他方、ドイツ人技師を雇用して大冶鉄道の敷設と鉱山採掘工事をすすめ、そのための大冶の採掘及び鉄道所要機械器具をドイツから輸入した。しかしながら、後述するように、石炭、コークスの確保難と日清戦争による賠償金の支払いで、清国財政は逼迫していたことから、製鉄所の維持が困難となった。製鉄所経営は困難を極めており、1897年には資金不足からドイツ銀行から

の借り入れもおこなっていた。外国への経営の売却も考えていたが、清国政府の許可するところとならず、民間資本への払下げに踏み切らざるを得なくなったのである。そこで、張は、1896年（光緒22年）漢陽製鉄所を、招商局の創立など事業家として実績のある盛宣懐に鉄鉱、製鉄の経営を、政府監督のもとに委任することとした[79]。

漢陽製鉄所の実態について、近年明らかにした迎由理男の研究[80]は、示唆的である。迎によれば、漢陽製鉄所の高炉操業は、コークス欠乏のため、1894—98年まで、4回にわたって操業を停止していた。盛宣懐は、湖南、湖北省に豊富な石炭が存在することを想定して、操業をしていたが、ここでコークス不足の危機に直面していたのである。開平炭コークスに依拠しようとしたが、充分な量を確保するにはいたらなかった。こうした中国側の事情が、日本に対するコークス要求となって現れてきたのである。

こうした状況を反映して日本側の商人が、漢陽製鉄所に対してコークスの納入の工作をし、また現実にコークスの納入をおこなっていた[81]。しかしながら、これらのコークスを納入する業者の信用などに盛も不安をもっており、上海総領事代理小田切万寿之助に調査を依頼していた。本音であるかどうかは検討を要するが盛は「鉄政局ハ熔鉄炉二個アリ若シ二個使用スル時ハ一日二千噸乃至三千噸ノ骸炭ヲ使用シ八十噸ノ鉄ヲ製造シ得ベシ去レトモ目下使用スル骸炭ハ開平炭ニ係リ而カモ其産額多量ナラサルヲ以テ不得止一個ノ熔炉ノミヲ使用シ居レリ若シ日本産骸炭ニシテ品質善良価格格好ナル時ハ該局需用ノ骸炭ハ悉皆日本産ノ供給ヲ仰キ度旨申達候」[82]とまで述べており、日本のコークスに対する要求を強く持っていた。

関西コークス株式会社、九州コークス株式会社などの情報が県知事から小田切のもとへ送られてきた。これら回答の結果、品質、供給能力の問題から、実現しなかった。

この結果について、小田切は次のように報告している。日本の骸炭が、品質が良くないこと、設備が旧式であること、量的にも清国の需要に応えることが出来ないことを指摘し、民間の会社で清国の要求に応えるようなものを供給することは困難であることを通知している。しかしながら、継続して清国の需要に応えるように盛に対して交渉の継続は維持されていることを伝えているのである。盛と小田切との約束が成立していることがそ

の後の骸炭交渉と大冶鉱石の交渉につながっていったのである。

1898年11月13日和田への大冶鉱石も購入情報は突如もたらされたのではなく、いわばそれ以前の清国側事情から日本にもたらされたものであった。そのことが、1899年の購入契約の内容に反映されたのである。1ヵ年5万トンの製鉄所の鉄鉱石購入と清国側の日本からの石炭購入というバーター的内容、製鉄所は中国の他地方からの鉄鉱の買い入れを行わないかわりに中国の日本国製鉄所への優先供給という双務的な内容をもったものとなったのである[83]。

赤谷の開発と大冶鉱石の購入は並行して進められていたのである。製鉄所にとっては、01年2月の高炉火入れをひかえ、鉄鉱石の確保は不可欠であり、赤谷の開発がおくれる以上、大冶鉱石を当面確保しておく必要があった。しかし、高炉は02年7月には休止してしまったのであり、大冶から毎年5万トン購入することは製鉄所にとってはむしろ負担にさえなったのである。03年度末での赤谷の開発中止は、製鉄所にとっては当面は大きな問題にもなりえなかったのである。

1904年4月の高炉火入れに備えて、鉱石確保を急がなければならない事態となれば、大冶鉱石確保は、緊要の問題となってこざるをえなくなっていた。04年1月に300万円借款の成立は、その意味では、従来の契約とは異なるまさに金融的従属の魁となった。そして、1913年1500万円借款により金融的支配が確立した[84]。

赤谷―製鉄所、大冶―製鉄所間の鉄鉱石運搬契約が三菱と製鉄所の間で結ばれて、同契約書は、三菱との独占的契約の性質をもつばかりでなく、大冶―製鉄所間の鉄鉱石運搬にとどまらず往船の石炭運搬も可能なものとして締結されていた。運賃算定方式についても三菱には充分に有利になった。三菱は、製鉄所との独占的運搬契約で、利益をえる仕組みをつくりあげていた[85]。とはいえ、三菱は長江流域の政情不安定な地域の運搬を担うというリスクもとっていたのである。

おわりに

赤谷鉄山は、製鉄所構想の段階から有力な鉱山として認められていた。

三菱は、1895年12月、製鉄所創立以前に赤谷の一部の鉱区を取得した。三菱は、さらに周辺鉱区を、製鉄所成立以後、1897年6月、12月に取得した。これらの赤谷取得は、政府からの働きかけによるものと推測される。しかしながら、三菱は、取得したものの気候条件、運搬条件を考慮すると採算に合わないことが明らかになるや、すぐに「休業願」を提出した。インフラストラクチュアが整備されていない段階で単独で採掘することは困難となった。三菱の赤谷鉄山取得は、結果的には三菱の損失はなく、むしろ10万円以上の利得をもたらした。また、新潟―八幡間の鉱石独占契約、八幡―大冶の鉱石独占契約は、一方では、三菱は、開発のリスクを引き受けた代償でもあった。国家資本と財閥の結合には違いないが、当初から意図していたものではなかった。
　製鉄所は、1897年11月に、和田意見書が発表され、製鉄所は採掘・製銑・製鋼・圧延の一貫製鉄所（粗鋼18万トン）へと設計変更されると、原料部門を確保する動きを加速させた。
　赤谷は、1897年8月1日製鉄所へ20万円で譲渡されたのである。製鉄所は、開発を依頼した三菱に損をかけることなく、充分な値段で買い取ったのである。これは、釜石開発よりは安価な値段での買い取りであった。こうして、製鉄所は、赤谷開発を本格化し始めるのである。赤谷からの鉱石の運搬手段として、当初鉄道が考えられた。私設鉄道である北越鉄道は新津―沼垂間を完成させたが、新津―新発田間、新発田―赤谷間の路線は、大きく遅れてしまい、岩越鉄道の新津から新潟までの延伸も工事は開始されなかった。製鉄所は、和田長官のトップダウンの決定により、急遽、鉄索による赤谷鉄山から福島潟までの運搬とそこから水運による新潟までの計画に変更せざるをえなくなった。ところが、鉄索運搬計画を主導した和田長官は、1902年には失脚し、赤谷開発（採掘・運搬）の是非は、製鉄事業調査会の報告による決定に委ねられることになった。製鉄事業調査会は、議論が真二つにわれてしまい、現状保存というにもわかりにくい結論になった。
　製鉄所の鉄鉱資源を中国大冶鉄鉱石に依存した原因は、少なくとも当初は、日本が帝国主義的資源政策を採用したのではなく、赤谷鉱石の国内運搬手段の未確立であった。日本資本主義の後発性が、対外的資源獲得の契

機となったのである。

　赤谷と並行してすすめられたのが、大冶鉱石の購入契約である。製鉄所に先んじて操業を開始していた漢陽製鉄所は、コークス不足で操業難に陥っていたため、石炭・コークスの原料供給先として信頼のある日本の製鉄所を求めてきたのである。こうして、石炭と鉄鉱石のバーター取引契約が成立し、製鉄所は毎年5万トンの鉄鉱石を確保する道は開かれた。この契約は後に、04年には300万円借款として発展させられ、日本が中国を金融的に支配する典型的事例となったのである。相前後して、赤谷04年3月31日をもって採鉱作業も中止された。

　赤谷は放棄されたわけではなかった。赤谷は、製鉄所出張所として存続し、技手1人が置かれていた。第1次大戦による鉄鋼需要の増加を背景に、赤谷—新発田間の赤谷鉄道は、製鉄所が長岡建設事務所に委任して、設計、計画され、1918年6月から測量を開始した。赤谷鉄道は、赤谷鉱山の鉱石を運搬する「運鉱線」として1922年12月完成した。大戦後の、需要急減のため、赤谷の採掘は中止され、地元の請願により、25年「赤谷運鉱線」は鉄道省に無償移管され、一般貨物旅客の利用も可能になったのである[86]。

---

1) 安藤実『日本の対華財政投資』（アジア経済研究所、1967年）、同「漢冶萍公司借款」(1)、(2) 静岡大学『法経研究』（第15巻第1号、第2号、1966年7月、1966年12月）

2) 佐藤昌一郎『官営八幡製鉄所の研究』（八朔社、2003年）。同書は、第1章補論は「戦前日本における官業財政の展開と構造補論—赤谷鉄山開発問題と鉄鉱石運送契約書について—」（『経営志林』第11巻第2号、1974年11月）、同書第5章は、「「製鉄原料借款」についての覚え書—官営製鉄所財政との関連において」（『土地制度史学』第32号、第8巻第4号、1966年7月）に基づいている。本稿では、元の論文を使用する。

3) 藤村道生「官営八幡製鉄所の設立と原料問題」（『日本歴史』第292号、1972年9月）

4) 佐藤昌一郎「「製鉄原料借款」についての覚え書—官営製鉄所財政との関連において」（『土地制度史学』第32号、第8巻第4号、1966年7月）

5) 藤村は、次のような主張をしている。①海外鉄鉱資源の獲得はおそくとも

1897年に必須の課題として意識されていた。②製鉄業調査委員会が国内資源によって創業するという報告は「政策的見地から書かれた」ものである。③中国の鉱石輸入の便宜から製鉄所が建設された。これらの論点は、すでに佐藤昌一郎の研究、三枝博音・飯田賢一『近代日本製鉄技術史』（東洋経済新報社、1957年）によって事実として誤っている俗説であることは明らかである。

6）清水憲一「三菱と北九州経済」（『九州国際大学論集　法経研究』第2巻第3号、1991年3月）

7）菅和彦「二つの鉱山　赤谷から大冶へ」1、2『新日鉄OB会会報』第127、128号、2007年10、11月

8）本論稿は、2008年8月22日製鉄所研究会で発表したものである。清水憲一、菅和彦、森建資、迎由理男をはじめ参加者の皆様より貴重なコメントをいただいた。記して感謝します。

9）岡本博公『現代鉄鋼企業の類型分析』ミネルヴァ書房、1984年、159～160頁

10）原料資源を獲得するために八幡に製鉄所の設置をさだめたという説については、佐藤昌一郎の前傾両論文を参照。

11）高炉規模の議論の概要については、長島修「製鉄事業の調査委員会と製鉄所建設構想」（長野暹編著『八幡製鉄所史の研究』日本経済評論社、87～89頁）を参照。

12）「第4回製鉄事業調査委員会会議事録」（1895年7月4日）頁なし（製鉄所文書）

13）同上

14）同上

15）長島修「官営八幡製鉄所の確立：創立費予算の分析を中心にして」（『九州国際大学経営経済論集』第13巻第1・2号、2006年12月）189、194頁。清水論文67―68頁。

16）「第5回製鉄事業調査委員会議事録」（1895年7月5日）（製鉄所文書）

17）長島修前掲「官営八幡製鉄所の確立：創立費予算の分析を中心にして」194頁。

18）「製鉄所設計ノ要旨」（1898年1月31日）国立国会図書館所蔵

19）『八幡製鉄所年誌』官営編による。

20）三菱の手にわたるまでの詳細については、『赤谷鉄山沿革誌』を参照。

21）『大記録』明治31年東京郡区役所東京府（三菱史料館所蔵）。『三菱合資社誌』明治28年、第2巻、91頁。『三菱合資社誌』では坪数が58万2000坪となっており、『大記録』の数値とことなっている。製鉄所との売買契約書類などと比べても数値がことなっているので、『大記録』の数値を採用した。なお『三菱合資会社社史　三代社長時代史』（三菱史料館所蔵）によれば、濱政弘名義によ

る取得日は、1985年12月24日となっている。
22) 「鉱業特許証書換書類」(1898年12月12日)によれば、1897年6月22日特許2941号を取得した高山勝行(石川県金沢市士族)の特許を三菱合資会社が取得した。『三菱合資会社社史 三代社長時代史』の日付を採用した。『大記録』はいずれも三菱史料館所蔵。
23) 『三菱合資会社社史 三代社長時代史』
24) 同上
25) 同上
26) 濱政弘の略歴については、清水論文(67頁)によると、岩崎彌太郎と同郷で、1885年日本郵船の新潟支店長であった。
27) 『三菱合資社誌』明治28年、第2巻 91頁
28) 『大記録』明治31年農商務省、鉱山局、監督署
29) 『大記録』明治30年農商務省、鉱山監督署。12月はわかるが日の前は空欄となっている。
30) 『大記録』明治31年農商務省、鉱山局、監督署
31) 『三菱合資社誌』明治30年、第4巻212頁
32) 『赤谷鉄山沿革誌』
33) 『高等官官記辞令原義』明治24—32年 製鉄所文書
34) 同上
35) 9月16日とあり年不明である。岩崎彌之助より松方正義宛(『松方正義関係文書』第7巻、30頁)
36) 『岩崎彌之助伝』(下)東京大学出版会、1871年8月、565—566頁
37) 『赤谷鉄山沿革誌』
38) 清水憲一・松尾宗次「創立期の官営八幡製鉄所—第2代長官和田維四郎を通して」(長野暹『八幡製鉄所史の研究』日本経済評論社、2003年10月)。和田長官の成立過程を詳細に検討しているが、生野で大島が改良計画にもとづく工事をおこない、和田が長官心得として一緒に仕事をし、三菱の払い下げと関係したことについて、つっこんだ検討がない。歴史的事実としては、この生野の3者の関係について、研究を深めれば、新たな製鉄所像を再構成することができる可能性がある。
39) 同書簡の存在と内容については、菅和彦氏の御承諾をえて利用させていただいた。また、2008年8月22日製鉄所研究会において同氏より貴重なコメントをいただいた。この問題については、清水憲一氏からも同研究会の席上において貴重なコメントをいただいた。

40) 藤原寅勝『明治以降の生野鉱山史』生野町教育委員会、1988年、160—186頁。
41) 大阪精錬所については、畠山秀樹「大阪における近代的銅製錬業の発展―三菱大阪精錬所の事例―」(宇多正、畠山秀樹編著『新しい大阪の歴史像を求めて』嵯峨野書院、1999年6月) 参照。
42) 『三菱合資会社社史　三代社長時代史』未完、略稿、三菱史料館所蔵
43) 同上198丁
44) 同上197丁
45) 岩越鉄道は現在の磐越西線である。岩越鉄道は、鉄道敷設法では、第2期線にいれられていたため、早期に建設を希望する人々は、第1期線への組み入れを進めるための運動を展開した。他方、官設鉄道による鉄道の建設を待てないとして、私設鉄道による建設を目指すグループも運動を展開していた。株式会社による鉄道建設のほうが鉄道の建設が早まるということが確実になるや、発起人の募集もはじまり、岩越鉄道株式会社は、1897年5月政府から免状と定款認可状を通信省から下付された (岩越鉄道の設立については、田崎公司「明治後期における地域振興策」『経済学研究』(東京大学) (第36号、1993年12月参照)。岩越鉄道の建設は、製鉄所の建設・操業の計画には大幅に遅れることになり、結局のところ鉄鉱石の運搬 (新津―新潟間の延伸) には間に合わなかったのである。
46) 『製鉄事業調査会第1回議事速記録』11頁。
47) 畢可忠「北越鉄道予定線をめぐる政治過程」(『現代社会文化研究』No. 27、2003年7月)
48) 北越鉄道株式会社専務取締役渡邉嘉一より製鉄所長官和田維四郎宛、1899年3月10日、『自明治三十一年至同三十四年　重要書類　但他ヨリ照会回答ノ部』製鉄所文書
49) 北越鉄道株式会社専務取締役渡邉嘉一より製鉄所長官代理大島道太郎宛、1899年10月9日、同上所収。
50) 新発田市企画課広報係『赤谷線鉄道のあゆみ』新発田市企画課1965年10月。
51) 岩越鉄道株式会社社長二橋元社長より製鉄所長官和田維四郎宛、1899年5月16日 (『自明治三十一年至同三十四年　重要書類　但他ヨリ照会回答ノ部』製鉄所文書) 所収
52) 「岩越鉄道株式会社ノ照会案」1899年6月、同上所収
53) 「岩越鉄道株式会社社長二橋元社長より製鉄所技監工学博士大島道太郎宛、1899年〇月16日」同上所収)。ただ「創立発起人ヨリ新津酒屋間延線敷設之赴別紙之通願出候条右線路ノ位置方向ニ関シ貴省御意見承知致度候 (逓信大臣

渡邉国武より陸軍大臣大山巌宛1895年8月13日、『壱大日記』1895年8月、アジア歴史資料）にあるように、新津より酒屋（現新潟市中央区）までの延伸は予定していたようである。

54）岩越鉄道株式会社社長二橋元長社長より製鉄所長官和田維四郎宛、1899年12月6日、（『自明治三十一年至同三十四年　重要書類　但他ヨリ照会回答ノ部』所収）
55）岩越鉄道株式会社社長二橋元長社長より遞信大臣子爵芳川顕正宛　1900年2月8日、同上所収
56）（「遞信次官ニ回答案」1900年3月、製鉄所長官より遞信次官宛、同上所収
57）「岩越鉄道線路延長之義願」1900年2月8日　岩越鉄道株式会社社長二橋元長より遞信大臣子爵芳川顕正、同上所収
58）前掲『製鉄事業調査会議事速記録』第1回11頁
59）小林運重「懐旧談」『製鉄研究』NO. 138、1934年7月、16頁
60）『製鉄事業調査会議事速記録』第10回、1902年11月30日、279頁
61）『八幡製鉄所年誌』参照。
62）熊丸徹『日本製鉄と鉄鉱資源』日鉄社史編集委員会事務局、1959年7月、159頁。同資料によれば、粟ケ岳は、1905年7月より日本鉱業法の改定により、「探鉱区区域を鉱区とは認められず、かつ政府所有といえども鉱業税を課せらるることとなったため、八幡製鉄所所属として新潟県採掘登録第1号鉱区を設定した。この間数次に亘り探鉱調査を行い、ドイツ人技師は架空索道線の実測を行った。さらに熊丸徹は大正10年（1921年）以降3年に亘り毎年夏季5ケ月宛(ママ)詳細な探鉱調査をおこなったが、開発の見込がたたず昭和23年に至り日鉄鉱業は本鉱区を隣接する三脇鉱山に売却した」同上、158—159頁。
63）以上の経緯は『赤谷鉄山誌』による。
64）『製鉄事業調査報告書』（1902年12月27日）、10頁
65）『製鉄所起業二十五年記念誌』
66）『通達原義』明治29—34年、製鉄所文書
67）同上
68）「赤谷鉄山施設ノ方針ニ付閣議ヲ請フノ案」1903年3月10日（『閣議稟請』製鉄所文書）
69）「製鉄原料鉱山赤谷鉄山維持費明治三十六年度第二予備金ヨリ支出ノ件」1903年3月31日『公文類聚』第27編明治36年第10巻、国立公文書館所蔵）
70）「製鉄所付属赤谷鉄山ノ採掘ヲ中止シ同鉄山ニ属スル物件ハ同所ノ特別会計ニ移シテ之ヲ維持スルノ件」（1904年3月10日、『公文類聚』第28編明治37年第17

巻、国立公文書館所蔵）

71) 「若松港ロヨリ八幡村製鐵所ニ至ル航路視察報告」1897年11月30日、『復命書並報告書』明治30年―43年、製鐵所文書、所収
72) 小林運重「懐旧談続編」4、『製鉄研究』NO. 148、1934年4月、41頁。
73) 和田維四郎発言『第13回帝国議会衆議院予算委員会速記録』第4科第6号、1899年2月1日、31頁
74) 同上。
75) 『第14回帝国議会衆議院予算委員会速記録』第4科第5号、1899年11月30日、48頁）
76) 佐藤昌一郎前掲「「製鉄原料借款」についての覚書」
77) 安藤実『日本の対華財政投資』（アジア経済研究所、1967年）
78) 佐藤昌一郎前掲「「製鉄原料借款」についての覚書」48頁。
79) 大蔵省『支那漢冶萍公司借款ニ関スル沿革』1929年6月参照。
80) 迎由理男「漢冶萍公司と日本市場」(「官営八幡製鐵所創立期の再検討」平成16―19年度科学研究補助金、基盤研究（B）研究成果報告、2008年3月）。
81) 同上107頁。
82) 「機密第二十四号、鉄道總弁盛宣懐ニ面晤ノ件」1898年6月30日、在上海総領事代理小田切万寿之助より外務次官小村寿太郎宛『清国鉄路大臣盛宣懐ヨリ骸炭見本購入及其価格等調査方依頼一件』外務省外交史料館）
83) 勿論、中国における外国資本による製鐵所への大冶鉱石の供給禁止など、日本の帝国主義的なよろいが見え隠れする条項も含まれている。
84) 奈倉文二『日本鉄鋼業史の研究』（近藤出版、1984年）17頁。
85) 佐藤昌一郎前掲論文「戦前日本における官業財政の展開と構造補論―赤谷鉄山開発問題と鉄鉱石運送契約書について―」57―59頁。
86) 新発田市企画課広報係『赤谷線鉄道のあゆみ』新発田市企画課1965年10月。

創立期官営製鉄所

年	月	赤　谷
1892	7月	農商務省技師　大塚専一上赤谷鉄山地質調査
1893	10月	鉄鉱石採掘を目的に鉱区設定、長崎県平戸村士族、神奈川県士族
	11月	長野県平民へ譲渡
1894	8月1日	
1895	1月	東京市日本橋萱場町今村清之助へ譲渡
	4月17日	
	12月26日	特許1665号58万120坪三菱濱弘名義となる。報償として村上某外2名に3万2540円、買収費用1万7360円
1896	3月	
	11月	三菱、赤谷測量
1897	5月	三菱、赤谷場割沢に事務所をおく。鉱山測量のための入林願提出
	10月8日	赤谷鉱山調査員秋冷のための調査不能、山元退去
	11月	
	12月7日	特許4924号45万776坪取得
1898	6月	三菱鉱量調査、233万トン、三菱は当初設定の鉱区を拡張
	1月11日	
	10月26日	特許4924号45号776坪、特許1665号58万120坪休業願
	11月13日	
1899	3月	
	4月	
	7月	赤谷の三菱から製鉄所への売買契約成立。7月20日大島来山。8/1八幡への譲渡、出張所開設
	8月	赤谷出張所庶務規定を制定
	12月12日	特許2941号銅鉄鉱区1万1637坪取得
1899	8月	道路測量
1900	1月	
	6月	
	7月	外国人技師カール・ラープ索道用地の測量
	8月	
	12月	索道用資材輸入資材福島潟に到着
1901	2月	
	9月	
	11月	鉱床開鑿着手
	12月	第1号坑開鑿
1902	5月	場割沢開鑿
	6月	第2号坑場開鑿
	7月	
	12月	
		第3号坑開鑿
1903	3月	赤谷開発事業中止
1904	1月	

資料『赤谷鉄山沿革誌』（1900年4月、1907年7月復刻再版）
　　『新発田市史』下巻、1981年
　　大塚専一『上赤谷鉄山地質調査報文』（1893年3月、鉱山局『赤谷仙人鉱山地質報文』）
　　大蔵省預金部『支那漢冶萍公司借款ニ関スル沿革』（1929年6月）
　　『大記録』明治31年、農商務省鉱山局監督署（三菱史料館）
　　『清国鉄路大臣盛宣懐ヨリ骸炭見本購入及其価格等調査方依頼一件』（外交史料館）
　　『明治31—36年大冶鉱石購入並借款関係雑纂』（外務省外交史料館）
　　『各国製鉄工業雑件製鉄業ノ部』（外務省外交史料館）
　　『通達原義』明治29—33年

鉄鉱原料関係年表

製鉄所	
清国漢陽製鉄所日本へのレール売り込み。外務省清国製鉄所調査開始。上海総領事宛訓電（4/1）	
	清国に宣戦布告、日清戦争
	日清講和条約
製鉄所官制	
製鉄所長官和田維四郎意見書を提出、採掘から製品までの銑鋼一貫製鉄所構想に変更	
盛宣懐、日本産コークス供給可能性について打診	
和田長官に対して大冶鉱石購入可能との情報	
	義和団蜂起
大冶購入契約の成立（4/7）	
大島道太郎技監中国へ派遣、積出港問題	
和田長官中国へ派遣	
大冶改正契約書成立（積込数量、品質）（6/21）	
粟ケ岳鉄山製鉄所所有	
大冶改正契約書成立（8/29）、代価協定期間の延長	
製鉄所高炉火入れ	
	義和団事件最終議定書調印
製鉄所開始式（11/18）	
製鉄所第1高炉休止	
製鉄事業調査会報告	
漢冶萍公司300万円借款成立	

第4章 民国期華商企業における西洋式会計制度移植
―― 中華煤球公司の事例研究 (1926-1936年) ――

陳計堯 (Kai Yiu Chan)
楊秋麗・楊素霞　訳

はじめに

　1920―1930年代は中国経済、および商業史における重要な変革期である。この時期の企業経営者は1910年代の好景気と1920年代初期の困難を経験し、傘下の企業に対し様々な改革を行いはじめた。新しい従業員管理の方法として、「工頭制度」（班長制度）・工場組織・生産ライン設計の改革が挙がられる。企業経営者たちは単に自社企業に改革を推進しただけではなく、更に他の華商資本企業にもこれを宣伝しようとした。彼らの活動は1910年代半ばから「科学管理」を中国に導入した証拠となり、1937年以前の中国商業史における「先進的」、「企業家精神をもつ」、「改革的」な集団と言われている[1]。「会計改革」はこの時期の企業改革の一つである。

　しかし、従来の研究は、会計改革の問題を会計師たちの活動、とりわけ「改革派」と「改良派」の論争に重点が置かれてきたように思われる。つまり、改革派は西洋式会計原理こそ科学的精神に符合しているものであり、中国企業はそれに基づいて改革を推進すべきだと認識していた。一方、改良派は「中国式会計」は優れており、企業はそれを適宜調整し利用すべきだと認識していた[2]。しかしこの観点からは、企業が本来実施していた改革およびその問題点が見えてこない。例えば、企業制度の発展という観点から、新しい会計制度を導入する以前に、企業経営に如何なる問題点が存在し、新たな会計制度の導入が必要かどうか。また、西洋式会計が移植過程で、帳簿や記帳法の変更以外に、企業経営にどのような役割を果たしたのか。そして、中国企業発展史の中における会計改革はどのような意義をもっていたのか等である。従来の研究では、特に「コスト」に関する会計制度には注目していたが、企業経営に対するその他の影響について、深く

追求していなかった[3]。

このため、西洋式会計制度を導入した華商資本企業が、新制度の導入前後に直面した経営問題について検討し、会計改革が企業経営や企業発展にどの程度の影響をもたらしたのか究明する必要がある。また、西洋式会計制度の導入前後に、会計制度自体が中国企業の運営において作用した特質および問題点についても究明する必要がある。

このような雑多な問題を明確にするには、膨大な基礎研究が必要であり、特に檔案資料を利用し、企業経営史を再整理する事は、企業経営解明には大きな意義があり、また、多くの個別企業への実証研究も重要である。このため、本稿では上海の中華煤球公司の事例を中心に、上海社会科学院経済研究所中国企業史資料研究センター所蔵の「劉鴻記帳房檔案」を利用して検討していく。この企業は1926年に、当時有名であった劉鴻生（1888—1956）により創設された。劉鴻生は煤球（豆炭）製造を営む以前から有名な買弁であり、開灤鉱務局上海代理人の買弁を担当し、石炭販売に密接な関係をもつ港湾貨物の取扱会社および石炭小売販売網を経営していた[4]。彼は上海唯一のセメント会社の筆頭股東（株主）でもあり、蘇州でマッチ工場を所有し、同時に「華商柳江煤礦鐵路公司」という無煙炭製造企業の董事（取締役）でもあった。その他、上海・南京などの都市で不動産を所有し、また近代的金融機関および銭荘株式を所有した。こうした彼のさまざまな投資と経営活動自体が中国商業史における重要な事例であるが[5]、更に劉鴻生は自身の企業に西洋式会計制度の導入を実施しただけではなく、専門誌にこの会計制度の導入に関する文章を発表した[6]。この行為から、彼は中国企業での西洋式会計制度の採用に積極的な態度をとっていたことがわかる。

本稿において、彼の企業の中から中華煤球公司を選んだのには理由がある。この企業は劉氏の数多くの企業のなかで、会計改革を経験した極めて少数の鉱工業企業であったからである。マッチ公司・セメント公司・港湾貨物取扱公司は、理由はそれぞれ異なるが、創立当初から西洋式会計制度を採用したことが上海の檔案資料のなかに記載されていた。しかし、煤球公司においては、最初の2年間「中国式会計」を決算基準としていたが、その後、改革により西洋式会計制度に変更した。この変化の分析によって、

企業の会計改革の本質を見ることができよう。また本稿では取り扱う時期は1936年までに限定する。なぜなら、1937年7月の日中戦争勃発以降、経営がこれまでにない困難に直面し、戦前の経営状況との比較が不可能であるからである。

1. 公司の創立およびその背後の「会計伝統」

　創立当初から中華煤球公司は、劉鴻生の経営する他の重要企業と密接な関係をもっていた。劉鴻生はもともと、石炭の販売から事業を展開していたので、石炭処理後の廃棄物の処分方法は常に問題であった。廃棄物の再利用ができれば、商品として販売できる可能性がある[7]。1926年初頭、劉氏と長年の取引関係をもつ石炭小売商人たちも、劉鴻生と更なる投資関係を構築していく意向があった。その結果、この年2月に創立した「中華煤球股份有限公司」は、資本金は50,000元であり、そのうちの40％以上は劉鴻生の出資であった[8]。同時期に、劉鴻生は仏領インドシナの「鴻基煤」（無煙炭の一種）の上海代理販売契約を取得し、その「鴻基煤」を販売するために、他の上海石炭小売商と共同で「東京煤公司」を設立した[9]。劉鴻生および彼と長年取引関係をもつ石炭小売商以外に、この「東京煤公司」も中華煤球公司の株主の一人である[10]。このように、中華煤球公司は劉鴻生の石炭販売事業拡大の一環であるといえる。

　中華煤球公司は単に資本および原料供給において劉鴻生の他の企業と密接な関係をもっていただけではなく、操業後の運営においても、関係をもち続けていたことが豊富な檔案資料からうかがえる。まず、中華煤球公司が設立当初から、常に前述の「東京煤公司」による石炭粉末の供給を受けていた[11]。また、中華煤球公司初期の財務資料から、この企業の劉鴻記帳房に対する「負債」額は1万5千元を超えていたことがわかる[12]。つまり、劉鴻記帳房は中華煤球公司に対して短期的に資金や信用を提供していた。そして最も重要なのは、劉鴻生は名目上この企業の「総経理」であったが、実際には劉鴻生の個人財産管理人の「劉鴻記」が、常に「総経理」として中華煤球公司のビジネス文書に署名していた。例えば、1928年の意見書において、提案者は「総経理劉鴻記帳房」と記載されていた[13]。また株主総

会においても、「劉鴻記帳房」は「総経理」の名義で報告された[14]。以上のような関係、とくに「劉鴻記帳房」との関係をみると、「劉鴻記帳房」の動向は必然的に中華煤球公司の初期の財務管理および会計制度に影響を与えたはずである。

　当時の「劉鴻記帳房」の会計制度とは如何なるものなのか。この帳房は1930年代初期において会計制度改革が行われたため[15]、1920年代の状況について明確になっていなかった。しかし、現存の檔案資料から、以下のことが明らかである。つまり、1920年代半ばにおいて劉鴻記帳房の財務管理者は3名であり、そのうち2名は劉鴻生が投資した企業の石炭の在庫および移出入を管理した者である。残る1名は主要な会計管理者であり、彼は「理収解」（「収支管理」）および「記清簿各帳貨款清単」（「各品目明細」）[16] を担当していた。この会計管理者自身、自分の帳房内での役割をはっきりと認識していた。つまり、彼は「管帳（帳簿管理者）」である。中国では元代以来の伝統的な会計制度における民間商業経営の「管帳（帳簿管理者）」は最高財務管理者である[17]。また、彼は「銀行簿記」を専攻していたので[18]、1920年代の「劉鴻記帳房」は銀行会計に類似する会計制度を採用していたことが推測できる。

　会計師たちの論争において指摘されたように、「劉鴻記帳房」の会計方式は「収支」法となっており、単純な現金収支に対応できるが、さらに複雑な会計方式が要求される工商企業にとっては、対応しきれなくなる[19]。実際、1920年代における劉氏商業帝国において、その「総帳」（元帳）もただの「収支」帳簿であった。1929年の「収支総帳」のコピーからわかるように、「劉鴻記帳房」の収入は企業の株式収益・不動産の家賃収益・劉鴻生の担当する各企業の総経理や董事としての交通費補助・報酬が含まれていた。その支出は家族の生活費・個人の小遣い・若年家族の学費・寄付金などが含まれていた[20]。1931年になって、類似の「総帳」は未だに同じ方法であらわれていた[21]。収入と支出の差は「除付過掲」（収支残高）と呼ばれ、その年度の「損益」とみなされた。西洋式会計制度における「資産」、「負債」、「資本」の概念について、各種不動産・株券・合資契約以外には、劉氏商業帝国における各種投資状況の具体的な記載が見えてこなかった[22]。つまり、この「収支」法を主とした会計制度は単に現金収支による「損

益」を表していただけで、その他の問題については明確になっていなかった。

中華煤球公司が存在した時代においては、外的な要因がこの企業の会計制度に影響した。1904年以降企業運営を規定した会社法（「公司法」という）である。1914年に実施された会社法によって、中華煤球公司は株式会社として、「公司」、責任者は毎年股東に3件の書類、「資産負債表」（「貸借対照表」）・「収支報告書」（損益計算書）・「財産目録」を提出する必要が生じたのであった。これらの書類が明らかに企業統治（corporate governance）の役目を持ったが、これらの法律はこれらの書類の格式や計算方法に対して更なる規定がされなかった。それゆえ、理論的には企業はこれらの3件の書類さえ提出すれば、どの方法で書類の内容を表示しても構わないのである[23]。

2. 中華煤球公司の初期運営における会計組織

中華煤球公司は設立当初、「劉鴻記帳房」で使用されている「収支」法に類似する会計制度を採用していたが、相違点もみられる。記帳および数字表示の方式に特別な意義が含まれているので、分析をすすめる必要がある。檔案資料の中から帳簿に関する原資料を発見するのは困難であるが、中華煤球公司初期の2年間の経営者から股東に提出した財務報告記録があった。「資産負債表」および「収支報告表」を含む中国語で書かれたこれらの帳簿資料は、早期会計制度を分析する重要文献となった。以下、1927年の「資産負債表」（図1）および「収支報告表」（図2）を中心に分析してみよう。

まず、前述の「劉鴻記帳房」と比較すると、中華煤球公司の初期会計制度にも、「収支報告表」が含まれていた。「収支報告表」（図2）の中の数字を省略し、文字のみを整理すれば、表1の通りになる。実際、収支の状況からみると、この企業の一会計年度における主な収入は「堆金」（売上金）となり、つまり炭団販売の売上がほぼ全収入であった。支出をみると、主に原料購入時の「貨織」（原材料費）、運搬工員の「上下力」（積み下し）、「打包」（梱包）、「送力」（運送）に関わる人件費、および職員の「薪金」（賃金）

図1　丁卯（1927）年中華煤球公司資産負債表

出所：「劉鴻記帳房檔案」、05—016.

図2　丁卯（1927）年中華煤球公司収支報告表

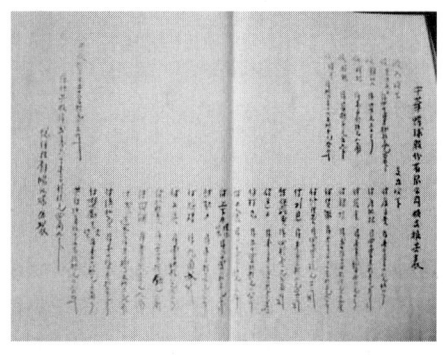

出所：「劉鴻記帳房檔案」、05—016.

である。しかし、「貨繳」である原材料費は全体の3分の1前後にすぎず、その他の部分は労務費である「付加価値」となっていた。これらの数字は前年度の会社運営状況を反映したものとなり、実質上では「劉鴻記帳房」と会計組織において共通していた。

中華煤球公司では、「収支報告表」以外に会社法に規定されたように「資産負債表」も存在しており、この点においては、「劉鴻記帳房」の計算方法と大きく異なっていた。「劉鴻記帳房」の記録に欠けている「資産負債表」は中華煤球公司の資産処理の問題と関係があるようにみえる。しかし、中華煤球公司にはその法律に定められた「財産目録」が存在せず、更なる分析が必要となっている。

実際、資産処理の計算時に、中華煤球公司の初期の会計制度では現金出納の記帳法に似た部分がしばしば見られる。「資産負債表」を整理すると、表2のような列挙方式になっている。ここでの負債には、主に「股款」（資本金に相当するもの）、預り金・買掛金・利息などが含まれていた。資産には、固定資産としての部分（建物・機械・原材料・工具などの4項目）、および流動資産の部分（在庫商品・買掛金・預金など）を含み、中華煤球公司が持続的に持つ意味のあるすべての資源が含まれていた。現在の会計師たちに理解しづらいのは、中華煤球公司の一会計年度における「損益」は「収入」と「支出」の差額で決定するのではないという点である。「収支報告表」において、「収」（収入）－「付」（支出）＝「除付共収」であり、「損益」ではない。一方、「損益」は「資産負債表」の中にあり、つまり、「存」（資産）－「欠」（負債）＝「損益」という方法で計算する。ゆえに、資産と負債の差額の多寡が損益の決定要因となり、資産を現金として処理した。

中華煤球公司で使用されていた計算方法は、「資産負債表」の中の「存」（資産）－「欠」（負債）＝「損益」の計算方法にせよ、「収支報告表」の中の「収」（収入）－「付」（支出）＝「除付共収」にせよ、同様の計算原理を運用し、つまりどの報告書も最終的にたった1つの数字が生じることになる。これは現在の西洋式「複式会計制度」の中の「資産」＝総「負債」[24]の計算原理と明らかに相違している。「資産負債表」の「損益」の数字は「収支報告表」の「除付共収」と等しい。このため一部の研究者は中国伝統の複式簿記、つまり「四脚帳」[25]あるいは「収支簿記法」[26]の継続で

あると判断している。筆者は判断にはさらなる分析が必要であると考えているが、この2種類の表における計算方法を西洋式「複式簿記」の「結果平衡」（equilibrium of results）の観点からみるなら一種の「単式簿記」にすぎない[27]。

表1　丁卯（1927）年中華煤球公司収支報告表

収入項下	収売出灰子xxxxxx	収雑収入xxxxxx	収桟租xxxxxx	収特税xxxxxx	収堆金xxxxxx															共収xxxxxx	
支出項下	付広告費xxxxxx	付房地租xxxxxx	付薪金xxxxxx	付雑項xxxxxx	付貨繳xxxxxx	付修理費xxxxxx	付利息xxxxxx	付化験費xxxxxx	付送力xxxxxx	付打包xxxxxx	付工食xxxxxx	付上下力煤球項下xxxxxx	付起力xxxxxx	付焙煤xxxxxx	付文具xxxxxx	付篩費xxxxxx	付回佣xxxxxx	付製造費xxxxxx	付慎和包工xxxxxx	付奨励金工人項下xxxxxx	共付xxxxxx	除付共収xxxxxx

出典：「劉鴻記帳房檔案」、05—016.

このような「資産を現金として処理する」会計制度は、中華煤球公司の初期運営において生産状況に対応することができた。中華煤球公司の固定資産額は流動資産額とはほぼ同額であったためである。この意味で固定資産は初期運営において、この会社に影響する唯一の要因ではなく、加工業としての中華煤球公司にとっては、むしろ流動資産の方が重要であり、主に現金処理で使用される「収支簿記法」の会計制度が依然として大きな役割を果たしていた。しかし、固定資産の処理となると、この制度ではむずかしい。前述の2種類の表の中で、「減価償却」（depreciation）という言葉が見つからず、すなわち機械・建物など固定資産の消耗と価値の増減関係を表す記録がなかった[28]。そして、「収支報告表」には「コスト」という概念がなく、会社は「コスト」を検討するときに、月別に「コスト表」を作

成し検討を行った[29]。「減価償却」と「コスト」の概念の導入および本来あった項目との整合はこの会社における会計制度改革の重要な一環となった。

ここで、劉鴻生が、主導権を握る企業の中で会計に関する新しい概念を導入することにおいて重要性を持っていたことに注目しなくてはならない。中華煤球公司の操業以前、劉鴻生の重要企業である「華商上海水泥公司」(「水泥」はセメントを意味する) には、西洋式会計制度をモデルとした系統的な計算方法が存在しており、中には「資産負債表」だけではなく、各部門の費用・コストを反映する会計報告表も三つともに存在した。こうした会計報告表によって、生産コスト・販売コストおよび経営上発生した費用 (減価償却を含む) が明らかになり、西洋会計師の審査報告が添付されているものさえあった[30]。中でも最も重要なのは「減価償却」である。なぜなら、清末民国初期の中国華商企業において、「減価償却」は未だに認識されていなかったからである。大規模な投資を行った「啓新洋灰公司」でさえ、1930年代初頭になって初めて「減価償却」という概念を会計制度に導入した[31]。当時の中国で最も重要な産業である綿紡織業においては、1920年代の末になっても「減価償却」の概念が重視されていなかった[32]。しかし、「華商上海水泥公司」においては、設立当初から固定資産に対し「減価償却」をしており[33]、これは劉鴻生が中華煤球公司で会計改革をすすめる際の重要な参考になった。

3. 新制度の確立

中華煤球公司の新制度導入・建立は、基本的な生産構造の変化と関係がある。前述のように、この会社の初期の操業は石炭処理後の廃棄物の再利用を目的としていたので、生産は小規模であった。しかし次第に原材料の供給が大量になったことに伴い、生産拡大が必要かつ可能になった。中華煤球公司は1926年末から操業しはじめ、1927年初頭に資本金は10万元まで増加し、翌年更に30万元まで増加した[34]。工場も3年以内 (1926—1929年) に1箇所から3箇所まで増加し[35]、そのうちの1箇所は1929年に吸収合併によって取得したものである[36]。販売を拡大するため、支店を増やし、上

表 2 　丁卯（1927）年中華煤球公司資産負債表

		資産類
房屋×××××××		
機器×××××××		
生財×××××××		
工具×××××××		
丙寅年虧×××××××	止	
押櫃×××××××		
開辦費×××××××		
存零售部簍球×××××××		
存虹口分售處簍球×××××××		
存虹口分售處項下簍球×××××××		
存浦東簍球×××××××		
存東京屑×××××××		
存黄土×××××××		
存開平屑×××××××		
存各料×××××××		
存劉鴻記×××××××		
存煤業銀行×××××××		
存浦東廠×××××××		
存寄售部×××××××		
存零售部×××××××		
存虹口分售處×××××××		
存非常費×××××××		
存非常修理×××××××		
共×××××××		
存欠兩抵計丁卯年度盈餘×××××××	共××××××	

	負債類
股款××××××	
押金××××××	
備抵零售品貨價××××××	
應付未付利息××××××	

出典：「劉鴻記帳房檔案」、05—016.

海以外にも杭州・蘇州・寧波などで支店を設立した[37]。こうした新たな事情により、中華煤球公司の発展は「統合」（integration）の方向に転化し、原材料の購入・製品の製造・販売を一つの企業に納めることとした[38]。事業拡大に必要な新たな資源の取得、とくに固定資産（建物・機械など）の拡大は会計制度改革の原動力となった。

　改革の始まりは1928年後半であった。当時の総経理であった「劉鴻記帳房」から董事会（取締役会）に議案が提出され、「本企業が来年から帳簿を複式中国簿記に変更するか、あるいは中国式簿記を維持するかについて決定する」要請がなされた[39]。ここでの「複式中国簿記」はその後の董事会および監事（監査役）会会議（1928年11月23日）では、「西式帳」（「西洋式帳簿」）と呼ばれた。つまり「西洋式」会計制度である。

　「総経理の劉鴻記帳房が提案したわが社の帳簿を西洋式と旧式の中国

式のどちらを採用するかについて、華監察が説明した。『わが社は設立当初、規模が小さかったため、旧式の中国簿記を採用した。現在、資本金は30万元に達し、毎年の売上高は100万元にも達成できるという劉鴻生董事の意見をうけて、新式簿記の採用を計画した。その理由は帳簿管理者の不正のためではなく、帳簿の明確を計るためである。』最後、各董事は西洋式帳簿の管理費—3つの部門で月に約1,200元（上海・浦東・周家渡）—について討論し、各部門の人員は劉鴻記帳房および華監察により選任されること、また華監察は帳簿形式を作成することを決定し、全員承認した。（原文中国語、句読点は筆者）」[40]。

以上の史料から、当時の董事会および監事会において、一部は改革の必要性を認めたことがわかる。

実際、改革の主な推進者は「華監察」であり、前述の劉鴻生が主導権を掌握した「華商上海水泥公司」で、会計を担当している華潤泉であった。彼はこの会計担当に就任する前、上海工部局（Shanghai Municipal Council）財務課（the Treasurer and Comptroller）の職員であり[41]、西洋式簿記と会計制度を学んでいた。彼は帳簿設定することにより、西洋式会計制度を直接中華煤球公司に導入することになる。

華潤泉のほかに、劉鴻生自身が最も重要な推進者であった。檔案資料には、劉鴻生本人の会計制度改革に対する意見は記載されていなかったが、数年後に書かれた文章から、「近代」的な会計方法を通じて新制度を取り入れた企業は、よりよい情報を以て、困難な経営環境や市場競争について精密な計算を行うことができるようになるという見解がわかる。しかしここに微妙な点があった。中華煤球公司の会計改革の数年後、依然として旧式中国会計制度を採用する「劉鴻記帳房」は新制度に対応できず、改革後のはじめての董事会および監事会会議（1929年4月19日）に総経理の辞表を提出した。しかし、後任者は劉鴻生本人であった[42]。つまり劉鴻生本人は改革を支持しており、自分の帳房の企業管理の経営手法と明らかな違いが生じていた。

新しい会計制度は1928年末から1929年初頭にかけて設定、導入され、格式と結果において左右平衡の概念が採用された。改革の初めに、この概念

を使って前年度(丁卯年)の会計報告を修正した[43]。これ以降の中華煤球公司の会計報告表はすべて西洋式の「複式簿記」で作成されていた[44]。さらに1932年末、専門会計師への帳簿審査の依頼が可決され、選任された会計師は業界において西洋式会計制度の導入を提唱している「立信会計師事務所」(「立信会計士事務所」)であった[45]。このことも、中華煤球公司の会計報告表は当会計師事務所が西洋式の会計基準で審査していることを意味する。こうして中華煤球公司は一連の会計制度改革を完成させたと言えよう。

4. 新概念の導入

こうした一連の改革は新しい帳簿様式とともに新概念を導入することとなった。檔案の中から中華煤球公司の1928年以降の帳簿から分析してみよう。図3・図4・図5がこれらの会計報告表である。新しい会計制度における会社の運営と財産は、上述の三つの図から分かる。つまり、これらの図は、会社法に規定された「資産負債表」(現在の「貸借対照表」)、「収支報告表」(現在の「損益計算書」)および「財産目録」のようなものであった。

新会計制度の最も特徴あるところといえば、西洋の「複式簿記」方式を導入し、数字の表し方が旧式会計と大きく相違するところである。「財産目録」は財産リストとなっていたが、その他の2種類の表は西洋式「複式

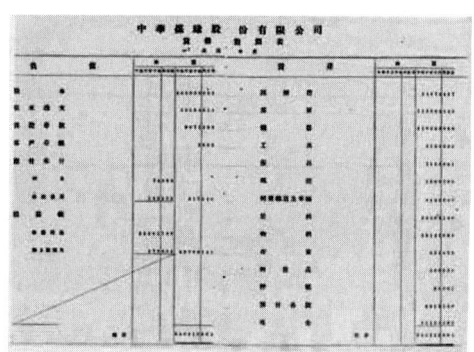

図3　中華煤球公司貸借対照表 (1928年)

出所:「劉鴻記帳房檔案」、05—006.

図4　中華煤球公司損益表（1928年）

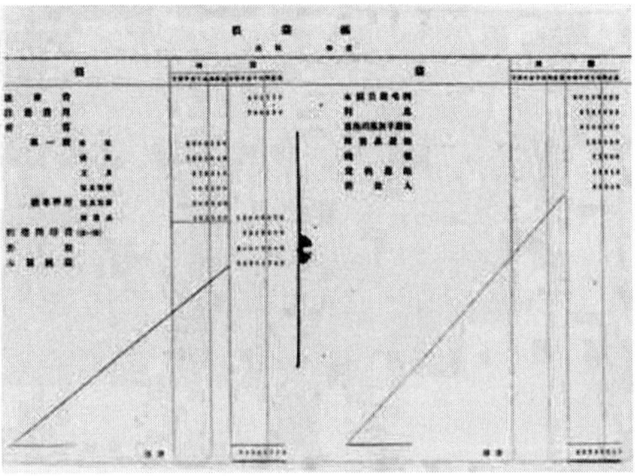

出所：「劉鴻記帳房檔案」、05—006.

図5　中華煤球公司財産目録（1928年）

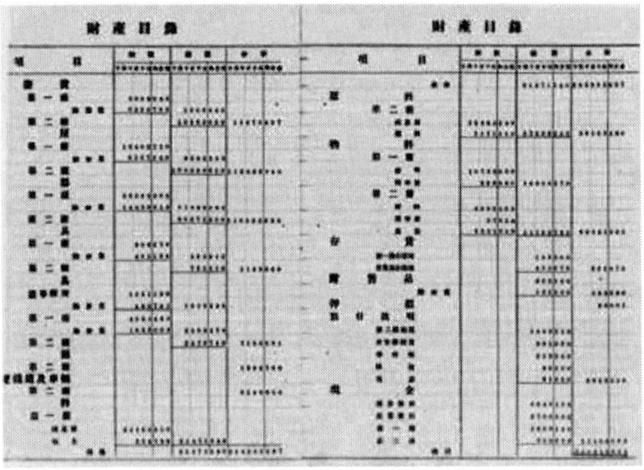

出所：「劉鴻記帳房檔案」、05—006.

簿記」の方式、つまり「結果平衡」の方式となっていた。また、この会社の損益に対する計算方法および資産・負債との関係は、以前の資産－負債＝損益から資産＝負債＋当期利益へ変更し、利益も「損益計算書」の中の「益」と「損」の差額から算出するようになった。これにより資産の計算において資産が現金と同一視されておらず、長年の運営資産は当期の運営状況と分けられたのである。

　また、中華煤球公司は固定資産価値評価（前述の「減価償却」）について

新たな方法を採用した。毎年の損益帳簿の中で、「損」の部分に「減価償却」を設定し、「建物」・「機械」・「工具」・「家具装修」（家具調度品）などの固定資産の減価償却を含めた。これによって、このような固定資産は一定年限で帳簿上で消却され、会計記録の中から消えていくこととなった。毎年の損失の中に固定資産の損失額も算入するようになった。例えば、前述の戊辰（1928）年の固定資産額は24万元強で、その年の償却額として上げられた1万2千元くらいという金額で換算すると、減価償却率はわずか約5％であった。これは当期運益コストの一部分となり、直接「当期純利益」の多寡に影響した。つまり、生産過程に生ずるコスト以外に、新制度には新たに一つの項目が増加し、総原価計算（total costing）の一項となっていた[46]。この概念は企業経営にとって穏やかな方法であったが、後に問題を招くこととなった。

　コストの計算について、中華煤球公司は制度改革以前から「コスト表」を作成し董事会の参考にしたが、毎月のコスト計算に算入せず、前述の「減価償却」見積りは含まれていなかったようである。この点について、筆者はこの時期の「コスト表」を所持しないため検討するのが困難であるが、中華煤球公司の総経理が1930年に劉鴻生に宛てた書簡から垣間見ることができる。

　「新しい原材料価格が実施された後、上述の蒸気煤球のコストは1トンあたり18.85元になった。通常、このコストには財務費用・営業費用・上海事務所の費用・開設費・操業停止費用などを含まれている。しかし、我が社は常にコール・タールおよび石炭屑の在庫があり、蒸気煤球を生産するか否かに関わらず、在庫利子および上述の各種行政費用を負担しなければならない。明らかであるのは生産コストの価格で蒸気煤球を生産・販売すると、我が社に損失を招くことがなく、逆に在庫を現金に転換することができ、負担削減につながる。たとえ「コスト表」を作成するときに、各種行政費用を蒸気煤球の製品コストに算入するとしても、それによる蒸気煤球のコスト増加は損失とみなされてはならない。なぜなら、それは同時に泥煤球のコスト削減を導くからである。ゆえに、他に買わねばならぬ若干の原材料の購入コストを、前述のコストに加わねばならない。その他、コ

ストの価格より高く販売し獲得した利益のすべてが、我が社の負担削減につながることをも無視できない。」(原文は英語。中文への翻訳・句読点は筆者) [47]。

　ここで挙げられた費用には「減価償却」という項目がなく、つまりここで言う「コスト」とは「製造コスト」のみとなり、これはまた後に経営問題が生じた際に操作できる重要な要素となった。

5.「コスト会計」VS「財務会計」

　西洋式会計制度を装備した中華煤球公司は、改革前後の時期において常に熾烈な市場競争と経営上の蹉跌に直面した。こうした競争に対して経営者はさまざまな対策を打ち出した。第1に、吸収合併により競争相手を傘下に納めた。この方法は前述の第3工場の取得の際にも使用した。この方法は新たな工場建設より簡単であり、競争も回避できるが、機械の性能が期待するものと合致するかどうかという問題も生ずる[48]。第2の対策とは、同業者共同での価格設定であった。これは同業者の共同利益を獲得でき、協力が実現できることが前提となっている。そうでなければ協議は空約束にすぎない。第3に、企業内部で競争力を備えるほどの厳格なコスト削減に努める。最後に、新製品の研究開発である。これにより製品の研究開発において競争相手に勝ち抜き、さらに市場を占めることができる。注目すべき事に、中華煤球公司では1928年以降、各期毎の董事会会議において、最後の2つの対策についてすでに詳細に検討されていた。こうした経営上の問題から、会計制度改革以降における制度と経営との関係がうかがえる。

　数多くの問題の中で、最も衝撃的なのは新製品の失敗によって生み出された問題であった。中華煤球公司における会計制度改革が1929年に完成し、同年10月に当社は新製品「蒸気煤球」、コール・タール入りの炭団を生産販売した。この製品は、当社が創設当時に購入した機械によって生産されたものではなく、それゆえに新たな設備投資が要求された[49]。しかし、1930年の初めに開かれた董事会および股東総会における経営者の報告の中で、「蒸気煤球」製品化の失敗、さらにそれを生産する第2工場は「定番煤球」

を生産販売して、「蒸気煤球」による損失を補填しなければならないという危機が述べられた[50]。「蒸気煤球」製品化の失敗は、運営の失敗と利益の低下を意味する。1929—1930年度の股東総会で、経営者は、当年度の「粗利益」が116.52元にすぎず、股東に配当金を支払うことができないと報告した[51]。当年度の純利益は前2年連続の好景気と対照的であり[52]、1930—1931年度には初めて63,614.36元の赤字を出した[53]。

その後1935—1936年度まで、中華煤球公司の経営状況は悪化する一方であった（表3）。1930年代前半は、1931—1932年度を除き毎年赤字であり、前述の1930—1931年度63,614.36元の赤字金額が最大で、1933—1934年度

表3　中華煤球公司例年損益状況（1926—1937年度）

会計年度	益（＋）と損（－）
1926—27	－5,643.21
1927—28	＋12,961.55
1928—29	＋32,961.74
1929—30	＋116.52
1930—31	－63,614.36
1931—32	＋38,450.61
1932—33	－20,022.11
1933—34	－49,143.08
1934—35	－12,270.57
1935—36	＋466.37
1936—37	－24,100.57

単位：元
注　：最初の2期および1931—32年度に、「減価償却」は含まれていない。1929—1930年度は「粗利益」のみであり、その他は「純利益」である。
出典：1926—27、1927—28年度：年度会計報告書（「劉鴻記帳房檔案」、05—006）
　　　1928—29年度：年度貸借対照表（「劉鴻記帳房檔案」、05—006）
　　　1929—30年度から1932—33年度まで：股東総会記録（「劉鴻記帳房檔案」、05—002）
　　　1933—34年度から1936—37年度まで：年度会計報告書（「劉鴻記帳房檔案」、05—006）

の5万元近くがそれに続く。

「蒸気煤球」の失敗のほかにも、中華煤球公司は熾烈な価格競争に直面し、特に恐慌期の1933—1935年は最も深刻であった。1933年1月に、中華煤球公司の董事会は同業共同値上げの可能性について検討し、その後継の董事会も引き続き検討した[54]。中華煤球公司が期待していた「上海市煤球聯合営業所」(「上海市煤球連合営業所」) が1934年1月に設立されたが、一カ月で解散し中華煤球公司の期待は裏切られた[55]。

中華煤球公司は経営難に直面すると同時に、経営戦略の多方面での重要な参考となる「コスト会計」(cost accounting) を利用した。つまり、コスト構成に分析を加え、これがコスト削減・効率向上に対する経営者の意思決定の助けとなった[56]。前述のように、この制度は会計改革以前に既に存在し、その形式が「製造コスト」に対する「コスト表」であった。改革後このコスト表を引き続き利用していたが、さらに1931年には迅速な意思決定のために、会計部門のコスト表の早期作成が要求された[57]。それ以降の董事会会議記録には、経営者は度々経営問題の所在および対策の決定などのためより多くの情報を求めるさまが記載されている。例えば、1933年半ばに「鴻基煤」の値上げ以降、中華煤球公司は「コスト表」による価格比較を行い、コストを低減するため中国産の石炭屑の使用を決定した[58]。同年11月に、赤字工場の生産停止に対する董事会の意思決定も、「コスト表」に基づいて検討された[59]。

経営状況が継続的に悪化した1930年代初期において、中華煤球公司が新たな会計制度を採用したのには他の目的、つまり「減価償却」と「財務会計」(financial accounting) も考えられる。1931年の第5回董事会会議において、前述の63,614.36元の厳しい赤字が報告され、その後董事会が改組された[60]。新しい董事会は信用回復と赤字削減のために、新たに「減価償却」の計算方法を修正すると同時に「減価償却」を中止した。この方法の合法性を検討する必要はあるが、帳簿上では当年度の利益は上がった。このような方法を使って、1933年初頭の股東総会において38,450.61元の黒字が報告された[61]。その後、経営状況がひきつづき低迷する1934年に再びこの方法は利用されたが、黒字転換は実現できなかった[62]。さらに日中戦争勃発の前日の1937年7月6日、董事会は股東に「減価償却」率を下げるとい

う報告書を提示するつもりであった[63]。減価償却によってもたらされる財務・総コストの圧力を軽減するためのこうした方法は、翌日に勃発した戦争により一時中断を余儀なくされた。

おわりに

　以上の分析は、われわれが中国近代商業史及び会計史を理解する際に、如何なる意味を有するのか。中華煤球公司の事例を通し、以下の事が明らかになった。中国企業界が1920—1930年代にすすめた会計改革が、新式の簿記を採用し西洋式会計の原理を中心とする会計制度であり、本稿では特に過去の研究で触れられていなかった「コスト会計」を明らかにした。「コスト会計」は中華煤球公司のような企業には、会計改革以前から存在した。新会計制度の改革、とくに工業企業の最も重要な改革は資産に対する計算方法の改革であり、過去の中国式会計における現金収支と同様の計算方法から資産価値に対する計算方法へと変更され、中でも固定資産の「減価償却」の問題は最も重要かつ明白であった。しかし実際のところ、「減価償却」の計算は財務会計の裁量に影響され、改革後の会計制度に固定資産に対する「減価償却」が規定されたが、財務に問題を生じた場合、企業は「減価償却」を中止するか「減価償却」率を修正するかという方法を利用し、書面上の利益調整を行った。

　要するに、会計制度改革の本来の目的は、総経営コスト（「減価償却」を含む）に対する全体的な計算と全面的な分析であったが、実際には、この会計制度は財務上の都合で変更しなければならないという立場にあった[64]。企業が計算した「コスト」が常に「製造コスト」に留まり、資産の価値は現金に「変更」され、生産・経営上の損失に補填された。つまり、中華煤球公司の新会計制度は企業の会計構造の上で基本的に改革以前の会計制度と大きな差はない。

　実際、近代中国企業の発展を分析する際、企業の管理問題・市場競争および新製品の研究開発等を論ずる以外に、企業家に対する理解が必要である。つまり、企業家は資本家であり、生産手段を支配し生産事業を行う者でもある[65]。彼らの経営手法を分析する際、単に「管理」の問題を論ずる

だけではなく、生産手段支配者と資本流通の関係を明確に理解しなければならない。このような経営者は新会計制度にある新しい会計用語（terminology）を利用し、株主への配当による資本分散を防止する新たな資本蓄積の方法を創出した。同様に、新しい会計用語を利用し新たな準備金を創出し、突発の財務問題および経営失敗に対応した。この意味で、この時期の中国企業にとって経営に最も重要なのは、「コスト」ではなく「財務」であった。

　以上のことが事実であれば、経営者はなぜ中国華商資本企業に新会計制度を導入する必要があったのだろうか。近代中国商人の「近代」的会計制度の導入について、単に効率向上のためと理解すれば、明らかに不完全である。また、金融機関からの圧力とも考えにくい。上海・無錫に綿紡績工場・製粉工場を有した大企業家・栄宗敬が陥った厳しい経営危機のようなケース以外には、銀行財団が企業経営に介入する事例は稀であった[66]。また、銀行界が企業管理に介入する場合は、個別的・偶然的であり、主に工場および各部門の資金・在庫・商品流通をより監督するだけであった。

　劉鴻生や同時代の企業家にとって、個人の風格や名誉なども重要な役割を果たし、一部の企業家は「科学的管理」の風潮に魅了された。この風潮は1910年代半ばに当時アメリカから帰国した穆藕初によるテーラー（Frederic Taylor）の『科学管理』の翻訳を皮切りに[67]、1920年代に多くの商業雑誌（例えば、有名な『（上海）総商会月報』）に「科学管理」は紹介され[68]、また簡単な書籍も出版され広く宣伝された[69]。当時の中国商業界にとって、「科学管理」法は一種の「進歩」のスタイル、あるいは一種の流行（fashion）であった。劉鴻生のような常に近代的会社制度を採用する企業家にとって、「西洋式」会計制度の移植は「進歩」の象徴となり、この導入により獲得した名誉（とくに信用を生む名誉）は効率よりさらに魅力的であったと考えられよう。

　これまで述べてきた通り中国近代企業の会計制度と財務とは密接な関連があった。このため、中国近代企業経営者の新制度導入を理解するには、単に制度自体の内容を把握するだけではなく、企業経営における他の重要な要素を分析しなければならない。つまり、文化・個人の人格・時代の風潮などをも含むさまざまな側面から経営の実態を理解してはじめて、新し

い制度の移植をより深く認識することができるのである。

---

1) Tim Wright, 'The Spiritual Heritage of Chinese Capitalism: Recent Trends in the Historiography of Chinese Enterprise Management'(*The Australian Journal of Chinese Affairs,* Vol. 19/20, 1988, 185—214頁)。趙靖編『中国近代民族実業家的管理思想』(雲南人民出版社、1988年)。鍾祥財『中国近代民族企業家経済思想史』(上海社会科学院出版社、1992年)。徐鼎新『中国近代企業的科学力量与科技効応』(上海社会科学院出版社、1995年) 35—82頁、145—225頁。黄漢民、陸興龍『近代上海工業企業発展史論』(上海財経大学出版社、2000年) 160—179頁。沈祖煒編『近代中国企業：制度和発展』(上海社会科学院出版社、1999年) 140—192頁、355—398頁。劉文賓『近代中国企業管理思想与制度的演変 (1860—1949)』(国史館、2001年) 84—99頁、114—126頁、153—188頁。
2) 郭道揚編『中国会計史稿：下冊』(中国財政経済出版社、1988年) 501—520頁。
3) 「コスト」概念の中国会計制度への移植については、郭道揚編『中国会計史稿：下冊』、521—538頁を参照した。
4) 劉鴻生の買弁としての仕事、石炭小売販売網および港湾貨物取扱事業の経営について、拙稿'A Turning in China's Comprador System: KMA's Changing Marketing Structure in the Lower Yangzi Region, 1912—1925' (*Business History,* Vol. 43 No. 2, Apr. 2001, 51—72頁) を参照。
5) 劉鴻生の各種投資については、拙稿の 'The Structure of Chinese Business in Republican China: The Case of Liu Hongsheng and His Enterprises, 1920—1937' (D. Phil. Thesis in Modern History, University of Oxford, 1998, 43—80頁) を参照されたい。劉鴻生の経営史について他には、馬伯煌「劉鴻生的企業投資与経営」(『社会科学』、1980年第5期、1980年10月、68—72頁)、同「論旧中国劉鴻生企業発展中的幾個問題」(『歴史研究』1980年第3期、49—66頁)、張圻福、韋恒『火柴大王劉鴻生』(河南人民出版社、1990年)、Sherman Cochran, 'Three Roads into Shanghai's Market: Japanese, Western and Chinese Companies in the Match Trade, 1895—1937', in Frederic Wakeman, Jr. & Wen-hsin Yeh eds., *Shanghai Sojourners* (Berkeley, Institute of East Asian Studies, University of California, 1992 35—75頁)、同、*Encountering Chinese Networks: Western, Japanese, and Chinese Corporations in China,* 1880—1937 (Berkeley, University of California Press, 2000) 147—176頁、などの重要な研究がある。
6) 劉鴻生「我為甚麼注重成本会計」(『銀行週報』、第17巻第14号、1933年4月18

日、3―8頁）。他に職業教育に関する文章「従実業方面観察教育的重要」（『経済季刊』第1巻第1期、1930年4月、5―8頁）がある。
7）工場設立の原因については、中華煤球公司経理・黄錫恩（S. U. Huang）から劉鴻生への1932年9月19日付の英文書簡を参照した（「劉鴻記帳房檔案」、05―020、上海社会科学院経済研究所中国企業史資料研究センター所蔵）。
8）中華煤球公司の資本金額について、この企業の第1回股東総会における劉鴻生と公司経理の共同報告（1927年3月5日）を参照した（前掲「劉鴻記帳房檔案」、05―006）。劉氏の投資金額については、股東名簿によるもので日付がなった。ただし、最後の項目は1935年7月4日に記入したものである（前掲「劉鴻記帳房檔案」、05―030）。
9）「東京煤公司」の合資契約について、前掲「劉鴻記帳房檔案」、12―001に記載されている。
10）東京煤公司の股東について、股東名簿を参照した。日付はなかったが、最後の項目は1935年7月4日に記入したものである（前掲「劉鴻記帳房檔案」、05―030）。
11）例えば、東京煤公司から中華煤球公司宛の書簡（1929年12月3日）において、石炭の到達および配分などの事項が記載されている（前掲「劉鴻記帳房檔案」、05―017）。
12）第1回股東総会における劉鴻生と公司経理の共同報告を参照した（前掲「劉鴻記帳房檔案」、05―006）。
13）この意見書の題目は「本公司新廠成立前有四個連帯問題応先決的」であり、日付は戊辰年五月十二日（1928年6月29日）である（前掲「劉鴻記帳房檔案」、05―016）。
14）中華煤球公司第2回股東大会記録（1928年2月20日）（前掲「劉鴻記帳房檔案」、05―002）。
15）劉鴻記帳房の会計改革の時点について、劉鴻生から「継輝先生」宛の書簡（1932年3月10日）に「本帳房此次改組之後、所有簿記悉改西式、為非先生所熟習、未便強請担任……」とある（句読点は筆者。前掲「劉鴻記帳房檔案」、15―089）。
16）1925年に「劉鴻記帳房」の「管帳」（「帳簿管理者」）である袁子嶷から劉鴻生・劉吉生兄弟宛の書簡を参照した。この書簡には日付はなかったが、1925年の書類に挟まれていた（前掲「劉鴻記帳房檔案」、15―054）。
17）郭道揚編『中国会計史稿：下冊』、15―19頁。
18）前掲の袁子嶷書簡によると、「昨承以本帳房改易簿記相詢、因非一二言所能明

瞭、用各走筆詳陳。本帳房無須請克佐時査帳之必要、因弟処於管帳地位、自宜姑為順從、正所以表白形跡也。茲又蒙以改易簿記相詢、若遽唯諾附和、則……弟雖於銀行簿記、稍有一日之嫻、然於帳務瑣屑、実非優為、徒負虛名爾」（句読点は筆者）とある。この書簡には日付はないが、1925年の書類に挟まれていた（前掲「劉鴻記帳房檔案」、15―054）。

19) 会計師たちの論争について、潘序倫編『「改良中式簿記」之討論』（商務印書館、1935年）を参照されたい。
20) 「己巳（1929）年鴻記収支総帳」（前掲「劉鴻記帳房檔案」、12―004）。
21) 「（民国）二十年分（1931年）鴻記総帳」（前掲「劉鴻記帳房檔案」、12―004）。
22) 株式投資は、1926年の劉鴻生投資列表（英文）を参照（前掲「劉鴻記帳房檔案」、12―008）。不動産は、1926年の他の投資列表（英文）を参照（前掲「劉鴻記帳房檔案」、09―067）。
23) 本文に関係する会社法は1914年に公布されたものであり、その第178条から第180条までは最も重要である。中国第2歴史檔案館『中華民国史檔案資料匯編・第3輯（農商）』第1冊（江蘇古籍出版社、1991年）36頁。
24) ここでの総「負債」とは「資本」あるいは「資本金」＋「負債」を指す。Michael Chatfield and Richard Vangermeersch eds., *The History of Accounting : An International Encyclopedia* (New York, Garland Publishing, Inc., 1996) 60―64頁。
25) 郭道揚前掲書、298―307頁。
26) 「収支簿記法」について、山岡由佳（許紫芬）『長崎華商経営の史的研究―近代中国商人の経営と帳簿』（ミネルヴァ書房、1995年）91―95頁を参照した。
27) 「結果平衡」（equilibrium of results）について、A.C.Litteton, *Accounting Evolution to 1900* (New York, Russell & Russell, 1966) 23―26頁を参照した。
28) 「減価償却」の西洋商業発展史および会計発展史における変遷について、Michael Chatfield and Richard Vangermeersch eds. 前掲書、198―202頁を参照。
29) 第1回目「コスト表」についての討論の記録は中華煤球公司第5回董事会会議記録（丁卯年九月二十二日＝1927年10月17日）に記載されている（前掲「劉鴻記帳房檔案」、05―003）。
30) 「上海水泥公司」の財務報告については、1925―1926年度の財務報告表に記載されており、1926年7月7日に上海克佐時会計師事務所（Lowe, Bingham, & Matthews, Chartered Accountants）によって審査された（前掲「劉鴻記帳房檔案」、03―009）。
31) 「啓新洋灰公司」第18回股東総会記録、1930年3月、南開大学経済研究所、南

開大学経済系編『啓新洋灰公司史料』(三聯書店、1963年) 265頁。
32) Arno S. Pearse, *The Cotton Industry of Japan and China: Being the Report of the Journey to Japan and China* (Manchester, International Federation of Master Cotton Spinners' and Manufacturers' Association, 1929) 189頁。
33) 拙著 'Capital Formation and Accumulation of Chinese Industrial Enterprises in the Republican Period: the Case of Liu Hongsheng's Shanghai Portland Cement Works Company Ltd., 1920—1937', R. Ampalavanar Brown ed., *Chinese Business Enterprise* (London, Routledge, 1996, 4 vols. Vol. II) 149—170頁。
34) 中華煤球公司1927年の資本額については、中華煤球公司1927年度「年度報告」を参照した(前掲「劉鴻記帳房檔案」、05—006)。1928年の資本額については、中華煤球公司第9回董事会および監事会会議記録 (1928年2月6日)を参照した(前掲「劉鴻記帳房檔案」、05—003)。また、劉鴻生の増資意見書も参照した(前掲「劉鴻記帳房檔案」、05—016)。
35) 第1工場の建設について、中華煤球公司第1回股東総会における劉鴻生と公司経理との共同報告 (1927年3月5日)を参照した(前掲「劉鴻記帳房檔案」、05—006)。また、J. F. Messer から上海港湾主管(Harbour Master)への書簡 (1926年7月28日)も参照した(前掲「劉鴻記帳房檔案」、05—004)。第2工場の建設について、中華煤球公司第18回董事会および監事会会議記録 (1928年11月23日)を参照した(前掲「劉鴻記帳房檔案」、05—003)。
36) 第3工場は吸収合併により取得されたことについて、中華煤球公司第20回董事会および監事会会議 (1929年7月9日)を参照した(前掲「劉鴻記帳房檔案」、05—004)。また、中華煤球公司経理の黄錫恩 (S. U. Huang)から劉鴻生 (O. S. Lieu)への英文書簡 (1929年5月13日)を参照した(前掲「劉鴻記帳房檔案」、05—017)。
37) 中華煤球公司第5回董事会会議記録(丁卯年夏暦九月二十二日=1927年10月17日、前掲「劉鴻記帳房檔案」、05—003)。
38) 「統合」についての研究は、R. H. Coase, *The Firm, the Market, and the Law* (Chicago, The University of Chicago Press, 1988), Douglass C. North, *Structure and Change in Economic History* (New York, W. W. Norton & Co., 1981)、特に第十五章を参照した。Alfred D. Chandler, Jr., *Scale and Scope: The Dynamics of Industrial Capitalism* (Cambridge, Mass., the Belknap Press of Harvard University Press, 1990), Alfred Chandler, Jr., *Strategy and Structure: Chapters in the History of the American Industrial Enterprise* (Cambridge, Mass., the MIT Press, 1962), Alfred D. Chandler, Jr., *The Visible Hand: The Managerial Revolution in*

American Business (Cambridge, Mass., the Belknap Press of Harvard University Press, 1977) などがある。
39) この議案は董事としての劉鴻生宛の会議出席通知に添付された。通知の日付は戊辰年十月初九日（1927年11月2日）であった（前掲「劉鴻記帳房檔案」、05—016）。
40) 中華煤球公司第18回董事会および監事会会議記録（1928年11月23日、前掲「劉鴻記帳房檔案」、05—003）。
41) 華潤泉（YCH）からE. F. Coodale宛の書簡（1923年1月12日、前掲「劉鴻記帳房檔案」、03—019）および劉念智『実業家劉鴻生伝記』（文史資料出版社、1982年）39頁。
42) 中華煤球公司第19回董事会および監事会会議記録（1929年4月19日、前掲「劉鴻記帳房檔案」、05—004）。
43) 「中華煤球股份有限公司丁卯年貸借対照表」（「収支報告表」を含む。前掲「劉鴻記帳房檔案」、05—006）。
44) 当社の例年の西洋式会計報告書について、前掲「劉鴻記帳房檔案」、05—006に記載されている。
45) 中華煤球公司第27回董事会会議記録（1932年12月3日、前掲「劉鴻記帳房檔案」、05—004）。会計改革論争における立信会計師事務所の立場については郭道揚前掲書、501—520頁を参照。
46) 総原価計算の概念について、Sydney Pollard, *The Genesis of Modern Management: A Study of the Industrial Revolution in Great Britain* (Harmondsworth, Penguin Books, 1968) 245—290頁を参照した。
47) 英語原文" The cost price as noted above for Steaming briquettes, when new prices of raw materials are in force, is ＄18.85 per ton. To this is usually added such overhead charges as Financial Expenses, Business Expenses, Shanghai Office Expenses, Preliminary Organization Expenses, Plant Stoppage Overhead, etc. But since we have pitch and some dust available in stock for which we have to bear the interest on their cost any way, no matter whether we manufacture steaming briquettes or not, and since furthermore the above overhead charges have to be borne by the Company at any rate, it is obvious that the manufacture and sale of steaming briquettes at cost price does not incur additional loss to the Co., but on the contrary helps to convert our stock into cash, thus lightening the burden of the Co. Even when in making the cost sheet the overhead charges are evenly distributed amon-

gst the products manufactured, it must not be inferred that the consequent increase in the cost of production of Steaming Briquettes due to the addition of such overheads constitutes a loss, since the overhead on Clay briquettes is correspondingly lowered. Therefore, except for the interest on the cost of some of the raw materials that have to be bought, which has to be added to the above cost of production, any single cent of surplus realized from sales over and above the cost price will go to lighten the burden of the Co., and should not be treated with indifference." S. U. Huang（黄錫恩）からO. S. Lieu（劉鴻生）宛の書簡（1930年8月8日、前掲「劉鴻記帳房檔案」、05—008）。

48) 新工場建設については、劉鴻生によって提出された、中華煤球公司第3回股東総会の議案の題目は当会議記録（1929年5月21日、前掲「劉鴻記帳房檔案」、05—002）に記載されている。しかし、その議案の内容は別のファイルの中にある。（前掲「劉鴻記帳房檔案」、05—016）。

49) 馬銀生の口述資料（1979年7月）、上海社会科学院経済研究所編『劉鴻生企業史料』上冊（上海人民出版社、1981年）237—238頁。

50) 中華煤球公司第23回董事会および監事会会議（1930年3月22日、前掲「劉鴻記帳房檔案」、05—004）。

51) 中華煤球公司第4回股東総会（1930年9月6日、前掲「劉鴻記帳房檔案」、05—002）。

52) 前2年の純利益について、1927—1928年度の場合は12,961.55元であり（当中華煤球公司年度会計報告書、前掲「劉鴻記帳房檔案」、05—006を参照）、1928—1929年度の場合は32,961.74元であった（当中華煤球公司年度貸借照表、同前掲文書ファイルを参照）。

53) 中華煤球公司第5回股東総会（1931年11月22日、前掲「劉鴻記帳房檔案」、05—002）。

54) 中華煤球公司第28回（1933年1月6日）、第30回（1933年5月19日）および第31回（1933年6月2日）董事会会議記録（前掲「劉鴻記帳房檔案」、05—004）。

55) 「上海市煤球連合営業所」の設立について、中華煤球公司第35回董事会会議（1934年2月9日）記録、解散について、第36回董事会会議（1934年5月25日）記録を参照（前掲「劉鴻記帳房檔案」、05—004）。

56) コスト会計について、とくにコスト会計と経営意思決定との関係（relevance）について、H. Thomas Johnson and Robert S. Kaplan, *Relevance Lost: The Rise and Fall of Management Accounting* (Boston, Mass., Harvard Business School

Press, 1987) を参照。
57) 1920年代末、中華煤球公司第5回董事会会議（丁卯（1927）年九月）に対して、「六七月份成本表存巻」という記録があり、コスト表は約2カ月で董事会に提出すると記載された（中華煤球公司第5回董事会会議記録、丁卯年九月二十二日（1927年10月17日）、前掲「劉鴻記帳房檔案」、05—003）。1931年10月の董事会会議では、「毎月成本表応於次月二十日前製成」と決定された（中華煤球公司第26回董事会会議記録、1931年10月13日、前掲「劉鴻記帳房檔案」、05—004）。
58) この決定について、中華煤球公司第31回董事会会議（1933年6月2日）記録（前掲「劉鴻記帳房檔案」、05—004）を参照。実際に、1934年8月から中国産石炭の使用を開始した（中華煤球公司第37回董事会会議記録、1934年8月11日、前掲「劉鴻記帳房檔案」、05—005）。
59) 中華煤球公司第34回董事会会議記録、1933年11月15日（前掲「劉鴻記帳房檔案」、05—004）。
60) 中華煤球公司第5回股東総会（1931年11月22日、前掲「劉鴻記帳房檔案」、05—002）。
61) 黒字転換の報告について、中華煤球公司第6回股東総会（1933年1月8日）記録に記載されている（前掲「劉鴻記帳房檔案」、05—002）。「減価償却」の中止について、会計師事務所が帳簿審査時に発見した（中華煤球公司第30回董事会会議記録、1933年5月19日、前掲「劉鴻記帳房檔案」、05—004）。
62) 中華煤球公司第30回董事会会議記録、1933年5月19日（前掲「劉鴻記帳房檔案」、05—004）。
63) 中華煤球公司第50回董事会会議記録、1937年7月6日（前掲「劉鴻記帳房檔案」、05—005）。
64) 類似する事態はアメリカ企業界にも存在する（H. Thomas Johnson and Robert S. Kaplan 前掲書）。
65) Fernand Braudel, *Civilization. and Capitalism 15th—18th Century, Volume II: The Wheels of Commerce* (trans. by Sian Reynolds, London, Collins, 1982) 232—242頁。
66) 栄宗敬の事例では、銀行財団は1930年初頭に栄氏所有の上海にある申新紡織公司の経営者組織を改組するよう要求した。上海社会科学院経済研究所編『栄家企業史料』（計2冊、上海人民出版社、1980年）上冊442—447頁を参照。
67) 穆藕初によるテーラーの『科学管理』の翻訳について、趙靖編『中国近代民族実業家的管理思想』118—150頁、および鍾祥財『中国近代民族企業家経済思

想史』137—164頁。
68)　1923年に初の「科学管理」を紹介する論文が掲載された（叔奎「科学的管理之真髄」、『(上海)総商会月刊』第3巻第3期、1923年3月、「商学」1—11頁）。
69)　例えば、張家泰『工商管理ＡＢＣ』(世界書局、1928年)。

〔追記〕本稿の作成にあたって、中央研究院歴史語言研究所の何漢威教授および王業鍵院士から有益かつ貴重なご意見をいただいた。ここに記して感謝の意を表したい。

第5章　中国における近代的出版業の展開
―― 「雑誌の時代」を演出した張静廬 ――

絹川　浩敏

はじめに

　1930年代は、中国・上海で出版業が隆盛を迎えた時代だといわれる。
　曠新年は『1928　革命文学』の中で、「文学の生産方式において、「30年代」と「五四文学」とでは、すでに深刻な変化が生じていた。」「(従来の研究は) いわゆる文学の内在的発展規則を重視する余り、30年代の文学生産と「五四」の文学生産との間の大きな断絶と違いを無視し、しかも文学史を具体的な文学生産方式と過程を離れた抽象的な「文学性」からのみみていた。このため、30年代文学の変化の過程の一つの重要な要素――文学生産そのものを全く無視していた。」と、これまでの研究を批判しながら、「雑誌と現代文学生産」の関係を重視し、30年代の雑誌と「五四」時期の雑誌との重要な違いとして、「「五四」時期の雑誌は多くが同人誌であったが、30年代の雑誌は、商業性を持っており、とりわけ上海の雑誌は明らかな商業目的を持っていた。」[1)] と指摘している。
　また、王本朝は、ブルデューの「文化場」の概念を借りながら、「文学はもはや、個人のイデオロギーや言語形式（操作能力）ではなく、社会各種の力の参与、占有、争奪する文化の場所となった。現代の職業作家の創作メカニズム、新聞雑誌のメディアメカニズム、読者が受容する消費メカニズム、文学団体、文学機構の組織メカニズム及び文学批評と審査の制約メカニズムなどなどが、中国現代文学の体制の力を形作り、同時に中国文学がモダニティを求めたメルクマールの一つと見なしうるのである。」[2)] と指摘しながら、中国現代文学生産の体制問題や文学制度の生成背景を考察している。[3)]
　しかしながら、中国における研究は、理論で大なたを振るう傾向が強く、30年代の具体的な出版状況、出版体制についての関心が薄いように思える。
　本稿では、1930年代に隆盛を迎えたと言われる中国の「新書業」につい

て、当時の文献を中心に考察を加え、泰東図書局、光華書店、現代書局、上海雑誌公司という当時の「新文学」出版の屋台骨を背負った出版社の経営に当たった張静廬の歩みを振り返りながら、その「隆盛」の実態を考えることとしたい。

1. 泰東図書局から光華書店へ

　泰東図書局は、1914年に創業した政学系の出版社で、一時「鴛鴦蝴蝶派」の小説などを出して「紅運（幸運）」に恵まれていたが、それは「回光返照（日没寸前の日の明るさ）期」をすぐに迎えてしまい、張静廬が入った1920年には、新たな路を模索していた。張静廬は、『新的小説』の編集者に迎えられ、「浅薄ではあるし、幼稚でもあったが、当時、上海でまだ「礼拝六派」小説が盛んだった時代にあって、似ても似つかない上海人の言葉で言う「半欄脚」な新しい刊行物が、このような販売部数（四五千部）を確保できたことは確かにそれを悪いと言うことはできない。」[4]と自己評価した雑誌を編集した。張静廬が編集したのは、1920年3月の創刊号から6期までで、その後は、王靖が編集者となった。郭沫若が『創造十年』の中で風刺している「王先生」「王主任」である。郭沫若は、『新的小説』を「口語文が流行した時期のきわ物出版物の一つだった。初めのうちはそれでも少しは売れたらしいが、やがて内幕が暴露されて、一般読者に唾棄されてしまった。」[5]と述べている。鄭振鐸は、「第一に、思想と題材が浅薄すぎ単調すぎる。大部分の創作は、いずれも家庭の苦痛を述べ、労働者への同情を表し、恋愛の事実を叙するものであり、千篇一律だ。思想が同じようであるだけでなく、事実もきわめて小さな範囲を出ていない。情緒に深みもない。読者は読んだあと、ただ平凡だ、浅薄だと感じるだけだ。余韻がない。少しも深刻な印象を頭にとどめない。第二に描写がお粗末だ。彼らの描写の手段は、きわめて浅はかで、表面をなぞっているに過ぎず、描写した人物、事物の個性、内心、精神を表現できていない。書き方も旧態依然としており、組み立ても旧態依然としている。多くの異なった人の作品を一緒にして読んでも、違った人が書いたとは思えない。」[6]と述べている。張静廬は、王新命の編集した雑誌『新人』（これも泰東の新路線の一つである）

について、「外からの原稿が十分でなく、いつも一人芝居をしていた。彼の著作は本当に敏捷で、『新人』が廃娼運動専号を出したとき、十数万言の厚い一冊をなんと彼一人で10日10晩の時間を費やして部門別に分類し、それを完成させたことを記憶している。」7) と述べている。『新的小説』には触れていないが、同じような傾向があったと思われる。

　張は、泰東の支配人趙南公の信頼を得て、出版部門に異動になり、営業関係の事務は趙南公に代わって処理するようになる。「私には愛書の怪癖があり、だから一冊の本が組版から装丁され出版されるまで、いずれも自分で手を掛けることに言い知れない快楽を感じた。しかも、営業面での「商売の経脈」にも相当なおもしろさを感じた。責任の生じることで、雨の日も雪の日も太平洋印刷公司へ出かけていった。昼夜の仕事が楽しくて飽きなかった。」8) ここに、張静廬の原点がある。

　泰東図書局は、1922年5月、『創造』季刊をようやく発行する。郁達夫が『時事新報』に出版予告を載せてから7ヶ月後、予告で予定した1922年1月から4ヶ月遅れのことであった。しかし、『創造』季刊の売れ行きは、それほど芳しいものではなかった。初版2000部で、創刊2、3ヶ月でわずか1500部ほどしか売れなかった。だが、『創造週報』は最初が3000部、後に6000部に増え、しばしば再版した。だが、泰東の退潮を1冊の雑誌が救えるはずもなかった。当時、泰東では1ヶ月の給料が決まっていたわけではなかった。帳場にお金のあるときに、4、5元のお金を分け与えるほどであった。著作権や印税のこともいい加減であった。商務印書館などの大手であれば、給料をもらっている時間内に書いたものは出版社に、労働時間外に書いたものは本人に著作権が発生するルールがあったが、泰東ではこのようなルールもなく、勤務時間という概念もなく自由に外出し、仕事量も定まっていなかった。古いタイプの書店の域を抜けなかったのである。

　しかし、泰東が創造社の揺りかごであったことに変わりない。張静廬もここでの経験と人脈から出版家としての道を歩み出すのである。その出発を郭沫若に語ってもらおう。

　　「聶嫈」を脱稿したのち、私はそれを以前発表した「卓文君」、「王昭君」の二編と合わせて「叛逆する三人の女性」とし、まだ星雲状態に

あった光華書局にわたした。この書局は沈松泉と張静廬の二人が共同でやっていたものだった、私の知るところでは、彼らの共同とは無一物の共同といってよいものだった。

　張、沈の二人と私の関係も、話せばなかなかいわれがある。一九二一年私が最初に日本から上海に帰った時、彼らは二人とも泰東書局の編集部におり、張は印刷係兼「小説家」、沈は校正係兼「詩人」だった。したがって、私たちは馬霍路でも半年同じ釜の飯を食った間柄だったのである。彼らが泰東から受け取る報酬も、むろんたかの知れたものだった。張は夫人と、それに三つあまりになる男の子があり、いっしょに倉庫の裏の小部屋に住んでいた。生活が苦しいので、彼は沈と二人でちょっとした商売をやろうと考え、夏の間に少し時間をとって、二人のために何か訳してくれと私に頼んだ。私は承知して、アンデルセンの有名な童話「絵のない絵本」を、独文から重訳した。ところがあと一晩か二晩ほど残すだけという時になって、趙南公が彼らをいっしょにクビにしてしまった。その原因は、私は今でもまだあまりはっきりわからないのだが、たぶん彼らがちょっとした商売をしているというニュースを趙が聞きつけたためだったろう。

　　　　　　—中略—

　沈の生活はそんな状況だったし、張も五十歩百歩だった。そのため五卅の惨劇の発生後、彼ら二人はまた出版でもやろうという気を起こした。今度も、当然私に頼んで来た。私はそこで「叛逆する三人の女性」を彼らに渡したのである。

　上海の商家の慣例では、端午・中秋・年末の三度の節季に勘定をしめる。彼らは端午が過ぎてから本を印刷にまわしたので、印刷費、紙代等の費用は中秋まで延ばすことができ、中秋になった時には、もう本を売ってはいった金でやりくりすることができた。したがって彼らの資本といったら、私は知っているが、いくらか金を出して、事務室を一つ借りただけだった。それは福州路のちょうど棋盤街の入口の真向かいにあった間口の狭い薬局の二階にあった。本が出たあと、彼らは初めはその薬局に頼んで売ってもらっていた。しかし間もなく、彼らはその薬局を買いとり、自分の店とした。

これが光華書局の誕生史である。この書店は私の「叛逆する三人の女性」を出したのち、続いて私の「文芸論集」、さらに続いて達夫の「文芸論集」を出した。このほか中秋節の前後にほ創造社編集の「洪水」半月刊も発行した。この書店は、創造社の托児所の形式で存在していたといえる。この関係は、のちに創造社が閉鎖されたのちはとくに顕著になった。
　しかしこの托児所は現在ではすでに烏有と化してしまった。可哀そうに創造社の預けた子供は、あるいは私自身の子供だけかもしれないが、あの不良保母の転転とした身売りに遭って、今では多くが行方さえわからなくなってしまった[9]。

長い引用になったが、「国民革命期」に一時代を築いた光華書局の生き生きとした誕生史である。郭沫若の回想にはいくつか誤解もあるが、張静廬、沈松泉、盧芳（沈松泉の幼なじみで保険会社に勤めていた）の三人によって、25元の資本で始めた書店であった。
　張静廬によれば「新書業」の黄金時代は、1925年から1927年の「大革命」（国民革命）のころであった。また、「光華以前に、上海にはまだ純粋な新書店はなかった。光華が第一号であった。四馬路は書店の密集地帯でもなかった。光華はここでも偶然にできた第一号店であった。今の四馬路が上海で有名な文化街になったのをみ、あの頃ぽつんと寂れた古い商店があるだけで、何人かの本を求める得難い人々がいたことを思うと昔日の感を禁じ得ない。」[10] と張静廬が述べているように、無から有を生み出した光華書局は「大革命」の波に乗り順調な発展をとげる。1926年冬、国民革命軍が南昌に進駐した頃、張静廬と沈松泉は南昌へ観光に出かける[11]。新文化運動から7年、南昌ではまだ「新しい」書籍や雑誌は売られていなかった。二人は南昌に数ヶ月滞在し、光華書局南昌分店を設ける。上海から届いた商品は瞬く間に売り切れ、続けて届いた第二便、第三便とも需要をまかないきれないほどであった。この後、光華書局は、1927年、28年に杭州、北平、武昌と分店を設けていく。盧芳は南京で中央書店を起こし、光華から抜けていく。1928年秋には、二人が中心となって新書業同業公会の設立を企図した。準備会には、亜東図書館の汪孟鄒、泰東図書局の趙南公、開

明書店の章錫珊、北新書局の李志雲、現代書局の洪雪帆、群衆図書公司の方東亮、その他にもいくつかの新書業の責任者が集まり、張静廬と沈松泉、また、商務印書館の王雲五が意外にも参加し、あわせて12人が参加した。そうそうたる顔ぶれである。旧態依然とした書業同業公会に対して、「新書業」として団結していこうとした壮挙であり、当時の四大出版社であった商務、中華、世界、大東の4つのうち商務しか興味を示さなかったが、「新書業」が一つの出版業として、独立した位置を占め始めた事を示している。残念ながら、同一業種同一公会という原則から、当局からは認められなかった。

2. 光華から現代へ

　現代書局は、大革命時代の社会科学書への需要から生まれた。1927年、張静廬と同郷の洪雪帆が宜昌からやってきて、張静廬、沈松泉と3人で始めた。洪雪帆が1000元、張静廬と沈松泉が800元ずつ、その他に友人たちから「寄付半分出資半分」で集めた、合わせて5000元の資本金で始められた。職務分担は、洪雪帆が総経理、張静廬が経理、松泉が出版主任であった。南京に行っていた盧芳も加わる。しかし、すぐに泰東時代から10年間、手を携えてきた松泉が、現代から抜けていく[12]。当初は、光華が新文芸、現代が社会科学を主に扱う計画であったが、現代も、郭沫若の「私の幼年時代」などを出版していく。1929年には張静廬は現代をやめ、独自に社会科学の専門出版社として、上海聯合書店を開設するが、ちょうど30年の社会科学書の取り締まりに遭遇し、30何冊かの出版物のうち、17冊が発行停止処分を受ける。こうして、張静廬は再び現代へ戻っていく。現代も営業停止処分を受けて厳しい状況であった。張静廬は、「書店の営業は、他の「業種」とは異なり、書店には「老舗」と「新参」の区別はない。率直に言って、進むか退くかだ。何十年の歴史があっても、その歴史には輝かしい過去があっても、時代の歯車とともに進んでいかなければ、時代に淘汰され、読者に忘れ去られてしまう。このときの現代は、経済力にも限りがあり、「条件」にも限りがあったが、すでにだんだんと時代に取り残され、その距離はますます隔たってきていたのだ。」と認識していた。弾圧ばかりが、

新書業衰退の原因ではなかった。

一・二八事変（第一次上海事変）で、商務印書館が爆撃に遭い、『小説月報』も停刊を余儀なくされる。「これは我々がすべき仕事だ。業務から考えれば、直ちに純文芸刊行物を出版すべきだ。」張静廬の掛け声の下、『現代』が創刊される。こうして、現代書局は1932年から1934年の黄金時代を迎える。現代書局は、全国で唯一の文芸書店でもあった。『現代』の発行部数は1万4,5千部に達し、32年の営業成績は6万5千元から13万元に倍増した。

販売方法の新機軸も打ち出していく。創刊と各巻第一期を出版するときにページ数を大幅に増やし、「特大号」と称するもので、施蟄存によれば、日本から伝わった習慣であった。また、第三巻第一期の「5月特大号」はページ数こそ通常と違わなかったが、『中国現代木刻選』を別冊付録にした。別冊付録という形式も日本から伝わったものであった。

しかし、生活書店による『文学』の創刊（33年7月）以降、『現代』は販売部数を減らしていく。施蟄存一人に任せていた『現代』の編集に「第三種人」と見なされていた杜衡を無理矢理加えたことも、張静廬の判断ミスであったと思われる。第四巻第一期は「十一月狂大号」として、278頁の分厚いもので、効果はあったが、7千部程度を維持するに過ぎなかった。第四巻は各期平均190頁で、利潤はほとんどでなくなった。

こうして、張静廬は編集主任の交代や二大雑誌の停刊などの責任を問われ、居場所をなくしていく。1934年11月、四川への出張中、取締役会で「辞職」が了承される。

3. 上海雑誌公司

沈松泉は、光華への復帰を張静廬に求め、再び光華の経理に復職する。このとき、現代に二度入って二度辞職した盧芳も光華に戻っていた。しかし、このときの光華はもはや昔の光華ではなかった。張静廬は、光華の分店として、雑誌専門店を作ろうとする。「書業の生きる道は、教科書か評点本か雑誌しかなかった。─中略─　金の面で言えば、雑誌という商売はもちろん商売にならないし、損をするかもしれない。しかし、事業の前途の

発展のため、文化運動の普及のためには、雑誌はすべきではあるができなかった出版事業である。我々は、この営業路線を取ることに決定し、上海雑誌公司の看板をかかげた。これまでも当時も、中国では雑誌事業を専門に営む書店はまだなかった。」

だが、すでに傾きかけた光華の主である沈松泉は、この冒険にかける意欲を失っていた。彼は二晩考えた末、張静廬に参加を拒否した。1934年5月1日、上海雑誌公司は、張静廬一人の手によって開業した。

開業後は、雑誌販売を主たる業務に据え、「速さ、品揃え、安さ」の三点を基本に徐々に販路を拡大していく。雑誌販売は、書籍販売と異なり、時期を過ぎては売れなくなる。『良友』は、出版後三日間は同業者におろさず、良友の販売所へ行かなければ買えなかった。小売りは原価であった。上海雑誌公司では一割引で雑誌を売っていたので、販売価格四角の雑誌を小売りで買って上海雑誌公司の店で売ると四分の損が出る。しかし、損を恐れず速さを実現すると、損を承知で信用を買った。専門的な売れない雑誌もおいた。薄利多売を心がけた。こうして、読者層の信用を得て、5月から10月までで数千元の儲けとなり、出版界復帰の足がかりとなった。復帰への足固めは、代理予約、代理業務、代理発行であった。代理予約では、「予約変更、予約取り消しの絶対的自由」を実行した。当時の中国では雑誌が半年・一年間、発行し続けることはまれであり、予約していた雑誌が発行を継続できなくなったときには直ちに読者へ知らせ、残りのお金もきちんと精算し、読者に損はさせなかった。読者の趣味が代わったり、雑誌の内容が落ちたときには、読者は継続してその雑誌を読み続けたくなくなるものだ。これまでの出版社・書店は責任を読者に帰して座して顧みなかったが、上海雑誌公司では、予約の取り消し・変更は自由であった。

代理発行は、1934年11月10日の『読書生活』半月刊に始まる。『読書生活』は、1万部以上、時には2万部に達する勢いであった。そこから、1935年2月に施蟄存らの『文飯小品』、36年3月には『訳文』復刊号、4月には『作家』、9月には『中流』と30年代を代表する雑誌を次々と出していく。

4. 光華書局・現代書局の廃業と中国近代出版業の弱点

　上海雑誌公司が経営を拡大していく一方、光華と現代は1935年に廃業する。多くの書籍や雑誌が差し押さえを受けたり、発行停止処分を受けたりして、印刷所や紙業者に債務がたまり立ちゆかなくなったからである。張静廬が言うように「時代に淘汰された」側面もあろう。しかし、他の国と比べて、中国の出版業を困難におとしめたのは、国民党による弾圧ばかりでなく、中国独特の商習慣あるいはシステム形成不足の側面があるのも事実である。

　施蟄存は、『現代』を編集する以前に、劉吶鷗の出資した水沫書店に関わったことがあった。この水沫書店は出版業で小売りはしなかった。このときの経済問題を次のように語っている。「内地の書籍取次業者は上海に本を仕入れに来ると、7掛や7.5掛で記帳させ、支払いを少なく本を多く取ろうとする。例えば、河南省の豫郁文書荘は、河南全省の書籍総取次業者であり、上海の出版業者はこの書荘を通さなければ出版物を河南各地に販売することはできなかった。商務印書館や中華書局、世界書局のように自分の販売所を持っていれば別であったが。豫郁書荘の主人は上海に来て、各出版社で本を選択する。100元の本を75元か70元かで買う。しかし彼が現金で払うのは40元だけであり、残りは掛け売りである。次に来たときには前の付けのいくらかは払うが清算はしない。そこで新刊本を選び150元分買うがやはり前と同じで、半分しか払わない。こうして、毎年末の決算時には、帳簿上は書店が儲かっているが、しかし、これらのお金は内地の取次商のところにある。水沫書店は2年営業したが、劉吶鷗が支払った資金は一万元を超え、一方内地に残る帳簿上の数字は三四万元になった。これらのうち回収できるのは10％に満たないだろう。」[13]

　張静廬も「本を出版して、算盤だけはじけば、いつでも儲けが出る、しかも儲けは悪くない。それならば、どうしてこれほど多くの書店が倒産したり併合されたりするのだろうか。著作人は自分の財布から工面して作品を出版するが、結局「元手」も回収できない。これはつまり「売り掛け」に関係する。言葉を換えて言えば、半年一年の精力を費やして儲けたお金

を「売り掛け」につぎ込む。売り掛けがなければ誰も売ってはくれない。代わって販売してくれ売れた後にあなたのお金は戻ってはこない。この「戻ってこないお金」がこれまで言ってきた「売り掛け」である。」と述べている。

20年代30年代の中国では、出版流通網が未整備であった。商務や中華、世界、大東の四大出版社は、独自の販売網を持ち、中小業者のための取次業・卸業者は各省毎に違ったりしていた。光華や現代が各地に分店を持ったのも、「売掛不回収」のリスクをできるだけ避けるためであった。

日本では、日露戦争以前には、出版社と地方書店との直接取引が大半を占め、地方の有力書店がその地方の注文を取りまとめて発注することもあったが、大取次が成立した明治末から大正にかけて、こうした問題はほとんどなかった。商習慣の違いと言うべきであろうか。「出版社は配送の合理化、代金回収の簡略化（信用性も含めて）から総合的な雑誌取次業者の必要性、書店からも多角取引の煩雑さを解消するため同様の要望がでてきて、ついに雑誌の全国的取次の誕生をみたわけで、各雑誌を仲介業者の手によって、総合的に一本化して配送しようという、輸送上、取引上の現実的必要性から、必然的に雑誌取次店は発生したものである。」[14] イギリスでもドイツでも書籍雑誌流通の合理化と定価販売、そして鉄道輸送・自動車輸送の発達とあいまって、出版業の近代化、安定化に寄与している[15]。

おわりに——30年代の出版業産業化の内実——

こうした弱点を持ちつつも、30年代半ばには、「新書業」は「産業」として自立していく。上海雑誌公司の他にも、1926年創業の開明書店、32年7月創業の生活書店は、光華・現代なき後の、中国「新書業」を支えた出版社であった。

陳思和は、孫晶『文化生活出版社と現代文学』への序文で、商務の張元済から文化生活出版社の巴金、呉朗西までの出版者を3つの世代に分け、張元済ら第一世代は、旧い伝統的士大夫が現代的知識人に転換する過渡期の人物で、苦労しながら現代的出版事業を切り開いてきたが、そこには国家精神が貫かれており、蔡元培が現代教育事業を切り開きながらそこには

国家精神が貫かれていたのと同じだとしている。第2の世代は、辛亥革命後に立ち上がってきた人物で、陸費逵が代表で、趙南公や李小峰、張静廬もこの中に入れている。彼らは、社会思潮の進展に透徹した理解をもち、新文化運動にも好感を寄せているが、商人の立場から新文化運動に入ったのであり、利潤を獲得するとともに新文化も推進する。この世代の出版者は多くが二面性をもち、目標が一致していれば作家の友ともなるが、商業的利益のために作家と対立することもありうる。第3の世代が、2、30年代に現れてきた出版に直接参与する知識人であり、鄒韜奮（生活書店）、葉聖陶・夏丏尊ら（開明書店）、巴金・呉朗西（文化生活出版社）、胡風（希望社）らのように、出版社は成功し、知識人も理想を貫き、現代出版事業を推進し繁栄をもたらした、という[16]。張静廬は新文化運動に感化されて六三運動に身を投じた人物であり、五三〇事件の時にも「十三太保」に加わっている。陸費逵や趙南公ら、辛亥革命の中で立ち上がってきた人物と分けて考える必要がある。

　「商人」の側面が強いと魯迅などにもみられていた張静廬ではあったが、『訳文』や『中流』、『作家』の発行は、商売上というより、弾圧の恐怖を考えれば、彼の使命感からの行為であったと考える方が理解しやすい。

　国防文学論争などの30年代中期の左連の活動を支えた胡風や徐懋庸らは、上海雑誌公司、生活書店などから出版された雑誌や書籍で生計を立てていた。張静廬らの出版活動の成功は、左連やその他の文学青年たちを支えていたことになる。「新書業」の発展と新文学の成長は支え合う関係であり、陳思和の張静廬に対する評価は一面的であろう。

1）　曠新年『1928　革命文学』山東教育出版社、1998年5月
2）　王本朝「中国現代文学的生産体制問題」『文学評論』2004年2期
3）　王本朝『中国現代文学制度研究』西南師範大学出版社2002年2月
4）　張静廬『在出版界二十年』江蘇教育出版社2005年7月／上海書店、1984年9月複印／上海雑誌公司1938年
5）　郭沫若『創造十年』1932年（ここでは小野忍・丸山昇訳『黒猫・創造十年他』平凡社1968年11月によった）
6）　鄭振鐸「平凡と精巧」『小説月報』12巻7号、1921年7月

7）　前掲、張静廬『在出版界二十年』
8）　前掲、張静廬『在出版界二十年』
9）　前掲、郭沫若『続創造十年』1937年執筆、1938年北新書局（ここでは小野忍・丸山昇訳『続創造十年他』平凡社1969年12月によった。）
10）　前掲、張静廬『在出版界二十年』
11）　沈松泉によれば、観光ではなく、南昌に達した総政治部の郭沫若に会いに行ったことになっている。（「潘漢年に関する若干の回憶」『新文学史料』1982年4期）
12）　沈松泉の回想によれば、事情は若干異なるようだ。三人の出資で現代を始めようとするが、沈松泉は、主人面してあれこれ指図する洪雪帆が気に入らず、けんか別れするより、早めに手を引いた方がよいと考えて、張静廬を説得して、二人とも手を引いたようだ。開業準備は手伝い、販売所に並べた本はほとんどが光華から運んだ本であった。二人が手を引いた後に、盧芳が現代に入って、出版業には素人だった洪雪帆を助けて経理として働いた。1929年に張静廬が社会科学専門書店である聯合書店を始めるのは、張静廬が光華をやめた後である。（「潘漢年に関する若干の回憶」『新文学史料』1982年4期）

　　　また、現代書局の終わりについても、施蟄存の回想は、張静廬の「在出版界二十年」とは異なる。「三人の経営者はいずれも書店を金庫と見なして、気ままに金を使っていた。銀行の貸し付けは既に停止させられていた。張静廬は機を見るにきわめて敏で、書局の危機をみて、彼は洪雪帆や盧芳に解散を要求した。洪雪帆は誠実で温厚、正直な人で、こんな時に解散すれば困難が増すだけだと知ってはいたが、彼は書局の中で、静廬の独断専横によって、経理室に座って判子を押すだけが仕事で、ほとんどすることはなかったので、心の中ではとっくにとてもおもしろくなかったはずである。盧芳は小株主で何ら発言権はなかった。1935年の陰暦晦日、洪雪帆はみんなを年越しの食事に家に招いた。静廬、盧芳、霊鳳と私、更に雪帆の弟、主人と合わせて六人であった。食後、三人の株主は最後の談判を行った。談判の雰囲気は大変険悪で、雪帆と静廬はすんでのところでけんかしそうで、私たちにも仲裁しようがなかった。談判の結果は、静廬が株式を比率分回収することを許可することになり、しかも店内の現金をすべて取っていってしまうことをも許可した。春節を過ぎて、現代書局は依然として営業を続けていたが、皮と肉を引き剥がされた髑髏に過ぎなかった。張静廬は、抜き取った現金で上海雑誌公司を独資で開設した。」と、張静廬に否定的な評価をしている。（施蟄存「私と現代書局」『散文丙選』黒竜江人民出版社、1998年5月）

張静廬の「在出版界二十年」でも、1934年11月に現代書局を首になって、それ以前の1934年5月に、上海雑誌公司を立ち上げている。前後に矛盾はあるが、今後の課題としたい。
13) 施蟄存「私たちが経営した三つの書店」『散文丙選』黒竜江人民出版社、1998年5月
14) 清水文吉『本は流れる』日本エディタースクール出版部、1991年12月
15) 戸叶勝也『ドイツ出版の社会史』三修社、1992年12月、
　　ジョン・フェザー著箕輪成男訳『イギリス出版史』玉川大学出版部、1991年7月
16) 陳思和「孫晶『文化生活出版社と現代文学』序」孫晶『文化生活出版社と現代文学』広西教育出版社、1999年7月

第6章 近代上海日系中小企業の存立基盤

許金生 (Xu Jinsheng)

はじめに

日本工業資本がはじめて上海に進出したのは、1884年である。それらは1905年の日露戦争後から迅速に成長し、第一次世界大戦をきっかけとして、更に全面的な発展を示した。1937年に至って、日本資本が綿紡績工業以外の工業（本文ではこれを「雑工業」と呼ぶ）に対して、約2,600万円を投資[1]、業種は印刷・化学・食品・繊維・皮革・製紙・電器用品・金属加工・染色精練など多岐に及び、工場は250社以上設立されていた。

投資総額から見れば、雑工業への日本資本の投資は少額とは言えないが、1社あたりの平均では十数万円に過ぎない。そして、投資額が100万円を超える十数社を除いたら、その他の工場の平均投資額は僅か数万円に過ぎない。従って、日系雑工業は「零細性が先ず第一の特徴だ」[2]と定義されるとおり、ほぼ総てが中小企業に属している。

日系企業は規模が小さいけれども、終始一貫して近代上海工業界を舞台に活躍し、工場数も毎年増える一方であった。その中には、単に長期間経営活動を続けてきただけではなく、大きな発展を遂げたものもあれば、同業種において無視できない存在になり、更に上海近代工業の誕生と発展に重要な役割を果たしたものもあった[3]。

それでは、資本力の貧弱な日系中小企業は如何にして上海に立脚し長期間に亘り活躍したか？ 日系中小企業の優勢とは何であるか？ 経営に成功した企業はどんな経験を持っていたか？ 本稿では、1937年を下限として、以上の問題を巡って論じていきたい。

1. 日系中小企業の優位性は何だったか？

　周知の通り、外国資本が不平等条約、強大な資本力、先進的な近代技術により、近代中国に進出した事例は多く確認されるが、日系中小企業が頼ったものは何であったのか。

　ごく少数の例を除いて、上海に進出した日系中小企業は不平等条約の恩恵を受けて発達した綿紡績業などの「国策」会社と異なり、日本政府とは無縁であり、政府からの各方面の実質的援助も得られず、「自生自滅」的な自然状態に置かれた。その高い廃業率が格好の証拠である[4]。つまり不平等条約は、日系中小企業の上海進出に対して、特に有利な経営環境と条件をもたらさなかった。この意味において、日系中小企業と中国民族工場との競争が不平等な関係であるとは言い難いだろう。

　また、資本力から見れば、日系企業はほぼ中小企業だから、資金面での劣勢は一目瞭然である。そして、その経営活動においても日系金融機関から融資などのサポートを全く受けられなかった。この点は、中小企業の融資難について、上海の日系中小企業を代表する「上海工業同志会」の日本政府への『上海邦人工業救済に関する請願書』から十分窺い知ることができる。すなわち、

　「現地には工業家を援助すへき適当なる金融機関なく日本人銀行として正金・三井・三菱・住友・台湾・朝鮮の各支店ありと雖も何れも為替取引を営業の骨子となし工業資金の融通は定款又は支店の内規に抵触すると称し平時に於てすら十分なる通用を期し難きに」、「他に一二小規模の地方銀行ありと雖も千円未満の小額以外工業資金としての融通は全く望み難し」[5]。

　ここで紹介した請願書は、満洲事変後に激しい日貨排斥運動に遭遇して、経営難に陥った日系中小企業が、「上海工業同志会」を通じて、1932年1月に日本政府に出したものであり、融資難の実態が垣間見られる。

　こうして、みずからは十分な資本を持たず、また金融機関からの融資も受けられない日系中小企業は、資本力によって上海に立脚、更に発展することは明らかに難しいことであり、これでは中国民族工業と競争すること

すら、容易ではない。
　でははたして何が発展を支えていたのか。その源泉は技術力である。上海に早くから進出して、影響力の強かった日系雑工業には、ガラス・染色精練・印刷などがあり、魔法瓶やゴム業も上海工業界を舞台に華々しく活躍していた。以下、これらの企業を事例として検討を進めたい。

　第一に、ガラス業。上海近代ガラス業は19世紀末に興され、英商も華商も斯業に進出したが、何れも失敗に終った。1911年、角田芳太郎が宝山玻璃廠を興してこれが軌道に乗った後、数年間のうちに日系ガラス工場は陸続と設立され、十数社ほど出現した。従業員数を見ると、小さい工場は数人だけで、大きい工場であっても数十人ぐらいであるから、殆どが小規模なものである[6]。しかし、当時の上海においてガラス加工技術を身に付けていたのは日本人だけであり、これらの技術工に頼り、1910年代において「上海における硝子製造業の実権は殆ど本邦人の独占する」[7]と評価されるほど、日系工場が一世を風靡した。
　日系工場の好況に目を引かれて、華商は再度ガラス業に投資した。日系工場の生産技術の高さはあくまでも相対的な「高水準」であり、技術力向上に関心を払った工場もきわめて少なかった故、製品は付加価値が低い罎類とランプ用ホヤに限られた。華商は次第にその生産技術を把握するようになり、工場を多く興し、1920年代に入り迅速な発展が見られた。華商との激しい競争に負ける工場が多いなか、経営を安定させて継続した日系工場は、宝山玻璃廠だけであった。
　宝山玻璃廠に確認される特徴は、絶えざる技術革新と新製品の開発である。その他の日系工場が低級な罎類とランプ用ホヤを生産していた段階においても、該社が開発した花瓶・食器・電灯用ホヤなどの高級なガラス器は既に上海市場を壟断しており、製品開発の面で他社をはるかに凌駕していたのである。行商出身である経営者の角田が市場のニーズに詳しく、技術上の優位を守るため、適切に新設備を導入し、生産を革新させると同時に、日本国内から澤田又一らの技師を招聘してきた。このようにして、宝山玻璃廠は上海同業においてトップクラスの地位に成長し、「生産した各種類のガラス瓶と日用ガラス品が上海ガラス品市場をほぼ独占し、数軒の

民族ガラス工場はそれと競争し難い」[8] といわれていた。

　第二に、染色業。日系の精練・染色・捺染業が近代上海に進出する以前、上海の同業種が依拠した工法はごく立ち遅れて原始的だったが、日系企業の設立は上海に先進的な近代技術を招来した。1904年に三笠洋行が上海に染色部を興してから、田岡絲光染廠（1912年に創立）・永隆印染廠（1912年に創立）・上海精練公司（1917年に設立）・大昌精練染色公司（1919年中日合資で創立）・中華染色精練会社などが続々に登場した。これらの工場は最新の近代技術を導入していたため、製品の品質・種類は民族工場を凌いでいた。

　日系工場は直ちに民族工場による模倣の対象となった事を受けて、さまざまな措置（例えば、専ら文盲の児童を雇ったこと）を採用、技術の流出防止に全力を傾けた。しかし、その技術は次第に民族工場によって吸収され、日系工場の規模を超えた民族工場も現われた。1920年代に入り、中華染色精練会社を除いて、大部分の日系工場は次第に上海工業界から退場して行くようになる。

　宝山玻璃廠と同様、中華染色精練会社が競争を勝ち抜いた原因は、やはり独自の技術に拠っていたからである。該社の創立者且つ経営者・竹松貞一は横浜市の塩崎染織工場において染色工程に従事した経験を持ち、1914年に上海の三笠洋行染色部に転勤、やはり染色部門を担当し、1919年になり資本金15,000弗をもって独立・起業した。優れた技術により、「新方法で精練を行う業務を独占し、営業は盛んになり、大きな利益を挙げた」[9] といわれ、大成功を収めた。技術者出身の竹松貞一は、技術の比較優位を維持する重要性を熟知しており、創業して間もない時期に、同じく塩崎染織工場で8年間活躍した染色のプロである後輩の吉田武夫を工場長として招聘している。

　中華染色精練会社は、精練染色で「特種技術」を持っていた故、得意先を数多く獲得し、1931年まで数回にわたり勃発した激烈な日貨排斥運動から、全く被害を蒙らなかった[10]。

　第三に、魔法瓶工業。斯業は1920年代中期になって上海に登場したもので、ほぼ同時期に設立された日系工場と民族工場は、何れも中小規模だっ

た。工場数で民族工場に圧倒された日系工場は、第一次上海事変まで上海魔法瓶生産の主導権を握っていた。なんとなれば、「日本人工場より製出する瓶心・料瓶（瓶心を焼かざる未製品）の多くは華商工場に供給する。瓶心の製造は技術的に容易でなく且又設備も煩雑である故中国人工場では未だ設備するもの無く均して日商から購買する」[11]という状況が存在したからである。

　1925年頃に金泰魔法瓶が創業した後、1931年まで美芳・金生・東方・立興・中南・正泰・華成・人和・宝生・隆昌などの日系工場が上海魔法瓶工業の舞台に次から次へと登場した。正泰・華成を除いて、各工場は何れも瓶心の生産を主とし、その中に優れた技術や設備を擁するものも少なくなかった。例えば、美芳は「霍鼎卡式」瓶心製造機を装備し、瓶心の「産量は全市において最大であり」、隆昌は2時間以内に銀メッキ瓶心を生産できる同業種では最先端の設備を擁していた[12]。「魔法瓶製造は上海事変前迄は邦人の殆ど特占的工業なり」[13]と言われた原因である。

　第四に、ゴム工業。斯業が上海において発展し始めたのは、やはり1920年代中期からである。1931年までに上海のゴム工場は数十社に上り、このうち慶徳・正泰・義生・大新・慶経・中国・同孚・万国などの日系工場が10数社あった。資本金を数十万円乃至100万円以上有する民族工場に比べれば、大半の資本金が十数万円程度であった日系工場は、資金面では明らかに劣勢にあった。しかし、激烈な競争を勝ち残って上海に根をおろした要因は、やはり技術力に求められる。日系工場の生産技術は日本国内から直接導入されたものであり、技術者も日本から招聘していた。一例を挙げよう。技術の出所として、慶徳は東京の右川護謨製造所、正泰と義生は奈良県の高田ゴム、泰山は東京の坂田ゴム、大新は神戸の西代ゴムを明示することが可能である。民族工場の技術も殆ど日本から模倣したものであったが[14]、技術移転が円滑に進んだわけではなく、消化しきれない技術も多々みられた。資金力の弱さにもかかわらず、技術において日系企業は民族工場を一歩リードしていた。

　第五に、印刷業。日系印刷業の上海進出は、イギリスなどから大幅に出

遅れたものの、同業間競争に際して、やはりそれぞれの特技に頼り、経営的に大成功を収めた。例えば、1902年に宮地貫道が個人で興した作新社は小規模なものだが、「その本はすべて鉛印刷で、字体も色も極めて精巧で上海の各印刷所のものより優れている」15)と評されたので、各印刷工場の倣うモデルとなった。1911年に小林栄居が個人で設立した上海美術工芸製版所は小規模ながらも写真製版に精通していたので、社名は上海でよく知られていて、上海最大の英文日報である『ノース・チャイナ・デリー・ニュース』を筆頭に、ドイツ・フランス・ロシアなどの新聞社も製版業務を長期間に亙り該社に依頼した。

　精版印刷株式会社上海出張所（華名は中国橡皮版印刷公司）が1921年上海に設立された時、既に印刷工場は乱立気味であり、状況は必ずしも良好ではなかった。当時の上海においては煙草工業の活動も旺盛であり、各社とも自社煙草専用缶に絵カードを入れて、顧客への付録的サービスとしていた。よって煙草缶絵カードも、にわかにニーズが高まっていたのである。しかし、ある意味で美術・工芸品的な側面も要求される如き印刷が可能な工場は殆ど存在していなかった。中国橡皮版印刷公司はこの市場を狙って上質な絵カード印刷を主要な業務とし、上海市場における同業務を長期間独占した。例えば、有名な華成タバコ工場は、1935年まで業務を中国橡皮版印刷公司に依頼し続けた。

　以上に概観した通り、技術を立身の基礎として事業を発展させた成功の例は枚挙に暇がない。技術の優勢こそが、日系中小企業の発展基盤であった。本国政府からの援助も得られない上に、資本力も脆弱な中小企業にとって、技術面での優位性がなければ、上海に立脚し難い。たとえ一時は繁盛できても、技術的優勢を維持しなければ、「天時」（政府の民族工業奨励政策と措置）、「地利」（自国にあり経営環境に詳しい）、「人和」（日貨排斥運動による中国民衆の空前の愛国心）を得て、勢いよく発展しつつある同業種の民族工業とは競争できない。日系ガラス業などの盛衰史は、まさにそれを裏付けている。

　近代上海の日本居留民に愛読された日系新聞である『上海日日新聞』は、創刊20周年の記念事業の一つとして、1934年に「上海を中心とする長江流

域邦人の発展策」をテーマに、「邦人商工業者のため賞を懸け」た論文を公募した。上海を中心とする長江流域において、日本工商業の勢力を如何に一層発展させるかについての「発展策」を提案し、一等賞に選ばれた人物が、米沢秀夫[16]である。

米沢は山口高等商業学校を卒業後、大阪市役所産業部調査課に勤務、1929年に上海駐在を命じられて貿易調査事務に従事すると同時に、中国経済と上海日本人発展史の研究を進めていたので、恐らくは前記テーマについて最も発言権を持つ日本人の一人であろう。論文で米沢は「対支工場進出の史的考察」を総括した後、「在支企業の発展のために」三つの方策を挙げた。「工場及び技術の売渡防止」が、その筆頭である。すなわち日系工場買収と日中合弁という回路を通じて、中国側は日本側の先進的生産技術の模倣に勤しんでいる事実を指摘、日系工場経営者に対して強く警戒を呼びかけている[17]。技術力が日系企業成功の基であり、その優勢の継続的維持が持つ重要性は、既に当時の日本人有識者によって十分に認識されていたことが、米沢の論文からも窺い知られるだろう。

2. 時流への順応と先取

1884年に進出を開始した日系雑工業は、4つの時期に区分して捉えることが適切であるだろう。

表の中では10社あまりを除いて、日系工場は何れも中小企業である。そして、各業種の発展は時期ごとに全く異なり、其々の時期に新業種が出現し、当該期日系工業の発展を主導した。

第1期は日系中小企業の上海進出の模索期である。設立された工場数は少なく、繊維（繰綿）・印刷業のみに集中した。設立のタイミングから見れば、ちょうど原棉が日本に大量に輸出された時期にあたり、繰綿工場の設立はその需要に応じた。印刷業の進出は、上海市場における近代的機械印刷物に対する急激な需要拡大に対応した現象である。したがってこの業種は、経営上一時的に大成功を収めた。

第2期は、日系中小企業が上海に殺到し、投資分野がにわかに拡大、全面的な発展を見せた時期といえる。表に示した通り、食品・石鹸・ガラ

業種別各時期における新設工場統計表（1884～1937年）

	繊維	印刷	ガラス・魔法瓶		化学				製革	製紙	染色印花精練	金属加工等	食料品等	電気用品	その他	合計
			ガラス	魔法瓶	石鹸	樟脳等	染料	ゴム								
第1期 1884－1903	2	3											1			6
第2期 1904－1918	5	8	9		4	4		2	2	4	2	5	11	5	1	62
第3期 1919－1931	12	8	7	10	3	9		14	4	2	6	28	22	9	14	148
第4期 1932－1937	3	1		1	1	1	8	1		1	5	13	1	3	2	41
合計	22	20	16	11	8	14	8	17	6	7	13	46	35	17	17	257

ス・染色精練捺染・金属加工・ゴム・製革・製紙など、新たな業種が相次いで現われた。

　20世紀の初めは、上海近代機械製粉工業と搾油工業の胎動期にあたり、日本資本はその潮流に順応し、積極的に投資、関係工場を10社ほど創設した。石鹸・ガラス・染色精練捺染は、全て上海の新興業種である。日本資本はガラス工場の経営において先駆的成功を挙げ、上海ガラス工業の本格的な誕生と発展に貢献した。日系石鹸工場は小規模でありながらも、当時の上海においてトップにランクし、その製品は上海及び周辺の市場のニーズを満たした。日系染色精練捺染業は近代上海に先進的な染色・精練・捺染の技術を移植し、上海シルク工業の勃興に際し、その製品の品質向上に極めて積極的役割を果たした。紡績機械の部品の修理・製造を主とする日系金属加工業の誕生は上海紡績工業、特に日系紡績業の急速な発展の産物である。このように、各業種の工場は設立当初はその経営が何れも順調であった。

　第3期において、日貨排斥運動の頻発にも関らず、日本資本による上海への投資熱は継続的に高まり、のみならず1920年代末になると、投資ブームを迎えたと判断される。この時期を通じて、魔法瓶工業とゴム工業の誕生・繁栄が確認され、前述の通り、新興工業たる魔法瓶工業において、日系工場は単に数多く設立されただけではなく、より端的にいえば主役を担い同業の発展を先導した。ゴム工業おいても同様であり、日系企業の存在

はきわめて重要になった。

　また、上海綿紡績業の持続的成長に刺激され、この時期において紡績機械の部品を修理・製造する日系金属加工場の新設が最多である。「上海邦人経営の四大鉄工所」[18]と言われる公興鉄廠・黄浦鉄廠・大豊鉄廠・田中鉄工所が、その代表例である。これ以外に、日系資本は中華金属精練廠や公和製銅廠などを設立、まだ幼稚な段階にある銅・アルミ加工業にも進出した。両工場の製品は他の工場より評判が高く売行きも好調であり、中華金属精練廠はとりわけ中国政府関係者からの大量な発注を受けた。

　しかしながら同時に、発展どころか停滞・衰退を示す業種も出現する。上海日系工業の先駆的象徴とでもいうべきガラス業・石鹸業がその代表である。技術の改良・向上を怠った結果、急速に発展した民族工業との競争に敗北したのであった。

　第4期になると、日系化学染料工業の動向が特に注目される。以前は存在していなかった斯業において、新設工場がこの時期に8社も設立された。1932年以来、日本本国の染色・捺印綿製品が日貨排斥運動・関税引上げなどの影響を受け中国市場への製品輸出が困難となり、上海における染色・捺印業が異常に発展する気運を呈した。海外からの輸入に依存し続けていた上海の巨大な染料市場を狙い、日本資本が工場を設け染料を生産したのである。日系染色・捺染工業や捺染用銅ローラー彫刻業などもこの商機を見逃さなかった。第2期に設立されたシルクを加工材料とした工場と異なり、第4期の日系染色工場は何れも綿製品を加工材料とするものであり、京都・壬生松原にある川島捺印工場の経営主であった川島卯小郎が、日本の工場を全て上海に移転したことはその代表的事例である。

　近代中国における上海は、染色・捺染業の繁栄地として有名であったが、捺染用銅ローラーの彫刻業は出遅れていて、1934年になっても、数社の日系家内工業以外に、関係工場はなかった。斯業に対する旺盛な需要に応じて、日系の中華彫刻廠・順治彫刻廠・京都道木の3社がほぼ同時に上海に進出、中華彫刻廠と順治彫刻廠は順調に操業を開始した。両社は資本金数万円に過ぎなかったが、独特な技術を擁していたので、上海染色捺染業界における地位は高かった[19]。

　表の通り、第4期では金属加工工場の新設が最も多かった。伝統的な紡

績業に付設された修理工場とは異なり、製品生産に進出したものが数社あった。投資額は100万円弱であり、トタン板や亜鉛引鉄板・鉄線の生産を中心とする亜細亜鋼業廠と中山鋼業廠がその代表である。当時の上海ではこうした製品を生産できる工場も数社だけで、生産量もごく僅かであり、市場のニーズを取り逃がしていた。日系工場の製品は上海市場で名声を博し、開業後1年も経ぬうちに多くの顧客を獲得した。とりわけ好成績を収めた中山鋼業廠は上海市場の独占を狙い、さらなる生産の拡大に励んだ。

また表から見れば、第4期では、魔法瓶・石鹸・食品・ゴムなどの業種に新設工場は殆ど確認されず、その発展は停滞状態にあったことが判明する。以上の業種では、民族工場が規模・技術ともに既に十分に成長し、日系中小企業にとって、拡大の余地を失ったからだと思われる。

かかる発展史から知られる如く、技術上で優位性を失った日系工業は衰えた。しかしながら日系資本は、絶えず狙い目を更新、新しい業種・工業に投資した。新業種・新工業の進出は、常に上海経済の発展趨勢を先導・順応し、同業種の民族工場に比しても早くこれを読み、少なくとも出遅れる事はなかった。これこそがまさに、日系中小企業が成功裏に上海進出を遂げた鍵であったと考える。

前述した米沢秀夫の論文には、こう記される。すなわち「在支邦人企業の経営内容を拡大する」ことを「在支企業の発展」の良策として提言した。ここでいう「内容の拡大」とは、「貿易状態・中国工業の発展状態に適応しつゝ、常に製品の種類を向上・改良して行くことが必要であらう」。そして具体例として、「最近中国の染色加工業が可なり発展したのに伴れて、邦人の捺染用ローラー彫刻工場が早くも数軒現はれたことなどは、大いに一般の注意に値ひするであらう」[20]。要するに中国の工業発展のテンポに合わせた、絶えざる新技術と新業種の開拓こそが「邦人の発展策」と看做されていた。上海日系雑工業は、着実にこうした道程を歩んできたのであった。

3. 産業チェーンの形成

近代上海の工業界を舞台に250社以上の日系工場が経営活動を展開し、成功と失敗の悲喜劇が数多く演じられた。代表的なサクセス・ストーリー

とも評価しうる角田芳太郎、及び彼が中心となって投資・経営した工場の動きは大変に興味深い。

「在留邦人中事業界の先覚者として知られ」、「商界に傑出したる成功家を以て称すべき」[21] 角田芳太郎は、北福洋行・宝山玻璃廠・上海興工合資会社・美芳熱水瓶廠・上海磁業公司の創立者兼経営者であり、公興鉄廠・上海坩堝合資会社・上海倉庫信託株式会社・福祥公司の設立者・投資者でもあった。

角田の中国体験は1903年に始まる。行商に近いような小売商をして各地を巡回、同年6月には上海に拠点を定め、まず自らが愛情を籠めて「太郎」と呼んだ宝山玻璃廠を中国人と共同で創業、自ら経営に当たり、罎類を生産し、ほぼ同時に設立した北福洋行などを通じて販売した。製品の品質・種類も他社よりも高い評価を受け、好成績をあげ続けた。

第一次投資の成功に励まされたのであろう、1917年に角田は株式会社公興鉄廠と上海興工合資会社を創設した。公興鉄廠は十数人の中日実業家が共同設立したもので、角田は直接的には経営にあたらなかった。一方、上海興工合資会社の経営者は角田である。上海興工は宝山玻璃廠の近くに位置し、膠の製造はそもそも当時では大変有望な新興業種といわれた[22]。しかし、該社は設立後にほどなくして上海工業の舞台から退場した。失敗の理由を示す史料は管見の限り存在していないが、ガラス製造と全く違う新分野であるが故、技術・経験ともに不備であったことが主因だと思われる。

かかる失敗の教訓を生かして角田は宝山の生産規模を拡大、「上海最大の硝子工場」[23] と呼ばれるまでに成長させた。同時に、ガラス業の内情に詳しい優位性を遺憾なく発揮し、関連分野への進出を計った。

彼が第一に手がけた新分野は、ガラス・料瓷・琺瑯などを生産するには欠かせない坩堝であった。上海は中国のガラス・琺瑯業の中心地で、坩堝の需要が膨大であったが、自給すらできていなかった。角田は斯業の将来性に注目、坩堝及び耐火煉瓦の製法に精通した技術者・小畑寅吉を日本から招聘、共同投資（1926年の出資額で、角田は15,000元、小畑寅吉は10,000元、小畑又十郎は10,000元、福永は5,000元）の形で、顧家湾に上海坩堝合資会社（華名は上海坩堝有限会社）を設立・創業した。

上海坩堝合資会社の製品は、宝山玻璃廠の需要を充たしただけでなく、

上海・揚子江沿岸、更には広東まで販売された。上海における唯一の坩堝製造であったため、工場はスムーズに発展した。

また、20年代末の銀価暴落と中国側関税引上げでという好機にも即応した。すなわち、角田は上海における魔法瓶の需要が一層高まることを予測、ガラス品生産経験を生かして、個人で瓶心・瓶殻・瓶坯の製造を主とした、愛称を「次郎」と呼んだ美芳熱水瓶廠を設立した。瓶心・瓶坯の製作とガラス品の加工とは工程上異なる部分もあるが、同じガラス品の製造だから、原料・技術で共通しているところも少なくない。宝山玻璃廠は積年の経験に富み、多くの技師と熟練工を擁している。彼らは「転向」すれば、簡単に優秀な魔法瓶製造技術者となるはずである。このようにして「資源」を有効に生かした故、美芳熱水瓶廠は瓶心の「産量は全市において最大」[24]規模の工場に育っていった。

また、角田はガラス品・坩堝・耐火煉瓦の生産経験を活かして、磁器の製造にも手を出した。すなわち1931年3月、個人で「三郎」と命名した野上海磁業公司を設立、低価格の磁器製造を始め、コーヒー茶碗類などを生産、上海の磁器市場への進出に成功した。磁器の生産方法は、坩堝・耐火煉瓦・ガラス品・魔法瓶とは異なるものの、生産原理には共通項も多くみられ、これが角田の成功を導いたのではないかと考えるのが妥当だろう。

角田産業チェーン関係図

```
┌─────┐   ┌─────┐
│ 磁器 ├──→│ガラス品│
└──┬──┘   └──┬──┘
   │         │ ↘
   │         │   ↘
┌──┴──┐   ┌──┴──┐
│ 坩堝 ├──→│魔法瓶│
└─────┘   └─────┘
```

このように角田は、ガラス業の経営により積んだ経験・技術・人材・市場などを十分に利用し、相次いで坩堝・魔法瓶・磁器業を興し、遂に図に示した産業チェーンを形成した。この産業チェーンが生産・販売・技術などの資源を有機的に統合し、各種資源の有効利用とコスト削減に役立ち、結果として企業の競争力を高め、角田の事業を隆盛させた。

産業チェーンを形成して、事業を展開させたのは角田系企業だけではない。例えば、小玉金次郎などは瑞新澱粉廠を経営した後、澱粉生産からの

廃棄物である麩を再利用し、上海調味製造廠と小玉醤油製造所を創立した。宝山玻璃廠の技師であった澤田又一は宝生玻璃廠の設立後、続いて中南熱水瓶廠を経営、両工場の資源を十分に生かして利用した。野村木廠の経営者である野村久一はヤスリ工場をも設立した。木材加工とヤスリ生産は全く関係のないようにも思われるが、野村木廠は電動機械で木材を加工していたため、刃の手入れをよくしなければならない。それに欠かせないのがヤスリである。当時の上海ではヤスリを生産できる工場が皆無であった事実に注目して、野村久一は新事業に手を出したのである。そのほかに、加藤洋行の加藤電線廠と和興煉銅廠、須藤洋行のソケット工場と電線工場などもある。以上の企業には角田産業チェーン並みの好成績を収めたものが少なくなかった。

日系中小企業にとって産業チェーンの形成は、生産・販売・技術など経営資源の有効的かつ能率的な利用、経営コストの削減・競争力の向上・事業の更なる開拓と拡大に大変役に立つ。従って、産業チェーンの形成も一部の企業が成功の道に導いた秘訣の一つであるといえるだろう。

おわりに

本章で概観した通り、本国政府からの援助も受けず、また資本力も薄弱な日系中小企業が、近代上海という「冒険家の楽園」において創業・発展するには、何にも増して頼みとしたものは先進的技術である。そして、上海経済発展の潮流を読み間違えず、時宜よく業種を更新し、新しい工業を興した重要な要件であるが、同時に産業チェーンを形成した事実も一部の日系企業経営を成功へと導いた要件である。

第一の要件としての技術の優位性を保つために、これら企業は日本国内の新技術を絶えず中国に移転しなければならない。皮肉にもその「副作用」として、新技術は常に中国民族工場に再移転する危険性をも発生せしめる。従って、それを恐れる「内地の製造業者には、より高度の製造工場が邦人によって次々と支那で起こされて行くことに反対を唱へている向きもあるようだ」。しかし、中小企業にとって、中国進出を成功裏に完遂するためには、先進的技術に依存するより術がない。まさに米沢秀夫が指摘し

たように、「工場進出の建前から云って、これは必然の成行であり、また止むを得ないと云わなければならぬ」[25]。

---

1) 東亜研究所編『日本の対支投資』（復刻版）原書房、1974年、第295頁。
2) 同上、第284頁。
3) 拙稿「上海近代工業発展史上における日系雑工業の位置と役割をめぐって」（『立命館経済学』第54巻第3号、2005年）を参照されたい。
4) 例えば、1931年まで設立された日系雑工業工場は220社以上あったが、しかし、1931年末まで経営活動を続けたのは130社ぐらいで、約半分は上海工業の舞台から姿を消した。
5) 「上海邦人工業救済ニ関スル請願書」アジア歴史資料センター、外務省外交資料館／A門政治・外交／復興資金貸下関係、レファレンスコード：B02030244400。
6) 『通商公報』外務省通商局、第百七十七号、1914年4月、第50頁。内山清・山田修作・林太三郎『大上海』1915年、第573頁を参照されたい。
7) 「上海工業上における日本の地位」『通商公報』第二百四十二号、1915年8月、第29頁。
8) 《上海軽工業誌》編纂委員会編『上海軽工業誌』、上海社会科学院出版社、1996年、第283頁。
9) 徐新吾主編『近代江南絲織工業』上海人民出版社、1991年、第263頁。
10) 上海日本商工会議所編『満洲事変後の対日経済絶交運動』第113頁によると、「中華染色整練公司の如き特種の技術を要し、数百軒の支那人得意を有し従来の日貨排斥に於て一回も作業中止の厄に遭遇したることなき」とある。
11) 「上海の魔法瓶製造工場」外務省通商局『海外経済事情』第六年第5号、第29頁。
12) 上海市社会局編『上海之機制工業』1933年、第274頁。
13) 上海興信所編『中華全国中日実業家興信録』（上海の部）1936年、第755頁。
14) 「上海に於けるゴム工業近況」外務省通商局『海外経済事情』第四年第六号、1931年、第43頁。
15) 上海特別市社会局編『上海之工業』第110頁。
16) 米沢秀夫については、野澤豊「従語言学家新村出等人看戦前日本人的上海研究」（『上海研究論叢』上海社会科学院出版、第8輯）を参照されたい。
17) 『上海を中心とする長江流域邦人の發展策――20周年記念懸賞論文集』上海日

日新聞社、1934、第24頁。
18)　上海興信所編前掲書、第598頁。
19)　《中国近代紡織史》編輯委員会編著『中国近代紡織史』（上巻）（中国紡織出版社、1997年）第126頁参照。
20)　上海日日新聞社前掲書、第24頁。
21)　長岡筅湖編『支那在留邦人興信録』1922年、第692頁。
22)　『上海経済時報』上海経済時報社、1917年10月11日。
23)　「上海における硝子工業状況」『上海』春申社、第644号（七）、1925年8月31日。
24)　上海市社会局編前掲書、第275頁。
25)　上海日日新聞社前掲書、第24頁。

　　〔附記〕本章は、2001年度～2003年度立命館アジア太平洋大学学術研究助成による成果の一部である。また、拙著『近代上海日資工業史：1884～1937』（学林出版社、2009年）において、より詳細な論証を展開しておいた。併せて参照いただければ幸いである。

第7章　19世紀末-1930年代初期の上海における製革業

吉田　建一郎

はじめに

　本稿は、19世紀末から1930年代初期の上海における製革業の発展過程について、同時期の中国における皮革貿易の動向と関連づけて論じるものである。この課題に取り組む理由は大きく2つある。一つは、従来の近代中国産業史研究が、製革業の発展過程について実態解明を行う余地を少なからず残しているからである。これまで近代中国産業史研究では、人々の生活を支える衣・食・住のうち「衣」と密接に関わる綿業や製糸業に焦点をあてた成果が豊富に蓄積されてきた[1]。皮革もまた「衣」と深い関わりをもつが、繊維産業に比べ皮革産業を扱った成果は圧倒的に少ない。天津、重慶、雲南といった個々の都市、地域における製革工業の展開に焦点をあてた成果はあるが[2]、近代中国の代表的な製革工業都市であった上海についての検討は十分ではない。確かに、19世紀半ばから1990年代に至る上海の皮革産業の発展過程をまとめた成果はあるものの[3]、論述の重点は中華人民共和国成立後に置かれており、19世紀から20世紀前期については、代表的企業の沿革の紹介を中心に概論的な内容にとどまる。また叙述にあたりどのような史料に依拠したのかが不明確である。このほか近代上海の日系企業史研究の一環として製革業の発展過程に言及した成果があるが[4]、関心の中心は日系企業の動向にあり、中国資本についての言及はそれほど多くない。また上記の成果のいずれもが、製革業の発展に影響を与えた政治的、経済的、社会的な背景や、製品の需給関係の動向に対する関心が不十分であるとの印象を受ける。本稿では、こうした従来の研究で残された空白部分をできる限り埋め、近代中国の製革業の発展過程に見られる具体的な特徴を示したい。

　二つめは、皮革を介した中国と世界との関係の歴史について新たな知見

を提示したいからである。動物の皮をめぐる中国と世界との関わりに言及した研究は少なくなく[5]、ネルチンスク条約が締結された17世紀末から、キャフタ条約が締結された18世紀、そして19世紀前半にかけて、リス、クロテン、ラッコなどの毛皮がロシアから中国への重要輸出品であったこと、あるいは18世紀後半に、アメリカ北太平洋岸でロシアやイギリスなどと毛皮獲得競争を展開したアメリカが、ラッコを中心とする毛皮の中国向け輸出を発展させたことなどが明らかにされてきた。ただ従来の研究が関心を寄せてきた時期以降、具体的には中国の対外貿易が急速に拡大する19世紀末以降、中国が皮革をめぐって世界とどのような関係を築いたのかを具体的に明らかにする余地はまだ少なからず残されている。本稿はこの課題に応えていくための初歩的な試みでもある。

1. 19世紀末以降の中国における革・革製品の輸入増加

中国では古来製革が行われ、20世紀初頭においても人力を用いる伝統的な製革法が維持されていた[6]。ただ、これにより近代中国の革需要が満たされたわけではなかった。中国では19世紀半ばの開港を契機に対外貿易が拡張するなか、光緒期（1875—1908年）から革の輸入が盛んになり[7]、この傾向は光緒期以降も継続した。革の輸入量（額）は、1906年に47,408ピクル（2,142,957海関両）、1910年に61,084ピクル（4,502,247海関両）、1913年に109,295ピクル（7,178,921海関両）と大きく増加している（【図1】）。輸入革は靴、靴底革、ベルト、ケース、トランク、馬具などに使用された[8]。輸出元は香港、日本、ロシア、アメリカ、イギリスなど多岐にわたっていたが、圧倒的多数を占めたのは香港であった。例えば1912年において、総輸入額6,431,561海関両（再輸出分も含む）のうち香港が5,569,444海関両と約87％を占めた。香港から輸入される革は、中国産の生皮をシンガポールで加工した後に香港を経て中国へ輸入されたものであった[9]。中国では19世紀後半以降を中心に、牛皮や山羊皮をはじめとする多くの生皮が欧米諸国や香港、シンガポールなどに向けて輸出されるようになっていた[10]。

革の輸入増加と並行して、中国では革靴、機械用ベルトといった革製品の輸入も徐々に活発になった（【図2】）。1913年を例に各品目の代表的な

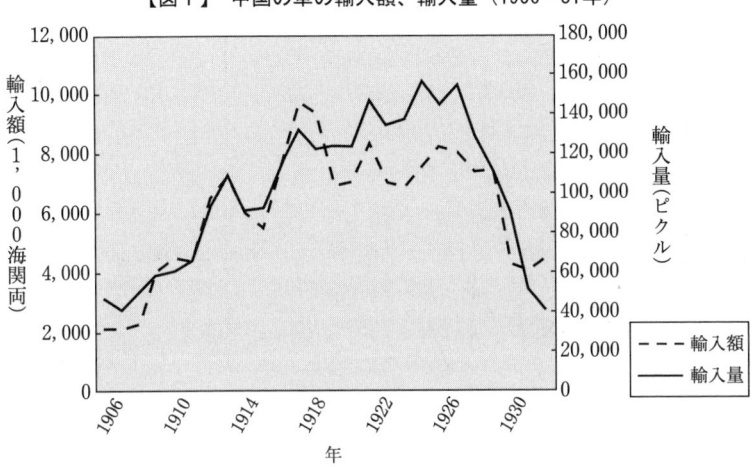

【図1】 中国の革の輸入額、輸入量（1906—31年）

(典拠) China, Imperial Maritime Customs, *Returns of Trade and Trade Reports, 1902-1911*.
China, The Maritime Customs, *Returns of Trade and Trade Reports. 1912-1919*.
China, The Maritime Customs, *Foreign Trade of China, 1920-1931*.
(注) 再輸出分は含まない。1924年までは「熟皮」の値、1925年以降は「小牛羊熟革・熟黄牛皮」と「靴底革」の合計値。

　輸出元を挙げると、革靴は総輸入額596,918海関両（再輸出分を含む）のうちロシアが341,863海関両、日本が61,296海関両、イギリスが56,240海関両、ドイツが41,565海関両、機械用ベルトは総輸入額268,935海関両（再輸出分を含む）のうちイギリスが139,665海関両、日本が58,140海関両、ドイツが31,240海関両、革靴、機械ベルト以外の各種革製品は総輸入額389,792海関両（再輸出分を含む）のうち、日本が172,520海関両、香港が90,923海関両、イギリスが48,776海関両、ロシアが45,740海関両であった。
　19世紀末以降の中国で革や革製品の輸入が増加した背景には、軍事的需要の拡大や人々の"西洋化"志向の高まり、工業化の進展などがあった。それは次の5つの記述からうかがえる。①「靴底革、牛革、馬具革等は、前清末葉より主として軍隊用品製造材料として相当量の輸入を見…」[11]

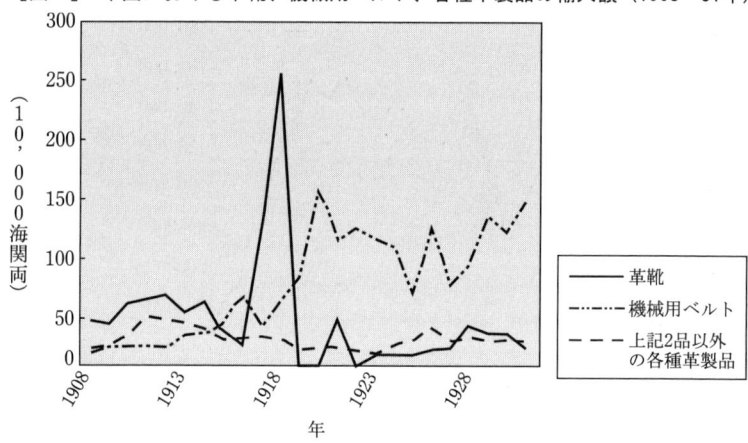

【図2】 中国における革靴、機械用ベルト、各種革製品の輸入額（1908—31年）

（典拠）　図1と同じ
（注）　再輸出分は含まない。

②「支那に於ける革類及び製品の需用は近年著しく上昇し、殊に甲革底革の類は極めて需用広大せり。其の理由種々あらんも、要するに支那人は近時其の服装を欧化せしむると及び彼等の従来使用したる支邦〔那？〕靴より仮令価格底廉の欧風革製の靴にせよ其の方遙に経済的なるを知るに至れるにあり」[12]（句読点は筆者）　③「近時支那に於ける欧風の流行烈しきを以て靴の需用は益々増加し製靴は主に日本製靴職工の手に依り製作せらる」[13]　④「各開港地に在ては早や外国製の革を以て種々の製作業開始せられ例へば上海に於て過去数ヶ月間に外国製底革を使用し旅行用トランクの製作を試むる者数多生したり…」[14]　⑤「近年支那の機械工業殊に紡績業の発達に伴ひ本品（筆者註：機械用ベルト）の需要逐年増加す…上海港輸入ベルトの中、英国品は品質最優良にして主に外人紡績機械工場に使用せらるゝ。日本品の品質は英国品に次ぎ主に邦人経営の紡績会社に使用せられ一部は支那紡績方面に用ゐられ、…米国品は其品質英日品より劣れども価格低廉なるを以て支那紡績工場の需要多し」[15]（句読点は筆者）。

　中国では、以上のように輸入革や輸入革製品への需要が活発になるなか、各種機械設備を具えた「新式」の製革工場や、「新式」工場のような機械

設備は具えていないものの鞣しや染色のための回転桶（滾桶）をもつ「準新式」の製革工場が上海をはじめ各地に設立され、製革業の発展が後押しされることになった。

2. 製革工場の設立、発展と皮坊での製革

(1) 19世紀末−第1次大戦前

　管見によれば、近代中国における製革工場の設立は1878年に始まる。この年、イギリスの全美洋行が上海の浦東に上海硝皮廠を設け、1881年にはイギリスの仁記洋行が経営を引継ぎ、中国人の出資も受け入れて上海熟皮公司と改名した。そして翌1882年8月、機械の故障による火災が発生し操業を停止したが、同年11月、招商局の李松雲ら6人が11万2,500両で譲り受け中国製造熟皮公司に改名した[16]。この後1898年にイギリス資本匯豊銀行の買弁呉調卿が天津に北洋硝皮公司を開設したのをはじめ[17]、広州、昆明、漢口といった諸都市でも工場が設立されるようになった[18]。

　上海では20世紀に入って以降も製革工場の設立が続く。以下、工場の設立過程を整理しよう。まず1904年、潭子港にイギリス資本の上海機器硝皮公司（The Shanghai Tannery Co.）が開設された[19]。上海機器硝皮公司は「原料には此〔上海〕附近の生皮を使用し専ら靴底革のみを製造し其製産力一ヶ月約六百枚…流動資本四万両内外」[20]であった。

　1906年の9月頃からは中国資本の鞏華製革公司（資本金30万両）が試験的に製革を開始し、12月に新聞路へ移動した[21]。製革用の機械はアメリカから輸入され、株主は中国人に限定された[22]。これは発起人である揚某が、中国の多くの生皮が国外へ輸出され、精製された革が中国へ多量に輸入される状況を憂慮していたことが関係していた。揚は鞏華の発起に際し、「中国ハ自国ノ牛皮ヲ海外ニ輸出シ、海外ニテ之ヲ精製シタルモノヲ再ビ輸入シ需用ニ供セリ。其額莫大ナルモノアリテ実ニ国家ノ為メ惜ムベク国家ノ不利是ヨリ大ナルハナシ。故ニ宜シク我中国ニ於テ其産出スル夥多ナル原料ヲ用ヒ之ヲ製シテ以テ自国ノ用ニ供シ、従ツテ海外ノ輸入ヲモ防遏スベシ。是レ国民ノ当ニナスベキ事業ニシテ又国家ニ忠ナル所以ナリ」（句読点は筆者）と述べたという[23]。ただ鞏華は、「流動資本欠乏の為め十分の

原料を仕入るること困難にて特に金利比較的高き支那人経営なるを以て遂に損失し休業するに至」[24]った。鞏華の経営不振には人的な要因も関わっていた。鞏華は株主を中国人に限定していたが、「職工ハ殆ド皆日本人ヲ雇傭」し、技師も日本人であった[25]。ただ、技師は「製革ニ関スル学識乏」く、「職工ノ如キハ日本ニテ殆ド使用ニ堪ヘザル無頼ノ徒」[26]とされていた。

　1906年には、曹家渡に中国資本の龍華製革廠（資本金60万両）も創設された[27]。龍華は、「鞏華に比するに資本潤澤なるを以て製品も稍見るべきものあり」[28]とされたが、1915年には「前年革命事変の際〔中国の〕陸軍部より註文ありたる革製品の代金百三十万弗の不足金を二ヶ年に亘りて仕払延滯せる等の事情より…財政上の困難にて休業同様の状態」[29]にあった。

　1909年には、広東の広生行が経営する喊士皮廠（資本金約10万元）が悟州路に創設された[30]。次章で紹介するように、喊士は20世紀初期の上海における代表的な新式製革工場として発展する。

　1912年には、日本皮革株式会社が徐家匯の小規模製革工場を買い取り、日本皮革上海工場（江南製革公司）として操業を開始した[31]。日本皮革の大阪工場から主任として堀十郎、仕上場監督として山田源右衛門が赴任し、翌1913年には日本皮革の東京工場から会計兼計算係として谷田部愛が派遣され、さらに鞣場監督として同じく東京工場から加藤為吉が赴任した[32]。江南製革公司の「所在地方の水質は鞣皮に適し、…深さ約六十間の井水を使用」[33]し、創立当時はぬめ革の生産が大半を占め、少量の底革も製造した。工場の製品は大倉組上海支店の天滝路出張店で販売されたほか、のちに中国商の広生利をも取引商とした[34]。

(2) 第1次大戦の勃発-1930年代初期

　上海の製革工業の発展過程において、第1次大戦はひとつの大きな区切りである。大戦の勃発は「東洋に於ける〔皮革類の〕輸出入の杜絶減退」[35]の状態を生じさせた。中国では、1913年から15年にかけて革や各種革製品（革靴、機械用ベルトを含まない）の輸入額が、また1914年から16年にかけて革靴の輸入額がそれぞれ減少した（【図1】【図2】）。以後、革は1916年から1918年にかけて、革靴は1917、18年とそれぞれ輸入額が増加に転じ、

また機械用ベルトの輸入額は、大戦時から全体として増加傾向にあったが(【図1】【図2】)、「戦争の影響を受け皮革の需要遽に増加し供給不足を訴へ購買競争を惹起するの盛況を呈したれば漸く新企業も発達の機運に達し」[36]、製革工業の発展が後押しされた。上述した1906年創設の2つの中国資本の工場のうち、鞏華は1917年でもなお「連年の欠損により已に久しく休業して再開の望なく」[37]、龍華は「革命当時支那政府陸軍部の注文品代価百万元の支払を得ること能はずして依然休業」[38] の状態であったが、他方、1915年に精益製革廠、翌年には源大製革公司、さらに孫栄記(1918年)、老永森(1919年)、協源昌、祥生(以上1921年)、大南(1927年)等の工場が上海に相次いで設立された[39]。

大戦勃発以降は、外国資本とりわけ日本資本の活動も活発になり、「日本皮革株式会社の経営に係る江南製革公司先づ活気を呈し、…〔イギリス資本の〕上海機器硝皮公司も亦稍活動を開始するに至」[40] った。1918年、徐家匯にあった江南製革の工場は、交通が不便で規模も小さかったため、宝山県潭子湾街にあったベルギー人経営の比較的大規模な煉瓦建工場を買取りそこへ移転した[41]。1919年9月には、中華企業株式会社が、前述の龍華製革廠を買収するかたちで、新しい日系の製革工場である中華皮革廠を曹家渡に設立し、翌1920年に営業を開始した[42]。以上の2工場について「製革業状況『上海』」(『通商公報』1068号、1923年)は、「上海に於ける製革工場中最大規模なるは邦人経営の中華皮革会社にして、…江南皮革会社之に次ぐ」と述べている[43]。

「中国製革業概況」(『工商半月刊』2巻6号、1930年)によれば、当時上海を中心とする江蘇は中国で最も製革工場が多く、「製革業の最盛の地」[44] となっていた。申報年鑑社編『民国24年申報年鑑』(申報社、1935年、I—45頁)は、中国における機械設備を備えた資本額3,000元以上の製革工場の資本総額が234万6,400元、生産額は433万6,000元であり、そのうち上海の工場がそれぞれ111万7,000元、195万元を占め、首位にいたことを示している。「上海皮革工業之調査」(『工商半月刊』1巻4号、1929年)は、目下新式の製革工場が約10軒、準新式工場が約4、50軒あるとしている。製革工場は蘇州河付近、屈家橋、閘北、西門の4地域を中心に分布していた[45]。いくつかの資料[46]から1920年代末―1930年代初期の上海における代表的な製革工

の状況を整理すると以下のようになる。新式か準新式かを知りうるものについては工場名の後に（新式）あるいは（準新式）を付した。

1）喊士（新式）：1909年開設。開設時の所在地は悟州路であったが、後に江湾路屈家橋へ移転。資本額約10万元。職工70余名。皮革中の水分を圧搾する軋水機1台、皮革表面の凹凸を平坦にする剷皮機2台、皮革表面の光沢を磨く磨光機2台、鞣しや染色、洗浄などを行う滾桶9個を所有。軋水機、剷皮機、磨光機は米国製、滾桶は上海製。動力源として44馬力のスチーム1台、20馬力の電気モーター1台を備える。白色底革、緑色底革、トランク用の革（箱子皮・箱皮）、小牛の皮を鞣してつくる靴甲革（紋皮）、軍装用の革（連更皮）を製造。1日の生産量は底革80枚、箱子皮40枚、紋皮と連更皮がそれぞれ10余枚。商標は警犬。販路は、底革が上海、天津、漢口、紋皮が上海、香港、シンガポール、箱子皮と連更皮が上海。

2）精益（新式）：1915年開設。当初は顧家湾に工場を設け、後に八字橋に分工場を設ける。資本額10万元。工場主は寧波出身の周文林。職工数は顧家湾の工場が30名、八字橋の工場が90名。軋水機2台、磨光機7台、皮革表面に模様を刻む刻花機1台、滾桶21個を所有。軋水機、剷皮機、磨光機は米国製、滾桶は上海製。動力源として、顧家湾の工場に25馬力のタールエンジン1機、八字橋の工場に25馬力のタールエンジン2機を備える。白色底革、緑色底革を製造。顧家湾の工場が日産5,600ポンド、八字橋の工場が日産1千数百ポンド。商標は鹿頭。販路は上海が最も多く、その他哈爾浜、煙台、天津、漢口など。緑色底革は「支那靴」や各種機械の部品に、白色底革は西洋靴に使用。

3）老永森（新式）：1919年開設。所在地は閘北虬江路。資本額1万1千両。職工3、40名。磨光機1台、滾桶10個を所有。磨光機は米国製、滾桶は上海製。動力源として電気モーター3機（計35、6馬力）を所有。白色底革、緑色底革、連更皮、サッカーボール用の革（球皮）、機械のベルト用の革（皮帯皮）を製造。白色底革は日産300ポンド、緑色底革は120ポンド、皮帯皮は100ポンド、球皮は5、6枚。商標は華森。販路は底革、連更皮、球皮は上海へ、皮帯皮は機械工場や金

属屋へ。

4）萬生源（新式）：1925年開設、所在地は江湾路。職工20余名。磨光機1台、剗皮機2台、滾桶5個を所有。磨光機、剗皮機の製造地は不詳。滾桶は上海製。動力源として電気モーター2台（それぞれ15、6馬力）を備える。緑色底革、各種紋皮を製造。緑色底革は日産50枚、紋皮は日産60枚。紋皮の色は黄色と黒色が多く、男性用西洋靴の甲の部分に使用。商標は獅虎。販路は底革が上海、漢口、天津、紋皮が上海、広東、厦門、香港。

5）大南（新式）：1928年開設。所在地は江湾路屈家橋。資本額12万元、職工3、40名。製革を管轄するのはアメリカ留学経験をもつ林盧。営業業務は、有限公司の性格をもつ南美公司（所在地は北四川路）という「発行所」が行う。磨光機2台、剗皮機1台、上皮を削る刨皮機2台、滾桶5個を所有。磨光機、剗皮機、刨皮機は米国製、滾桶は上海製。動力源として15、6馬力の電気モーター4機を所有。緑色底革、紋皮、山羊革を製造。山羊革は女性用革靴の表革やハンドバッグなどに使用。底革は日産40枚、紋皮は5、60枚、山羊革は100枚前後。1931年に改組し大中製革公司へ改名。

6）大華（新式）：1929年創設。発起人は広東人曾某。翌年、大華昌記製革厰へ改組。所在地は白利南路。資本額20万元。職工80名。軋水機1台、磨光機4台、滾桶4個を所有。動力源として100馬力分のモーターを所有。

7）上海：1923年開設。イタリア資本。所在地は梵王渡。資本額14万元。職工85名。紅色底革、靴甲革を生産。靴甲革は1日に100枚前後を生産。年産額90万元。

8）中華（新式）：沿革は既述。日系資本。資本額80万元。職工100余名。月あたりの生産量は約50トン。1日あたり5、6千ポンドの靴底革の生産が可能。

9）江南（新式）：沿革は既述。日系資本。職工約120名。紅色底革、緑色底革を生産。月当たりの生産量は約50トン。

10）源大（準新式）[47]：1916年創設。所在地は閘北談家橋。厰主は寧波出身の朱宝峰。磨光機、剗皮機、革に磨きをかける打光機を各1台、

滾桶 8 個を所有。紋皮の製造が中心で、月当たり300余枚の生産が可能。
11) 孫栄記（準新式）：1918年創設。所在地は南市康衢路及び菜市路。資本額10万元。職工13名。
12) 金燮記（準新式）：1919年創設。所在地は閘北王家宅。資本額 5 万元。羊皮製造。月当たり 1 千余枚の生産が可能。
13) 協源昌（新式）[48]：1921年創設。所在地は閘北張家巷。資本額 2 万元。職工15名。磨光機、軋水機を各 1 台、滾桶 6 個を所有。動力源のモーターは13馬力分。
14) 祥生（準新式）：1921年創設。所在地は虹口平涼路。資本額20万元。職工27名。滾桶 9 個を所有。動力源は22馬力分のモーター。商標は祥生。
15) 亜洲（準新式）：1924年創設。所在地は江湾路屈家橋。主に緑色底革、山羊革を製造。責任者は日本留学経験をもつ広東出身者。
16) 信孚（準新式）：1925年創設。所在地は閘北王家宅。資本額9,730元。職工 8 名。紋皮の製造が中心。年生産額 2 万元。
17) 振興（準新式）：所在地は閘北王家宅。箱皮と紋皮の製造が中心。
18) 啓新（準新式）：所在地はフランス租界白爾路。箱皮と紋皮の製造が中心。
19) 源牲（準新式）：所在地は天通菴路。紋皮の製造が中心。
20) 宮崎製革廠：日本人宮崎貞之の経営。所在地は顧家湾。紡績用紐革を製造。
21) 隆興：所在地は香山路。廠主は沈雨亭。鞄用革を製造。

　上海の製革業者は、次節で言及する「皮坊」（皮なめし所）も含め、広幇（広東籍）、甬幇（寧波籍）、京幇（南京籍）、紹幇（紹興籍）の 4 グループから構成されていた。喊士と萬生源は広幇の、精益と老永森は甬幇の代表的な工場であった。京幇の工場は多くが西門一帯に分布し、紹幇は 4 グループのうち営業規模が最も小さかった。1920年代末において、製革に従事する職工数は2,000名を下らず、京幇と紹幇が 6 割以上を占めた[49]。
　中国資本の新式工場の多くは、伝統的な合股制を採用し、業務管理は技

師によって行われた。また、工場とは別に設けられた「発行所」が営業に従事することが多かった[50]。

準新式工場の大半は京幇と紹幇であり、自己資本による経営が多くを占め、出資者自ら工場業務に携わる場合が多かった[51]。京幇の工場は製造する商品の種類がほぼ共通しており、基本的に底革を製造しなかった。また、製品の価格は京幇皮業公所で定められ、販売に際し長さや大きさが揃っていることが求められた。品質面では新式工場の製品に劣るものの価格は低廉であった。販路の中心は上海の革製品店であり、他都市へ向けて販売する際は南市の牛皮雑貨店がまとめて仲介を行った。これは、上海以外の地に自ら卸売所や特約販売所を設けていた新式工場とは異なる特徴であった。

(3) 皮坊における製革

上述の製革工場に加え、2、3人が共同で、あるいは一家族の親子兄弟が共同で製革に従事する「皮坊」(皮なめし所)も、上海の製革業を支える重要な担い手であった。「上海皮革工業之調査」(『工商半月刊』1巻4号、1929年)は、上海には約10軒の新式工場、約4、50軒の準新式工場のほかに、旧式の小規模な皮坊が100余軒あると述べている。また「上海に於ける製革状況」(『経済月報(上海日本商業会議所)』2巻3号、1928年)には、「〔上海で〕各種類の製革業は約五百軒に及ぶ。概して旧式にして南市の郊外閘北浦東並に租界に於て二名より二十名の職工を使用し自宅に於て鞣業を営む」(読点は筆者)とある。

皮坊は機械設備を持たず、組織も簡素であり、1軒あたりの1日の生産量は2、3枚程度であった[52]。また製品の質が低かったため高級な革製品の材料には充てられず、補強のため鋲を底に打った靴(「釘靴」や「釘鞋」)の甲革などに利用された。皮坊の大半は手工で製革を行う職工により設立され、出資者の多くも製革作業に従事した。1920年代末において、皮坊で製革に携わる職工は全部で450名ほどにのぼったと推定される。新式工場には資本額が10万元を超えるものがあったのに対し、閘北や南市に散在する皮坊の中には資本額が1,000元に満たないものもあった。

皮坊に代表される小規模な製革の担い手が多く存在していたことは資本の分布からもうかがえる。「上海皮革工業之調査」(『工商半月刊』1巻4号、

1929年)によれば、中国資本の工場、皮坊のうち、資本額が10万元から30万元のものが3、4軒、1万元から5万元のものが30軒あまりであったのに対し、3、4千元から1万元未満のものが約7、80軒、1千元以下のものが30軒あまりにのぼった。ただこれは中国資本全体の生産規模が小さかったことを意味せず、「上海の皮革業」(『東洋貿易研究』8巻1号、1929年)に、「当業者の推算によれば上海に於ける皮革生産高は支那工場一日二万担、外人工場一日一万担、合計三万担である」とあるように、外国資本を上回る生産量をあげていた。先行研究で示される「上海の製革業は概ね日本人によって掌握」という見方[53]には若干の留保が必要となるのではないだろうか。

3. 原料皮の流通と鞣剤の利用

(1) 原料皮の流通

近代上海の製革工業の発展は、中国で古来家畜が多く飼養され、様々な動物の生皮を豊富に得られたことも大きく関わっている。1935年に南京国民政府実業部が行った調査によれば、中国で飼養される水牛は約1,160万頭、黄牛が約2,460万頭、山羊が約2,190万頭、馬が約448万頭であった[54]。

1920年代末において、上海の製革工場が必要とする牛、馬、羊、山羊などの生皮は年間5─10万担にのぼった[55]。うち輸入品は1割に満たず、大部分が天津、山東、漢口、四川、安徽、江西、江蘇、浙江といった中国の各地から搬入された[56]。生皮のうち「最も広く応用されるものは第一に牛皮」[57]であった。

牛皮の特徴は牛の種により異なっていた。「黄牛皮及び水牛皮は共に製革の主要原料ではあるが、…黄牛皮は皮質強靭で緻密且つ光沢があり柔軟であるため、製革工業に於ける最も重要なる地位を占めるが、水牛皮はその皮質が粗にして厚く且つ強靭なるため、製革は劣等なる靴底革、或はベルトに用ひられ」た。また牡牛皮は「其の皮質が柔軟で強靭且つ細密なるため、多く靴底、機械用ベルトに使用され」、牝牛皮は「製して頗る強靭を必要とする物、例えば革包及び薄きバンド或は軍事用馬鞍等に使用せられ」、犢牛の皮は「牝牛皮及び牡牛皮に比較すれば皮面が薄く、柔軟なる故

に、靴の面革或は書籍の表革、或は革包等に使用され」[58]た。

上海に集まる牛皮の主要な原産地は、河南、山東、安徽、湖南、湖北、四川、江西、江蘇、浙江であった[59]。このうち河南、山東、四川の牛皮は中国で「最も優良の類に属」した。これは「地勢が比較的高く、土地は曠原状をなし、気候が乾燥してゐる為めであ」った。そして江蘇、浙江、湖北、広東各地の牛皮は、「河南、山東のそれに比較すれば稍劣」った。これは「江蘇、浙江等の地方は湿地が比較的に多く、その為めに牛類は水辺に起居することになり、従つて皮質繊維は軟弱となる」ためであった[60]。上海で生皮を扱う業者は、牛皮を「撐板」や「縮板」と呼んだ。「撐板」は「〔皮として〕剝ぎ取られた後、竹竿にて支へ、太陽の下に曝し、乾燥せしめたもの」、そして「縮板」は「剥ぎ取った後、地面に舗き、自然乾燥せしめたもの」であり、水牛皮は「撐板」が、黄牛皮は「縮板」が最も多かった[61]。

牛皮以外では、山羊皮が「製革に於ける地位は全く牛皮に劣らざる重要な価値」[62]をもち、上海には四川をはじめ、河南、湖北、安徽といった諸省から運ばれたが、牛皮と異なり上海での消費は少なく[63]、米国を中心に中国国外へ輸出された[64]。馬皮や騾馬皮は北方から搬入され、牛皮に比べ価格はかなり低廉であった。馬皮は高級ではないトランクやカバンに、驢馬皮はアクセサリー箱、書類用鞄、靴やトランクの裏革の原料となった[65]。

製革工場 ← 皮 ← 客戸 ← 皮 ← 農民
↑
輸出← 洋行 ← 号 ← 坐荘 ← 販 ← 屠戸

上の図は、各種の生皮が原産地から上海の製革工場へ運ばれるまでの流通経路である。

製革工場は生皮を買い入れる際、その都度「皮号」との商談によって取引を行ったが、「時に少数の資本宏大なる製革工場〔は〕自ら奥地に支店或は出張所を設立し、生皮の買付けを行つてゐ」た[66]。皮号は製革工場に生皮を供給するとともに、「客戸と〔生皮を中国国外へ輸出する〕洋行との中間的存在」[67]として、「客戸が奥地より大量の生皮を上海に運び来り

倉庫に入れてより、…〔客戸〕に代つて洋行に通知して貨物を見せ、値段決定の上取引」[68] をし、「其の間の口銭を得」[69] た。ただ皮号は、客戸から生皮を購入して洋行へ転売するだけでなく、自ら奥地に坐荘と呼ばれる支店を設けて生皮を購入する場合もあった。皮号の「年々の営業額は最小の者でも二三万元、最高のものは時に百数十万元に達することがあ」[70] った。

製革工場は、皮号にとって主要な生皮売却先である洋行からも生皮を仕入れた。洋行は「凡そ一等品二等品は外国に輸出」し、「三等品は上海市の製革工場に…転売」[71] した。

客戸は固定した店舗を持たない「流動の商人」[72] で、「冬秋二季の最も生皮取引の活発なる時、奥地に到り貨物買付け」[73] を行った。客戸の資本は「皮号と比較して少なく」[74]、皮号との取引では奥地から上海までの運賃、保険料、上海到着後の車両費、倉庫料など一切を負担し[75]、「常に資金不足を感じてゐ」たが、「平日取引してゐる皮号に対し、貨物引渡指図書或は貨物を以つて予め先づ借款し資金の融通を行」[76] った。客戸は通常、「生皮を購入せんと欲せる場合は、即ち皮販と相談し、之をして各地に到り農民及び屠戸より買入れしめ」た。皮販も客戸と同様に「流動式の商人で、資本は甚だ少な」かった。「客戸が上海に運送し販売する生皮の大部分は…皮販より購入されたもので…皮販と客戸との取引は現金取引」であった[77]。

生皮の流通機構の末端に位置し、皮販に生皮を提供したのが農民や「屠戸」である。各地の農村では、「耕作牛は老年となり或は特別の事情の為め耕作に不適当となるに至れば、農民は之を屠殺し、…副産品たる生皮は随時生皮購入の小販（筆者註：皮販）に売却」[78] した。農民は大規模な屠殺は行わないため、通常、皮販とは1 — 4枚の生皮を現金で売買した[79]。「屠戸」も牛や羊の屠殺を行い、剥いだ生皮を集めて皮販へ売却したが、「屠戸は常に大量の屠殺を行ふ機会があり、故に皮商との取引は多く十数枚或は数十枚の大量取引であ」り、「其の支払方法は現金取引の外、或は皮商と予め契約を結び期日に到つて引渡しを行ふ場合があ」[80] った。家畜の屠殺は秋や冬に多く行われた[81]。「秋季、冬季は気候寒冷で剥ぎ取られたる生皮は保存することが容易で…秋皮（七月末に屠殺されし皮を謂ふ）の皮質は比較的柔潤で且厚靭であり、冬皮（旧暦十月、十一月、十二月に屠殺されし皮を謂

ふ）に至つては気候の関係上皮質更に良く、皮板細潤且厚靭で豊満なるが故に、生皮業者は最も之等を歓迎する為め、…秋冬二季は生皮の産出が多量で、生皮市場は最も活気を呈」[82]した。

　以上のような、農民・屠戸→皮販→客戸・坐荘→皮号という経路で上海に集まった生皮は、「上海に運送される生皮は其の三、四〇％は製革工場に販売され」[83]あるいは「上海の［牛皮の］輸出額は全出廻量の六、七割で残部は上海で消費さると推測される」[84]という記述から、1930年代においては約3、4割が上海の製革業の原料に充てられ、残りの6、7割が中国国外へ輸出されたと見なしうる。

(2) 輸入鞣剤原料の利用

　製革業の発展には、皮を鞣す溶液の原料となる多様な輸入品も深く関わっていた[85]。植物タンニンを用いて皮を鞣す際、ケブラチョエキス（寛勃拉可膏、Quebracho Extract）、ガンビール（檳榔膏、Gambier）、ワットル（ミモザ）の樹皮や樹皮エキス（荊樹皮・荊樹皮膏、Wattle Bark・Mimosa Extract）[86]、栗の樹皮エキス（栗木膏、Chestnut Extract）、マングローブ樹皮（栲皮、Mangrove Bark）、ミロバラン（柯子、Myrobalans）、五倍子（ヌルデの若葉などに寄生したヌルデノミミフシが作る瘤状の虫癭。紡錘形でタンニンを多く含む）などが用いられた。このうち五倍子は四川、安徽のほか華南の諸省で生産され中国国外へも輸出されていたが、その他の植物タンニンの原料の多くは中国国外からの輸入に依存した。まず、ケブラチョエキスは上海の各製革工場で用いられた代表的なタンニンの原料であった。南米産の樹木であるケブラチョを原料とし、煮込んで赤色に練り固めたものであり、通常は細切れにして販売された。アルゼンチンからの輸入が最も多く、イギリスやアメリカなどからも少量が輸入された。ガンビールは、ガンビールの葉を煮込んで作られた。代表的産地はマレー半島であり、中国へはシンガポールやボルネオから多く輸入された。ワットル（ミモザ）の樹皮や樹皮エキスの大半は南アフリカから、栗の樹皮エキスの大部分はイタリアからそれぞれ輸入された。このほか東南アジア各地で生産されたマングローブ樹皮はオランダ領東インド、シンガポール、シャムから、ミロバランはインドからの輸入が多かった。【表1】は、中国の海関統計に掲載されている

【表1】 中国の植物鞣し材料輸入額（1932—34年）

単位：金単位

		1932年	1933年	1934年
マングローブ樹皮	総額	575,751	234,161	179,829
	オランダ領東インド	195,155	56,414	86,549
	シンガポール・マレー連合州	76,112	114,641	62,109
	シャム	10,826	3,467	1,876
	香港	263,223	52,035	27,331
	フランス領インドシナ	3,309	3,407	1,067
	その他	27,116	4,197	897
各種植物鞣し材料（ケブラチョエキス、栗の樹皮エキス、ワットル（ミモザ）の樹皮や樹皮エキス、ミロバラン等）	総額	775,247	724,155	705,312
	アルゼンチン	76,348	201,099	255,624
	イタリア	21,746	24,409	30,346
	南アフリカ連邦・ローデシア	157,920	203,564	166,919
	イギリス（本国）	55,711	39,312	33,373
	アメリカ	65,824	130,278	78,349
	シンガポール・マレー連合州	15,838	9,143	17,728
	日本	82,326	15,792	22,704
	ドイツ	107,871	35,757	26,661
	インド	7,442	32,068	32,841
	英領東アフリカ	—	7,890	22,744
	その他	184,221	24,843	18,023

（典拠）　China, The Maritime Customs, *The Trade of China, 1932-34.*
（注）　再輸出分を含む。

「マングローブ樹皮」とそれ以外の「各種植物鞣し材料」の輸入額（量）を1932—34年についてまとめたものである。

　植物鞣しと並ぶ代表的な鞣しの方法として鉱物を用いる場合があり、重クロム酸カリウム（重鉻酸鉀、Bichromate of Potassium）、重クロム酸ナトリウム（重鉻酸鈉、Bichromate of Soda）、クロムミョウバン（鉻礬、Chrome Alum）などが用いられた。重クロム酸カリウムはドイツからの輸入が最も多く、重クロム酸ナトリウムは日本を中心にアメリカ、ドイツ、イギリスなどから輸入された[87]。濃い紫色の結晶体で、溶解させて熱すると緑色に

なるクロムミョウバンは下級品の製造に用いられ、主に日本やドイツから輸入された。上記の各種原料が全て皮の鞣しに用いられたわけではなく、香雲紗(広東産の模様入り高級絹織物)や漁網の材料として、また繊維の染色用としての需要も少なくなかったが、各種輸入鞣剤原料と製革業の発展とが密接な関係にあったことは確認される必要があろう。皮を鞣す溶液の原料のほか、皮の染色に用いる顔料にも外国製品が用いられ、黒色顔料の多くがイギリス製、黄色をはじめ各種色彩の顔料は多くがドイツ製であった。

4. 革及び革製品の需給関係の変化

上海で生産された革の販路は品目ごとに異なっていた。1920年代末を例にとると、上海の製革工場で製造された靴底革の「三割は上海及び其郊外に消費され、五割は揚子江諸港及び北方の各省に宛てゝ移出され、二割は福建及び広東省に仕向けられ」[88]、紋皮と羊革は半分が上海と長江沿いの諸港、2割が華北諸港と華南各省、1割が東南アジア方面へ、このほか運更皮などは多くが上海と長江沿いの諸港へ、また馬革、驢馬革は上海のほか華北方面へ多く仕向けられた[89]。この時期、上海における革の需要者は主に製靴商と各種革製品(革鞄、書類鞄、アクセサリー入れ、財布等)製造商であり[90]、軍装関連の革製品製造商が10軒あまり、各種革製品の製造を専門とするものが約8、90軒、製靴を軸としつつ各種革製品をも製造するものが100軒あまり、製靴を専門に行うものが100軒あまりにのぼった[91]。製靴や各種革製品の製造に従事する職工数は全部で2,400人あまりにのぼり、うち約1,400－1,500人が各種革製品製造に、さらにこのうち1,000人が革鞄の製造に従事し、1ヶ月に3万個以上を生産した[92]。「上海皮革工業之調査」(『工商半月刊』1巻4号、1929年)によれば、上海製造の革鞄のうち、旅行鞄の販路は上海が5割、3割が他省、2割が東南アジア方面であった。また革靴の生産高は年60数万足から70万足と推定され、そのうち少なくとも40万足が上海で販売され、20万足が江蘇や浙江、残りの数万足がシンガポールなど中国国外へ仕向けられた。

では、これまで述べてきた19世紀末から1930年代初期の上海における製

【表2】 上海および中国の靴底革の輸入量
（1925—34年）

単位：ピクル

年	上海	中国
1925	27,548	121,857
1926	40,805	139,254
1927	24,104	100,680
1928	23,660	82,628
1929	25,754	79,939
1930	6,318	48,482
1931	6,524	38,121
1932	6,203	25,518
1933	1,610	6,569
1934	541	2,730

（典拠） China, The Maritime Customs, *Foreign Trade of China, 1925-1931*.
China, The Maritime Customs, *The Trade of China, 1932-1934*.
（注） 再輸出分は含まない。

　革業の発展は、上海あるいは中国の革や革製品の需給関係にどのような影響を及ぼしたのであろうか。
　この問題に関連する1920年代末—30年代初頭の資料はしばしば、中国あるいは上海で輸入革に対する需要が根強く存在することを指摘している。例えば「中国製革業概況」（『工商半月刊』2巻6号、1930年）には、「〔1912年に〕民国に改元して後、各省の製革工場が雨後の筍のごとくほぼ全国で勃興した。民国17年（筆者註：1928年）において、トランク、革鞄、革靴、ベルトなどの各種皮革品に中国産の革を用いても、なお国外の革に対する莫大な需要があり、国内の製革工場を速やかに増設せねば需要を満たしえない」という趣旨の表現が見られる。「上海に於ける製革状況」（『経済月報（上海日本商業会議所）』2巻3号、1928年）には、「国産皮革は上海に於て増加したれど未だ靴及底革の輸入を仰かざるべからず事実上底革の輸入は海関統計に於ける過去三年間に於て非常なる数量に達せり」とある。また「上

海市場に於ける皮革製品」(『東洋貿易研究』13巻2号、1934年)には、「支那は生皮の重要な産出国であり、上海の製革業は支那工業中その創業最も古きものゝ一に属する。勿論その製品は未だ当地需要の半ばを充たし得ぬ状態」とある。このように相当規模の革や革製品の輸入が継続した背景に、何よりも皮革関連品に対する大きな需要があったことを挙げねばならないが、上海事変の勃発(1932年)の影響にも留意が必要である。事変の勃発により、江湾や閘北の諸製革工場や皮坊が砲火により焼き壊され、喊士、萬生源、日本資本の中華、江南等の工場が閉鎖して、革の生産量がにわかに減少する事態が生じた[93]。

以上のように、上海一都市に限っても、1930年代前期の段階で中国製の革や革製品が全面的に外国製品にとってかわることはなかった。ただ、個々の品目に焦点をあてると、上海における製革業の発展が、同地の革や革製品の消費をめぐる中国製品と外国製品との関係に一定の影響を与えたことがうかがえる。その代表例が靴底革である。1920年代後期から1930年代初期の上海では、外国からの靴底革の輸入量が減少し(【表2】)、上海製品の普及が顕著になっていた。「上海市場に於ける皮革製品」(『東洋貿易研究』13巻2号、1934年)に次のような記述がある。

　　靴底革は従来輸入が旺んであつたが、当地製品の台頭と支那靴底に用ふべき代用品増加とのため輸入漸減の傾向にある。当地での製造は江南皮革廠(日本皮革)、中華皮革廠等の邦商が先鞭をつけ、外貨輸入の防遏に努め、排日に遭遇して難境に立つたが、その間に支那製造家が簇生したので現在は殆ど自給に近い状態に達してゐる。

靴底革は、中国へ輸入される革の代表的な商品であった(例:1926年における、革の輸入量154,412ピクルのうち139,254ピクルが靴底革)。そして1920年代後期以降の靴底革の輸入減少は、革全体の輸入減少につながった(【表2】【図1】)。

上海における製革業発展の影響は、革靴、あるいはトランク、財布といった一部革製品の需給状況にも見られる。「上海市場に於ける皮革製品」(『東洋貿易研究』13巻2号、1934年)に次のような記述が見られる。

　　〔上海〕市場に於ける皮革製品の一ヶ年需要高は一千万元以上と謂はれるが、近年支那在来の皮坊の生産増加と新式製革工場の発達の為め

靴、トランク、袋物等は当地で製造さるゝものが多くなり、輸入品の
　　品種は漸次高級品に限られつゝあり。……トランク類：当地製造業発
　　達し支那人トランク屋簇生して自給自足の域に達し、その製品は更に
　　南支、南洋方面へ…輸出されてゐる。……靴：輸入品甚だ少く、大部
　　分は当地に於て製造されてゐる。輸入品中に首位を占めてゐるのは米
　　国品で多く外人百貨店で販売されてゐるが、高価なるため需要少く、
　　輸入漸減しつゝある。袋物：シース（筆者註：筆記具入れ）、銅幣袋、財
　　布等は殆ど当地で製造さるゝものが用ひられ、輸入は殆ど問題となら
　　ない。
　以上の表現からは、1930年代初期の上海で中国製革製品の一部が外国製
品に対し一定の優勢を確保した背景として、同地の製革業の発展が深く関
わっていたことがうかがえよう。

おわりに

　本稿は、19世紀末から1930年代初期の上海で、新式、準新式の製革工場
や皮坊が、中国の豊富な生皮資源のほか、アジア、ヨーロッパ、南米、ア
フリカといった世界各地に分布する鞣しや染色の材料、海外から導入した
各種機械などにも依りながら製革に従事し、上海を中心とする中国の革需
要の増加に対応していった過程を論じた。人々の生活を支える衣・食・住
に関わる産業のうち、製革と並んで「衣」の領域に属する代表的な産業に
綿紡績業がある。綿紡績業は近代中国の産業発展の牽引役的存在であり、
中国では20世紀初期に上海を中心とした発展により機械製綿糸の輸入代替
化が進んだ[94]。上海に焦点をあてた本稿での検討による限り、19世紀末か
ら1930年代初期の中国における製革業の発展は、中国製品と輸入品との関
係に対し、綿紡績業で見られたほどの明確な変化をもたらしたわけではな
かった。しかし、近代中国における革や革製品の需給関係の変化に、一定
の影響を及ぼした点は確認される必要があろう。
　本稿は一都市に焦点をあてたにとどまる。上海以外の他都市における製
革工業の発展過程、個別企業の経営の推移、1920年代末から1930年代にか
けて中国で本格的に勃興するゴム製品製造業と製革業との相互関係などに

焦点をあて、近代中国の製革業の全体像を明らかにする作業を進めることが今後の課題として残されている。

---

1) 例えば、森時彦『中国近代綿業史の研究』(京都大学学術出版会、2001年)、久保亨『戦間期中国の綿業と企業経営』(汲古書院、2005年)、曽田三郎『中国近代製糸業史の研究』(汲古書院、1994年)。
2) 例えば、田三益・陳陛階 (口述)「重慶機器製革的第一家廠―求新製革廠」(中国人民政治協商会議四川省委員会文史資料研究委員会編『四川文史資料選輯』第27輯、1982年)、田三益・陳陛階「重慶首創機器製革的求新製革廠」(中国民主建国会重慶市委員会文史資料工作委員会・重慶市工商業聯合会文史資料工作委員会編『重慶工商史料』第2輯、1983年)、張馳「安慶皮革業的発展及其演変」(政協安慶市文史資料研究委員会・安慶市編史修志辦公室・安慶市檔案局編『安慶文史資料』第7輯、1983年)、沙傑士「雲南皮革工業発展的概況」(中国人民政治協商会議雲南省委員会文史資料研究委員会編『雲南文史資料選輯』第16輯、1982年)、陳慶年「広州製革業今昔」(中国人民政治協商会議広東省広州市委員会文史資料研究委員会編『広州文史資料選輯』第31輯、広東人民出版社、1984年)、周乃庚・李威儀・葉茂栄「天津機器製革業及華北製革廠」(中国人民政治協商会議天津市委員会文史資料研究委員会編『天津文史資料選輯』第31輯、天津人民出版社、1985年)、武漢市皮革工業公司『武漢皮革工業誌』編写組編『武漢皮革工業誌』(1986年)、朱堯階・楊克昌「杭州的製革業」(政協杭州市委員会文史資料研究委員会編『杭州文史資料』第6輯、1985年)。
3) 『上海皮革行業志』編纂委員会編・諸炳生主編『上海皮革行業志』(北京、中国軽工業出版社、1994年)。
4) 許金生「上海近代工業発展史上における日系雑工業の位置と役割をめぐって」(『立命館経済学』54巻3号、2005年)。
5) 例えば、吉田金一『ロシアの東方進出とネルチンスク条約』((財)東洋文庫、1984年) 325―327頁、木村和男『毛皮交易が創る世界―ハドソン湾からユーラシアへ』(岩波書店、2004年) 3―6、138―142頁、森永貴子『ロシアの拡大と毛皮交易―16〜19世紀シベリア・北太平洋の商人世界』(彩流社、2008年) 59―61、74―75、78―79、175―176頁。
6) 東亜同文会編『支那経済全書(第9輯)』1908年、295頁。同書の298頁によれば、その手順はおよそ次の通りである。①生皮を3、4日冷水に浸したのち、裏面の肉や汚物を取り除く。②石灰水に浸したのち脱毛する。③水と尿とを

混ぜた液体に浸す。④炉を使って燻べる作業を繰り返す。⑤油を塗ったのち乾燥する（ただし底革用のものには油を塗らない）。

7）童嶽『上海皮革業（中国経済研究会工業調査叢刊之四）』1944年、1頁。
8）「支那に於ける皮革及其製品」（『東洋貿易研究』10巻7号、1931年）。
9）同上。
10）南満洲鉄道株式会社上海事務所『生皮（水牛、黄牛、山羊）』1939年、1頁（以下、本書は『生皮』と略記）、前掲「支那に於ける皮革及其製品」。
11）「天津に於ける皮革製品」（『東洋貿易研究』10巻12号、1931年）。
12）「支那に於ける革の需用」（『皮革世界』7年1号、1913年）。なお靴革は「西洋靴」だけでなく「支那靴」にも使われた。つまり、当初「支那靴の底は布帛又は紙を重ねて造つたものであつたが、之れを革に改良した結果、表が布帛では釣合が取れない、つまり表から破れて仕舞ふと云ふことになるので表に又革を使ふと云ふということになつて、今日では大分支那靴に革を使ふと云ふことになつたのである」（坂口武之助「支那貿易」『皮革世界』7年7号、1913年（読点は筆者））。
13）前掲「支那に於ける革の需用」。
14）同上。
15）「製革業状況『上海』」（『通商公報』1068号、1923年）。
16）前掲『上海皮革行業志』18、73頁。
17）前掲、周・李・葉「天津機器製革業及華北製革廠」。
18）前掲『上海皮革業』1頁。
19）前掲、許論文。
20）「上海に於ける製革業状況」（『通商公報』182号、1915年）。
21）前掲『支那経済全書（第9輯）』302頁。
22）同上書、301頁。
23）同上。
24）前掲「上海に於ける製革業状況」。
25）前掲『支那経済全書（第9輯）』302頁。
26）同上書、303頁。
27）前掲『上海皮革行業志』73頁。
28）前掲「上海に於ける製革業状況」。
29）同上。
30）前掲『上海皮革業』2頁、「上海の皮革業」（『東洋貿易研究』8巻1号、1929年）。
31）ニッピ八十五年史編集委員会『ニッピ八十五年史―上巻（日本皮革株式会社

五十年史)』株式会社ニッピ、1992年、120頁。同書の65—66頁によれば、日本皮革株式会社は、1907年4月に株式会社桜組、東京製皮合資会社、合名会社大倉組皮革製造所が合併して設立された。取締役会長は大倉喜八郎、副会長は大沢省三、取締役は賀田金三郎、監査役は浅田徳則であり、相談役に渋沢栄一が就いた。

32) 同上書、386頁。前掲、許論文も江南製革公司の沿革に言及している。
33) 前掲「上海に於ける製革業状況」。
34) 前掲『ニッピ八十五年史』386頁。
35) 「欧洲戦乱と革類及靴附属品の騰貴」(『皮革世界』8年9号、1914年)。
36) 吉井與三郎「支那に於ける新式製革工業」(神戸高等商業学校『大正6年夏期海外旅行調査報告』1918年)。
37) 同上。
38) 同上。
39) 前掲『上海皮革業』2—3頁、前掲「上海の皮革業」。
40) 前掲「支那に於ける新式製革工業」。
41) 前掲『ニッピ八十五年史』120頁。
42) 前掲、許論文、外務省通商局『上海事情』1924年、106頁。
43) ただ、これら日系企業の経営が常に安定していたわけではなかったことは確認しておく必要がある。例えば江南製革は「〔1920年代前半に〕浙江戦争(筆者註:1924年9—10月の江浙戦争)があり、また上海地区各工場ストライキ蜂起し、遂に大正14年4月、日本反対の大ストライキとな」り、「このため上海工場も約1ヶ月の製造停止のやむなきに至」ったのをはじめ、「地方戦争、ストライキ、排外貨等の影響をうけ、工場経営も順調に至ら」ないことがあった(前掲『ニッピ八十五年史』388頁)。また中華皮革の場合も「〔1928年3—8月に〕日貨排斥ノ余波ヲ被リ販路杜絶ノ厄ニ遭ヒ遂ニ期半以来新規原料ノ仕込ヲ中止スルノ止ムヲ得ザルニ至」ることがあった。(中華企業株式会社『第17回営業報告書(自昭和3年3月1日至昭和3年8月31日)』1—2頁)。
44) 「支那に於ける製革業の概況」(『経済月報』4巻8号、1930年)。
45) 「中国製革業概況」(『工商半月刊』2巻6号、1930年)。
46) 「上海に於ける製革状況」(『経済月報(上海日本商業会議所)』2巻3号、1928年)、「上海皮革工業之調査」(『工商半月刊』1巻4号、1929年)、上海特別市社会局編『上海之工業』(中華書局、1930年)47—52頁、前掲「支那に於ける皮革及其製品」、前掲「中国製革業概況」、前掲『上海皮革業』2—3頁、実業部国際貿易局『中国実業誌:全国実業調査報告 江蘇省(上)』刊行年不詳、727

―729頁。
47) 設備を見る限り、新式工場と見なすことも可能であるが、「上海皮革工業之調査」(『工商半月刊』1巻4号、1929年)の分類に従った。
48) 史料上の記載はないが、設備面から新式と判断した。
49) 前掲「上海皮革工業之調査」。
50) 同上。
51) 同上。
52) 本段落の内容は、前掲「上海皮革工業之調査」による。
53) 前掲、許論文。
54) 東亜研究所『支那ニ於ケル重要畜産資源ノ分布ニ関スル調査』1940年、21―22頁。
55) 前掲「上海皮革工業之調査」。
56) 同上。
57) 南満洲鉄道株式会社上海事務所『生皮(水牛・黄牛・山羊)』1939年、5頁(以下、本書は『生皮』と略記)。
58) 『生皮』6頁。
59) 『生皮』12―13頁。
60) 『生皮』7頁。
61) 『生皮』12頁。
62) 『生皮』7―8頁。
63) 『生皮』21―22頁。
64) 『生皮』22、76―77頁。
65) 前掲「上海皮革工業之調査」。
66) 『生皮』35頁。
67) 『生皮』28頁。
68) 『生皮』29頁。
69) 『生皮』28頁。
70) 同上。
71) 『生皮』30頁。
72) 『生皮』27頁。
73) 『生皮』55―56頁。
74) 『生皮』55頁。
75) 『生皮』29頁。
76) 『生皮』56頁。

77) 『生皮』27頁。
78) 『生皮』26頁。
79) 『生皮』27頁。
80) 『生皮』27頁。
81) 『生皮』26頁。
82) 『生皮』27頁。
83) 『生皮』35頁。
84) 『生皮』18頁。
85) 本段落の内容は、前掲『上海皮革業』35—36頁による。
86) ミモザ樹皮は各種アカシア属（Acacia）植物の樹皮であり、イギリスではこの樹皮をワットル（Wattle）あるいはワットル・バーク（Wattle Bark）と称した（山崎金五郎『植物タンニン材料及其の化学』社団法人大阪工研協会、1943年、87頁）。
87) 本段落の内容は、前掲『上海皮革業』36頁による。
88) 前掲「上海の皮革業」。
89) 前掲「上海皮革工業之調査」。
90) 前掲「上海の皮革業」。
91) 前掲「上海皮革工業之調査」。
92) 同上。
93) 前掲『上海皮革業』2頁。
94) 久保亨『中国経済100年のあゆみ―統計資料で見る中国近現代経済史―（第2版）』創研出版、1995年、14—18頁。

〔追記〕本稿は、第三届白沙歴史地理学術研討会「環境変遷与歴史地理」（台湾・国立彰化師範大学、2008年9月26、27日）での口頭報告「19世紀末期―20世紀初期、上海皮革貿易和製革工業之発展」をもとに作成したものである。なお、本稿は日本学術振興会科学研究費補助金（特別研究員奨励費）による研究成果の一部である。

第8章　抗戦前期上海租界における資本家の経済活動
——虞洽卿の言動にみる「救済市民」と「発国難財」——

今井　就稔

はじめに

　日中全面戦争時期の上海租界（＝共同租界のうち日本の警備区域を除く地域、およびフランス租界）は、交戦する日中両国の間にあって、きわめて特殊な地域を形成したことで知られている。1937年8月13日に始まる第二次上海事変によって上海は日本の占領下におかれることになるが、租界だけは日本軍の権力から基本的に自由な地域として残った。そのため、この上海租界は日本の支配から逃れた中国側のさまざまな活動の拠点となったのであった。

　この時期の租界の諸現象のなかで、経済の急激な回復はよく指摘される。いくつかの特殊な条件が重なり合って、租界内の工業生産や商業活動は戦時中にもかかわらず拡大したのである。周囲を日本軍に取り囲まれたなか、わずか30平方キロ程度の租界における経済の繁栄は「孤島の繁栄」とよばれ、それはアジア太平洋戦争の勃発により日本軍が租界へと進駐する1941年12月8日まで、基本的に継続することになる。

　上海の資本家層は、日本側の支配を逃れて租界内へと避難し、一連の経済活動の主体となると同時に、「孤島の繁栄」の最大の享受者ともなった。一種の戦争景気にわくなかで、商工業活動はおおむね順調であり、投機的な活動も活発化したため、彼らは戦前を上回る利益を獲得した。

　こうした資本家層の経済活動は、そのおおまかな事実は知られているが、個別の資本家、あるいは企業についてのより具体的内容はあまり明らかになっていない。それは、史料的な制約もさることながら、他方では当時の租界内における経済活動の持つ投機的な色彩が、モラルに反したものである、という意識が、同時代の人々から現在の研究者に至るまで共有されているためでもあろう。現代でも、いわゆる「投資」が時間と努力をかけて

利益を積み重ねていくものであるとするなら、「投機」とは火事場泥棒的で単なるマネーゲームであると思われることも多い。まして、租界経済が隆盛を誇っていた当時は、中国にとっては国の存亡をかけて戦っていた大事な時期と重なるから、「発国難財」(=国難につけこんで金もうけをすること)として道義的に批判されても不思議ではない。

しかし、資本家や企業家は、本来的に利益を追求する存在である。たしかに当時の経済活動は投機的色彩が濃厚だった。しかしその一方で、そうした活動を継続するには、戦災による混乱の下、残された経営資源や経済環境をもとに、新たな事業を展開していく能力も必要である。戦争勃発によって激変した経済環境を前提に、どう活路を見出していったのか、経営動向や利益獲得の実態などを含め、個々の資本家・企業についての詳細な分析はやはり必要となる。「侵略対生存」という現実的構造を明らかにするためにも、個別事例に依拠した検証が急務だ。

こうした関心の下、この論文では、上海財界の有力者・虞洽卿による、サイゴン米の買付けと売却を事例として、実証的に検討していきたい。

虞洽卿(1867—1945)は浙江省鎮海(現在の寧波市の一部)生まれ。外国資本商社・銀行の買辦として出発したあと、自ら汽船会社を興し、経営に乗りだした。1908年に共同で寧紹輪船公司を創設し、総経理につくと、1912—1914年にかけて、三北輪船公司・鴻安輪船公司・鴻安寧興輪船公司を立ち上げ、上海の実業家として次第に名を挙げてゆく。1923年には上海総商会会長に就任、27年3月には浙江の資本家たちと共同で上海商業連合会を組織し、南京国民政府の成立を経済面からサポートした。29年には公共租界工部局の理事にも就任している[1]。

ところで、江南地域は中国有数の米の産地であり、戦前、上海社会は米穀消費の多くの部分を江南米に頼っていた。しかし、日中戦争が始まると、大量の難民が押し寄せて人口が急増したうえ、日本軍による交通・輸送体系の寸断や農産物資源の収奪の影響もあって、上海は深刻な米不足に見舞われた。

米不足・食糧不足に対して、上海社会は外国からの輸入拡大によって対処した。このとき、虞洽卿はサイゴン米の買付け行為を繰り返し、大きな利益を上げたといわれる。その大義名分は、当時何百万といわれた上海市

民の糧食確保のためという人道的な理由であったが、一般市民からはひんしゅくを買い、「米食い虫」と呼ばれるようになったといわれる[2]。

　従来の研究からは、虞洽卿が地域の実力者として、同郷、ひいては上海社会をまとめあげた実績や、蒋介石と親密な関係を保ち、租界当局との適度な緊張関係も維持しながら、巨大都市上海のナショナリズムの形成にも大きな役割を果たしたことを知ることができる[3]。また、戦時中も難民救済事業の推進のために立ち上がり、国民政府の重慶撤退以降の上海における抗日ナショナリズムの形成にも虞洽卿は大きな役割を果たしたことが知られるようになった[4]。こうした、上海社会のまとめ役、統合の象徴としての虞洽卿像を描くことに関心が注がれてきたのには、国民政府による中国社会の統合過程を肯定的に評価せんとする1980年代以降の研究潮流や、地域社会論・地方エリート論への関心の高まりも関係していると思われる。

　しかし、その反面、陳来幸の研究などの例外はあるものの、虞洽卿の資本家・企業家としての側面はあまり注目されていない。また、その最晩年にあたる戦時期の活動についても研究が手薄である。彼が経営する汽船会社・三北輪埠公司は、中国資本としては天津の輪船招商局に次ぐ規模であった。サイゴン米の買付けによる発材を非難されたのであるとしたならば、戦争勃発後の上海経済の構造変容や、資本家・企業家としての虞洽卿の姿に関心の軸足を置いた研究もなされてよいのではないかと考える。

　以下、第1章では、上海の米事情を輸入・移入統計を基礎として概観する。第2章では、「孤島」の繁栄期の米行政と虞洽卿の役割を明らかにする。そして第3章では、1・2章をふまえて、虞洽卿のサイゴン米買付け活動の「経営」環境を考えてみたい[5]。

1. 戦時期上海租界の米事情

(1) インドシナ側の状況

　戦前から「孤島の繁栄」期にかけて、上海の米事情はどのように変化したのだろうか。

　先行研究でもみたとおり、戦時期上海の米輸入を検討する場合、サイゴン米はとりわけ重要な意味を持っていた。まず、供給源となるインドシナ

表1　仏領インドシナから輸出される米の割合

仕向地	1926～30年	1936～37年
アジア	69%	26%
フランス本国および植民地	17%	63%
その他アジア以外地域	14%	11%

出所：V. D. ヴィッカイザー、M. K. ベネット（玉井虎雄、弘田嘉男訳）『モンスーン・アジアの米穀経済』、日本評論新社、1958年、106頁。

の米事情について簡単に言及しておきたい。

　仏領インドシナは、ビルマ・タイとともに、世界的な米作地帯であり、なおかつ米の輸出地帯であった。表1は仏領インドシナから輸出される米の仕向地別の割合である。およそ1930年頃まで、大部分は、中国、日本、フィリピン、蘭領インドなど、アジア地域へと輸出されていた。ところが、1930年代以降、アジア向け輸出の割合を急激に減らしてゆく。これはアジア各国が国際収支のバランスを保ちつつ、国内通貨を保護する姿勢をとったり、食糧の自給を達成しようとする各国政府の政策的意図によるものであるとされる[6]。たとえば、日本の植民地であった朝鮮と台湾では、帝国内での米穀自給をめざす政府によって生産の奨励が行われた結果、東南アジアからの米の輸入は大きく減ることになった[7]。

　こうした現象は、ビルマとタイでもみられたが、仏領インドシナの場合、アジア市場の喪失の影響は特に大きかった。すなわち、中国市場の狭隘化によって、最も重要な輸出先の大部分を喪失したのに加え、拡大しつつあったインドおよびセイロン市場においてはビルマに対し、また狭隘化しつつあった蘭領インド市場と拡大しつつあったマレー市場においてはビルマ・タイに対して競争力がなく、劣勢に立たされた。さらにフランスとその植民地以外の非アジア圏においては、輸出の余地はほとんどなかったので、ただわずかに、フランス本国に輸出されるのみであった[8]、といわれる。

　このようなインドシナ米の販路縮小・余剰米の増加という状況や、ビルマ・タイよりも地理的に中国に近いということが、上海をして緊急時の米のまとまった調達を可能にした条件の一つであったと考えられよう。

表2　上海の米の輸入（公担：100kg）

年	輸入量	主な調達先と割合（％）
1932	2,419,367	英領インド72　仏領インドシナ25
1933	570,799	タイ44　英領インド42
1934	608,570	仏領インドシナ76　タイ16
1935	5,872,287	仏領インドシナ68　タイ16
1936	92,992	タイ64　仏領インドシナ33
1937	307,876	仏領インドシナ98
1938	644,934	仏領インドシナ93
1939	457,652	仏領インドシナ49　タイ49
1940	3,922,248	仏領インドシナ69　タイ15
1941	6,388,604	仏領インドシナ42　ビルマ40

出所：1932～34年　満鉄上海事務所『米——上海米市調査』1940年、29～30頁。
　　　（同書は、社会経済調査所『上海米市場調査』1935年の翻訳）
　　　同書に従い、1市石＝78kgとして換算。
　　　1935～41年　『上海対外貿易統計年刊——進出口貨物類編』各号　進口統計
　　　No.239米・穀の項。

図1　1932年、1933年の国産米の上海移入（公担）

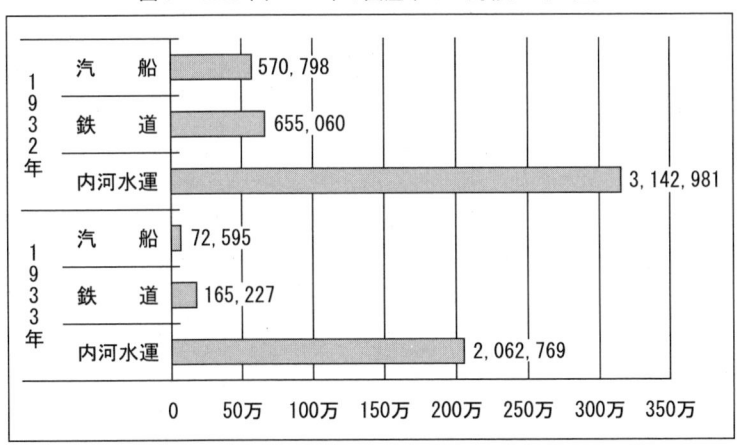

1932年	汽船	570,798
	鉄道	655,060
	内河水運	3,142,981
1933年	汽船	72,595
	鉄道	165,227
	内河水運	2,062,769

出所：満鉄上海事務所『米——上海米市場調査』1940年

表3 「埠際貿易」にみる上海の米調達 (公担：100kg)

年	上海への移入量	調達先
1936	2,797,470	九江：1,570,593　長沙：602,642　漢口：306,551
1937	2,987,824	九江：2,011,151　漢口：395,604　長沙：392,049
1938	4,305	温州：2,442　寧波：1,539
1939	1,417	厦門：805　温州：506
1940	2,049	三都澳：843　温州：664

出所：韓啓桐・鄭友揆編『中国埠際貿易統計：1936—1940』中国科学院、1951年

表4　上海の月別米穀輸入量 (公担：100kg)

年月	輸入量	うちインドシナ	割合(%)	年月	輸入量	うちインドシナ	割合(%)
1938年1月	313,224	312,025	99.6	1940年1月	370,140	277,190	74.9
2月	67,915	67,913	100.0	2月	307,624	203,233	66.1
3月	114,485	114,478	100.0	3月	625,444	369,918	59.1
4月	12,281	12,275	100.0	4月	317,270	116,047	36.6
5月	97,873	57,231	58.5	5月	54,132	34,690	64.1
6月	9,410	9,067	96.4	6月	200,659	134,028	66.8
7月	7,099	6,196	87.3	7月	485,152	300,485	61.9
8月	1,884	1,755	93.2	8月	504,350	358,691	71.1
9月	19,892	19,241	96.7	9月	137,810	115,525	83.8
10月	731	0	0.0	10月	277,011	228,344	82.4
11月	122	0	0.0	11月	368,939	335,468	90.9
12月	18	0	0.0	12月	273,718	218,427	79.8
1939年1月	合計 2406	合計 1884	78.3	1941年1月	501,733	344,871	68.7
2月				2月	908,904	493,281	54.3
3月				3月	554,676	395,380	71.3
4月	252	0	0.0	4月	1,090,608	742,861	68.1
5月	20,601	0	0.0	5月	555,971	217,721	39.2
6月	12,202	0	0.0	6月	436,556	177,703	40.7
7月	7,055	7,041	99.8	7月	697,254	120,381	17.3
8月	210	0	0.0	8月	733,735	67,973	9.3
9月	28,207	27,660	98.1	9月	447,673	71,157	15.9
10月	18,999	18,999	100.0	10月	157,877	20,770	13.2
11月	3,821	0	0.0	11月	200,687	11,579	5.8
12月	364,151	172,043	47.2	12月			

出所：Statistical Department of the Inspectorate General of Customs "Shanghai Monthly Returns of foreign trade" 各号より。1941年12月はデータなし。

(2) 上海の米事情

まず基本的なデータを示そう。表2は上海の米の輸入（国外貿易）を年別で示したものであり、図1と表3は、国産米の上海への移入状況を示したものである。また、表4は戦時期の上海の米輸入を月別に記録したもので、表5は複数の資料をもとに、サイゴン米の現地価格を上海での価格と比べたものである。

虞洽卿の「発財」のメカニズムが存在するとすれば、サイゴンで安く買った米を上海に運び、相対的により高い値段で売ることが必要であるが、表5では、国際金融の動向、米取引の際の為替決済のシステム、輸送上のリスク（戦時中であるから、撃沈させられたり、積み荷を没収されたりする可能性は平時よりも高いと考えられる）を一切捨象して両地の価格差を考えてみた。まず、サイゴンでの価格（①）を各月の平均レートで元に換算し（②、③）、上海での価格（④）と比較する。両地の米価の差額（⑤）が大きければ、利益も大きいということになる。また、戦前の1937年1月の米価の差額を

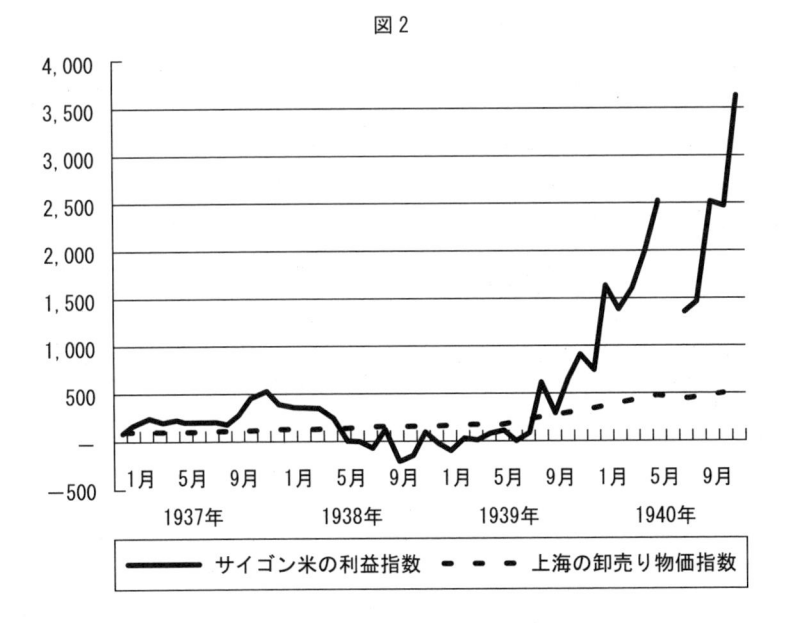

図2

サイゴン米の利益指数　- - - 上海の卸売り物価指数

表5 サイゴンと上海におけるサイゴン米価格の変遷 （サイゴン米1号　公担：

	1937年	1月	2月	3月	4月
①	サイゴンでの価格（piastre）	7.79	6.92	6.38	6.37
②	1piastre の元レート	1.55	1.55	1.53	1.49
③	サイゴンでの価格（元）	12.07	10.73	9.76	9.49
④	上海での価格（元）	13.56	13.56	13.56	12.67
⑤	両地の米価の差額④−③	1.49	2.83	3.80	3.18
⑥	同指数（利益指数）	100	190	255	213
⑦	上海の卸売り物価指数	100	101	101	102
	1938年	1月	2月	3月	4月
①	サイゴンでの価格（piastre）	9.08	9.66	10.03	9.99
②	1piastre の元レート	1.12	1.09	1.08	1.09
③	サイゴンでの価格（元）	10.17	10.53	10.83	10.89
④	上海での価格（元）	15.88	15.92	16.03	16.00
⑤	両地の米価の差額④−③	5.71	5.39	5.20	5.11
⑥	同指数（利益指数）	383	362	349	343
⑦	上海の卸売り物価指数	115	114	114	117
	1939年	1月	2月	3月	4月
①	サイゴンでの価格（piastre）	8.54	9.15	9.41	9.39
②	1piastre の元レート	1.55	1.62	1.62	1.63
③	サイゴンでの価格（元）	13.24	14.82	15.24	15.31
④	上海での価格（元）	12.80	13.10	15.50	15.50
⑤	両地の米価の差額④−③	−0.44	−1.72	0.26	0.19
⑥	同指数（利益指数）	−30	−115	17	12
⑦	上海の卸売り物価指数	139	142	148	149
	1940年	1月	2月	3月	4月
①	サイゴンでの価格（piastre）	13.93	13.72	10.62	10.77
②	1piastre の元レート	2.68	2.92	3.16	3.19
③	サイゴンでの価格（元）	37.33	40.06	33.56	34.36
④	上海での価格（元）	48.08	64.10	53.85	58.33
⑤	両地の米価の差額④−③	10.75	24.40	20.29	23.97
⑥	同指数（利益指数）	721.00	1,638.00	1,362.00	1,609.00
⑦	上海の卸売物価指数	322.00	375.00	386.00	400.00

出所：①…1937〜38年　Gouvernement général de l'Indochine "Bulletin economi-
　　　　　　1939〜1940年　Gouvernement général de l'Indochine "Annuaire Stati-
　　　②…Jean−pascal Bassino "Exchange rates and exchange rate policies in Vi-
　　　③⑤⑥…①、②に基づき、筆者計算。
　　　④…財政部駐滬調査貨価処『上海物価月報』各号より、換算。1939、40年は
　　　⑦…中国科学院上海経済研究所、上海社会科学院経済研究所編『上海解放前
　　　※①〜④は少数第三位四捨五入　⑥は小数第一位四捨五入

100kg あたり)

5月	6月	7月	8月	9月	10月	11月	12月
6.36	6.53	7.72	8.95	9.50	9.63	8.91	9.28
1.49	1.49	1.27	1.15	1.17	1.12	1.14	1.14
9.48	9.73	9.80	10.30	11.12	10.79	10.16	10.58
12.89	12.78	12.89	13.56	13.89	15.33	17.56	18.60
3.41	3.05	3.09	3.26	2.77	4.54	7.40	8.02
229	205	207	219	186	305	497	538
103	104	103	105	107	109	115	116

5月	6月	7月	8月	9月	10月	11月	12月
11.20	11.31	11.47	11.89	12.02	11.76	10.38	8.75
1.08	1.42	1.45	1.51	1.47	1.53	1.57	1.56
12.10	16.06	16.63	17.95	17.67	17.99	16.30	13.65
15.89	16.18	16.85	17.05	19.63	14.65	14.06	15.17
3.79	0.12	0.22	−0.90	1.96	−3.34	−2.24	1.52
254	8	15	−60	132	−224	−150	102
117	119	126	136	136	138	138	137

5月	6月	7月	8月	9月	10月	11月	12月
10.00	9.25	8.84	8.43	8.48	8.47	9.44	11.84
1.63	1.86	2.23	3.27	3.04	2.73	2.38	2.72
16.30	17.20	19.71	27.57	25.78	23.12	22.47	32.20
17.60	18.90	19.40	28.80	35.10	27.00	32.40	41.10
1.30	1.70	−0.31	1.23	9.32	3.88	9.93	13.40
87	114	−21	83	626	260	666	899
151	164	168	217	262	273	275	305

5月	6月	7月	8月	9月	10月	11月	12月
11.50	12.11	12.84	14.18	15.61	14.79	14.21	14.15
3.30	3.13	−	3.72	3.97	3.76	3.69	3.79
37.95	37.90	−	52.75	61.97	55.61	52.43	53.63
67.31	75.00	80.45	72.89	83.66	92.89	88.79	107.05
29.36	37.10	−	20.14	21.69	37.28	36.36	53.87
1,970.00	2,490.00	−	1,352.00	1,456.00	2,502.00	2,440.00	3,615.00
450.00	434.00	421.00	417.00	439.00	468.00	480.00	503.00

que de L'Indochine",
stique de L'Indochine", Hanoi
etnam under French rule (1895−1954)" Paul Valery University (France) 1998

1市石＝156市斤＝78kgとして重量換算。
後物価資料匯編』上海人民出版社、1958年。

100としたときの利益指数（⑥）を掲げるとともに、戦時中のインフレーションを考慮すべく、同年1月を100とした上海の卸売物価指数（⑦）も掲げた。⑥、⑦を比較したのが図2で、1940年以降、物価の上昇をはるかに上回るペースで利益指数が伸びているのがわかる。

ただ、表5は、あくまでサイゴンから運んだ米を即座に売却した場合を想定しているが、実際の取引はそう単純ではない[9]。また、サイゴン現地のデータが1940年までしか残されておらず、アジア太平洋戦争勃発までを通観できないという制約もある。しかし、表3、表4とあわせて参照すれば、大まかな傾向を知ることはできるであろう。

① 戦前

諸表から上海の米事情を推察してみよう。戦前、上海で必要とされる米は人口統計や米行の記録からおよそ600万市石（約468万担）と推定されている[10]。上海社会はこれらの需要を海外からの輸入と国内の産米地からの調達によってまかなっていた。

まず、海外からの輸入米の年別データ（表2）をみると、毎年の輸入量に大きな変動があることがわかる。外国からの輸入量は国産米の作柄とも関係があり、たとえば、1935年に突出して輸入が多いのは、1934年に華中・華南地域が未曾有の干害に襲われ、米の生産量が大きく減少したためである[11]。調達先は戦前は英領インドやタイの比率が高く、仏領インドシナからの調達が圧倒的な戦時中とはやや異なっている。

一方国産米の調達は、その輸送手段によって、内河水運、鉄道、汽船に分けられる。内河水運は江蘇、浙江両省の産米地域から主にジャンクと呼ばれる木造帆船によって運び込まれる米であり、鉄道輸送は、京滬（南京—上海）、滬杭（上海—杭州）両鉄道によって担われる。汽船は安徽省や江西省など、より内陸部から輸送されるために用いられる。

国産米の移入については海関を経ない部分が大きく、確固たる時系列的データが得られるわけではないが、1932年と33年の国産米の移入状況を輸送手段別に整理した記録をみると（図1）、江蘇省、浙江省などの産米地域から帆船によって持ち込まれる米が圧倒的であったことが推察される。ただ、汽船輸送による国産米も取るに足らない存在であったわけではない。表3は1936年から40年までの「埠際貿易」の記録である。埠際貿易とは、

海関によって把握された蒸気船による中国産品の開港場間の移動のことを指し（港湾を経由しない陸路・鉄道輸送やジャンク貿易は含んでいない）[12]、36年から40年までは、上海への移入量だけではなく、その調達先についても知ることができる。戦争勃発前である1936年をみれば明らかなように、この埠際貿易は相当の規模に拡大していた。江西省の九江、湖南省の長沙、湖北省の武漢などからの移入が多いことからもわかるように、長江の水運を利用して上海に持ち込まれていたのである。

以上は断片的なデータではあるが、戦前の上海の米は外国米と国産米に大別され、国産米はさらに、上海からほど近い江南地域から調達されるものと、長江の水運により内陸部からもたらされる米とが存在していたことを確認しておこう。問題は、戦争勃発後、こうした供給構造にどのような変化が生じたのかということである。

② 戦時中——1939年まで

アジア太平洋戦争の勃発までの上海の米事情を表3・表4からみると、おおまかにいって、1939年末に転換点が見いだされる。

開戦後、農地荒廃や輸送体系の寸断、日本軍による物資統制で国産米の供給が減少したが、このことは何よりも、埠際貿易に如実に表れている。主因は、華中交通の大動脈である長江や、南京、九江、武漢といった沿江部の主要都市を日本軍が封鎖・制圧したからにほかならない。では、上海近辺から帆船や鉄道を通じて運び込まれる米は、戦争勃発後、どうなったのであろうか。これは、数値的な把握は困難であるが、実は相当量の国産米が上海に供給されていたようである。

当時の新聞によると、「内地から上海にやってくる船はとぎれることはない。数量はわずかに減少しただけで〔日本軍による……引用者、以下同じ〕搬出許可証問題が解決してからは、生産地に残されている米が大量に上海へと運ばれるだろうから、現在のところ、生産地からの供給がとぎれることはない」[13]、「江蘇・浙江・安徽の淪陥区〔＝日本に占領された地域のこと〕では、米の産地から移出が禁止されたという情報もあるが、国産米の供給は依然として止まっておらず、民船、汽船、鉄道などによって上海へ運ばれている」[14] というような現状認識が一般的であった。

密輸も相当程度にのぼっていたようである。日本側は1938年5月に、陸

海軍の指導の下に上海内河輪船公司を創設するとともに、中国の民船業者には内河民船公会を組織させ、江南地域の民船業と交通を統制しようとしたが、「民船公会ノ加入者ニシテ船行許可証並証品搬出許可証ヲ他ニ貸与スルノミニテ不当利得ヲ収受スル者カ少クナイ……上海内河輪船公司テハ一定期間ヲ限リ曹家渡ニ於テ之等密輸業者ノ調査ヲ実施シタカ其ノ輸送量ハ著シイモノデアッタ」15)、と報告されている。また、「上海と松江、崑山、蘇州、常熟、無錫等各市場との古い取引慣習は、相互地間の価格差の魅力とも絡み合って夥しい密搬入が表はれはじめた。四通八達せるクリークは斯かる闇取引に極めて好都合で……又、上海の虹口或は租界近傍に自転車に拠る密輸入が新しく出現」16) したともいわれる。

このように国産米の供給が維持されていたことは、表4の月別輸入統計にも現れている。1939年は年間を通じて輸入量が少なく、輸入記録がない月もある。上海での販売価格は現地買付け価格を下回っており、これに輸送費や各種手続きを含めるならば、サイゴン米の輸入は採算がとれない状態にあった。壹米行業公会が、海外米買け付を租界当局に進言したが、サイゴン米・タイ米が値上がり傾向にあることや、輸送コストがかさんで採算がとれないために、租界当局は外国米輸入に対して消極的であった17)。

③ 1940年初から1941年12月まで

1940年になると、外国米の輸入が増加し、米価も急激に上昇するようになる。その理由としては、主に二つの側面から説明することができる。

一つは日本軍が江南地区で軍需用の米を組織的に買付けるようになった結果、国産米の出回りが減少したということである。日本軍は1939年の8月に、米の主産地である蕪湖、無錫、蘇州、常熟、崑山、松江といった場所で新米の県外搬出を禁じ、米穀買付け商として指定した三井物産、三菱商事などの日本の商社に米の買付けを行わせた。1940年になると、江南の15県を日本軍軍用米買付け地区として、松江区（5県）、蘇州区（5県）、無錫区（4県）の三地区を設定し、軍の指定商のみに米穀の買付けを許可した18)。それまでは租界当局との関係もあって日本側の江南地域における米穀統制は比較的緩やかであり、密貿易も盛んであったが、日本軍の大規模で組織的な買付けがはじまった結果、上海への搬出量も減少し、上海は外国米への依存度を高めていったと考えられる。

もう一つは、国際情勢の変化にともなう思惑買いや投機の活発化が、米の輸入量の増加と米価の急騰を招いた、ということである。たとえば、1939年秋にヨーロッパで第二次世界大戦が勃発すると、ハイフォンや香港が封鎖されるといったデマがとびかい、翌40年4、5月には中国国内で旱魃が発生したことで、収穫量への懸念が広まった。40年9月末には日本軍が仏領インドシナに進駐し、ベトナム情勢が不透明になったことも市場に大きな不安を与えた。以下で述べるように租界当局や米業団体も価格抑制策をとっていたが、思惑買いや投機を抑えきれずに推移していくことになる。

こうして、1940年前後から上海の米事情は、「事変前の如く地場米との価格の差額如何によって外米の輸入数量が決定された当時の正常な米穀取引とはまるで事情を異にしている」[19]、といわれるように変貌をとげることになる。

2. 戦時期上海における米行政と虞洽卿の活動

第二次上海事変を契機に、上海市内は激烈な市街戦の舞台となる。戦争が江南地域全体へと拡大すると、多くの難民が相対的に安全な共同租界・フランス租界へと押し寄せ、その数は、最高時には70万人に達した。難民は住む家もなく、路頭をさまよう者も少なくなかったから、膨大な数の難民を含め、上海の民衆をいかに組織するかは、戦時期上海社会の大きな課題となっていたのである[20]。

戦争が長期化するなかで、難民の増加と経費不足が深刻化し、初期に難民救済を担っていた民間の諸団体は活動が困難になっていった。当時香港に滞在していた虞洽卿は重慶国民政府振済委員会の許世英の要請に応じて上海に戻り、1938年10月18日、上海難民救済協会の成立とともに理事長に就任した。この協会には各慈善団体、同郷会、各業同業公会、各公団、工部局など、上海の主要な団体が会員として参加していた。協会の活動資金は国民政府の振済委員会から拠出された資金の他は、そのほとんどが各業界から募った寄付によって成り立っていた。こうした難民の救済事業は、単なる人道的な観点からなされたものではなく、上海の人々を抗日ナショ

ナリズムへと統合する役割も果たしていたことに留意しなくてはならない[21]。

さて、虞洽卿は、上海難民救済協会の理事長として、協会の活動を指揮する一方、自らも直接救済活動に乗り出した。それが、上海市民の糧食を安定的に確保するという目的の下に行われたサイゴン米の買付け活動である。

上海の米行政と虞洽卿の関わりを追ってみよう。

第二次上海事変が勃発すると上海市内の混乱や流通体系の寸断で、食糧輸送がストップし、一時的に米不足が生じた。上海荳米業行業公会と米号業公会は、上海市社会局、共同租界・フランス租界当局とともに上海民食調節委員会を組織して、上海の米の統制、分配を管理するとともに、9月からは全市の小売店、客商に対して米、小麦粉、油、豆、雑穀などの貯蔵地点の登記を義務づけ、米の配給制を実施した。また、租界当局も、公共租界内に貯蔵されていたサイゴン米の一部を供出し、米業公会を通じて原価で売り出すとともに、外国米の買付けを積極的におこなった[22]。37年末までの間に上海に輸送された外国米は、53万包（1包=1.25石、1（市）石は約78kgに相当）にのぼったという。

1938年になると、国内交通の復旧するにつれて、国産米の供給が回復し、米価もしばらく安定傾向がつづいたが、1939年にはいるころから、上海の米の値段が徐々に再騰する。日本の物流統制が強化されたこと、一説には37年末まで170万足らずだった上海租界の人口が1938年10月の段階で500万人までに増加したこと、商人による投機活動が活発化したこと、などが原因である[23]。

こうした情勢を受けて、荳米行業公会、米号行公会、経售米糧業公会、碾米業公会などの米業団体は、1939年3月15日、上海米業団体米糧評価委員会を結成した。この委員会は、国産米の最高価格を14元に設定して、米価の安定をはかるとともに、買占めや投機の取り締まり、租界内の米の貯蔵量調査などを行うこととした[24]。だが、手数料、輸送量などの雑費がかさみ、4月1日から小売価格に1石当たり4角が上乗せされたり[25]、闇相場での取引がなくならず、5月5日には制限価格を15元へと引き上げることを余儀なくされたりと[26]、価格の調整は当初から困難であった。その後

も租界当局との話し合いで、外国からの米の輸入が検討されたり、租界内の貯蔵米の登記制度を始めたりしたが、米価の急激な値上がりに抗しきれずに、5月20日、この評価委員会は解散に追い込まれている[27]。

その後しばらく米業団体による米価制限は存在しなかったが、1940年7月5日、荳米行業公会、雑糧油餅業公会、米号業公会や各幇の公所の代表が参加して、上海米糧評価委員会が成立した。目的は前評価委員会と同様、米価の安定、供給量の確保、貯蔵量の増強、買占めや投機の取り締まりなどであり、両租界当局や上海市商会の参加と指導を受けることになっていた。この評価委員会で価格制限の対象となったのは輸入米で、貯蔵量、輸入量、販売量、生産地の価格などに基づいて、最高価格を一週間に2回決定することとされた。また、これとは別に同業者が共同で5万～10万包の外国米を買付けて輸入することとし、船舶の不足などについて、租界当局の協力を求めることとした[28]。

だが、やはり闇相場はなくならず、数回にわたる制限価格の改定を余儀なくされた上、日本の仏印進駐による投機活動の活発化に対しても有効な策を講ずることができず、9月の中旬には評価委員会は存廃問題に直面した[29]。その後も、米業団体の（投機による利ざやではなく）合法的な利益の認定をめぐって、評価委員会と租界当局との間で議論があったり、12月になると制限価格内での販売を拒否する米店も現れるようになった[30]。小売商たちは、定められた手数料では満足せず、闇相場で売買をするようになったため、商人の自制に依存した価格制限制度は効果がなかったといわれる[31]。1941年4月1日、評価委員会は解散し、以降の米市場の統制は租界当局に引き継がれた[32]。

米業団体が以上のように活動する一方、虞洽卿ら資本家たちは、1939年12月18日、外国米を購入すべく、上海市民食調節協会を成立させた。同会は、虞洽卿を主席とし、王禹卿（茂新、福新麺粉公司）、郭順（永安紡織印染公司）、黃延芳（浙江興業銀行）、奚玉書（会計士、公共租界工部局董事）などの有力実業家が理事として名を連ねている。外国米の購入資金を調達するに際して、まず銀銭業に資金の拠出を求め、第一回の購入経費として50万元を確保した。

また、製粉業、米号業、棉花業、保険業、航運業、紗廠連合会など、上

海実業各界の代表や理事など50人ほどを集めて、虞洽卿が同協会の成立経過の説明と基金の募集要請を行った。その会の場で32万元の申し出があったという[33]。目標とする外国米購入のための基金は100万元であったが、1939年末までに82万元が集まり、調達資金は200万元に増額されている[34]。

こうした外国米の輸入については、市民にも方針が告げられた。その文書によると、上海の米価は今後上昇の可能性があり、まだ米価がさほど上昇していないうちになるべく多くの米を買付けることで後の値上がりに備え、米騒動の発生を防ぐこと、各工場・商店・学校などが所属する職員や労働者のために賃金から拠出した立て替え資金で6ヶ月分以上の外国米を購入して貯蔵すべきことなどを訴え、市民に集団購入への参加をよびかけた。

手続きは、まず民食調節協会において申請書に記入後、金城銀行信託部で1包あたり20元を支払い、正式に登記を行う。次に、民食調節協会は登記された米が一定量になると、海外で買付けを行う（当面はサイゴン米中心）。買付けにかかる時間は通常3週間とされた。買付けた米が上海に到着すると倉庫に入れて保管される。到着は購入者にも通知され、残りの購入費用を金城銀行で支払うと現物を受領することができる[35]。

以降、民食調節協会は、各業界の有力者に資金の提供や集団購入の参加を呼びかけていくことになる。このような米の集団購入提唱の流れの中で、より少量の米穀購入にも対応するため、銀銭業の領袖や知識人の代表者らによって、1940年12月、上海食糧合作協会という組織も作られている[36]。

翌1940年1月4日になると、上海民食調節委員会は、傘下に平糶委員会を組織した。「平糶」とは、貧しい人々に対する米の低価格での配給販売を指す。平糶は、両租界内の100軒の米号を平糶を実施する米店として指定し、50軒で平糶券の販売を、50軒で米の受け渡しを行うこととした（なお2回目以降の平糶では指定米店の数に変化がある）。第一回目の平糶の販売価格は1元あたり6斤半、購入できる量は1人1元までに限られ、米号1軒につき、1日50包まで売ることができる[37]。こうした平糶は1940年1月から翌41年1月にかけて全部で8回実施された。各回の実施期間、販売価格、合計販売量は表6のとおりであった。この表の解釈については後述する。

この他にも虞洽卿は、寧波旅滬同郷会の主席として平糶の資金を集め、

表6　戦時期上海の平糴委員会による平糴

回数	期間	1元当りの配給量	1kg当たりの価格	1kg当たり上海市場の中等うるち米卸売価格	全配膳量
1	1940年1月21日～2月5日	6.5斤＝3.25kg	0.31元	0.51元	42587.5石
2	1940年2月23日～3月13日	5.5斤＝2.75kg	0.37元	0.72元	49250石
3	1940年3月19日～4月3日	5.5斤＝2.75kg	0.37元	0.62元	25562.5石
4	1940年7月16日～8月5日	4斤＝2kg	0.5元	0.59元	※19687.5石
5	1940年8月20日～9月8日	4斤＝2kg	0.5元	0.85元	※18750石
6	1940年9月19日～10月15日※	4斤＝2kg	0.5元	1.03元	※26250石
7	1940年11月1日～11月19日	4斤＝2kg	0.5元	1.19元	※26250石
8	1941年1月7日～1月19日	2升≒1.56kg※	0.64元	1.38元	※26250石

出所：『申報』各記事より作成。卸売価格は、中国科学院上海経済研究所・上海社会科学院経済研究所編『上海解放前後物価資料彙編』（上海人民出版社、1958年）、121頁。
※は記事の文脈によって筆者が算出した数字。

故郷・寧波の救済に乗り出したり[38]、上海での集団購入や平糴に加えて、1941年1月7日には両租界当局との協議の上、上海食米公倉管理委員会を設立している。これは、外国米を購入することで上海の米の貯蔵量を常時20万包確保しようとするもので、米は同委員会の定めた価格で売ることができ、売却した分は随時外米を買付けることで補う、というものであった[39]。

このように虞洽卿はサイゴンを中心に外国米の輸入を進め、上海の米の供給や価格の安定に貢献した。しかし、その一方で、さまざまな団体の指

導者としての地位を利用して、個人的商いも少なからず行ったといわれる。こうした行為に対する非難は当時の上海社会においては相当のものであったようで、それは虞洽卿自身が『申報』に広告を掲載し、市民に対して釈明を行ったことからもうかがえる。掲載された弁明は次のようなものであった。

　　私は上海に来て商売をはじめてからすでに60年になるが、上海という第二の故郷を、今も愛しており、それは、全く他人に劣ることはない。食糧問題が日を追うごとに深刻になっている。私は髪を振り乱して助けを求められると断ることができないので、各団体の参加による米の集団購入をよびかけて配給を実行したり、公庫を組織して効果的な救済策を講じてきた。そのほかにもその都度個人の力を尽くして金融界の協力を取り付け、大規模な米の購入にも取り組んできた。それは米の供給が滞ることを防ぎ、十分な在庫を確保することで米価の安定を目指したものである。昔から汽船業を営んでいたので、運輸上の困難は何とか克服することができ、短期間の内に次々と米を購入することができた。その量は20万担以上になる。同時に、そのために立て替えた金額も1000万元以上になるのである。

　　上海市の糧食問題においては、迅速かつ誠意をもって対応し、微力を尽くしてきたつもりである。しかし、思いがけないことに、私が以前殺人に関与したと決めつけたり、米の購入に乗じて個人的な利益を得る一方、庶民には不利益を押しつけたという噂が方々におこっている。それは全く事実に反するし、そのことで人々が被害を受けたというのは私はとうてい信じられない[40]。

　虞洽卿はこの弁明が新聞に掲載されるより前の3月17日、すでに上海を離れて香港へむかっていた。病気療養を理由にすべての役職を辞任して、上海における社会・経済活動の表舞台から姿を消したのである。その原因は定かではないが、虞洽卿と同じく寧波出身の実業家で、日中戦争の開始後に日本軍によってつくられた上海特別市の市長となっていた傅筱庵の暗殺に代表されるように、日本側と重慶側双方の特務機関が抗争を繰り広げていたことが影響しているといわれる。親日派・抗日派いずれの立場をとるにしても、身の危険と隣り合わせであり、上海での事業の継続が困難に

なったためであった[41]。虞洽卿はその後、香港経由で重慶へ赴き、水運事業から陸運事業へと事業を変更しながらも、重慶政権の抗戦・経済建設に活躍し、同時に自らも大きな利益を得たという[42]。

なお、戦争初期を除いて基本的に民間団体の活動にゆだねられてきた米の統制は、虞洽卿が上海を去る前後から、租界当局が直接乗り出すことになった。1941年3月末、租界工部局は、米の供給を自らの管理下に置くことを宣言した[43]。一方、工部局の責任において船舶を手配し、外国での米の買付けと輸送を行うようになった[44]。そして、同年11月になると、在庫の調査、価格制限、移動・購入制限などを含む厳格な食糧統制を実施するに至ったのである[45]。

これまで検討してきたように、日中戦争が勃発してから上海の米の供給構造は大きく変化した。そのなかで、虞洽卿が米で利益をあげることができたとしたら、その経済環境はどのようなものであったのだろうか。これをもう一歩踏み込んで考えるためには、市民の救済のために奔走する地域の指導者や「慈善家」としての虞洽卿と同時に、彼本来の生業である企業家・資本家としての虞洽卿にも何らかの形で光を当てる必要があるように思われる。つまり、難民救済や米の買付け事業に指導者として携わることができた、虞洽卿の経済的な基盤はどのようなものであったのか、ということである。また、彼の言動が市民から不評を買った理由についても、それを金儲けをしたからという道義的な責任論のレベルにとどめるのではなく、経済的な側面からみたより具体的な背景を想定していかなくてはならないであろう。この点について、章を改めて検証してみたい。

3. 虞洽卿によるサイゴン米買付け活動推論

先行研究では虞洽卿がサイゴン米の取引で暴利を得たことが指摘されているが、どの程度の規模で米の買付けを展開し得たのか、具体的な言及はみられない。たしかに、三北公司をはじめとする虞洽卿の企業史料は保存状況が不確かであり、内実に迫ることが難しいのも否定し得ないところである。以下では、利用可能ないくつかの史料をつなぎ合わせて虞洽卿のサイゴン米取引の環境を復元・検討してみよう。

表7　三北輪埠公司所有船舶の動向

船名	総トン数	建造年	旧就航航路	新船主	国籍	現状
華山	3969	1909	沿岸	中意輪船	イタリア	沿岸
嵩山	3710	1910	沿岸	中意輪船	イタリア	沿岸
南山	3507	1912	沿岸		ノルウェー	南洋
博山	3365	1913	沿岸	中意輪船	ノルウェー	南洋
龍山	2278	1906	沿岸	中意輪船	イタリア	沿岸
新寧興	2175	1906	上海－漢口	中意輪船	イタリア	長江上流
靖安	2145	1907	上海－福州			沈没
清浦	2054	1903	上海－漢口	中意輪船	イタリア	長江上流
明山	2049	1919	沿岸	中意輪船	イタリア	沿岸
新浦	2039	1903	上海－漢口	中意輪船	イタリア	長江上流
醒獅	2018	1898	上海－漢口			沈没
松浦	1975	1901	上海－漢口			沈没
大浦	1974	1922	沿岸			不詳
衡山	1922	1918	沿岸	中意輪船	イタリア	温州・福州
伏龍	1911	1907	沿岸	中意輪船	イタリア	長江上流
鳳浦	1911	1907	沿岸	中意輪船	イタリア	長江上流
萬象	1883	1903	上海－福州			沈没
富陽	987	1922	宜昌－重慶			沈没
三北	700	1930	上海－宜昌			長江上流
富華	889	1929	宜昌－重慶			長江上流
姚北	241	1922	寧波－定海			沈没
鎮北	173	1914	寧波－定海	義華洋行	イタリア	江北方面

出所：興亜院政務部『揚子江及中支那沿岸に於ける水運調査』1940年5月、88－89頁より作成。　現状は1939年9月現在。

（1）船舶の状況

　米を輸送するには船がなくてはならない。先述の釈明の中で自ら語っているように、虞洽卿は戦前から汽船会社を経営していたから、船舶の確保は容易であったと考えられる。果たして彼の所有する船舶は戦争の勃発でどういう影響を受けたのだろうか。

　表7は三北輪埠公司が所有する船舶の動向を記したものである。これは日本側の調査によるものではあるが、戦争勃発後に撃沈させられたり、日本軍の長江封鎖によって自由に利用できなくなった船舶がかなりの割合にのぼることがわかる（表の網掛け部分）。しかしながら、総トン数が2000トン以上の比較的大型の船に限れば、利用不可能になっている船舶は少ない。3000トン以上の船4隻はいずれも健在である。たしかに戦争の被害は大きかったものの、ベトナムにまで赴いてなるべくたくさんの米を輸送するということを考えた場合、残された船は経営資源として相応に活用できるものであったといえるであろう。虞洽卿にとっては不幸中の幸いであったといってもよいかもしれない。

　表中にある「新船主」の中意輪船公司とは、中国とイタリアの合弁の会社である。実は、虞洽卿とイタリアは、日中戦争の勃発以来、新会社の設立をめぐって浅からぬ因縁が存在した。

　上海における市街戦が続いていた1937年10月、当時の中国を代表する実業家の一人・劉鴻生[46]が汽船業の経営に関する相談をイタリア大使館にもちかけた。すなわち、中国の汽船会社、平安、舟山、台州、天興の各輪船公司を改組して、イタリアとの共同出資によって新会社をつくり、船舶などの資産をイタリア名義にすることを提案したのである[47]。折りしも国際政治の舞台では、日独伊防共協定が成立（37年11月）するなど、日本とイタリアは関係を深めていた時期であった。劉鴻生にも、両国の関係を利用し、日本軍による自らの経営資源の接収を防ぐねらいがあったと考えられる。この交渉の中国側の代表は劉鴻生がつとめたが、イタリアの領事との話し合いには、虞洽卿も関わっていた[48]。平安輪船公司をはじめとする4つの汽船会社もみな浙江省沿海部を拠点とする会社であり、故郷・寧波を中心に影響力を保持していた虞洽卿と何らかの関係があったのではないか

と思われる。だが、結局この共同会社設立案は立ち消えになっている。劉鴻生らの目論見に反して、日本軍はイタリア人に対して特別な待遇をすることはなかったからであるという[49]。

やがて、日本軍は沿海部の重要港湾を封鎖するとともに、船舶の航行を厳しく取り締まる体制を整えてゆく。日本軍の統制が強まるにつれて、ベトナム―上海間を往来しようとする際にも、日本側の干渉・攻撃に遭う可能性が高まった。

こうしたなかで、虞洽卿は、再度イタリア人と合弁の新会社をつくることを画策した。航行の際の危険性を少しでも減らそうと考え、イタリアに再び目を付けたのである。表6にある「中意輪船公司」とは、その合弁会社である。利用可能な船のほとんどが同社名義になっているのがわかる。この会社ができたのがいつなのかははっきりしないが、1939年9月に虞洽卿の買付けた難民救済用の米が、上海の「中意公司」と福新麺粉公司（栄家一族の経営する、中国第一規模の製粉会社）の倉庫に保管されたという記事がみられるので[50]、39年秋にはすでに活動を始めていたとみてよいであろう。

この会社設立にも偶然性が少なからず作用している。虞洽卿は娘婿の江一平を通じて、たまたまイタリアの駐上海領事と知り合いになり、二人で何か事業をはじめようかという話になったらしい。このイタリア領事も虞洽卿の社会的地位を知っていたのである。そこで、イタリア商人（泰来那斎）を代表として、虞洽卿の三北公司と共同で、中意輪船公司を組織することとなった。出資比率は三北公司が88％、イタリア側が12％であったが、実際には、イタリア側は資金を払うことはなく、営業収入の12％を受け取るだけであったという。こうして中意輪船公司名義の汽船は、主に米の輸送のために上海とサイゴンを往来することになった[51]。

このように、中意輪船公司の成立には偶然が作用しているが、日本とあからさまな協調・協力に踏み切るのではなく[52]、イタリアを利用することで、日本の厳しい統制から逃れようとした点には、虞洽卿のしたたかさをみることができる。

(2) 買付け・積載

表8 輪船招商局所有船舶の総トン数と積載重量
(一部抜粋)

船の種類		総トン数	積載重量(トン)
2000トン前後	A船	1,921	1,451
	B船	1,962	1,216
	C船	1,923	2,000
	D船	2,149	2,100
	E船	2,133	1,603
	F船	2,056	2,310
3500トン級	G船	3,373	2,102
	H船	3,692	2,321
4000トン級	I船	4,243	2,150
	J船	4,243	2,150

出所:交通部・鉄道部交通史編纂委員会
『交通史航政編(第一冊)』1931年、229〜231頁

　サイゴン米の現地米価と上海での価格、および両地の価格差は、表5と図2に掲げた。サイゴン米の輸入がほとんどなかった1938年の10月から翌39年の11月までを含め、戦前から39年末までは、他業種からわざわざ参入してサイゴン米の取引に従事するほどのメリットがあるわけではなかった。この取引が魅力的になるのは1940年以降である。

　ところで、サイゴンで米を取り扱っていた商人の多くは華僑であった[53]。ベトナムへの中国人移民は「経済的には厳しく諸税を徴収され、経済活動は米を中心とした流通・商業部門に制限されて、フランス資本と競合する生産部門への参入は禁止された」[54]といわれる。フランスの植民地統治構造のなかでは、華僑が被抑圧的な存在として位置づけられることは重要な事実であるが、中国の抗戦を海外から積極的に支援する南洋華僑の姿はよく指摘されるところであり(たとえば、任貴祥『華夏向心力:華僑対祖国抗戦的支援』広西師範大学出版社、1993年。)、上海の中国人社会のリー

ダーである虞洽卿が、上海の難民・貧民を救済するためにサイゴン米を必要としているといった状況が、サイゴンで米の流通業に従事する華僑商人たちの支持を集めた可能性はあるだろう。

さて、積んだ米を上海へ運ぶに際して、虞洽卿の所有する船は、いったいどの程度の米を積んで運ぶことができたのだろうか。先の表7にある総トン数とは、船舶の容積を基準としたもので、船舶内部における特定の場所を除いた容積を、100立方フィート＝1トンとして表されるものである[55]。ここではその船舶の積載重量を表しているわけではないということに注意しなくてはならない。船舶が積載できる重量の限度は、載可重量トン数で表されるが、これは船舶によってさまざまであり、総トン数が大きければ積載できる重量も多くはなるものの、総トン数から公式によって導き出せるわけではない。

虞洽卿の所有する船舶については積載重量が不明だが、民国期において虞洽卿の三北公司をしのぎ、民族資本最大の汽船会社だった輪船招商局が所有する船舶について、総トン数と積載重量を示したデータが残っている（表8）。これをみると、たとえば、同じ2000トン級の船でもA船からF船まで、積載重量はまちまちである。しかし、大まかな傾向をつかむために、総トン数2000トン級の船は1500トン、総トン数3500トン級の船と総トン数4000トン級の船は2000トンまで積めると推定しよう。

そこで、表7に戻り、明山号、龍山号を2000トン級、博山号、南山号、嵩山号を3500トン級、華山号を4000トン級とすると（衡山号と鎮北号はより小型の船舶なので除外）、仮に所有する船舶を一挙に動員した場合、一回の航行で運ぶことのできる米は11000トン（＝110000公担）である。

(3) 運搬

サイゴンから上海までの運送にかかる時間は一般的に7日といわれている[56]。往復で2週間であるから、月1往復ならば一ヶ月に運べる米の量は上記の通り11000トンであり、仮に月2往復すると輸送可能量は22000トン（＝220000公担）にも達する。この数値はあくまで推計であるが、表4を参照するならば、月によっては上海の一ヶ月の輸入量を上回るほどの輸送量になってしまう。もちろん上記の船舶すべてをサイゴン米買付けのためだ

けに動員したという確証はない。他の物資を運んだ可能性もあるし、何らかの理由で使用できなくなった船舶もあったかもしれない。また、先述のように、故郷・寧波の食糧不安に対してもサイゴン米を援助していたから、すべてが上海向けの米であったわけでもない可能性が高い。しかし、実際に輸入された米の相当部分を輸送しうるだけの潜在能力が虞洽卿とその経営資源には存在したということは強調してよいことであろう。

　なお、虞洽卿がのちに世間の批判に対して『申報』紙上に釈明のために公開した米取引の帳簿によれば、諸経費として、銀行への手数料、戦時保険、火災保険、水上保険、埠頭手数料、人件費、および倉庫料を計上しているが、これら諸経費は計算すると100kg ＝ 1公担あたりおよそ11元になる[57]。表4から単純に計算しても、1940年以降は、十分に採算がとれる状態であった。

（4）虞洽卿批判の背景

　では、虞洽卿の行動はなぜ不評だったのか。まず、先行研究にもあるように、その特権的地位を利用して私的利益をため込んでいたという可能性が指摘できる。サイゴンや上海での米価の動向や、虞洽卿の汽船会社・三北公司の経営環境を見る限り、利益を蓄積できる環境にあったことが大枠ながら明らかにすることができた。だが、実際に彼がどの程度の利益を得たのかということはわからない。先述のとおり『申報』には、帳簿の一部も公開されているが、虞洽卿個人名義のものだけであり、虞洽卿が代表をつとめていた難民救済協会や平糶委員会、中意輪船公司名義の帳簿は出ていないので、果たして実態をどの程度反映したものかを検証する材料に乏しい。虞洽卿の関係した企業や社会組織の経営・運営実態の解明は今後の検討課題としたい。

　もうひとつ考えられるのは、上海社会の米の供給構造や、流通経路の変化である。この点について、根岸佶は、「〔虞洽卿は〕その地位を利用し、〔米を〕個人的に購入したものも亦少なくなかった。此等の場合、中国の法律及慣習に依り客に代わり売買し得る独占権を有する米行即米問屋の手を経なかったため、彼らの恨を買うこと深く、遂に彼らより米穀買占め者として大に批難せられ」[58]た、と述べている。すなわち、市民一般からの道義

的な批判ではなく、米穀をめぐる経済環境や流通ルートの変化のなかに虞洽卿批判の原因を求めている。

　根岸が詳細に明らかにしているように、国内米の流通は、他の省から米を上海に運んでくる「米客」、米客と米行の仲介し、売買を保証する「米捐客」、上海の米市場の中枢で、米捐客から買い入れた米を、注文を受けた米店に売却することを生業とし、日本の米問屋の役割を持つ「米行」、および、米の小売店、精米業者などによって担われていた。なかでも、上海に移入・輸入された米はすべて米行を経由するために、米取引に与える影響力が大きく、彼らの結成した強固なギルドが、取引規定、米質の規格、米の受け渡しや決済の方法、手数料の割合などを規定し、米行の手を経ないで米の売買をすることも禁止していた[59]。従来はこのような確固たる流通経路があり、そのシステムの中で米取扱商が活躍していた。

　ところが、虞洽卿のようにサイゴンをはじめとする海外で直接米を買付けて上海に持ち込み、市民の「救済」という名目で米を配給・販売する場合、産米地から上海までの流通経路が国産米とは異なるばかりか、上海の米市場を支配していた米行の手も経ないのである。こうして、従来の流通ルートで米取引に携わる商人の基盤を脅かす可能性が出てきた[60]。

　もともと虞洽卿が米の取扱を始めたのは、難民の救済のためであった。虞洽卿の活動によって実際にどの程度の難民が救済されたのかはわからないが、その活動は租界全体で多いときは70万にも達したといわれる数の難民を対象として展開された事業である。だが、上海全体の人口からみれば、難民はなおその一部に過ぎない。

　やがて虞洽卿は平糶をはじめる（表5）。これは「升斗小民」（＝貧しい、その日暮らしの人々）を主たる対象とした米の配給販売制度であったが、おそらく、難民を含めたより広範な貧民を組織的に救済することを目的としたものであったと思われる。というのも、上海市の糧食の販売量が毎日一万石に満たない一方、平糶による米の販売が上海市全体の販売量の20％以上に達しており、平糶はすでに貧民の救済だけでなく、米価の抑制の役割をも果たすほどの規模になっていたからである[61]。虞洽卿自らの見通しによれば、上海で一ヶ月に必要な米の量は27万石である[62]。平糶では多い回では5万石、少ない回でも2万石の米が販売されており、配給量と虞洽卿

の見積もりを比較するならば、20％以上というのはやや誇張の感もあるが、当時の卸売価格を大幅に下回る価格（小売価格と比べれば差はより開くであろう）で平糶が実施されたことを考えれば、米の小売店の経営に対して相応の打撃を与えうる規模であったことは否定できない。平糶は貧民の救済という枠を超えて、上海の米市場や米商人の経営基盤に影響を与える存在になっていたのではなかろうか。

平糶の実施と並行して虞洽卿はさらに米の集団購入を市民に呼びかけるようになる。この集団購入は病院、学校、工場など、各単位で働く労働者や職員が対象だから、平糶よりも対象となる人数、輸入し消費される米の量は多かったと考えられる。たとえば『申報』紙上には、①米の集団購入は米の買占めを提唱する側面が存在すること、②米の集団購入をする場合、米商人の介入をさけるためにサイゴンから直接米を買付けるべきで、上海で購入するべきではない、③米商人の全てが悪徳の米食い虫ではなく、米を運送する食糧供給の重要な役割を担っているので、既存の商人との間の利害衝突は避けるべき、といった趣旨の意見が掲載された[63]。

サイゴンで現地の米取引業者と直接米の購入契約を交わせば、中国国内の農村から上海に至る米の流通ルート上の米商人は不要になり、彼らの経営基盤を脅かすことになる。上海民食調節協会も「上海の貯蔵米の増加につながらないばかりか、逆に貯蔵量が減少し、その日暮らしの貧しい人々に大きな影響を与えるので、上海当地では大量買付けを自粛することを希望する」[64]、として、各界の上海での米の買付けを牽制している。その一方で、協会は、各界が自発的にまとまった量の米を協会を通さずに直接外国から買付けることについては、反対をしていないし、協会による独占の意図も否定している。しかし、戦時下の上海において、自らの手で海外から米を調達できるような層が、上海の領袖たちが結集して創設した民食調節協会に比肩しうる形で存在しえたのかは疑わしい。各種救済機構を速やかに組織し展開する政治力、米の買付けのための資金調達を可能とした自らの資産や人脈、船舶という資産による戦時期の交通事情を克服──こうした面で従来の米商人よりも優位にたった虞洽卿が直接・間接に取り扱う米の量はやはり次第に拡大したのではないかと考えられるのである。

おわりに

　本稿では、日中戦争勃発に伴う上海の米事情の変化を念頭に、虞洽卿のサイゴン米買付け活動の果たした役割を考察してきた。

　第一に、実際の利益の程度を明らかにすることは難しいとはいえ、虞洽卿がその地位を利用して米を個人的に取引し、「私腹を肥やす」ことのできる経済環境が特に1940年初頭以降に存在したことは事実である。だが、そうした虞洽卿の活動を批判的にとらえる際も、戦争勃発による影響や偶然性も少なからず作用したなかで、そうした混乱を乗り越え、商機を見い出すに至るまでの虞洽卿の活動には、十分意識しておく必要があろう。経済環境の好転を生かして利益に結びつけることができたのには、虞洽卿の主体的な活動なしにはあり得なかったと考えられるからである。また、輸入米の買付けに対する当時の上海社会の虞洽卿批判についても、根岸の研究にみられるような、既存の米商人との利害対立という経済的な背景にも目を向けて再考すべき問題である。

　第二に、虞洽卿の米の買付け活動を経済史的に跡づけたことにより、上海という地域社会全体の共通利益をはかるために活動した地域エリートとしての虞洽卿の姿もより立体的に把握できるようになったということを指摘しておきたい。上海社会を考えるに際しては、戦前から相互扶助・共通のアイデンティティに根ざした社会団体同士のネットワークが同心円状に広がるなかで、ナショナリズムの基盤となっていた事実を踏まえる必要があるが[65]、そうしたナショナリズムを戦時期の上海社会においてまとめ上げた虞洽卿は、食糧危機から上海を守るのに大きな貢献をしたのである。個人の利益追求という側面はたしかに存在したが、虞洽卿のサイゴン米買付けへの努力と、それに対する他の資本家たちの理解と協力がなかったならば、上海社会はより深刻な米不足に見舞われていたに違いない。

　サイゴン米の買付け活動は、資本家と地域エリート、両方の顔を持つ虞洽卿の二面性をよく体現した事象であるといえよう。しかし、こうした虞洽卿の「二面性」を指摘するのみではなお不十分な点が残る。その先に問題となるのは、虞洽卿に代表されるように二つの顔を持つ戦時期上海の資

本家という存在を、対日抗戦を続けていた当時の中国社会がどのように評価しえたのか、ということである。これについては稿を改めて検討したい[66]。

1) 虞洽卿の生涯については、陳来幸『虞洽卿について』(同朋舎、1983年)、許念暉「虞洽卿的一生」(中国人民政治協商会議全国委員会文史資料研究委員会編『文史資料選輯』第15輯、中国文史出版社、出版年不明)、丁日初・杜恂誠「虞洽卿簡論」(『歴史研究』1981年第3期)、などを参照。
2) 汪仁澤「抗戦初期虞洽卿上海糴米記」(『檔案与史学』2000年第4期)、前掲許「虞洽卿的一生」。
3) 前掲陳『虞洽卿について』、金子肇「上海資本家階級と上海商業連合会——四・一二クーデターをめぐって」(『史学研究』第166号、1985年8月)、丁日初・汪仁澤「五卅運動中的虞洽卿」(『檔案与史学』1996年第5期)、郭太風「虞洽卿与商会変異(1924—1930)」(『檔案与史学』1996年第5期)、金子肇「1926年の訪日実業視察団と『中日親善』——虞洽卿の言動を中心に——」(曽田三郎編著『近代中国と日本——提携と敵対の半世紀』御茶の水書房、2001年)、周向峰・侯桂芳「虞洽卿与抗日救亡」(『檔案史料与研究』2002年第2期)、などがある。
4) 小浜正子「日中戦争期上海の難民問題」(高綱博文編『戦時上海』研文出版、2005年)を参照。
5) 本稿は戦時期上海の米事情を通観することを目的とするものではないが、食糧政策に関する先行研究に依拠した点は少なくない。このうち、上海や華中占領地を対象とした研究は、日本や汪精衛政権の支配と収奪の実態を明らかにするという基本的な関心を共有しつつも、租界当局や中国側の対応にも視野を広げながら、上海の米事情を総体的にとらえようとする姿勢のものが多い。近年に限ってみても、Henriot Christian "Rice, Power and People: The Politics of Food Supply in Wartime Shanghai (1937—1945)" Twentieth-Century China, Vol. 26, No. 1 (November, 2000), 林美莉「日汪政権的米糧統制与糧政機関的変遷」(『中央研究院近代史研究所集刊』37期、2000年6月)、張根福「"米統会"与汪偽糧食統制」(『浙江師範大学学報(社会科学版)』2002年第6期)、湯兆雲「商業界与上海孤島的米業市場」(『甘粛社会科学』2003年第1期)、山村睦夫「日本の上海租界占領と華人食米問題——上海租界接収の一考察」(『東西南北』(和光大学総合文化研究所年報)2007年号)、弁納才一「なぜ食べるものがないのか——汪精衛政権下中国における食糧事情——」(弁納才一・

鶴園裕編『東アジア共生の歴史的基礎——日本・中国・南北コリアの対話』御茶の水書房、2008年）などの成果をあげることができる。また、時期は異なるが、戦後上海における国民政府の食糧政策とその社会に対する影響について、馬軍『国民党政権在滬糧政的演変及後果——1945年8月至1949年5月』上海古籍出版社、2006年がある。

6）V．D．ヴィッカイザー、M．K．ベネット（玉井虎雄、弘田嘉男訳）『モンスーン・アジアの米穀経済』、日本評論新社、1958年、105頁。

7）前掲『モンスーン・アジアの米穀経済』、102〜103頁。

8）前掲『モンスーン・アジアの米穀経済』、106〜107頁。

9）たとえば、「上海へ輸入された米は、到着次第すぐ売るのではなく、みな倉庫に蓄えておき、値段が上がってから売るのであり、ある者の場合、その期間は半年あまりにもなる……」といわれる。「工部局与日方討論　解除本市米荒」（『申報』1940年10月17日、第7張）。

10）満鉄上海事務所『米——上海米市調査』（1940年）、49〜53頁（なお、同書は社会経済調査所『上海米市調査』1935年、の翻訳である。本稿では翻訳版を使用）。

11）この干害の米作への影響については、弁納才一「災害から見た近代中国の農業構造の特質について——1934年における華中東部の大干害を例として」（『近代中国研究彙報』第19号、1997年）、が詳しい。

12）木越義則「近代中国における市場形成」、堀和生編『東アジア資本主義史論Ⅱ　構造と特質』ミネルヴァ書房、2008年）による。

13）「『搬運証』即可解決　食米照常運滬」（『申報』1939年3月21日、第9張）。

14）「工部局函米業　恢復評価委員会」（『申報』1939年5月26日、第9張）。

15）満鉄上海事務所『占領地区内民船輸送の概況』（1940年）、6〜11頁。

16）満鉄東京支社調査室『中支に於ける食糧事情』（1942年）、20頁。

17）「米市暗盤飛漲　顕然有人操縦」（『申報』1939年3月12日第九張）、「厳禁暗盤交易　米価昨已回穏」（『申報』1939年5月17日第九張）。なお、1938年10月から翌39年11月までの間の輸入量の極端な少なさについては、インドシナ側の事情も検証されるべきである。一説には、1938年は、インドシナ米の凶作と米価高騰が原因で、輸出が著しく減退したとされるが（角清治「1938年に於ける仏領印度支那貿易概観」『南支南洋』1939年9月号）、筆者は現在その考察に必要な材料を充分もちあわせておらず、今後の課題としたい。また、埠際貿易が壊滅し、外国米輸入もきわめて少ないという1938年末から39年末の状況のなか、上海社会が果たして江南地域から調達される米のみでその需要をまか

表9　戦時期上海の小麦の輸入　（公担：100kg）

1938年全年	21	3月	30,493
1939年1月～3月	1,729,080	4月	636,692
4月	797,551	5月	57,912
5月	685,734	6月	169,129
6月	659,700	7月	0
7月	945,060	8月	98,750
8月	205,466	9月	102,960
9月～12月	0	10月	164,612
1940年1月	0	11月	0
2月	74,684	12月	6

出所：表4に同じ。

　　ない得たのかどうかも不明である。この点については、ほぼ同時期に米の輸入の減少を補うかたちで小麦の輸入が激増していることを指摘するにとどめる（表9）。
18）　浅田喬二「日本帝国主義による中国農業資源の収奪過程」浅田喬二編『日本帝国主義下の中国』楽游書房、1981年、114頁。
19）　前掲『中支に於ける食糧事情』、21～22頁。
20）　高橋孝助・古厩忠夫編『上海史』（東方書店、1995年）、204～205頁。
21）　前掲小浜「日中戦争上海の難民救済問題」。
22）　呉景平等著『抗戦時期的上海経済』（上海人民出版社、2001年）、136～139頁。
23）　前掲『抗戦時期的上海経済』、141～142頁。
24）　「滬市米価漸趨穏定　評価委員会今日成立」（『申報』1939年3月15日第十張）、「米糧評価会成立」（『申報』1939年3月16日第九張）。
25）　「米号業公会議決　門售米価略漲」（『申報』1939年3月31日第九張）。
26）　「来源頗多障碍　米業提高限価」（『申報』1939年5月6日第九張）。
27）　「米糧評価委員会　議決自行解散」（『申報』1939年5月21日第十張）。
28）　「米糧評価会成立　昨起評定米価」（『申報』1940年7月6日第十一張）。
29）　「抑平米価未成功　評価会引咎」（『申報』1940年9月14日第九張）。
30）　「平民照限価購米　竟遭米店拒絶」（『申報』1940年12月25日第七張）。
31）　根岸佶『中国社会における指導層――中国耆老紳士の研究』（平和書房、1947

年)、199頁。

32)「傳工部局　決定統制米市」(『申報』1941年4月2日第九張)。
33)「訂購入洋米基金　予定籌集百万元」(『申報』1939年12月23日第九張)。
34)「集団訂米基金　増為二百万元」(『申報』1939年12月30日第九張)。
35)「上海民食調節協会告市民書」1940年1月24日、上海市檔案館所蔵上海市書商業同業公会檔案、S313—1—236『上海市米糧平価委員会関於辦理平価米的報告文件及本会参加代辦洋米塾款有関文書』所収。
36)「推行小額集団購米　組食糧合作協会」(『申報』1940年12月3日第九張)、前掲根岸『中国社会に於ける指導層』、200～201頁。
37)「設立平糶委員会　籌募平糶捐款」(『申報』1940年1月5日 (第九張)。
38)「寧波紹興両同郷会　会商救済米荒」(『申報』1940年6月5日第十張)、「甬平糶勧募会開会　認定百余万元」(『申報』1940年6月8日第十張)。
39)「米市昨又抬価　已着手徹底査辦」(『申報』1941年1月5日第十三張)、「公倉組織已議決　密査堆棧囤米」(『申報』1941年1月8日第九張)。
40)「虞洽卿啓事」『申報』(1941年3月21日第5張)。
41) 前掲許『虞洽卿的一生』、196～197頁。
42) 前掲丁・杜「虞洽卿簡論」165頁、前掲許『虞洽卿的一生』、197～200頁。
43)「傳工部局決定統制米市」(『申報』1941年4月2日第九張)。
44)「祖船委員人選発表　運仰光米来滬」(『申報』1941年4月3日第七張)、「最辦洋米供給民食　両租界同時実行」『申報』(1941年5月3日第九張)、「法当局所訂米　一週間内可到斎」(『申報』1941年5月24日第八張)。
45)「管理物価初歩実行　今日起限制米価」(『申報』1941年11月10日第七張)、「管理米価雷励風行　昨已獲顕著効果」(『申報』1941年11月11日第七張)、張忠民「戦時上海的米糧統制 (1937～1945)」(『近代中国』第4輯、1994年5月)。
46) 劉鴻生 (1888—1956) は、上海生まれ。13歳で上海のセントジョーンズ中学、17歳で上海のセントジョーンズ大学に入学する。大学を中途退学した後、租界工部局警察の通訳に従事していたが、1909年、寧波同郷会の周仰山の紹介で河北省に炭鉱を擁する開平砿務公司 (=イギリス資本の鉱山) の買辦となり、やがて上海方面向け石炭販売の総責任者となる。ここで成功した劉鴻生は1920年、独立して石炭の運搬・販売会社を起こすまでになった。その後もセメント製造業、港湾荷役・倉庫業、毛紡績業などにも事業を拡大し、1930年代には上海を代表する企業家に成長した。なかでも、マッチ製造業においては同業他社を次々と買収し、上海・江南地域で一大勢力を築き上げたので、「マッチ大王」という異名がある。劉鴻生とその企業については劉念智『実業家劉

鴻生傳略――回憶我的父親』文史資料出版社、1982年、久保亨「近代中国の企業経営と経営者群像」『戦間期中国の綿業と企業経営』汲古書院、2005、年 Kai Yiu Chan. *Business Expansion And Structural Change in China: Liu Hongsheng And His Enterprises 1920―1937*, Hong Kong Univ Press, 2007、などを参照。

47) 上海社会科学院経済研究所『劉鴻生企業史料（下冊）』（上海人民出版社、1981年）、7～8頁。
48) 前掲『劉鴻生企業史料（下冊）』8頁、および上海社会科学院経済研究所所蔵劉鴻記帳房檔案「華義航業公司」（08―009）、「其他信函」（08―010）を参照。
49) 前掲『劉鴻生企業史料（下冊）』9頁。
50) 「貢米今日到滬」『申報』（1939年9月7日、第9張）。
51) 前掲許「虞洽卿的一生」による。
52) 虞洽卿は上海社会の有力者であったから、占領地支配のために中国側の要人を親日政権の幹部として担ぎ出そうとする日本側から、再三にわたって日中「合作」の誘いを受けていたようである。しかし、虞洽卿は日本側の誘いに乗ることはなかった（朱馥生「虞洽卿拒絶与日偽合作聯営」『民国春秋』1996年第5期）。この点は、上海社会の有力な資本家・企業家でも、日本側が組織した「上海市民協会」という政治組織に公然と参加し、抗日世論の猛反発をうけた栄宗敬や、虞洽卿とは同郷の実業家で、日本側の組織した上海特別市の市長なった傅筱庵とは対照的である。
53) 高田洋子「インドシナ」（加納啓良編『岩波講座東南アジア史6　植民地経済の繁栄と凋落』岩波書店、2001年）。
54) 高田洋子「フランス植民地期ベトナムにおける華僑政策――コーチシナを中心に」（『国際教養学論集』（千葉敬愛短期大学国際教養学科）創刊号、1991年）。
55) 池田宗雄『船舶知識のABC』（成山堂書店、1991年）、79～83頁。
56) 前掲『米―上海米市場調査』（1939年）99頁。
57) 『申報』(1941年3月21日第5張)。なお、戦前は100kgにつき1.65海関金単位の輸入税を課されていたが、1938年6月から施行された税則では、米は麦類などとともに免税とされている。『中華民国海関進口税税則（自中華民国27年6月施行）』参照。
58) 前掲根岸『中国社会における指導層』、150頁。
59) 根岸佶『上海のギルド』（日本評論社、1951年）、190～226頁。
60) 米は一般的に、(脱穀・乾燥)→籾→(籾すり)→玄米→(精米)→白米という加工過程を経る。海関統計では、米の輸入は、米（rice：籾すり済の米）と

穀（paddy：籾付きの米）に分類されている。戦前はおよそ半々の割合で輸入されていたが（1936年：米…44,445公担、穀…47,548公担）、1937年以降は、ほぼ100％が米（rice）となる。また、ベトナムから上海へと運ばれる米は、1930年以降の輸送技術の発達によって、ほとんどが精米済みの米であったという（高橋塁「コーチシナ精米業における近代技術の導入と工場規模の選択——玄米輸出から白米輸出へ」『アジア経済』第47巻7号、2006年7月）。以上の指摘に加えて、上海米市場における輸入米の割合の増加を勘案すれば、たとえば、国産米を主体とする従来の流通ルートで活躍する籾すり業者や精米業者は不要になるであろう。

61) 「浦東米桟存米　運輸過江辦法」（『申報』1940年11月3日第十張）。
62) 「洋米到銷統計証明　万不米荒可能」（『申報』1940年12月7日第七張）。
63) 「応合作抑平米価」（『申報』1940年12月6日、第7張）。なお、これらの意見に対して虞洽卿は翌日の新聞で反論し、いずれの可能性も退けているが、議論がかみ合っていない。前掲「洋米到銷統計証明」（『申報』1940年12月7日）。
64) 前掲「上海民食調節協会告市民書」
65) たとえば、小浜正子『近代上海の公共性と国家』（研文出版、2000年）を参照。
66) 初歩的な考察として、拙稿「抗戦初期重慶国民政府の経済政策と上海租界——禁運資敵運滬審核辦法の成立過程」『東洋学報』第90巻第3号、2008年12月、を参照。

第9章　上海電力公司接収前後
―― 各種調査報告書の陥穽 ――

金丸　裕一

はじめに

　「租界進駐！租界進駐！／今日こそは、あの敵性租界へ進駐するのだ。湧きたつやうな感激が、電光の如く心を慄はせる。／今日の如き偉大な朝が、日本の歴史にあつただらうか」[1]。
　文藝春秋社派遣特派員兼従軍記者として、「大東亜戦争」勃発の朝を上海で迎えた作家・西川光は、その現地報告において、感情の昂揚を行間に隠匿することも忘れ、ペンを走らせている。1941年12月8日早朝、アメリカ資本の上海電力公司は、その子会社ともいうべき滬西電力公司とともに、「新敵産」として日本海軍によって接収され、軍管理の下におかれた[2]。
　本章においては、アジア太平洋戦争の期間、日本側によって営業範囲の四周を包囲され（所謂「支那事変」段階）、更に軍部、ついで華中水電公司によって接収・運営された（所謂「大東亜戦争」段階）、極東屈指の出力を誇る上海電力公司（Shanghai Power Co.）に対する日本側の言説について、その語り手と語られた場面・時期について格段の注意を払いながら紹介し、あわせて一連の「調査報告書」が持つ意味について、初歩的な考察を行いたいと思う。
　図1に示す通り、上海電力公司の発電電力量は時局の悪化にも関わらず反転上昇し、1939年において戦前・戦時期を通じた最高峰を記録する。反面、日本側によって操業され始めた1942年からの落ち込みは著しい。低迷期の発電電力量は1920年代初頭の数値に近似し、利用者は供給制限などの各種規制に困惑したのであった[3]。かかる事態について、同時期の関係者・専門家たちは、はたして想定済みであったのか？　あるいは予期せぬ出来事であったのだろうか？
　周知の通り、1937年7月の盧溝橋事件、8月の第二次上海事変以降、中国本土の経済的先進地域は漸次日本側によって占領され、日本軍部、及び

【図1】 上海電力公司の歴年発電電力量（1930—1952年）
単位： ━ 発電電力量（億kWh）

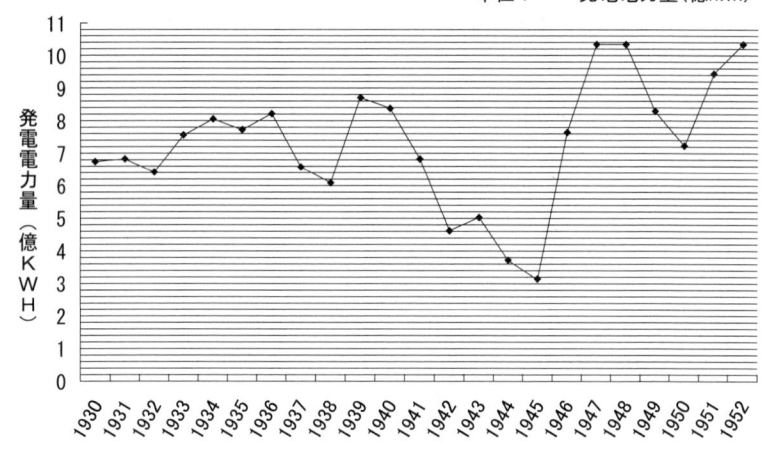

（出典）『上海楊樹浦発電廠志』（中国電力出版社、1999年）146〜147頁より作図。

対日協力政権（傀儡政権）の支配下に置かれた。こうした地域に所在した工場・企業の場合も例外ではなく、「内遷」といった極めて少数の事例を除けば、大部分が日本側支配地域に留まりつつ、経済活動の遂行を余儀なくされたのであった。

近年、柴田善雅は戦時下における中国各地の企業の動向について包括的な分析を進め、アジア太平洋戦争が中国経済全体に及ぼした影響について、大いなる示唆を与えてくれた[4]。また、中国を含む「日本帝国圏」に対して人材を供給するための「専門的知識」養成といった観点から、沢田実による高等工業教育の展開過程に関する研究も出現[5]、「決戦下」日本経済が置かれた位相への探究は深まりつつある。

但し、中国側における近年の研究[6]と類似した程度において、個別企業の営業状況といった次元にまで立ち入った考察は、殆どなされていないのではないか。華北交通という鉄道会社において、当初の「日本人中心主義」が「大東亜戦争」の行き詰まりを契機とした人材不足によって挫折し、中国人の大量採用と短期養成を余儀なくされた経緯を克明にあかした林采成による労作は、この意味からも画期的な成果と評価することができる[7]。

筆者はこれまで、上海を中心とした「中支那」地域における戦時電力産業の動向を、民族系発電所の「破壊と復興」問題を中心として習作的にまとめてきた[8]。本稿においては専ら、日本側による外資系「上海電力公司」認識の変遷に焦点をあてる。この際、「支那事変」段階から「大東亜戦争」段階を通じて、当該地域において電力産業を担い続けた「華中水電公司」の活動全般に対する究明も必須の課題となるだろうが、同社の経営史的考察は、続く別稿に譲りたいと思う。

1. 租界包囲期における言説

名前には本質が顕現される。皮肉ではあるが、「支那事変」という歴史的呼称にも、私はそれを感じずにはいられない。「事変」という欺瞞的時局認識を無視するが如き勢いで展開した実質的日中全面戦争は、やがて東アジアにおける第二次世界大戦を構成する重要な部分となる[9]。「事変」段階において、公共租界とフランス租界を除いた上海市、及び江蘇省の大半は、日本による支配下に置かれるに到った。上海公共租界が「孤島の繁栄」と呼ばれる異様な活況を呈した具体例について、多くの列挙は必要とされないだろう[10]。

日本側の立場からすれば、租界以外の主要都市を、首都・南京を含めてその手中に握った、いわば破竹の勢いを保持し続けた時期であったともいえる。かかる歴史的文脈の中で、調査報告書は何を語っていたのか。以下、歴史的コンテキストの中のテキストといった問題について、史料の恣意的な選択は避けつつ、筆者の力量が許す限りにおいて網羅的に検討して行きたい。

戦前期においても、中国電力産業については数多くの調査活動が実施・公表されていたが、その大部分は机上調査、乃至は翻訳調査であった[11]。「支那事変」段階を迎えた日本側調査における最大の変化は、なんといっても「実地調査」の開始といえるだろう。しかし、上海電力公司だけは別格であった。米国籍企業であり、公共租界を主要な営業範囲としていた在り方そのものが、実地調査遂行の阻害要因であった。そして如上の例外的現象は、「事変」直後の電力産業における「破壊」状況実態調査の段階か

ら、既に発生していたのである。

(1) 中支電業組合調査団

南京攻略戦が一段落を告げて間もない1938年1月20日、日本占領地の電力産業「復旧」の使命を担う中支電業組合による調査団一行は、合計10日にも満たない駆け足ではあったが、上海から南京に到る地域を中心に実地調査を行っている[12]。その結果として、公式報告書、及びメンバーによる私的報告書が刊行されているものの、これらに記録される内容には唖然とさせられる。

公式報告書たる『中支電気事業調査報告書』(1938年2月) の主眼は、民族系発電所の戦禍による被害に向けられていた。調査自体が「上海に厚く、地方に薄い」日程ではあったが、これから日本側を主体として復興・運営されるべき民族系発電所の現況を「黎明期」と評定、「此点外人経営ノ上海電力公司、法商電車電灯自來水公司（仏租界ヲ供給シ水道ヲ兼営ス）等ノ如ク、既ニ或ル程度ノ飽和期ニ到達シ居ルモノトハ格段ノ相違ヲ有スル」[13]と、楽観的な展望を語る。だが比較作業を省略したままで「飽和期」と即断した具体的根拠は示されず[14]、上海電力公司、及びその関連企業たる西部越界路を経営範囲とする滬西電力会社に対して、以下のような観察が記述されるのみである。

すなわち上海電力公司は、「事変前負荷ハ十六萬五千キロワツトニ及ビシモノナルニ、事変ノ為メ、忽チ三萬［キロワット］未満トナリ、其後漸次恢復シツツアルモ、昭和十三年二月上旬現在ニテ、僅カ六萬［キロワット］余ニ過キズ、現在ノ喪失電力ハ実ニ約十萬［キロワット］ニシテ年額約金壱千萬圓、之カ負荷ノ取戻ニ就テハ、正ニ必死ノ努力ヲ傾倒シツツアル」状態である。また、「事変後状勢ニ激変セル滬西電力ノ供給区域ニ我方ノ配電計画ヲ進ムルコトハ、国際間ニ相当ノ摩擦ヲ予想セラルルモノアリト雖モ之ハ他方面越界築路上ノ場合ト共ニ大イニ考慮ヲ払ハレザルベカラザル問題」であり、結論的には「我方ノ中支方面電気事業経営ノ上ニハ、前途大ナル光明ヲ認ムルモノナリト雖モ又他面其道程上ニ幾多ノ困難横ハリ居ルモノト謂ハザルベカラズ」と主張された[15]。

全くもって「視察ヲ省略」したが故、具体策すら提起できない有様が彷

彿とする。けれどもこの視察団のメンバーの中には、敢えて具体的提言を行う者も存在していた。

例えば石川芳次郎（京都電灯常務取締役）の場合、次の計画を示す。先ず、中米合弁の滬西電力を買収、あるいは日本側支配下に置くこと自体、「専門的知識ヲ有スル者ガ巧ニ交渉スレバ不可能ニ非ズ」とした上で、①200万元による買収案の他、②「当公司ヲ日本ノ会社カ支那ノ会社トシ日米支合辨」とする案、③「従前通リノ会社トシ資本金三分ノ一位ニ減資シ日本側持分ヲ権利個数過半数トナル様ニ調節」する案であった[16]。無論その前提には、上海攻略戦で破壊された滬西越界路地区の惨憺たる実状が存在していたとはいえ、本来の合辨相手である上海市政府への配慮などは、全くなされていない。そしてその勢いを以て上海電力公司に対しても、「太湖西岸炭礦地点ニ設置セントスル長興発電所実現ノ可能性アルナレバ其ノ規模ヲ大ニシテ上海電力ト共同経営ニ移サントス。但シ其ノ株式五一％以上ヲ我方ニ所有シ凡テ我方ノ経営ニヨルモノトス」という方策、あるいは「長興火力発電所ヲ中華電業（日本が占領地において新設する予定の電力会社……引用者）ノ事業トシテ上海電力ニモ供給」する一方、「中華電業モ上海電力ニ投資シ其ノ議決権株式ヲ所有シ役員ノ交換ヲナス」案までが実現可能であり、「上海電力ノ支配権ヲ得ントスレバ議決権株式ノ過半数ヲ所有セサルヘカラズ」ものの「米国側ガ同意スルコトナカルベシ」と展望する[17]。

同じく団員であった辻秀男（宇治川電気電気課長）は、中支電業組合視察団による調査の背景について、「中支に於ては、上海共同租界に於て電気事業を経営せる上海電力会社（米国資本）は、上海周囲部の支那資本に依る事業者の困窮せるに乗じて、一挙にして其の供給権を得んとし、又南京方面発電所も我軍の手によつて運転せる状況なるを以て、一時も早く中支に対し、我国電気事業者の勢力の伸び来らん事を一致要望せる有様なり」と判断している[18]。

何れにせよ、1938年初期の段階においては、民族系発電所に対する強硬な姿勢とは対照的に、外資系発電所の雄たる上海電力公司に対しては、極端に過激な言説はみられない。この事実を確認した上で、さらに観察を継続させよう。

(2) 各種調査報告書が語ること

開戦直前の時点から、上海電力公司に対する日本側評価には、複雑な思いが込められていた。民間の在上海・中国通信社が「事変」前夜に公刊した書籍は、高収益を継続する上海電力について「消費者ノ利害ヲ離レタ事業ガ果シテ公益事業ト呼ビ得ルカ否カ」と提起した上、「ソノ最大ノ顧客ガ日本側デアル以上吾人ハ同会社ノ営業政策ニ対シテ無関心デアルトイフ事ハ大キナ怠慢」であると指弾した[19]。

「事変」勃発後に到ると、かかる論調は益々強まった。満洲電業調査課・藤井忠一による机上調査においては、戦争による混乱の結果「電気事業ニ就テ見ルモ各地所在事業者ガ技術及資金援助ヲ我ニ仰ガントシ、殊ニ米国財団経営中ノ上海参加ヲ要望スルニ至リタルハ特ニ注目スベキモノデアル」[20]と、日本側による上海電力への積極的関与に多大な期待を示す現状分析を行っている。

同時期に満鉄上海事務所が、軍特務部の要請によって開戦後の短期間でまとめた報告書の場合、総論部分には強烈な内容が含まれる。上海の電力は「日本ノ大都市及満洲主要地ノ電気事業ト比較スレバ決シテ勝ツタモノテハナイ」けれども、「支那ノ電気事業トシテハ相当ノ発展ヲ為セル」と評価、更に電気料金の比較といった手法を用いて、日本側とりわけ満洲電業の優位性を語る内容となっている[21]。1910年代において「水主火従」の生産構造に転換していた日本、あるいは石炭産地に近接した満洲を、戦火によって蹂躙された直後の上海と比較するといった枠組み自体に無理があり、報告者が故意に導出した結論といった疑念すら湧いてくる言説であるといえよう。

上海電力が「不当な利益」を貪っている旨の指摘は、他の報告書においても随所に登場する。

1938年の中支那振興株式会社による報告では、「日支事変以来在支第三国益の蒙つた損失は莫大に達したと称されてゐるが、これ等商社は反対に数年来の不況を見事に清算した上に更に将来に備えるという小景気振りを示し」ており、「かかる好営業成績を挙げた原因は……一口に言へば建設景気に基くとも言へるし或は比較的自由な立場にある之等外人商社が第三者の利益を独占し得た事に基くものとも言へる」と指摘される。その上で

1938年における上海電力の営業成績後退の原因もまた、設備補充に多額の出費を費やした故だと総括、ここにおいても「供給の膨脹」面が強調された[22]。

1940年初め、逓信省技師から興亜院に出向中であった巽良知によっても、上海電力は「既に十分電気料金の値下げを行ひ得る財政状況にありながら、租界内居住人の大部分が支那人である為、搾取的な観念から出来るだけ多額の利益を回収することに心懸け」[23] ていると酷評された。やはり同年に刊行された中支那振興の報告書では、上海電力の1938年の数値が1936年比において、発電電力量30％減、需用者20％減であるにも関わらず収益は2％の減少に留まった事を論拠に、「料金附加率引上ニヨリ辛フジテ営業収益ヲ維持シ得タ」[24] と分析される。

繰り返しになるが、これらの調査は全て机上において進められたものであり、実地見聞が行われた形跡は存在しない。しかし、上海公共租界の四周を配下に治めた日本側の論説は、次第に批判的色彩を濃厚にした。これは必然的に、「最近ノ東亜情勢竝ニ欧洲戦争勃発等ニヨリ外資電力会社ハ石炭獲得ニ極度ノ困難ヲ招来シ、巷間其ノ身売シ説スラ生ズル現状ニシテ其ノ将来ハ全ク予想デキナイ」[25] といった言説に見え隠れする、日本側による主導の到来という「希望的観測」の登場へと連なる。租界の「敵性」についても、1930年代後半に到ると、しきりに強調されるようになるのであった[26]。

こうした中にあって、秘匿性もなく市販されていた雑誌に掲載された無署名論文は、異例の内容であった。すなわち、戦時における「発展」あるいは「回復」の事実が指摘され、その背景としての上海電力による経営努力が明記される。加之、多くの調査報告が糾弾する「暴利」問題についても、本質的には法幣相場下落に起因する現象に過ぎず、ドル建で計算すると積立金は寧ろ減少し、料金値上げも本来の損失を補填できる水準には達していない。つまり同社は「公共性」を重視している、と冷静に分析された[27]。恐らくは1940年段階における、唯一の例外的評論と判断できるだろう。

2. 華中水電公司と上海電力公司

　各種調査報告書はまた、現実の占領地経営の羅針盤としての役目も担わされていたと推測される。なんとなれば、日本支配地域にある発電所については、軍管理・興中公司委託管理を経て、1938年6月30日に設置された華中水電公司によって継承された。この国策「新設」会社の社員は、日本国内の電力会社・水道局から派遣されたといわれるが、その経歴は多様であり、中国情勢については大半が素人であった[28]。従って、業務遂行のために現状や直近の過去を知ろうとするならば、日本語で書かれたテキストに依存するのが効率的かつ現実的だったろう。租界を包囲した電気事業（もちろん水道事業も含む）は、全て華中水電公司によって管理・運営されていたのである。

　同社が如何なる企業であったか、ここでの詳論は避ける。ひとまず手元にある1941年5月現在における幹部社員名簿（36名収録）に他の史料を加え、管理職のキャリア形成史を簡単に眺めてみたい[29]。

＊＊＊

　理事長・湯澄波は、1902年広東生まれ。嶺南大学卒。同大講師、黄埔軍工教官、中山大学教授、実業部首席秘書などを経て、1940年に中華民国政府（汪政権）に参加。行政院工商部常務次長、政務次長、経済委員会委員等を経て現職（601頁）。

　副理事長・青木節は、1887年横浜生まれ。1912年慶應義塾理財科卒。東京電灯入社、1938年7月より現職（490頁）。

　常務理事・堀江勝巳は、1885年東京生まれ。1911年京都帝大土木工学卒。横浜・鹿児島・熊本・久留米等の水道局勤務の後、横浜市水道局長。1938年4月より現職（835頁）。

　同・王学農は、1897年？（民国15年生を民前15年と読みかえた）上海生まれ。上海交通部工業大学を経て、マサチューセッツ工科大学工学修士。1938年6月より現社勤務（795頁）。

　同・須藤清は、1884年生まれ。中央大学専門部卒。福岡県下小学校訓導、満鉄鞍山製鉄所経理課、南満洲電気調査役重役室勤務を経て、1931年の満

洲電業創立とともに文書係長に就任、調査課長、興中公司上海支社長等を歴任後に華中水電に入社、1941年5月27日退任（539頁）。

理事・盛恩頤は、1891年武進生まれ。北京高工、ロンドン大学、コロンビア大学で修業。漢冶萍煤鉱鉄公司総理、三新紗廠経理、中国通商銀行経理、中亜銀行董事長等を経て現職（422頁）。

理事・古城良知は、1890年大分県生まれ。1913年旅順工科学堂電気工学科卒。京城電灯技師、南昌開明電灯工程師、武昌電灯公司総工程師、山口県電気技師、関東軍司令部特務部嘱託、南満洲電気嘱託、満洲電業秘書役、同新京支店次長等を経て、華中水電入社（561〜562頁）。

監事・油谷恭一は、1886年山口県生まれ。1908年東亜同文書院卒。日清汽船上海支店・東京本店勤務後、日華実業協会書記長、常務理事を経て、1938年10月より中支那振興理事兼調査部長（426頁）。

同・徐春榮は、詳細不明。

庶務処文書課長・二宮辰太郎は、詳細不明。

同庶務課長・上野深源は、詳細不明。

同人事課長・宮崎世民は、1901年熊本県生まれ。1925年東京帝国大学法学部卒（684頁）。

経理処長・松前治廣は、1881年神奈川県生まれ。1907年明治大学卒。1938年に入社（94頁）。

同財務課長・山田健二は、1906年和歌山県生まれ。1930年松山高商卒、1938年7月入社（604頁）。

同購買課長・桑原知良は、詳細不明。

同倉庫課長・吉岡四郎は、1904年横浜生まれ。1931年早稲田大学商学部卒。横浜市水道局勤務後、1938年9月に入社（1002頁）。

同石炭課長・古賀経五は、1905年岡山県生まれ。1930年立命館大学卒。1939年6月入社（364頁）。

業務処長・高岡慎吉は、1880年東京生まれ。1902年に東京電灯入社、1922年伊予鉄道電気営業課長・業務課長を経て、1938年に入社（637頁）。

水道課長・高橋敏一郎は、1904年岐阜県生まれ。1929年京都帝国大学経済学部卒。1938年に入社（447頁）。

電気処長・藤田三郎は、1896年福島県生まれ。1920年東京帝国大学卒。

1938年入社、技師長を経て現職（928頁）。

　同電務課長・山本幸雄は、1903年三重県生まれ。1824年名古屋高工機械科卒。東京電灯、興中公司嘱託、天津発電所建設事務所を経て、1938年入社（863頁）。1942年12月26日から1945年8月15日まで、上海電力の発電部長[30]。

　同電路課長・萬木章士は、1899年岡山県生まれ。1922年大阪高工卒。宇治電灯入社後、1938年1月に中支電気復興の為に派遣、7月の華中水電設立とともに入社（790頁）。

　水道処長・加藤恒雄は、1897年東京生まれ。1921年九州帝国大学工学部卒。1838年9月に入社（747頁）。

　同浄水課長・澤田敵一は、1902年東京生まれ。1928年東京帝国大学卒。1938年に入社（492頁）。

　同工務課長・藤山政孝は、1900年鹿児島県生まれ。1924年熊本高工卒。熊本市水道部、横浜市水道局勤務を経て、1938年9月に入社（747頁）。

　上海北部支店長・寺井謹治は、1902年富山県生まれ。1919年高岡商業卒。満鉄、南満洲電業を経て、1934年満洲電業入り、営業係長・一般料金係長を勤めた後、1938年に入社（640頁）。

　同電気科長・川村金太郎は、1905年秋田県生まれ。1925年仙台高工卒。1938年入社（753頁）。1944年7月から1945年8月15日まで、上海電力の第三代配電部長[31]。

　南京支店長・前田市治は、1898年京都府生まれ。1922年京大電気教習所修了。1924年海城電気勤務、満洲電業文書課庶務係長などを経て、1938年より現職（684頁）。

　杭州支店長・中澤達也は、1894年岩手県生まれ。1914年蚕業学校卒。1939年入社（905頁）。

　上海南市支店長・西郷仙太郎は、1896年新潟県生まれ。1913年糸魚川中学卒。1921年東京市水道局入局、書記等を勤めた後、1939年4月に入社（69頁）。

　無錫営業所長・安藤久七は、1905年東京生まれ。1929年東京商大卒。1938年に入社（892頁）。

　常州営業所長・帆足寛は、1901年大分県生まれ。1928年東京帝国大学卒。

1939年に入社（806頁）。1944年8月から1945年8月15日まで、上海電力の庶務科長[32]。

上海浦東営業所長・三輪為一は、1896年山口県生まれ。1923年京都帝国大学経済学部卒。1939年2月に入社（965頁）。

漢口辦事処長・秋根昌美は、1902年福岡市生まれ。1926年京都帝国大学政治学科卒。京大学監室事務嘱託、九州水力電気、博多電気軌道に勤務。1938年に中支電気復興の為に派遣、7月に経理課長として入社（321頁）。

蘇州辦事処長・外間政恒は、1895年生まれ。1920年東亜同文書院卒。東亜興榮会社、満洲国監察院事務官、外交部事務官を経て、1938年に入社（595〜596頁）。

鎮江辦事処長・高世哲は、1897年山形県生まれ。独学で高文試験合格。逓信省嘱、帝国電灯、東京電灯、京都電灯調査部等を経て、1939年1月に入社（553頁）。

蕪湖辦事処長・西原直一は、1899年愛媛県生まれ。1923年旅順工大附工専属機械工学科卒。今治高女、筑後電気、神郡電気、九州水力電気を経て、1939年2月に入社（695頁）。

安慶辦事処長・長谷川正直は、1901年浜松市生まれ。1928年法政大学経済科卒。東京電灯で勤務し、1939年に入社（575頁）。

戚墅堰辦事処長・野田傳吉は、1889年岡山市生まれ。1909年岡山工業機械科卒。岡山製紙会社、大阪電灯、吉井川電力主任技術者を歴任。中国合同電気主任配給係長在職中の1938年5月に電力聯盟派遣員として渡支、興中公司嘱託を経て、同年7月に入社（723頁）。

＊＊＊

ここには人間の様々な生き方が反映されており、たいへんに興味深いけれども、少し冷静になって学歴から整理してみたい。役員9名を含む合計39名の内、帝国大学系9名（工学系2名・文系4名・不明3名）、同文書院2名、東京商大1名、私大系6名（文系4名・不明2名）、高工系6名、高商系1名、海外大学等3名、その他7名、不明4名という数値が求められる。工学系が思いのほか少ない。

電気会社での勤務経験者は13名、水道関係は4名、大陸経験を有する者が8名（中国人を含む）という数値も、同社が俄仕立てであった実態を物語

るのではなかろうか。現場を担う管理職に、30代半ばから40代半ばの人材が多い点も、注目せねばならぬだろう。そして彼等が、内地から動員した数多の人員を率いて対峙した「ライバル」こそ、上海電力公司だったのである。

1940年における上海電力の出力は183,500kW、発電電力量は8.37億kWhであった。一方、同時期における華中水電においては、各地の発電所は復旧作業の途中にあるものが多く、販売電力量は全施設合計で1.47億kWhと記録される[33]。集計に相違があるため、厳密な比較とはならないが、読者各位はこの数値を図1の中にマークして欲しい。両社間の歴然とした格差を実感できるだろう。

3. 『上海電力株式会社調査報告書』（1942年2月）

本章の冒頭で紹介した西川光が歓喜きわまったその瞬間、日本側はついに、中国で第一の、いや極東でも有数の工業地域たる上海公共租界を、一身で維持・発展する責務を背負い込んだ。「興亜技術」によって、戦時下上海の工業を再編することが日本側の使命となったわけであり、当局側の対応も素早いものであった。

12月8日午後3時、電気庁から関係方面に連絡があり、11名を興亜院嘱託の身分で遅くとも11日午後8時までに東京を出発させ上海に直行、華中連絡部指揮に従って2ヶ月の間、「上海電力株式会社主要設備ノ内六ケ所ニ分駐シテ其ノ運営上ニ付キ監視ヲシツゞケ」、「監視ノ傍ラ調査」を進めた[34]、という。この派遣団の代表格であった鍋島卯八は、同日朝8時30分過ぎに勤務先である日本発送電本社に向かう都電で周囲から響き渡る「軍艦マーチ」を耳にしながら、出勤するや否や、宮川営業課長から呼び出されて「……については、此の間君に話しておいた通り、早速上海へ行ってもらわねばならん」旨、業務命令が下ったと回顧する[35]。上海電力の接収は、相当程度は想定済みの事態であったのだ。

この時に日本国内から派遣されたメンバー、及び現地で合流して上海電力公司の監視・運営に携わった一覧を、表1に整理する。氏名の前に◎を付した人物は、『上海電力株式会社調査報告書』の「序」において明記さ

れる11名、また〇を付した人物は、鍋島の記録による現地合流の人員であり、この報告書自体は、11名による復命書と考えておきたい。なお1942年2月に、第二次派遣隊員として内地・華中水電から着任した人員には、△印を付けておいた。

　残念なことに目下、表１に関わる人物の背景は、前節の華中水電幹部から中途で出向した３名以外、はっきりとしない。但し上海電力支配人を任じた鍋島卯八は例外である。彼は1891年生まれ。1913年に東京高工を卒業後に渡米、1919年にM. I. T.で修士号を取得して東京電灯入社、1938年の日本発送電設立とともに同社に転じた技術者であった[36]。米国電力会社での勤務経験、及び上海電力公司支配人であったP. S. ホプキンスと同窓であった経歴が、抜擢の原因と思料される[37]。一行は、12月11日に東京駅を出発、翌日に神戸から神戸丸に乗船し、12月15日に上海着、24日より持ち場に配置された[38]。華中水電の現有勢力では対処できないため、日本発送電や東京電灯から、より専門的人材の応援が必要とされたのであろう。

　では、彼等は復命書の中で何を報告しているのか？　以下、その梗概を紹介してみたい。

　第一に、日本側による営業見込について、石炭コストと電力価格の調整に苦慮するであろうが、「全ク収支相償ハサル逆境ニ陥ルカ如キコトハ考ヘラレヌ」と楽観的観測がなされた点は[39]、やはり指摘しなければならない。

　しかし第二に、「事変」段階の各種報告書が酷評した電気料金について「低廉ニシテ且ツ合法的ニ制定」[40] されていると、評価を180度転回させた。のみならず、困難な環境下にあっても「従来ハ開灤炭米国炭印度炭等ノ優良炭ヲ豊富ニ輸入シ且ツ之等ヲ適当ニ混炭シテ使用シテ居タカラ其発電所効率モ高ク可成リ良イ成績ヲ得テキ」たけれども、「今後ハ当分斯様ナ事モ望ミ薄テ与ヘラレタ石炭ヲ如何ニ良ク利用スルカト云フコトニナルカモ知レヌ」と、不安感も率直に表明された[41]。

　さらに第三に、石油揮発油・タービン油・変圧油に加え、ボールベアリング等の良質部品に到るまで、「今回ノ日米開戦ニ伴ヒ……之等附属品及消耗品ノ内地ヨリ補給如何カ問題トナツテ来ルノテアルカ今回発電所ヨリ申出アリタル部分品ニ付テハ製作可能（技術的ニ）ナリヤ否ヤ日発本社ニ

表1　上海電力公司への出向者一覧

氏　名	着　任	離　任	役職・所属	出向元
◎鍋島　卯八	'41.12.26	'45. 8.15	支配人	日発
◎西山正五郎	〃	'44. 9	配電科長	東電
◎柿添　　隆	〃	'42. 4.10	コンノートシステムコントロール	東電
◎中井　英雄	〃	〃	発電所	日発
◎正木　　旭	〃	'42. 6	トンキン変電所	東電
◎小向　三郎	〃	'42. 6	フィーロン配電部	東電
◎小宮　武夫	〃	'44.10.19	会計監督→庶務課長	東電
◎岸　俊次郎	〃	'42. 4.27	(初代) 配電部長	東電
◎堀　　源一	〃	'42. 4	発電所	日発
◎山越　次郎	〃	'42. 4	トンキン変電所	東電
◎笠原喜一郎	〃	'42. 4	発電所	日発
○飯島　義保	〃	'41.12.31	発電所	華中
○橋本　清明	〃	'45. 8.15	フィーロン総務	華中
○山本　幸雄	〃	'45. 8.15	発電部長	華中
○松村　　操	〃	'41.12	？	華中
○椹　　富彦	〃	'45. 8.15	発電所	華中
○阿部弥次助	〃	〃	発電科長	華中
△井上益太郎	'42. 2	'44. 6	経理科	東電
△親松　健雄	'42. 2	'42. 8	フィーロン倉庫	東電
△大浦　清吾	〃	'45. 8.15	人事科長	華中
△村上　貫治	〃	'42. 8	技術科長	東電
△山岸　　久	'42. 2	'42. 9	発電部長	東電
△阿部　　寿	'42. 2	'44. 8.30	営業部長	東電
△吉良　貞英	'42. 2	'44. 8.30	経理部長	東電
△富田　助国	'42. 4	'44. 8	営業科長	華中
△大圃　　信	'42. 4	'44. 8.15	経理科長	東光
△竹内　正雄	'42. 4	'44. 9	料金科長	華中
関　　軍吉	'42. 2	'44.10.19	販売科長	東電
長谷川勇雄	'42. 7	'43. 6	(二代) 配電部長	神戸市電気局
川村金太郎	'44. 7	'45. 8.15	(三代) 配電部長	華中
安藤　伴造	'44. 7	'45. 8.15	配電部	華中
帆足　　寛	'44. 8	'45. 8.15	庶務科長	華中
申橋　　昇	'44. 8	'45. 8.15	営業部	華中

(出典) 鍋島卯八編『大東亜戦争下の上海電力公司と私達』33〜34頁に、他の史料を加えて筆者が作成。

照会中テアル」[42]との記述に見られる通り、厳しい現実も語られる。

この他、後日の回想においても「一台で実に二十人分の処理能力」を持つ機械化された料金計算・集金制度に喫驚したり[43]、修理伝票や停止伝票の取り扱い、資材購入から検収及び発注・在庫管理のシステム化された事務処理方式の発見など[44]、要するに「近代性」を高く評価した言説へと一転したのである。配電担当の岸俊次郎は、帰国後に上海電力の継電方式を専門誌で紹介し「我国の継電方式に改善に対し、何等かの暗示が与へられる」と結んでいた[45]。

目の当たりにした上海電力の現実は、日本側による「事変」段階の予測を完全に裏切ったと読解されよう。

4.『上海電力江岸発電所超高圧設備実地調査報告書』(1942年9月)

1942年4月以降、上海電力の運営は華中水電に委託された。直後の6月末から約1ヶ月間、興亜院管轄興亜技術委員会から、11名の専門家集団が派遣された。1939年以来取付作業が進められていた超高圧発電設備の完成前に日本側が接収、これらは「米国ノ最新技術ヲ以テ建設中ノモノニシテ使用蒸気ノ温度及圧力高ク之カ完成並ニ運転開始ニハ技術上相当困難ナル問題アリ而モ之カ研究ハ我カ国技術ノ向上ニ資スルトコロ大ナルヲ以テ本邦ニ於ケル最高技術ヲ動員シ速ニ調査研究ヲ進ムルト共ニ運転開始ノ方策ヲ樹立スル為」[46]というのが、最大の目的であった。

このメンバーについて、表2に整理した。表1とは異なり、人物の背景は大半が判明する。では彼等は、報告書の中で何を語っているのか？

報告書はまず、高圧配管溶接部分の優れた技術力に素直に驚く。しかし主要書類は米国本社に保管されており、溶接工2名も、6月29日に出帆した交換船において既に上海を離岸、暗中模索の調査が開始された[47]。

そして、米国運営期とは異なり、石炭の割当制限がある上に、「炭質劣下シ山東炭ヲ主トスルタメ汽罐蒸発量ハ著シク低下」、更に重油燃焼用に改造されたボイラーは「重油入手困難ナル現在使用シ得ズ」、発電電力量を増加させたいならば「淮南、大汶口、開楽等適正炭ノ入荷ノ要望セラルゝ次第ナリ」と、窮状を訴える[48]。報告書では、単に石炭割当を現在の1ヶ

表2　興亜技術委員会派遣調査団の経歴

氏　名	経　歴
後藤清太郎	1920年東京帝大機械科卒、逓信省電気局技師。戦後は東大教授・東京電機大教授などを歴任。
山中直次郎	1914年東京帝大機械科卒、東京帝大助教授。
近藤　常敏	1936年東京帝大機械科、電気庁技師。後に中華民国大使館（南京）技師。
大來佐武郎	1937年東京大電気科卒、逓信省技師。戦後は経済安定本部エコノミスト、日米欧三極委員会などで活躍、第二次大平内閣で外相。
千葉健三郎	1925年東京帝大機械科卒、山陽中央水電勤務。
堀越　　博	1920年東京帝大機械科卒、三菱重工長崎造船所勤務。
谷口　建八	1928年東京帝大機械科卒、同上長崎造船所勤務。
谷内田　清	1929年東京帝大機械科卒、同上神戸造船所勤務。
吉村　國士	不明。戦後は（株）日本原子力事業調査団開発部長など。
濱野　秀雄	不明。
青　　　武	不明。

（出典）『学士会名簿』昭和11年版（1937年）を基礎に、他の人名録などを参照しながら筆者作成。

月当り32,000トンから40,000トンに増加する手立てのみならず、山東炭以外の開灤炭・溜川炭など、次善炭の確保について、興亜院に進言されている[49]。

　そして「本設備ノ運転ニ当リテハ、マヅ之ニ必要ナル技術者並ニ資材ヲ整備スベキモノトス。即チ本設備ニ対シテハ米本国ヨリ運転技術者ノ派遣セラルヽ予定ナリシ処、偶々、戦争勃発ニ因リ渡来不可能トナリタルモノニシテ、現在高圧高温蒸汽ニ経験アル運転員ハ皆無ノ状態ナリ。依テ内地ヨリ有能ナル技術者若干名ヲ派遣シ試運転ニ協力セシメルヲ要ス。又本設備ノ常時運転ニ対シテハ優秀ナル邦人技術者ヲ常駐セシメ、積極的ニ指導セシムルヲ要ス」だけではなく、「運転資材中予備品ハ……極メテ乏シキ状態ニ在リ。差当リ必要ナル予備品中製作容易ノモノヨリ之ヲ整備シ、製作困難ナルモノハ製造者ノ研究ニヨツテ之ガ製作ニ着手スルコトヽシ」[50]云々と、冷静な観察を進めた。これは要するに、日本の技術力ではお手上げだという表明に等しい。

「本邦ニ於ケル最高技術」を誇る一行の中では、残念ながら上海電力に残留する者はなく、実際の運営は、華中水電公司に委ねられ続けた。その後の経営状況分析は、既に本章が対象とする範囲を超えているので、別稿に譲る。

おわりに

それにしても、1942年を境とする評価の急転換を、どう考えたら良いのであろうか。同一対象に対する観察とは思えぬほどの変貌は、本章において逐一紹介した通りである。

図2に描かれる如き、広からぬ上海電力公司の空間を、「大東亜戦争」突入以前の日本側は、いとも簡単に手中に掌握することが可能であると信じ込んでいたのであろう。否、信じぬ人々であったとしても、何らかの魔力によって呪縛されていたとしか考えられない。無論それは、米国側力量への過小評価であり、日本側力量への過大評価であったと総括されようが、「支那事変」段階を振り返った場合、時代が孕んだ摩訶不思議な「雰囲気」を看過することもできないだろう。本章を終わるにあたり、若干この問題について考えてみたい。

繰り返しになるが、「支那事変」という呼称にもかかわらず、「宣戦布告ナシト雖モ事実上大戦争ナルヲ以テ……敵国ノモノハ個人ノモノト雖モ破壊或ハ没収サルヽモノト敵国民ハ解シ居ルガ如シ」[51]という情勢認識は、至極常識的な判断である。開戦当初の「国民政府を対手とせず」あるいは「暴支膺懲」といった官制スローガンも、蒋介石率いる中国に対する敵意に満ちていた。

しかし「事変」が泥沼化・慢性化しつつあった時期における日本人生活者の中国認識はいかなるものであったのか。時局の雰囲気を直感的に嗅ぎ付け、のみならず「流行歌」といったジャンルを通じて、ある意味では時代を導いた文学者・西條八十は、1938年10月に次のような詞を発表した。

「となり同志の　国と国／なんで戦が　したからう／やむなく揮う　膺懲の／剣のかげに　涙あり」[52]。

この歌謡曲がどれくらい流行したのか、私は知らない。だが直後の1938

264

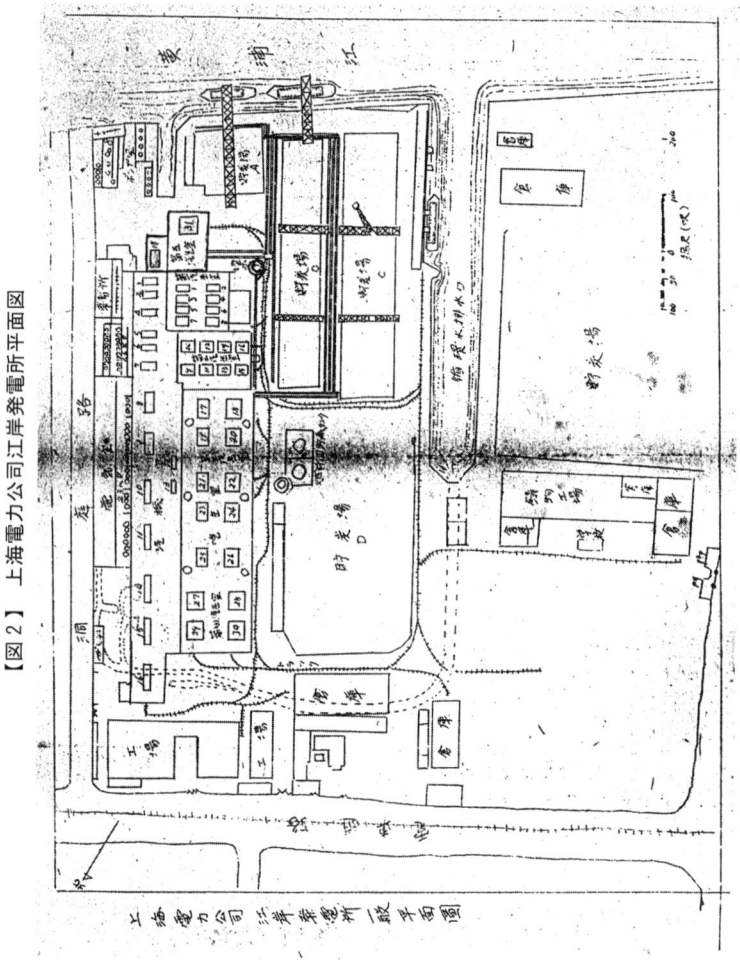

【図２】 上海電力公司江岸発電所平面図

（出典）『上海電力江岸発電所超高圧設備実地調査報告書』第８図。

年12月に「支那の夜」が大流行、1940年8月には映画化される。
　「君がみ胸に　抱かれて聞くは、／夢の船歌　鳥の歌、／水の蘇州の　花ちる春を／惜しむか、柳がすすり泣く」53)。
　人口に膾炙した服部良一作曲の「蘇州夜曲」が、その劇中歌であった。主演の長谷川一夫と李香蘭の人気ぶりも、敢えて述べる必要はなかろう。この詩の中に、あるいはメロディの中に、果たして戦時という切迫感はあるのか？　中国が戦争相手であるとの緊張感はあるのか？
　他方、1935年製作の映画「風雲兒女」は、ともに日本留学経験を持つ知日派、田漢作詞・聶耳作曲「義勇軍行進曲」を主題歌とした。「事変」期においても、同曲が中国民衆の中で愛唱されて続けていたことは、夙に有名である。
　「起來！不願意做奴隷的人們！把我們的血肉、築成我們新的長城。中華民族到了最危險的時候、每個人被迫着發出最後的吼声。起來！起來！起來！我們萬衆一心！冒着敵人的砲火、前進！冒着敵人的砲火、前進！前進！前進！進！」54)。
　勇壮なマーチの旋律は、甘美なラヴ・ソングによって遮られた。本章で登場したが如きエリート層も、中国人生活者の呻きを聴きだそうとはしなかった。時流への便乗というありがちな行動の累積こそが、上海電力公司接収前後の言説を節操なきものとした、本質的原因だったのである。

---

1)　西川光『十二月八日の上海』（春光堂、1943年3月）245頁。
2)　『第八回営業報告書』（華中水電株式会社、1942年4月）4頁など。
3)　ここで多くの事例は紹介しないが、例えば上海市工商行政管理局・上海市第一機電工業局機器工業史料組編『上海民族機器工業』下冊（中華書局、1966年）660〜664頁には、「大東亜戦争」段階の電力飢饉を原因とした操業不振に関する、多くの記録が収録されている。
4)　柴田善雅『中国占領地日系企業の活動』（日本経済評論社、2008年）、また同「アジア太平洋戦争期中国関内占領地における敵産管理処分」（『東洋研究』第162号、2006年）などを参照。
5)　沢田実「戦時期日本帝国による技術者供給」（中村哲編『近代東アジア経済の史的構造』日本評論社、2007年）。惜しむらくは、外地における技術者教育は

初歩的考察の域を脱していない。本書第10章に収録される横井香織論文などとも関連し、外地・占領地を含む日本帝国圏における人材養成史研究は、今後の本格的進展が待望される分野であるといえるだろう。

6) ごく一例だけを指摘すると、李峻『日偽統治上海実態研究—1937〜1945年』（中央編訳出版社、2004年）は、「生産力低下」、「経済管理の混乱」、「上海資本家の掠奪に対する抵抗」といった側面を重点的に叙述し（「第3章 日本殖民統治下上海経済」）、また黄美真主編『日偽対華中淪陥区経済的掠奪与統制』（社会科学文献出版社、2005年）は、個別企業の動向を意識しながらも「掠奪と統制」という大きな枠組みに規定され、実態解明が十分には展開していない（「第3章 日偽対華中淪陥区産業・交通的掠奪与統制」）。また、上海市檔案館編『日本帝国主義侵略上海罪行史料匯編』下冊（上海人民出版社、1997年）には、経済関係の史料も多く含まれるが、個別企業次元にまで遡及する意図は感じられない。この点において、同『日本在華中経済掠奪史料—1937〜1945』（上海書店出版社、2005年）は、日本語一次史料も多用するなど、10年を隔てた大きな変容を指摘したい。

7) 林采成「戦時期華北交通の人的運用の展開」（『経営史学』第42巻第1号、2007年）。

8) 拙稿「『支那事変』直後、日本による華中電力産業の調査と復旧計画」（『立命館経済学』第53巻第5・6号、2005年）［この論文は以下、拙稿Aと略す］、及び同「『中支電気事業調査報告書』（昭和13年2月）の一考察」（『立命館経済学』第54巻第4号、2005年）［この論文は以下、拙稿Bと略す］などを参照されたい。

9) 括弧つきの「支那事変」や「大東亜戦争」といった筆者の使用する歴史用語に対して不快感を抱き、忠告して下さる方々も多い。しかし私は、その呼称に内包される欺瞞性と複雑性を明確にするためにも、アジア太平洋戦争の「支那事変」段階、及び「大東亜戦争」段階という時期区分を用いることが、いまのところ最も適切であると考えている。

10) 戦時下の上海については、高綱博文編『戦時上海—1937〜45年』（研文出版、2005年）に収録された各論文を参照のこと。

11) 拙稿「戦前期日本による中国電力産業調査の諸問題」（『近代中国研究彙報』第25号、財団法人東洋文庫、2003年）。

12) 前掲拙稿A、及び拙稿Bを参照。特に、正式なメンバー構成や参加人員の背景、また各発電所の破損状況については、拙稿Bの表1（223頁）、表2（226頁）に整理した。

13) 『中支電気事業調査報告書』(中支電業組合調査団、1938年2月)3頁。また、拙稿Bの議論も参照されたい。
14) 「……外国資本権益ニ属スルヲ以テ詳細ナル視察ヲ省略セリ」と明記されている事実が、最も雄弁である(同上『中支電気事業調査報告書』9頁)。
15) 同上『中支電気事業調査報告書』109～110頁。
16) 石川芳次郎『中支ニ於ケル電気事業計画(私案)――(中華電業公司設立計画)』(私家版、1938年3月)、46～47頁、及び49～52頁。
17) 石川芳次郎同上『中支ニ於ケル電気事業計画(私案)』57～61頁。
18) 辻秀男『中支に使して』(私家版、1938年4月)1～2頁。
19) 『上海電力会社の組織と事業』(中国通信社調査部、1937年5月)61～65頁。
20) 藤井忠一『中支に於ける電力事業調査 第一輯 上海電力公司――九三六年十二月末日現在』(満洲電業株式会社調査課、1937年12月)1頁。
21) 『上海ニ於ケル電気事業調査報告』(満鉄上海事務所、1938年3月)6頁、及び20～23頁など。なお、満洲電業による調査活動の全体像については、拙稿「満洲電業株式会社の中国電力産業調査」(本庄比佐子編『戦前期華北実態調査の目録と解題』財団法人東洋文庫、2009年)を一読願いたい。
22) 『日支事変後ニ於ケル在上海外人商社ノ収益状況』(中支那振興株式会社調査課、1939年6月)「総説」、及び「第一章第二節 上海電力公司」部分。
23) 巽良知「支那に於ける電気事業の概況」(『調査月報』第1巻第2号、興亜院政務部、1940年2月)154～155頁。
24) 『上海電力公司』(中支那振興株式会社、1940年3月)「序言」、及び「営業収益批判」の項目。
25) 『江蘇・浙江・安徽三省ノ水道事業並電気事業概況』(興亜院華中連絡部、1940年8月)12～13頁。
26) 『上海租界ノ敵性調査 第一部 共同租界工部局警察』、『同 第二部 共同租界工部局ノ財政』(興亜院華中連絡部、華中調査部調査機関シアリーズ第36輯1・2、1940年)などが、象徴的な調査である。
27) 無署名「上海電力公司の研究」(『東亜』第13巻第8号、1940年)116～122頁。
28) 『大陸年鑑』昭和15年版(大陸新報社、1940年1月)400～402頁。また、日本国内からの社員派遣の梗概については、前掲拙稿A、160頁も参照。
29) 以下の分析については、中西利八編『満華職員録』(満蒙資料協会、1941年12月)1080～1082頁のデータを、同『中国紳士録』(満蒙資料協会、1942年7月)の記事とトレースする手法を用いた。『中国紳士録』からの引用は特に註記せず、本文の括弧( )内に頁数を示した。役員については、『第七回営業報告

書』（華中水電株式会社、1941年10月）、『大陸年鑑』昭和17年版、216頁も参照。余談ながら、『中国紳士録』をゆまに書房から復刻（2007年）した際、筆者は「解題」において中西の著作権継承者を確認するためにも彼の足跡を追ったが、後に御令孫にあたる中西東海氏より2008年2月27日付で私信を頂戴し、利八の没年が1946年8月19日であった等、様々なご教示を受けた。いずれ「解題」を補足・改稿したいと考えている。

30) 鍋島卯八編『大東亜戦争下の上海電力公司と私達』（私家版、1972年）33頁。
31) 鍋島卯八編同上『大東亜戦争下の上海電力公司と私達』33頁。
32) 鍋島卯八編同上『大東亜戦争下の上海電力公司と私達』34頁。
33) 『第六回営業報告書』（華中水電株式会社、1941年4月）4～5頁。但し、販売電力量は、1940年5月から1941年3月までの11ヶ月間の記録である。
34) 『上海電力株式会社調査報告書』（1942年2月）「序」の部分。
35) 鍋島卯八「上海電力公司での四年四ヶ月」（前掲『大東亜戦争下の上海電力公司と私達』）21頁。
36) 『大衆人事録』第14版　東京篇（帝国秘密探偵社、1943年）731頁。但し米国の留学先については、ボストンテック学校と記している。
37) 前掲『上海電力株式会社調査報告書』の「序」、及び鍋島卯八前掲稿「上海電力公司での四年四ヶ月」22～28頁。
38) 鍋島卯八同上稿、30～31頁。
39) 前掲『上海電力株式会社調査報告書』1-5～6頁。
40) 同上『上海電力株式会社調査報告書』1-5頁。
41) 同上、3-27頁。
42) 同上、3-33～34頁。
43) 小宮武夫「第二次世界大戦下の上海随想」（鍋島卯八編前掲『大東亜戦争下の上海電力公司と私達』）99～100頁。
44) 椎富彦「上海の思い出」（同上『大東亜戦争下の上海電力公司と私達』）112～113頁。
45) 岸俊次郎「上海電力会社に於ける継電方式」（『電気日本』昭和17年12月号、1942年）891頁。
46) 「上海電力発電所超高圧設備ノ調査等ニ関スル件」1942年6月20日、工政課（『陸亜密大日記』第23号、陸亜密S17／60、アジア歴史資料センターレファレンスコード：C010000396100）。
47) 『上海電力江岸発電所超高圧設備実地調査報告書』（興亜技術委員会上海電力調査団、1942年9月）2～3頁。

48) 同上『上海電力江岸発電所超高圧設備実地調査報告書』8〜9頁。
49) 同上、39〜40頁。
50) 同上、49頁。
51) 石川芳次郎前掲『中支ニ於ケル電気事業計画（私案）』4〜5頁。
52) 「愛の聖戦」（『西條八十全集』第9巻、歌謡・民謡Ⅱ、国書刊行会、1996年）38頁。
53) 「蘇州夜曲」（同上『西條八十全集』第9巻）91頁。
54) 「義勇軍行進曲」について、映画「風雲兒女」における収録シーンがインターネットで公開されている。併せて参照されたい（http://www.youtube.com/watch?v=G4qusz1zeI8）。

第10章 近代日本の「外地」における高等商業教育
―― 台北・京城・大連を事例として ――

横井　香織

はじめに

　本稿の目的は、戦前期、日本の「外地」である台湾、朝鮮、満洲に開設された高等商業学校について、日本の高等商業教育のモデルであったベルギーのアントワープ高等商業学校や日本最初の高等商業教育機関である東京高等商業学校と比較検討し、その特色や社会的機能を明らかにすることである。

　日本で最初に高等商業教育機関が設置されたのは、1884（明治17）年のことである。この東京高等商業学校（以下、東京高商）を皮切りに「内地」では1902（明治35）年に神戸高等商業学校、1905（明治38）年に山口高等商業学校、長崎高等商業学校、1910（明治43）年に小樽高等商業学校が新設された。1917（大正6）年に開催された臨時教育会議において、高等教育機構の拡張計画が議論され、新たに名古屋、福島、大分、彦根、和歌山、横浜、高松の7都市に高等商業学校が設置されることになった。また、「外地」である台湾と朝鮮にも「内地人」の高等専門教育機関の設置が認められ、台北高等商業学校と京城高等商業学校の設置が認可されたのである。

　この高等商業学校に関する研究は、近年、アジア調査・研究機関という観点からのアプローチがなされ、いくつかの注目すべき研究成果が報告されている。その一つに旧彦根高等商業学校の所蔵文献・資料の研究がある[1]。また、山口高等商業学校の中国調査・研究を中心に、「内地」高等商業学校の調査・研究活動を論じた報告もなされている[2]。しかし、日本の「外地」である台湾や朝鮮、そして満洲における高等商業教育に関する研究には、資料の制約もあってあまり進展していない[3]。筆者はこの「外地」高商について以前から関心をもっており、台北高等商業学校に関する小論をいくつか発表したことがある[4]。その小論では専ら台北高商の教育課程や

卒業生の動向、調査・研究機関としての成果などを論じ、「内地」高商との比較も試みた。この研究を進めるうちに、「外地」高商の共通点や地域性、「内地」高商との相違点なども視野に入れた発展的な研究が必要であると考えるようになった。

そこで本稿では、先行研究に学びつつ自身の小論を批判的に考察しながら、さらなる資料の検討を加えて、「外地」高商の社会的機能をできる限り解明しようと考えたのである。

1.「外地」高商の設立

(1) 台北高等商業学校
① 設立の経緯と沿革

台湾における高等専門教育機関の設立については、第6代安東貞美台湾総督時の民政長官下村宏が、積極的にその必要を説いた。民政長官に任命された直後台湾に渡った下村は、台湾各地を巡視し、積極的に各界の声を聞き、それを意見書にまとめて安東総督に提出した。その意見書[5]によれば、彼は、台湾で初等教育を受けた「内地」人子弟が「内地」に戻るのは望ましくない。台湾に渡った日本人子弟が台湾を墳墓の地とみなし、台湾や「南支南洋」で活動することを可能にするためには、台湾に農工商の専門教育機関を整備する必要がある、というのである。下村は、同化政策の一環として、「内地」人定着のための教育制度確立の重要性を、地方官会議をはじめ、庁長会議、商工学校開校式、卒業式などあらゆる公の場で指摘した。やがて、彼の教育理念は、1919 (大正8) 年1月の台湾教育令で実現される。

このような状況下、台北高等商業学校は、「本島ノ内外ニ於テ商業ニ従事セムトスル男子ニ須要ナル高等ノ教育ヲ施ス」[6] ことを目的として、つまり、台湾島内及び「南支南洋」方面で活躍する人材を育成する専門教育機関として、1919 (大正8) 年に設立されたのである。初代校長は、台湾総督府学務部長であった隈本繁吉[7] であった。隈本は1907 (明治40) 年、韓国政府の招聘に応じて学務書記官となり、後には朝鮮総督府初代学務課長として、朝鮮における植民地教育の策定に力を注いだいわゆる植民地文教官僚

である。1911（明治44）年、台湾総督府に転任後は、学務課長の任に就くと同時に、視学官、国語学校長を兼任し、台湾教育令の制定に深く関わった。また、師範教育、実業教育、高等専門教育機関の整備も手がけた。このような植民地教育行政の専門家である隈本が、台北高商の初代校長に就任したということは、台北高商のもつ使命が台湾にとって重要であったからに他ならない。

1919（大正8）年3月31日に設立を許可された台北高商は、5月下旬に最初の入学試験を実施し、6月に入学式を挙行した。設立当初は入学者を「内地人」に限定していたが、翌年1月、教育令改正に伴いその年から「本島人」生徒の入学を許可することになった。1926（大正15）年には、台南市に台南高等商業学校（以下、台南高商）が新設された。しかし、台南高商は商業専門学校廃止を受けて設置されたにすぎず、台南高等工業学校新設を機に廃止され、台北高商と合併することになった[8]。台南高商には台湾本籍をもつ学生が多く（1929年3月現在全学生の約30%）、中でも台南、高雄出身者が多かった。台北高商との合併の計画は当初9月とされたが、台南高商存続の声が大きく、学生からの存続運動も起こってその時点では実施されなかった。しかし最終的には当局の処置に従うことになり、第1回台南高商卒業生は台北高商卒業生として卒業式を迎えることになった。台南高商在学生は、台北高商の相当の学年に編入し、台北高商台南分教場で学ぶことになった。旧台南高商出身者がすべて卒業した1930（昭和5）年度末には、台南分教場が廃止された。

1936（昭和11）年、新たに修業年限1年の貿易専修科が設置された。「内地」の高商では、大正期に海外貿易科や「支那」貿易科などを設置し、より専門的かつ実践的な専門教育を推進したのに対し、台北高商では昭和期にはいってようやく専修科が新設されたのである。これには理由がある。1935（昭和10）年、台湾総督府の主催で熱帯産業調査会が開催された。これは南方方面への経済発展の基地として、台湾はどうあるべきかを検討するための会議であった。この会議の中で、「南洋」へ発展する人材養成のため、台北高商に1年制の貿易専修科を開設する議案があり、それに対し産業界委員から「上海の同文書院的性格であれ」との要望があって、総督府側からはその線で努力する旨の答弁があった。台北高商は、そもそも南方

発展の有能な人材を養成するために設置された教育機関であるが、1年制専修科を新設する内的要因をもっていた。それは、本科卒業生の場合、卒業年が徴兵検査にあたり、南方志願の学生はたいてい甲種合格であるため、兵役を終えなければ渡航できず、結果として南方発展の機会が困難である。そこで1年制の専修科ならば、南方への渡航機会が増えると考えたのである。南方華僑対策上、入学定員40名中半分は「本島人」を入学させることとなった[9]。

また、1940（昭和15）年4月からは、本科に第二部（支那科）が設けられ、続いて1941（昭和16）年4月からは東亜経済専修科が開設されるに至った。貿易専修科は南方経済専修科と改称された。1944（昭和19）年には、全国の高商を経済専門学校とすることが閣議決定され、台北高商も台北経済専門学校となり、1945（昭和20）年に敗戦の日をむかえることとなる。

② 入学者の状況

台北高商最初の入学試験は1919（大正8）年5月に台北で実施され、入学定員40名のところ志願者数101名であった。翌年は台北だけでなく東京でも入学試験を実施し、226名の志願者中40名が合格した。さらに1921（大正10）年から1928（昭和3）年までの8年間は、試験地を台北、東京に福岡を加えた3か所に増やし、募集定員も80名に増員した。

1929（昭和4）年以降は、台北だけで入学試験を実施することになった。

1936年と1940年に学科が増設されたことにより入学定員が増加した。「本島人」も数多く入学し、日本人と共に学んだ。本科学生総数における「本島人」の割合は、年によってばらつきがあり、明白な傾向はみられない。しかし旧台南高商入学生や貿易専修科入学生の「本島人」の割合からすると、台北高商本科には、「本島人」が入学しにくい「事情」があったと考えるのが妥当だろう。

(2) 京城高等商業学校

① 設立の経緯と沿革

京城高等商業学校の前身である東洋協会京城専門学校の歴史は古く、1907（明治40）年、朝鮮の開発に必要な学科を学ぶことを目的とした東洋協会専門学校の京城分校として開校したことに始まる[10]。開校当時、学生は

東京本校から朝鮮語科第3学年に在籍していた38名と研究生5名が京城に派遣された。修業年限は1年で、商法、民法、財政学、経済学、国際法、韓国事情、簿記、韓国語、英語などの学科目を学ぶことになっていた。その後、1916（大正5）年には財団法人の経営となり、1918（大正7）年に東京本校から独立して東洋協会京城専門学校となった。修業年限は3年で、行政科と高等商業科を設置し、中学校卒業者またはそれと同等以上と認定される学校の卒業者を受け容れた。1920（大正9）年には、校名を私立京城高等商業学校と改称し、行政科を廃止して教育課程に変更を加えた。私立とはいっても朝鮮総督府、朝鮮銀行、満鉄の共同出資であった。翌年、改正朝鮮教育令の動きとともに私立京城高商を官立に昇格する問題が浮上し、結局1922（大正11）年3月31日付で、私立京城高商は朝鮮総督府に移管し、官立の専門学校として再出発することになった。官立京城高商は新教育令による専門学校として、日本人と韓国人の共学制であった。そして旧私立京城高商の在学生第3学年57名、第2学年69名、第1学年11名がそのまま相当学年に編入し、新たに74名を第1学年に入学させた。

　京城高商初代校長は、山口高等商業学校教授鈴木孫彦であった。鈴木は東京高等商業学校を卒業し、いくつかの学校に勤務したのち、山口高商教授となった。1917（大正6）年から2年間、文部省より海外留学を命ぜられ、アメリカのペンシルバニア大学で研究の日々を送っていた。研究テーマは「海運」であった。朝鮮総督府学務局は、文部省から推薦を受けて、鈴木を京城高等商業学校学校長に招聘したのである。続いて鈴木校長と同郷の朝鮮総督府外事課嘱託横山富吉が、英語主任教授に就任した。横山は苦学の末アメリカで学位を取得し、京城在住のアメリカ人から信頼されていた人物で、彼の人脈によりすぐれた米英人が高商の教官となった。回想録によれば、京城在住のアメリカ人たちは、アメリカ人と朝鮮総督府との間に問題が起きてもドクター横山が好意をもって解決してくれるとして、信頼し尊敬していたという[11]。

　こうして官立高商として発足した京城高商は、1944（昭和19）年に京城経済専門学校と名称を変更し、やがて1945（昭和20）年10月15日に韓国ソウル経済専門学校として新たに発足するまで、教育活動を続けていった。なお、ソウル経済専門学校は、後に国立ソウル大学に吸収された。

② 入学者の状況

　1922 (大正11) 年、官立の京城高商としてはじめて実施された入学試験では、376名の志願者があり74名が合格した。入学試験は、京城本校のほか東京、大阪、福岡で行われた。そのためか半数以上が「内地」からの学生で、韓国内の中学・高等普通学校、商業学校卒業生は27名であった。その後、韓国内の学校からの入学者が増加していく。競争倍率は、5～6倍程度であった。官立京城高商は新教育令による専門学校であったから、「朝鮮人」学生も入学した。1925 (大正14) 年には、最初の「朝鮮人」学生5名が卒業した。その後「朝鮮人」学生は増加していったが、その割合は多くても20％程度であった。

　1929 (昭和4) 年から1941 (昭和16) 年までの入学志願者数と入学者数のデータによると、日本人の競争倍率は平均4倍程度であるのに対し、「朝鮮人」は7倍近くあり、9倍に達する年もあった[12]。従って「朝鮮人」にとって京城高商入学は、日本人より狭き門であり、差別的な処遇を受けていたといえる。

(3) 大連高等商業学校
① 設立の経緯と沿革

　満洲国及び関東州における日本人子弟の教育施設は、日露戦争後、安東日清学堂内に尋常高等小学校が付設されたのを始めとする。その後軍政が撤廃されてからは、関東都督府及び関東州庁が教育行政を担当することになり、多数の官立学校を創設した。また、南満洲鉄道株式会社創立以後は、満鉄附属地やその付近に日本人子弟教育のための学校を設置した。

　しかしながら、満洲国、関東州いずれの地域にも、高等商業教育機関は設置されることがなかった。そのような中で、1906 (明治39) 年より大連に居住し実業界で活躍していた福海茂次郎は、白木屋洋品店開業30周年記念事業として、1935 (昭和10) 年に約60万円を投じて法人を設立し、高等商業教育機関の設置を関東州に申請したのである。福海は、満洲及び関東州の日本人子弟が「内地」高商その他の学校に入学する者が少なくないという事実を鑑み、満洲に高等商業教育機関を設立する必要性を痛感していたのである[13]。

1936（昭和11）年11月、関東州から正式認可を受けて、福海は翌年4月の開校を目指して開校準備に着手した。3月7・8日には、大連、東京、福岡で入学試験を実施し、1433名の受験者に対して121名に入学許可を認めた。『満洲日日新聞』は、福岡と東京の受験者が900名を超えていることに、大陸への関心の高さを「予想外」と報じている[14]。こうして、満洲及び関東州初の高等商業教育機関である大連高商は、1937（昭和12）年4月18日に入学式を挙行したのである。本科の修業年限は3年で、修業年限1年の別科も設置した[15]。

　同年4月19日、高等小学校を仮校舎として授業を開始し、学生の部活動の母体となる学友会や教授陣中心の研究機関（後の星浦学会）が組織された。また、学内新聞や校内雑誌の発刊も決まった。大連高商は、このように着実に教育活動を推進していったかに見えた。しかし、一財団の経営状況は必ずしも順調ではなかった。そのため1941（昭和16）年4月には、官立学校に移管することとなった。説明書には次のようにある。

　　私立大連高等商業学校ハ満洲事変後関東州其ノ接壌地域ニ於ケル各種
　　産業ノ画期的勃興ニ伴ヒ大陸経済界ニ活躍スベキ人材養成ノ目的ヲ以
　　テ昭和十二年三月創設セラレ今日ニ至レリ然ルニ現下時局ノ要請ニ鑑
　　ミ此種教育機関ノ整備拡充ハ愈々緊切ナルモノアルト共ニ一財団ノ経
　　営ヲ以テシテハ到底所期ノ目的ヲ達成シ得ザル感アルニ依リ昭和十六
　　年度ニ於テ私立大連高等商業学校ヲ官ニ移管セントスルモノナリ[16]

　次第に戦況が悪化する中、大連高商では卒業予定者に対する臨時徴兵検査が行われ、繰り上げ卒業が実施された。学科目や授業時数の制限も導入されて、軍の予備的組織へと変質していった。1943（昭和18）年度に入ると、勤労奉仕の合間に授業が行われるといった状況になり、夏季休暇には北満の設営作業に動員された。1944（昭和19）年度には、校名が大連経済専門学校に改称され、新たに工業経営科が新設された。しかし授業はほとんど行われず、勤労奉仕と出陣の日々であった。1945（昭和20）年9月、校舎と寮がソ連軍によって接収され、学校の存続が不可能となった[17]。8年有余の大連高商の歴史はここで終わる。

② 入学者の状況

関東州内諸学校の中で関東局直轄学校は、旅順工科大学（官立）、旅順高等学校（官立）、南満洲工業専門学校（満鉄設置）、大連高等商業学校（私立）、旅順師範学校（官立）、旅順女子師範学校（官立）、旅順医学校（官立）の7校であった。これらの上級学校に対し、満洲国・関東州内の中等学校卒業者だけでなく「内地」の卒業者も進学を希望していた[18]。

1940（昭和15）年度本科在籍学生の出身学校は、地域別でみると満洲国・関東州が約50％、内地が40％、朝鮮6％、中国2％、その他2％である。出身校種は、中学校卒業者60％、商業学校卒業者40％である。「内地」からの受験者数が大連会場受験者数の1.5倍強であったことを考えると、満洲国・関東州内諸学校出身者が優遇されていたと推察できる。それは「関東州内男子中等学校卒業者上級学校進学状況」の統計資料[19]からも確認できる。1938（昭和13）年から1940（昭和15）年までの3年間、関東州内卒業者における大連高商志願者は、ほぼ半数が合格している。競争倍率10倍以上という難関であるという事実からすると、優遇措置はあったと考えるのが妥当だろう。

以上、台北高商、京城高商、大連高商の設立経緯とその沿革を概観した。

2. 日本の高等商業教育のモデル

(1) アントワープ高等商業学校と東京高等商業学校

日本最初の高等商業学校が東京外国語学校附属高等商業学校であり、「内地」だけでなく「外地」に設置された高等商業学校は、いずれもこの東京高等商業学校をモデルとしていた[20]。明治中期、文部省が官立の高等商業学校を設立した理由は①全国の商業学校の模範を示すこと、②商業学校の教員を養成すること、③将来の商業界の指導者を養成することにあった。また、この高等商業学校を外国語学校の附属として設置したのは、商業学科に必須の外国語学や一般教養科目を外国語学校に依頼するためであった[21]。こうして東京外国語学校附属高等商業学校（東京高等商業学校）は、「高等ノ商業学科ヲ設ケ将来商業学校ノ教員タルベキ者及商業ヲ処理スベキ者等ヲ養成」する学校としてスタートを切った。

では、東京高商の学科編成や教育編成、教育活動は、誰がどのように策定したのかというと、当時世界で最も先進的な高等商業教育を実施していたヨーロッパに学んだということが明らかになっている。モデルとなったのは、ベルギーのアントワープ高等商業学校である。

アントワープ高等商業学校の設立は、1853年のことである。きっかけとなったのは、1851年、イギリスで開催された万国勧業博覧会である。アントワープ商業学校教授で万博に参加したイギリス人のウィリアム・レートンは、ベルギーとイギリスを比較して「其国（白耳義）ノ吾英国ニ譲ル所ハ外国貿易ニ従事スル商人ノ知見多カラザル」と報告している[22]。ベルギーではこのような報告を受けて1852年、内務大臣の指揮下、アントワープ市庁及びベルギー中央政府に高等商業学校設立を建言し、翌年、高等商業学校新設に至った。学校の新設及び維持については、ベルギー中央政府とアントワープ市庁がその費用を分担し、学生の負担はわずかであった。創立当初、わずか51名であった学生数は年々増加し、4年後には316名、日本に高商が設置されてまもない1887年には683名に達した。特徴的だったのは、ヨーロッパ諸国からの留学生が多数あったことである。創立4年目の学生316名中90名は外国人であった。留学生は増加し続け、1892年には、総学生数の43％を外国からの留学生が占めた。こうした留学生の中に日本人の名前もあった。

アントワープ高等商業学校最初の日本人留学生は、東京高商1期生飯田旗郎[23]である。飯田は2年余り東京高商で学んだ後、ベルギーに帰国した恩師を追って1887（明治20）年に留学したのだった。彼に続いて東京高商から翌1888年に原田貞之介、1890年に村瀬春雄、永富雄吉、1898年に関一、1899年に石川文吾、1901年に山中勇が、アントワープ高商に入学したことが確認されている[24]。このうち原田、関、石川の3名は東京高商卒業後、文部省派遣留学生として渡欧した[25]。村瀬と永富は飯田同様東京高商中退で渡欧している。彼らの多くは帰国後、母校である東京高商の教授や講師となり、明治期の東京高商の教育活動を支えた。

東京高商が日本の高等商業教育のモデルとして先進的な教育活動を実施できたのは、いわゆる「お雇い外国人」の招聘によるものであった。明治10年代の日本は、1883（明治16）年に文部卿に就任した大木喬任が、商業教

育行政に着手して、実業教育体制の整備や高等商業学校の創立を進めていた。その当時から国内でアントワープ高商について紹介されており[26]、東京高商開校時にベルギーから教官を招聘するのは、ごく自然の成り行きであった。第1期生の教育に携わった最初の外国人は、ジュリアン・ファン・スタッペンである。スタッペンは、1873年にアントワープ高商を卒業し、1880年代には中国の税関及び関税制度の改革指導に携わり、ベルギーと中国を頻繁に往復していた[27]。東京高商には、1885 (明治18) 年3月から2年間の期限で招聘された。彼が契約期間中の同年11月に緊急帰国した後には、再びベルギーのアントワープ高商からアルチュール・マリシャルを招聘した。スタッペンの後任を文部省に申請した際の条件には

> 第一　左ノ諸商業学校ノ内ニテ其優等卒業証書ヲ所持スルモノ
> 白耳義国アンウェル（アントワープ）府高等商業学校　墺地利国ヴイアナ高等商業学校　仏蘭西国パリス高等商業学校　独逸国フランクフホルト高等商業学校[28]

とあり、東京高商側がベルギーからの招聘を希望していたことが確認できる。マリシャルもアントワープ高商出身で商業学士の学位を取得しており、東京高商では商業実践科の教授や商業品陳列場の整理を担当した。マリシャルの後任もアントワープ高商出身者であるE・J・ブロックホイスで、前任者同様実践的な商業教育を実施し、貿易実践、商業地理、商業算術などの科目を担当した[29]。

以上述べてきたように、東京高商の教育方針や方法などは、アントワープ高商から招聘したベルギー人教師と東京高商からベルギーに留学して帰国後母校の教官となった日本人によって形成された。

(2) アントワープ高等商業学校の特色

アントワープ高等商業学校は、19世紀後半のヨーロッパで最高水準の高等商業学校として各国から注目されていた。そのアントワープ高商の特色は4点あった。

第一に、語学教育の充実である。アントワープ高商では、英仏独語の3カ国語が必修で、週各3時間履修した。この他に蘭西伊語から1カ国語を選択、希望により露語も選択できた。授業は仏語で行われ、語学の場合は

いずれもその言語を母語とする教官が担当した。必修の３カ国語については自由に商業作文が作成できる程度までの語学力を学生に要求した。日本人留学生飯田は、「出立前佛語は僅かばかりの学修だから不自由がちに、唯我身随分と心細く暮して、兎も角規定の学科を終へて卒業した」と述懐している[30]。明治初期に３カ国語以上の外国語を習得するのは、日本人にとって極めて高いハードルだったと想像できる。

　第二の特色は、「商業実践」科目に最大の重点を置いたことである。「商業実践」科目とは、商業作文、商業算術、商業簿記、手形、金融、海上保険など、商取引に欠かせない知識や技能を実践的に学ぶ学科目であった。前述の飯田はこの「商業実践」科目について、「学校で最も多い時間を占めて居りますのは実修科でありまして当学校中否商業学全体の本尊とも申すべき重要な科目は此実修科で御座います。（中略）アントウアープの学校では日課平均毎日五時間の中実修科が三時間位ある。そうして其教授は二十八年来引続きて同一の職にある校長其れ自身であるのです。」と述べている[31]。

　第三の特色は、講義だけでなく実際の社会と接点を持つように工夫されていたことである。例えば「商業実践」科目の場合、学校内に商業事務所と銀行が設置され、学生はここで実践的に商取引や銀行業務を学ぶことができた。「商品学」では、学校に付設した商品陳列所で収集された動植物や鉱産物の標本を展示し、学生が将来取り扱う商品や原材料の知識を習得できるようにした。このように、「商業実践」科目にとどまらず、多くの科目において単なる講義だけでなく実社会との接触を保つように工夫されていたのである。

　第四には、調査・研究活動の奨励をあげることができる。アントワープ高商では年に１回、教授が学生を引率して国内の鉱山や製造所などを巡覧して、自国の工業の実情を学んだ。また、学生には卒業論文が課せられ、毎年学校が指定する12カ国の中から学生が選択した国の商業、経済、工業などに関する調査を行いその結果をまとめることになっていた。その資料として、学生は最新の領事報告が使用できた。さらに、成績優秀な学生には旅行資金が賞与された。もっともこの特典はベルギー人学生に限定されていた。旅行資金は少なくとも３年間諸外国を訪問し、仕事をもたなくて

も十分に生活できる程度の金額だった。この栄誉を受けた学生の義務は、各国の経済事情を研究してその成果を報告することだった。1892年までに旅行資金を獲得した学生は62名で、訪問国はアルジェリア、モロッコ、日本、中国、フィリピン、インド、カナダ、アメリカ、アルゼンチン、ブラジル、コロンビア、チリ、メキシコ、オーストラリアなど、ベルギーと商業上関係の深い国だった。62名の中の2名が、日本を訪問して東京高商の教官となったマリシャルとブロックホイスだったようである[32]。

　次に、以上述べたような特色ある商業教育を展開したアントワープ高商の卒業生の動向をみる。卒業生の就職先として主なものは、商業、銀行、産業などの実業分野や官庁、教育界などである。また、この学校の教育目的である各国の領事になる者も多かった[33]。1853年から1892年までの40年間で学生総数は945名である。そのうち商社の支配人程度の地位にある者が249名、銀行支配人などが218名、ベルギー国の総領事が4名、副領事5名、代理領事8名、内務書記官が1名あり、海外の商業学校教授に赴任する者もあった。このように、アントワープ高商では、語学と実学を重視した商業教育を実施して、商業の専門家を数多く輩出したことが明らかになった。

(3) 東京高等商業学校の教育活動

　1884（明治17）年に開校した東京高等商業学校は、ベルギーのアントワープ高等商業学校から赴任した教官やアントワープに留学したのち帰国した日本人によって、商業教育の充実を図っていった。

　教育課程をみると、語学や「商業実践」科目の重視というアントワープ高商の特色をそのまま踏襲していることがわかる。表1は、1900（明治33）年度の東京高商教育課程である。商用作文、商業算術、簿記、商品学などアントワープ高商で「商業実践」科目に組み込まれていた学科が独立した科目として設定された上に、「商業実践」として2学年で内国商業演習週6時間、3学年で外国商業演習週9時間を実施した。また「商業実践」では、「実習」として実践場内に内外の都市や港湾を仮設し、学生は各種商店、商社を組織して実地の商取引を擬似体験した。この演習を終えたのち、教官は学生を引率して会社、銀行、取引所、市場、税関などを訪問し、売買

表1　東京高等商業学校本科教育課程

	1年前期	1年後期	2年前期	2年後期	3年前期	3年後期
商用作文	2	2	1	1		
商用算術	3	3	2	2		
簿記	5	5	3	3		
商品	2	2	2	2		
商業地理・歴史	2	2	2	2	2	2
商業要項	2	2	2	2	2	2
経済	3	3	3	3	3	3
統計					2	2
法規	3	3	3	3	3	3
英語	8	8	3	3	3	3
外国語			3	3	6	6
商業実践			6	6	9	9
体操	3	3	3	3	3	3
合計時数	33	33	33	33	33	33

出典：『東京高等商業学校一覧自明治二十三年九月至明治二十四年九月』
注）　外国語は仏語独語伊語支那語から一語選択。

取引の模様や業務処理の方法、手続きを観察した。このように、「商業実践」科目を重視し実社会との接触を持つというアントワープ・モデルは、より強固な形で東京高商に具現化した。

　一方、語学教育もアントワープ高商と同様に、充実したカリキュラムが組まれていた。東京高商では、英語が必修であった。そして仏語独語西語伊語中国語の5カ国語から1カ国語を選択して2学年で週3時間、3学年で週6時間履修することになっていた。語学のレベルは高く、日常会話はもちろん、商取引に不可欠の書信、証券、報告文、翻訳などの習得を学生に求めていた[34]。東京外国語学校の附属学校として新設された学校であるから、外国語教育の充実は当然であり、最も得意とするところであった。

さらに東京高商では調査・研究活動の奨励も行っていた。夏季休業中に3学年の学生から成績優秀な者を選び、内外各地に派遣するというものであった。学生は、国内だけでなく、中国や韓国、フィリピンへ出かけて商取引の慣習や産業調査、税関制度調査、貿易調査などを手がけて帰国後に報告書を提出した[35]。

このように、明治期の東京高商は、アントワープ高商の特色を踏襲して教育課程や教育事業を作成し、ヨーロッパ型の高等商業教育を実践した。やがて、ヨーロッパに留学した東京高商卒業生や教官が中心となって、商科大学昇格への動きがつくられていくことになる。

次項では、「外地」に設置された高等商業学校では、アントワープ・モデルが踏襲されたのか、「外地」としての特質があるのか、そして「外地」の高等商業教育はどのような社会的機能や使命を担っていたのかを考察する。

3.「外地」高商の特質と社会的機能

(1) 教育課程

まず台北高等商業学校の教育課程を、アントワープ高商と比較して考察する。表2は、1919（大正8）年、台北高商創立当初の教育課程である。語学教育は、アントワープ高商やそれを範とした東京高商同様重視して、各学年とも週10時間以上の授業を実施した。台北高商の語学教育の特色といえるのは、第二外国語に「馬来語」と「支那語」を設定している点にある[36]。1925（大正14）年になると教育課程の改正が行われ、語学教育に関しては英語を第一外国語として重視することには変更がなく、第二外国語の選択枠に新たに独語仏語蘭語が加えられた[37]。これ以後、本科生を対象とした第二外国語の授業に大きな変更は見られない。ただし表3に示したように1940（昭和15）年の段階で「馬来語」が削除された。「内地」の高商の多くが独仏中露語を選択外国語としているのに対し、台北高商は南方経営の人材育成という使命を意識して、南方地域の現地語や植民地宗主国の母語を選択枠に組み入れていたといえる。また、国際情勢や日本の対外政策に応じて、それ相応の見直しは行われていた。アントワープと異なる点

は、当該外国語を母語とする教官をすべて招聘できなかったところである。英語と中国語は、外国人教師を雇用したが、他の外国語は留学経験のある日本人教師が担当し、経済学や統計学など他の学科目と合わせて授業を受け持つにとどまった。

次に商業実践科目について見ていくと、創立時の教育課程においては「商業文」「簿記及計理学」「商業地理及商品学」「商業学及商業実践」といった実践的学科目が、全体の45％前後であった。「商業学及商業実践」では、専任教官を1人置いた上さらに台湾総督府事務官を招聘した。昭和期になると商業実践科目は減少し、それに代わって「経済原論」「貨幣論」「経済政策」「法学通論」などが登場し、実践から学理を中心とした教育課程に変化したことが確認できる。

表2 台北高商教育課程（大正8年）

学 科 目	1年	2年	3年
修身	1	1	1
国語漢文	☆2		
商業文	1	1	
英語	10	8	8
支那語又は馬来語	3	3	3
商業数学	★3	2	
代数	☆2		
簿記及計理学	★3	3	2
商業地理及商品学	2	2	
経済及財政	2	3	3
南支那及南洋経済			2
法律	2	2	3
商業学及商業実践	★2	4	6
理化学	☆4		
工業大意	1	1	1
体操	3	3	3
合　　計	33	33	32

出典：東京商科大学『日本商業教育五十年史』より作成
注1）数字は週時間数を示している。
注2）☆は無試験検定入学者に、★はその他の者に課された。

アントワープ高商や東京高商には見られない台北高商の特色は、「南支南洋」地域への進出を前提とした科目が設定されていたことにある。それは創立当初の「南支那及南洋経済」であり、大正期に「植民地法制」「熱帯衛生学」「植民政策」が必修科目として新設された。昭和期には選択科目として「熱帯農業」「民族学」の授業も行われた。これらの科目を担当したの

表3　台北高商本科改正教育課程（昭和15年）

必修学科目	選択学科目	1年 前	1年 後	2年 前	2年 後	3年 前	3年 後
修身		1	1	1	1	1	1
	心理学・論理学		*2				
	社会学		*2				
	哲学概論				*2		
体育		4.5	4.5	4.5	4.5	4.5	4.5
国語及漢文		商2	商2				
日本文化史		商1	商1				
数学		商2	商1				
	高等数学				*2		
商業数学		中2	中2				
			商1				
珠算		中1	中1				
自然科学		商3	商2				
英語		8	8	8	8	8	8
選択外国語		3	3	3	3	3	3
経済原論		3	2	2			
	経済学史						*2
貨幣論				2			
	景気論						*2
経済政策					3	2	
	外国貿易論						*2
	経済外交史						*2
	協同組合論			*2	*2		
商業史		1					
財政学						1	2
経済地理		1	2				
南支南洋事情				2	2		
	熱帯農業		*2				
植民政策							2
	植民地法制						*2
	民族学				*2		
	社会政策				*2		
法学通論		2					
憲法			2				
	行政法			*2			
民法				3	3		
	民事訴訟法						*2
商法						3	3
経済法規							1
	破産法及和議法					*2	
	国際法					*2	

	国際私法						*2
商業概論		中3	中2				
	市場論				*2		
	取引所論				*2		
	倉庫論			*2			
銀行論				2			
	特殊銀行論					*2	
	信託論					*2	
外国為替論					2		
交通論				2	1		
保険論						1	2
経営経済学						2	1
	経営特殊問題						*2
	工場管理						*2
	商工心理学				*2		
商業文		1	1				
商業実践						1	1
	タイプライティング		*1				
商業簿記		中3	中3				
商業簿記		商1	商1				
	英文簿記			*2			
銀行簿記				2	1		
会計学						2	2
原価計算						1	1
	会計監査						*2
商品学				2	1		
	商品鑑定				*2		
工業大意		1	2				
統計学					2		
	経済統計学						*2
台湾事情						2	
熱帯衛生				不定	不定		
研究指導						不定	不定
計		35.5	35.5	35.5	35.5	35.5	35.5

出典：『台北高等商業学校一覧』1940年

注1）表中の商は商業学校出身者に、中はその他の者に課された学科目である。

注2）選択外国語は独語、仏語、支那語、和蘭語から1つを選択履修する。

注3）＊は選択学科目で、1年2学期に1科目、2年1学期1科目、2学期2科目、3年1・2学期に2科目を選択履修する。

は、南方地域への視察経験をもつ台湾総督府技師や台湾総督府嘱託として南洋調査を経験した者、医学専門学校教授や中央研究所技師などの専門家であった[38]。

台北高商にあっても、1936 (昭和11) 年に設置された貿易専修科と1940 (昭和15) 年に設置された第二部「支那科」では、本科とは教育課程が大きく異なっていた。表4にあるように貿易専修科の語学教育は、英語より「南支南洋」地域で必要とされる中国語や「馬来語」、タイ語、植民地宗主国の母語である仏語、蘭語を重視していた。また、「商業文及書法」「商業算術及珠算」「商業簿記」「貿易実践及タイプ」など徹底した実学中心のカリキュラムが組まれていた。一方表5で示した第二部「支那科」では、徹底した中国語習得の語学教育を実施し、選択外国語として中国の地方語を設定していた。そして「支那社会事情」「支那法制」「支那資源及重要商品」など中国事情に関する専門科目を必修として、中国事情に精通した人材を育成しようとしていた。

次に、京城高等商業学校の教育課程にはどのような特色があるのか検討する。表6は1922 (大正11) 年、官立高商として開校した当時の教育課程である。語学教育では徹底した英語重視であった。それは官立高商初代校長鈴木孫彦が最初に招聘した教官が、前述した朝鮮総督府外事課嘱託横山富吉だったことと無縁ではない。横山の人脈で米英人宣教師が高商の英語講師に就任し、質の高い英語教育が行われた[39]。卒業生の河田公明は当時を振り返って「英語は教科の三分の一を占め、大分きたえられた。(中略) 第二英語でアンドレ・モーロアの『英国史』を通読したのが印象に残ってい

表4　台北高商貿易専修科 教育課程

修身	1
体育	2
英語	5
支那語	*9
馬来語	*9
和蘭語	*9
仏語	*9
泰語	*9
商業文及書法	2
商業概論	2
商業算術及珠算	2
商業簿記	2
商業法規	1
貿易経営論	3
貿易実践及タイプ	2
海外経済事情	3
熱帯農業	2
熱帯衛生学	不定
計	36

注) 外国語は1つを選択履修する。

表5　台北高商第二部（支那科）教育課程

	1年前	1年後	2年前	2年後	3年前	3年後
修身	1	1	1	1	1	1
体育	4.5	4.5	4.5	4.5	4.5	4.5
日本文化史	1	1				
商業数学	2	2				
珠算	1	1				
英語	4	4	4	4	3	3
支那語	8	8	8	8	8	8
選択外国語					4	4
経済学概論	3	3				
植民政策					1	1
法学通論	1	1				
憲法	1	1				
民法			3	2		
商法					3	2
国際法					2	
商業概論	3	3				
銀行論			1	1		
外国為替論			1	1		
交通論			1	1		
経営経済学					2	1
商業文	1	1				
商業簿記	3	3				
銀行簿記			2	1		
会計学					2	2
原価計算					1	1
統計学			1	1		
工業大意			2	1		
支那経済地理	2	2				
支那資源及重要商品			2			
南洋経済事情			1	2		
日本産業論				2		
支那近世史				2		
支那社会事情			2			
支那法制			2	2		
東洋為替実務				2		
東亜経済政策						2
東洋哲学						2
支那貨幣及金融					2	2
支那財政					2	2
研究指導					不定	不定
計	35.5	35.5	35.5	35.5	35.5	35.5

注）選択外国語は英語、福州語、厦門語、広東語である。

表6　京城高等商業学校教育課程（大正11年）

学科目	第1学年(中卒) 1学期	2学期	第1学年(商卒) 1学期	2学期	第2学年 1学期	2学期	第3学年 1学期	2学期
修身	1	1	1	1	1	1	1	1
国語	2	2	2	2	2	2		
国語及漢文			2	2				
英語	9	9	9	9	8	7	7	6
商業通論	2	2						
貨幣及金融論							2	2
銀行論					2	2		
取引所論								2
倉庫論								2
交通論					2	2		
海上保険論							2	2
経営学							2	2
商業簿記	3	3						
銀行簿記					2	1		
原価計算						2		
会計学							2	1
商業数学	3	3			1	1		
商業作文	1	1	1	1				
商業実践							2	2
商品学					2	2		
商業地理	2	2	2	2				
東洋経済事情							2	2
経済原論	3	3	3	3				
商工政策					2	2	2	
商業史					2	2		
財政学							2	2
法通学論	3		3					
民法		3		3	3	3		
商法							3	3
近世史			2	2				
理化学			2	2				
数学			2	2				
体操	3	3	3	3	3	3	3	3
選択科目	2	2	2	2	4	4	4	4
合計	34	34	34	34	34	34	34	34

注1）国語を常用する者には国語に代えて朝鮮語を課す。
注2）第2学年生徒で商業学校卒業者は、銀行簿記に代えて選択科目を1学科履修できる。
注3）選択科目は次の中から適宜選定して学校長が公示する。
　　　商業学……会計監査、市場論、信託論、保険論、商業経済書購読
　　　経済学……経済学史、農業政策、交通政策、統計学
　　　法律学……憲法、行政法、民法、商法
　　　語　学……朝鮮語、支那語、ドイツ語、フランス語、ロシア語
　　　その他……論理学及心理学、哲学概論、教育学、文明史、工学
注4）各学年に配当すべき選択科目は1学年1科目、2・3学年2科目とする。
注5）語学を選択する者は、3年間継続すべきものとする。

る。丸善から原書を取寄せたテキストで歴史の興味もあり面白かった。」と回想している[40]。

また、国語を常用する学生、つまり日本語を母語とする者を対象に「朝鮮語」を課した。さらに第二外国語として「朝鮮語」、「支那語」の他、独仏露語から1カ国語を選択し、3年間継続することになっていた。ところが、日中戦争期の1938（昭和13）年、教育令の改正で自由主義とみなされる教授の追放など急速な教育の軍国主義化が行われ、「朝鮮語」は廃止となった。1941（昭和16）年には英語の週時数は半減し、代わりに中国語が週時数5～6で必修となった。外国人教官は、1941年までに退職または解雇となり、すべての科目を日本人教官が担当することになった[41]。他の専門科目においても国際情勢や戦況の変化にともなう見直しが行われた。京城高商の専門科目は、台北高商ほどアントワープ・モデルに忠実ではなかったが、それでも開校当時の教育課程では「商業簿記」「銀行簿記」「商業作文」「商品学」など商業実践科目が週時数8～10時間程度設置されていた。それが1941（昭和16）年には、商業実践関係科目の週時数が減少し、「日本学」や「大陸経済政策」がそれらに取って代わった。京城高商独自の専門科目としては、創立当時から「東洋経済事情」があった。この科目を担当した山口正吾教授について13期卒業生の日浅不加之は次のように回想している。

　　当時私たちが住んでいた朝鮮と満洲、支那の説得的な現状分析を主軸としていた。朝鮮を含めたこれらの地方の、低い段階にあった経済生活に対して大きな開発事業が行われて、ある程度の成果をあげたことを客観的に説かれていた。これによって、私は初めて自分の住んでいるその土地への深い関心を持ったものである[42]。

日浅の回想から明らかなように、京城高商に進学した学生たちは日本の大陸進出を前提とした経済事情を学び、「外地」への興味・関心を高めていったのである。

最後に、台北や京城より遅れて昭和期に開校した大連高等商業学校の教育課程を見る。表7は大連高商創立当初の教育課程である。東京高商の教

表7　大連高等商業学校教育課程

学科目	第1学年(中卒) 1学期	第1学年(中卒) 2学期	第1学年(商卒) 1学期	第1学年(商卒) 2学期	第2学年 1学期	第2学年 2学期	第3学年 1学期	第3学年 2学期
修身	1	1	1	1	1	1	1	1
法学通論	1	1						
民法	1	1	2	2	1	1	1	1
商法					1	1	1	1
手形及小切手法							2	1
経済原論	2	2	2	2				
貨幣論					1	1		
商業政策					1	1		
工業政策					1	1		
経営経済学					2	1		
商業通論	2	2						
銀行及金融論					1	2		
外国為替								2
保険							1	2
交通論					2	2		
簿記	3		3		2	2		
会計学							2	2
原価計算							1	1
統計学					1	1		
財政学							2	1
商品学					2	2		
商業地理	1	1	1	1				
最近世史		2		2				
商業史					1	1		
商業数学・珠算	3		3		1	1		
第一外国語	8	8	8	8	8	8	8	8
第二外国語	3	3	3	3	2	2	2	2
国語漢文商業作文	1	4	1	4				
数学			3	3				
工学	1	1	1	1				
体操	4	4	4	4	3	3	2	2
満州経済事情研究	3	3	3	3	3	3	3	2
選択学科目							8	8
商業実践							不定	不定
総計	34	34	34	34	34	34	34	34

注1）第一外国語は英語、支那語から1つを選択履修する。
注2）第二外国語は英語、支那語、ロシア語から1つを選択履修する。
注3）選択学科目は次の中から適宜選定して学校長が公示する。憲法、行政法、国際公法、民事手続法、破産法、農業政策、植民政策、社会政策、経済政策、交通政策、景気論、経済事情、経済史、経済学史、信託論、税関論、倉庫取引所論、市場論、共同海損論、広告論、会計監査、論理学、心理学、商工心理学、哲学、社会学、教育学、タイプライティング
注4）第3学年では、毎学期選択科目を4科目選択履修する。

育課程と比較すると、学科目に関してはほぼ東京高商のものを踏襲していることがわかる。ただし満洲という「外地」であるので、外国語教育においては北満洲に不可欠なロシア語、南満洲に不可欠な中国語を英語とともに習得するように設定されていた。これ以外に満洲や関東州の地域性を示す科目は、3年間を通じて学ぶことになっていた「満洲経済事情研究」だけであった。1941（昭和16）年4月、官立に移管する前年の改正教育課程では、「東洋経済地理」「東洋経済事情」という学科目が新設された[43]。1年時で学ぶ「東洋経済地理」では日満経済関係の歴史的研究を、2年時には「東洋経済事情」で日満経済事情総論を、3年時で満洲経済事情各論として農業、工業、商業事情を学ぶことになった。また、「植民政策」「満洲産業論」「東亜資源論」などが選択科目として新たに加えられた[44]。

以上述べてきたように、台北、京城、大連の高商では、アントワープ高商を範として語学及び商業実践科目を重視した教育課程を編成していたことが確認された。ただし日本の「外地」としての使命から各地域の特性に合わせた語学教育の実施や学科目の新設が見られ、大陸や南洋で活躍する人材の育成を目指した点で、東京高商や他の「内地」高商とは異なる教育課程になっていたといえる。

(2) 社会との接点と調査・研究活動

アントワープ高商における第三第四の特色である、社会との接点及び調査・研究活動の奨励に関して、最も積極的に取り組んだのは台北高商である。台北高商では1・2年時に台湾島内調査旅行を実施し、3年時には大規模な海外調査旅行に出かけて帰校後、調査報告会を開催した[45]。

台湾島内調査旅行の最初の記録は1922（大正11）年のもので、2年生が宜蘭へ、1年生は澎湖島方面と日月潭方面に出かけた。学生たちは台湾島内の名所旧跡のほかに製材所、セメント会社、製糖会社など台湾の基幹産業を担う企業の工場見学や、税関、電力会社など台湾経営に不可欠な官庁、準国策会社を訪問した。この1・2年生向けの島内旅行には、毎年大多数の学生が参加して台北高商の教育活動として定着した[46]。一方、「南支南洋」「北支満鮮」方面を長期間旅行する海外調査旅行は、1921（大正10）年3月に始まった。参加したのは台北高商第1回生28名と引率教官2名で、

広東、シンガポール、ジョホール、バンコク、サイゴン、香港を訪問する1カ月以上の長旅であった。これ以後1942（昭和17）年までの22年間に、少なくとも48回の海外調査旅行が行われた。ただしこの大旅行に参加可能だったのは、比較的裕福な家庭の学生だけに限定されていた。というのは「南支南洋」方面への旅行の場合、旅費の負担が大きかったからである。台北高商では、アントワープ高商のように成績優秀な数名の学生に政府や市から旅費全額を支給するという方式ではなく、旅行参加学生に均等に補助金を支給するという方法をとった。これはできるだけ多くの学生に「南支南洋」体験をさせようという意図があったと思われる。また学生もそれを望んでいた。資金難の問題は、3代校長豊田勝蔵が台湾総督府内務局長に転出して台湾総督府からの補助費を毎年受給できることになり、それが緊縮政策の煽りで停止されると、台湾銀行第2代頭取柳生一義の死後設立された柳生南洋記念財団から資金援助を受けることになった。このような資金不足解消への努力もあって、毎年10名程度の学生が海外調査旅行に参加できた。こうして台湾はもちろん経済的に可能であれば海外調査旅行にも参加した学生たちは、卒業論文で地域研究を論文のテーマに選択した。現在確認できる台北高商の卒業論文は、6期生（1927年卒業）から23期生（1943年卒業）までの1455点である[47]。このうち台湾を研究対象とした論文が187点、「南支南洋」122点、「中北支」108点、「満洲」21点で、地域研究をテーマとした卒業論文は全体の約30％であった。

　台湾総督府が海外調査を目的として積極的に資金援助を行ったのは、台北高商の教官に対してであった。「南支南洋」研究を専門分野とする教官は、台湾総督官房調査課嘱託として「南支南洋」方面へ調査に出かけた。例えば1921（大正10）年から14年間台北高商で「南支南洋経済事情」や「台湾事情」の学科目を担当した坂田国助は、1928（昭和3）年から官房調査課嘱託を兼任し、香港や「蘭領東インド」「英領マラヤ」などに2カ月余り滞在して調査に携わった。その調査の成果は報告書という形で台湾総督府に提出されたほか、台北高商内に設置された学会の学術雑誌に論文として発表された。また、台北高商で「南支南洋」事情や調査の方法を学んだ学生の中には、卒業後、台湾総督官房調査課に採用されて「蘭領東インド」のジャワに留学し蘭語や現地事情を調査した後に帰国して、母校である台

北高商の教官に迎えられた者もあった。彼は台湾総督府外事課嘱託も兼任し、「南支南洋」調査・研究の第一人者として活躍した[48]。このように台北高商では、アントワープ高商とは若干異なる方法で調査・研究活動を奨励していたのである。

　京城高商でも、調査旅行は実施されていたと思われる。それは入学時の経費や学年ごとの所要経費に、旅行費代の項目があることから確認できる。ただし旅行費は3年間合算しても6円で、台北高商の旅行積立金115円と比較してはるかに少額であった[49]。従って旅行そのものは朝鮮半島内の視察など小規模なものであり、台北高商が実施した海外調査旅行は実施されなかったのではないかと推察できる。一方大連高商では、1939（昭和14）年に2年生が「内地」「北支」「北満」の3方面に分かれて旅行に出かけた記録がある[50]。ただし旅行はこの年1度だけで、翌年からは「満洲国建設勤労奉仕隊」として奉仕作業に出かけることになった。

　以上見てきたように、「外地」に設置された高商においてもアントワープ高商を範として、規模の大小はあっても植民地内外の旅行を実施して調査・研究を奨励していたことがわかった。

(3) 卒業生の動向

　台北高商は、独自性の強い教育課程や校内に設置した調査研究機関の活動を通して、台湾及び南方経営にあたる人材の養成に努めた。専門的な教育を受けた学生は、台湾島内や「南支南洋」各方面に就職した。表8は本科卒業生の就職業種別統計である。1922（大正11）年から1940（昭和15）年までの卒業生1326名のうち就職業種として最も多いのは、台湾総督府をはじめとする官公庁で全体の26％、次に銀行・保険関係が11.4％であった。台湾総督府の台湾経営と密接な関わりをもつ電力会社や製糖会社に就職した者も少なくなかった。また、就職地別では約63％が台湾島内に、約7％が「南支南洋」方面に就職している。これに対し「内地」に就職した卒業生は約14％で、本籍を「内地」に持つ1204名のうち85％は「内地」に戻らず台湾や満洲、朝鮮、南方方面で職を得たことになる。台湾島内で就職したのは831名で、このうち約40％は台湾総督府などの官公庁就職者で、これに準国策会社への就職者を合わせると、台湾島内就職者のおよそ半数に上

表8　台北高商本科卒業生就職業種別統計

	1922	1923	1924	1925	1926	1927	1928	1929	1930	1931	1932	1933	1934	1935	1936	1937	1938	1939	1940	合計
本科卒業生	22	37	43	49	49	55	77	125	122	128	65	66	59	77	76	66	75	65	70	1326
総督府・官公庁		4	8	11	11	14	27	31	44	51	17	29	16	21	20	18	17	5	2	346
（台湾島内就職者）		4	7	9	9	12	25	27	39	40	15	28	13	17	19	17	17	4	2	304
教員			2	3	5	1	2	11	6	4	1		1	1	1		2			40
金融・保険	5	6	7	9	12	10	5	8	9	11	5	6	8	10	8	7	12	7	6	151
製糖業		1	2	3	3	2	1	1	2	4	2	2	1	2	3	4	4	2	5	44
食料工業			1			1	1	1		1		4	1			2	2	5		19
電気・器具	4	3	2	3	2	2		4	4	3	1	2	6	2	3	3	3	8		64
化学工業		1	2	1	1	1		1	3	4	3		1	2	3			5	2	30
紡織・窯業	1		1	2		2			3			1	2	1	1	1		1	1	17
雑工業											1		1		1					3
鉱業	1	1	4				1	2	2	1	1	3	2	7	5	4	6	9	3	52
印刷業				1					3	3	1				2		1			11
物品販売	2		1	1	1	3	7	9	2	2	7	6	7	3	3	6	4	2	8	74
雑商業	2	1		1				1	1			1	1	1	3					15
農業			1	1			1			2	2		1	1	2		2	3	3	19
交通運輸	1	1			1	5	1	2	3	6	3		2	5	4	2	5	9	6	61
水産業		1					2	2	2	1					1		2		2	13
その他	2	4	5	5	4	4	8	13	8	4		1	5	3	2	6	4	1		87
自営	2	3		4	4	1	5	10	4	2	2	3	4	4	3	2		2	3	58
軍関係							1	5	3	2			1	1	1	1				16
在学									1		2		2	3	4	7	9	9		37
不明			4		1	1		6	17	10	12	4	2	5	1	5	4	2	1	6	81
死亡	2	5	5	5	4	3	10	10	8	10	9	1	2	4	6	3	1			88

出典：『台北高等商業学校卒業生名簿』（1930年10月）、『台北高等商業学校一覧昭和14年度』より作成

注1）企業・会社の分類は『台湾銀行会社一覧』による

る。このように官公庁や準国策会社への就職が多いことが、台北高商本科出身者の特色であった。

　官公庁に就職した卒業生は、どのような業務を担当したのかというと、台湾総督府就職者では交通局、殖産局、専売局への配属が多かった。また、1930（昭和5）年までに総督官房調査課に卒業生11名が就職した。彼らの多くは台北高商在学中に海外調査旅行に参加して直接「南支南洋」の地を踏んでおり、調査旅行報告会や卒業論文などで「南支南洋」を対象とした

表9 京城高商卒業生就職職種別一覧

卒業年度	1921	1922	1923	1924	1925	1926	1927	1928	1929	1930	1931	1932	1933	合計
卒業生	33	22	53	70	60	75	65	72	75	81	78	81	78	802
金融機関	12	7	13	8	25	16	21	16	20	17	22	19	16	212
行政機関	8	4	8	12	10	16	14	20	16	25	25	29	26	213
教育関係		2	3	8	6	5	5	6	1	4	4	4	3	51
企業	9	8	13	15	14	13	24	18	16	15	13	18	22	198
自営	5	3	12	6	11	4	7	3	9	7	7	8	8	90
進学					1		1		1	2	3	2	3	13
死亡	2		4	5	3	3	3	2	2	2	1	2	2	33

出典)『京城高等商業学校一覧　昭和8年版』

調査・研究を学んだ学生たちである。台北高商で学んだ地域調査や研究の成果が、台湾総督府の調査・研究に発揮されたのである。台湾銀行や華南銀行、台湾電力会社などの調査課においても、台北高商の卒業生が活躍したことが確認できる。なお、これ以外では金融保険業、物品販売代理業、交通運輸業といった商業・経済活動に直接かかわる業種への就職が多かった。これはアントワープ高商や東京高商にも見られる高商出身者としては一般的な就職先であった。

　京城高商の第1回から第24回のすべて卒業生の就職先の特色については、資料の制約があって十分に検討できない。そこで第13回卒業生までの802名の動向を考察することで、京城高商の社会的進出の傾向を探ることにする。表9の就職業種別統計によると、金融関係と行政機関への就職者が最多で、どちらも全体の約27%であった。次いで企業への就職が約25%、自営が11%、教育関係が6%だった。金融関係では、朝鮮銀行や朝鮮殖産銀行などのほか、地方の農村の金融機関であった金融組合に100人の卒業生を輩出している。植民地中央銀行である朝鮮銀行へは18名、産業関係の基幹銀行である朝鮮殖産銀行への就職者は毎年3名程度で合計31名であった。卒業生の回想によれば、1931年頃の就職業種はそれほど多くはなく、一般企業への就職は限られていて、金融組合理事が最もよい就職先であった。

一般庶民の金融を扱う朝鮮金融組合では朝鮮語が不可欠であり、「内地」高商からはなかなか採用されなかったから、金融組合への就職はいわば京城高商卒業生の特権であった[51]。行政機関では、朝鮮総督府の鉄道局と専売局への就職者が97名あった。また、総督府官吏として各部署で活躍した卒業生も100名を超えた。

京城高商の場合、就職地別の統計がなく正確な数字を示すことができないが、朝鮮半島の金融機関や朝鮮総督府などの官公庁への就職者が多数を占めることから、朝鮮半島内の就職者が最も多く、「内地」への就職者は少数であったことが推察できる。昭和初期、「内地」が金融恐慌で就職難の時代にあっても、京城高商卒業生はほぼ100％、いずれかの企業や官公庁に就職することができた。これは学校長をはじめ教官の努力によるところが大きい。ただ、「満洲進出」を合言葉に大陸を目指した学生が、実際に満洲の地に就職したケースは、満洲中央銀行や満鉄への就職者が見られるもののそれほど多くはなかったと思われる[52]。

ところで、京城高商卒業生の中にも台北高商同様、在学中に学んだ知識や技能を生かして植民地調査を手がけた者があった。例えば13期生日浅不加之は卒業後、朝鮮殖産銀行に入行して釜山支店勤務ののち、1938（昭和12）年に行内の懸賞論文に応募して次席となったことから、京城本店調査部勤務となった。調査内容として「銀行の原価計算」「銀行店舗の立地」「朝鮮で金融機構はどうあるべきか」などのテーマを与えられた日浅は、京城高商教官から満鉄調査部に転出した恩師山口正吾と往復書簡で指導を受けながら調査報告書をまとめた[53]。日浅と同期の岸川忠嘉は満鉄調査部に就職し、経済調査会第四部に所属して主に貿易部門を担当した。後に岸川は、「満洲国の財政的基盤を固めるために国の適切な関税の設定が重要で、その作業に外務省出身の斎藤良衛博士が満鉄顧問として当たって」おり、「入社早々の私はそのお手伝いを命ぜられ」たと回想している[54]。岸川は満鉄調査部で『満洲経済年報』1937年上期版に「満洲国貿易状態の好転」を寄稿し、『満鉄調査月報』や『調査彙報』にも数回、報告を寄稿するなど、調査員として活躍した。

最後に大連高商卒業生の社会的進出状況を見る。大連高商の歴史は、8年足らずである。残念ながら8年間の卒業生の動向を検討するだけの十分

表10 大連高等商業学校第1回卒業生進路状況

	進 学	内 地	朝 鮮	関東州	満 州	中国	合 計
本科	4	1	2	25	58	13	103
別科	33	1		4	7	1	46

	商 社	銀 行	工 業	運 輸	鉱 業	開 発	官 庁	自 営	合 計
本科	20	6	26	26	10	7	0	4	99
別科	7		4		1		1		13

出典）在満教務部関東局官房学務課『在満日本人教育施設要覧』1940年

な資料がない。表10は、第1回卒業生の就職地及び就職業種を表したものである。本科生の就職地は関東州、満洲国、中国を合わせると93％と圧倒的であった。大連高商は関東州及び満洲国唯一の高等商業機関であったから、これらの地域を就職地として選択するのは当然の結果であった。就職業種では工業関係と交通運輸関係が最も多く、これに商事会社が続いている。別科生の場合は、70％以上が上級学校への進学で、就職者の半数以上が商社に職を得た。資料の制約上断定できないが、関東州及び満洲方面には大学や専門学校、高等学校が多数設置されていて、歴史の浅い大連高商が容易に就職先を確保できなかったのではないかと考えられる。

　以上述べてきたように、「外地」に設置された高商の卒業生の社会的進出状況は、アントワープ高商卒業生や東京高商卒業生とは異なる特性を持っていたことが明らかになった。台北高商や京城高商の卒業生の多くは、台湾総督府や朝鮮総督府の官吏となって台湾経営、朝鮮経営を支える実務担当者であった。あるいは台湾銀行や台湾電力会社、朝鮮銀行、満鉄など植民地経営の一翼を担う企業に就職し、中には植民地調査を担当する者もあった。「外地」に開校した高等商業学校の使命の1つには、「外地」で生活して教育を受けさせることで、現地の実情を理解し現地で植民地経営の実務を担当する中堅層を養成することにあったと結論できるだろう。

おわりに

　戦前期に開校した各高等商業学校には、それぞれ得意とする分野や地域があった。たとえば「内地」の高商では横浜高商が対米貿易、神戸高商は対ヨーロッパ、小樽高商は対ソ貿易、山口高商は対中貿易といった具合である。これに対し「外地」の高商では地の利を生かして台北高商は「南支南洋」、京城高商と大連高商は「対満洲」への進出を目指した。もっとも開校当初からこのような方向性は明確に示されてはいなかった。設立目的をみると台北高商では、「本島ノ内外ニ於テ商業ニ従事セントスル男子ニ須要ナル高等ノ教育ヲ施ス」[55] ことを目的としており、「南支南洋我市場」を謳い文句に学生が南方方面での活躍を志したのは、「内地」で第一次世界大戦の大戦景気により「南洋」ブームが起こったことに呼応していた。京城高商では、「朝鮮並ニ東洋ノ開発ニ適切ナル専門教育ヲ授ケ公私ノ業務ニ當ルベキ人材ヲ出」すことを目的としていて[56]、「対満洲」への発展を意識したのは、大正期、「内鮮一体」をスローガンに立てて日本の国是である大陸進出を目指してからであった。このような各校のカラーは、教官や学生たちによって継承されていった。「外地」の高商への入学を希望する学生たちは、当然のことながら各校の特色や地域性を理解し、卒業後の進路として「内地」には戻らない覚悟で台湾や朝鮮に渡ったのである。「外地」の各高商では、アントワープ高商や東京高商を範としながら各地域の植民地経営に見合ったプログラムで人材育成を進めていった。

　しかし1940年代になると、国策の変化や戦況の悪化にともない、「外地」の高商にはさまざまな規制が敷かれるようになった。それが顕著だったのは京城高商と大連高商である。京城高商では、既に述べたように1938（昭和13）年の教育令改正以降、朝鮮語の廃止や自由主義とみなされた教授陣の追放などが行われた。1939（昭和14）年には校舎を京城女子医学専門学校に譲り、制帽を戦闘帽に制服も国防服にかえて新校舎に移転した。朝鮮総督府学務課からの干渉が強くなり、軍事訓練や勤労奉仕中心の学生生活を余儀なくされた[57]。大連高商では、1941（昭和16）年に官立高商に移管して以後、満洲学校報国隊を結成して学科、授業時数の制限を受けるなど、軍

の予備組織としての色彩が濃くなった。翌年からは勤労奉仕の合間に授業を実施するなど、十分な教育活動が行われないまま学生たちは繰り上げ卒業となっていった[58]。一方台湾においても、国策や戦況の影響は少なからず受けた。1941（昭和16）年には、台北高商報国団を結成することになり、学生は勤労奉仕に動員された。翌年には教職員練成会が開催されて大学や高商の教官が、海軍軍事教習を受けた[59]。しかし京城高商や大連高商に比べて、学科目や授業時数への規制は緩かった。むしろ大東亜共栄圏構想を受けて、南進拠点台湾で南方発展のために南方語学や南洋事情、熱帯医学などの授業を充実させる方向にあった[60]。

このように、1930年代後半までの「外地」では、「内地」以上に独自色に富んだ高等商業教育が行われていて、ここで進学した学生たちは満洲や南洋での活躍を思い描いて学生生活を送った。そして卒業後は「内地」に戻らず、台湾や朝鮮、満洲、南洋などに職を得て、台湾総督府や植民地の基幹産業の企業などで中堅として実務や調査を担当するなど、日本の植民地経営に関与していったのである。しかし1940年代になると、それまでの高等商業教育は実施できなくなり、「外地」それぞれの事情により程度の差はあるものの、軍事的色彩の強い教育に変容していった。

今後の課題として、さらに京城高商や大連高商の資料収集を進めるとともに、卒業生への聞き取り調査を実施して、「外地」に設置された高等商業学校の全貌をより鮮明に解き明かしたいと思う。

1） 滋賀大学経済経営研究所阿部安成氏を中心とする旧制高等商業学校における旧植民地関係コレクションに関する共同研究は、これまで日本台湾学会学術大会や国際シンポジウム「中国東北と日本―資料の現状と課題」など、多くの学会や学会誌にその成果が報告されている。そのうち彦根高等商業学校の旧植民地関係コレクションについては、『彦根論叢』に複数の報告がある。

2） 松重充浩「戦前・戦中期高等商業学校のアジア調査―中国調査を中心に」（『岩波講座「帝国」日本の学知　第６巻地域研究としてのアジア』岩波書店、2006年）

3） 台北高等商業学校に関する研究では、陳俐甫「臺北高等商業学校沿革」（『台北文献』95号、1991年）、同「臺灣與日本之学術〈南進〉」（『臺灣風物』47―3、

1997年)、黒崎淳一「臺北高等商業學校與南支南洋研究」(台湾師範大学歴史系修士論文)や藤井康子「1920年代における台南高等商業学校設立運動」(『日本の教育史学』48集、2005年)がある。

4) 拙稿「台北高等商業学校卒業生の動向に関する一考察」(『東洋史訪』第8号、2002年)「日本統治期の台湾における高等商業教育」(『現代台湾研究』第23号、2002年)「旧制高等商業学校学生が見たアジア―台北高等商業学校の調査旅行を中心に―」(『社会システム研究』第15号、2007年)

5) 下村宏「台湾統治ニ関スル意見書」(下村文書、天理大学附属図書館蔵)並びに「台湾統治ノ既往及将来ニ関スル覚書」(後藤新平文書23―7―8、国会図書館憲政資料室蔵)

6) 『台湾総督府高等商業学校一覧大正12年』1923年

7) 隈元繁吉の経歴については、阿部洋「〈隈元繁吉文書〉について」(『隈元繁吉文書目録・改題』1981年)を参照した。

8) 台湾教育会編『台湾教育沿革誌』青史社、1939年、p.949

9) 塩谷巌三「貿易専修科の創設について」(台北高等商業学校同窓会編『緑水会誌』)

10) 京城高等商業学校の設立や沿革に関する記述は、以下の文献を参照した。
『京城高等商業学校一覧　昭和8年度』『同12年度』『同13年度』『同14年度』
『朝鮮総督府京城高等商業学校一覧昭和16年度』
桐山岑「その沿革」(崇陵会編『一粒の麦』1996年)

11) 新木正之介「その誕生」(崇陵会編『一粒の麦』1996年)

12) 「大連高商の設立　漸く正式許可さる」(『満州日日新聞』昭和11年11月20日付夕刊)

13) 『満州日日新聞』昭和12年3月8日付夕刊

14) 『大連高等商業学校一覧　昭和15年度』1940年

15) 「大連高等商業学校官制ヲ定ム」(公分類聚第六十五編昭和十六年・第六十一巻官職五十八官制五十八関東局一、国立公文書館蔵)

16) 「大連高等商業学校年譜」(星浦会編『大連高等商業学校同窓会名簿』1994年)

17) 在満教務部関東局官房学務課編『在満日本人教育施設要覧』1940年

18) 註15)の添付資料

19) 台湾総督府は1931年から毎年、教官を数ヶ月間、「南支南洋」方面に派遣し、実地調査や研究の機会を提供した。

20) ウィリアム・レートンはこの件に関して次のように述べている。
「爾後其基礎鞏固ナルガ為校運益々隆盛ヲ致シ、仏独瑞伊ノ諸国皆此校ニ模倣

シテ商業学校ヲ設ケ、絶東ノ日本国ニ於ケル高等商業学校亦範ヲ此校ニ取レリ」(石川文吾訳「アントワープ府ノ商業学校」『高等商業学校同窓会会誌』第8号)以下、アントワープ高商の基礎データはすべてこの文献による。
21) 如水会学園史刊行委員会編『商業教育の曙』下巻、1991年、p.164〜p.170
22) 20)と同じ
23) 飯田旗郎は慶応2年生まれ。1879(明治12)年に帝国大学予備門に入学したが、病気療養のため1882年に退学。1884(明治17)年9月、東京高商開校と同時に入学した。2年後の東京高商在学中にベルギーのアントワープ高商に入学し、優秀な成績で学位を取得して帰国、母校の教官となった。(飯田旗郎『ざっくばらん』南北社、1917年、p.168〜p.175)
24) 彼らの他3人の日本人学生がいたことが、アントワープ大学応用経済学部所蔵旧アントワープ高等商業学校籍簿で確認されている。(如水会学園史刊行委員会編前掲書、p.318)
25) 磯見辰典他『日本・ベルギー関係史』白水社、1989年、p.147〜p.154
26) 一例をあげると1881(明治14)年大蔵省商務局発行の『商務雑報』には、「ベルギーにはおそらく世界で最良の商業学校がひとつある。それはアントワープにあり、ベルギー政府とアントワープ市の費用で1852年に設立された。」という趣旨の報告が掲載されている。(如水会学園史刊行委員会編前掲書、p.170)
27) 細谷新治「<もう一つの学園>後日談」(如水会編『如水会々報』691号、1987年11月)
中村重之「ファン・スタッペン」(如水会編『如水会々報』695号、1988年3月)
28) 「東京商業学校第一年報(明治十九年五月)」(一橋大学学制史専門委員会編『一橋大学学制史資料第5集』1983年)
29) 磯見辰典他前掲書、p.314〜p.315
30) 如水会学園史刊行委員会編前掲書、p.317
31) 飯田旗郎「白耳義国商業学校の話」(如水会学園史刊行委員会編前掲書、p.188、原資料:高等商業学校学友会編『学友会雑誌』第5号)
32) 石川文吾訳前掲資料。
33) アントワープ高商では、2年間の教育で領事を養成するということが目的の1つであった。1897年からは本格的に領事を養成するため3年制となった。
34) 東京高等商業学校『高等商業学校一覧　自明治23年9月至明治24年9月』1891年

35) 東京高等商業学校『東京高等商業学校一覧　従大正元年至大正2年』1913年
36) 東京商科大学編『日本商業教育五十年史』1925年
37) 台湾総督府高等商業学校『台湾総督府高等商業学校一覧　自大正14年至大正15年』1925年
38) 一例を示すと、大正15年度に「熱帯衛生学」を担当していたのは、台湾総督府医学専門学校長堀内次雄と台湾総督府中央研究所技師鈴木近志であった。(『台北高等商業学校一覧　大正15年度』1926年)
39) 新木正之介前掲資料
40) 河田公明「学園の三年間」(京城高等商業学校・京城経済専門学校同窓会編『崇陵』第26号、1979年5月)
41) 京城高等商業学校『京城高等商業学校一覧　昭和16年』1941年
42) 日浅不加之「印象に残る師」(崇陵会編前掲書、p.140～p.141)
43) 大連高等商業学校『大連高等商業学校一覧　昭和15年』1940年
44) 大連高等商業学校編『昭和十五年度教授要目』1940年
45) 台北高商の調査・研究活動の特色と意義については、すでに小論を発表しているので、詳細は拙稿を参照されたい。なお拙稿は注4)に示してある。
46) 台北高商の調査旅行に関する資料を示しておく。
台北高等商業学校文芸部編『鵬翼』1～9号(1922～1930年)
台北高等商業学校南支南洋経済研究会『南支南洋経済研究会要覧(昭和7年)』1932年
台北高等商業学校南支南洋経済研究会『南支南洋研究』20～40号
47) 台湾大学法学院図書館編『台北高等商業学校卒業論文目録』1998年
48) 塩谷巌三『わが青春のバタヴィア』龍溪書舎、1987年
49) 『京城高等商業学校一覧　昭和9年』1934年
この資料によると、入学時に旅行費代2回分2円、各学年進級時にも同額の旅行費代を納入することになっていた。
50) 「大連高等商業学校年譜」(大連高等商業学校同窓会『大連高等商業学校同窓会名簿』1994年)
51) 「その足跡(座談会)」(崇陵会編前掲書)
52) 17期卒業生中園の回想によれば、1937(昭和12)年度末卒業後、満州中央銀行に入行すると、京城高商卒業生が4名いたという。
中園嘉市「先生、先輩そして同級生」(崇陵会編前掲書)
53) 注42)と同じ
54) 岸川忠嘉「ある調査マンの軌跡—満鉄調査部の流れの中で—」(京城高等商業

学校・京城経済専門学校同窓会編『崇陵』第41号、1995年5月）
55)　台湾総督府高等商業学校『台湾総督府高等商業学校一覧　大正12年』1923年
56)　「東洋協会京城専門学校第一学年生募集」（東洋協会編『東洋時報』1918年3月）
57)　桐山岑「その沿革」（崇陵会編前掲書）
58)　注50）と同じ
59)　台北高等商業学校学芸部『鵬翼』第27号、1941年
60)　「教育界時事」（台湾教育会編『台湾教育』昭和16年8月号）

第11章　戦時経済統制下の台湾炭鉱業：1937-1945

陳慈玉（CHEN Tsu-yu）

星野多佳子　訳

はじめに

　石油とガスの普及以前にもっとも重要な工業燃料だったのは石炭である。石炭は、交通運輸機関（汽車・汽船）の動力源であり、同時に火力発電源でもあった。1930年代初めの日本の動力エネルギー中、石炭の占める割合は74％と、非常に重要な位置にあった[1]。しかし、日本で採掘される石炭の60—70％は一般燃料用の普通石炭質で、製鉄業や化学工業に適する強粘結性で石灰分の少ない石炭は多くなかったため、それらについては中国の石炭、特に質のよい撫順炭に依拠していた[2]。

　日本本土が総動員体制へと向かっていった満洲事変以降、日本は中国東北部で石炭業の統制政策をはじめた[3]。1937年の盧溝橋事件の勃発に伴い日本は軍需工業生産を強化し、1939年の初めには「生産力拡充計画要綱（1938—1941）」が内閣を通過し、日本と植民地の経済統制体制の架橋を成立させた。当時の台湾の重要な鉱業であった石炭業も、このために大きく変貌した。

　本稿は主に当時の調査資料を使って、戦時統制下の台湾石炭業と当時の日本の生産力拡充計画の関連性を探ってみたい。まず、石炭業の統制体制形成の背景とその内容を分析し、次いでこの体制下での台湾炭の生産販売構造の変化を見てゆき、そのうえで台湾の軍需工業の成長と石炭業の変化との関連について検討をすすめてゆきたい。

1. 石炭業統制体制の形成

　石炭業統制体制は台湾経済統制の一環であり、台湾経済は「日本帝国」経済の分業構造において不可欠の一部であった。このため、当時の台湾石

炭業統制の実施は日本本土の経済状況の流れと同調しているだけでなく、日本の経済政策とも密接な関係にあった。

(1) 日本統制経済政策の出現

　台湾石炭業統制は日本の本国の石炭業の統制と歩調を合わせて行われた。しかし、石炭業統制は日本の経済統制政策の一部分であるだけではない。日本の戦争準備のための総動員体制に応じたことに起因し、その歴史は第一次大戦の期間にまで遡ることができる。

　日本では第一次大戦末の1918年4月に早くも「軍需工業動員法」が制定されて、6月に軍需局が設置され、翌年の12月には軍需調査令が公布された。1920年5月には軍需局と内閣統計局が国勢院に合併され、軍需工業動員法は同院第二部の管轄になった。1922年11月に国勢院が廃止されたため、動員法は農商務省に属することになった。実際には軍需工業動員法はすぐには実施されず、陸軍省が毎年、軍需工業動員計画を制定していた。その後、帝国議会の建議により1926年4月に国家総動員機関設置準備委員会が設立され、9月に陸軍省整備局が新設された。翌年5月、総動員時の人力と物資資源の運用計画の統制を目的として内閣に資源局が設けられた。換言すれば、国勢院は廃止されたが、正式の存在ではない国家総動員機関がふたたび復活したことになる。

　1929年4月に、軍需資源の調査だけでなく一般資源にまで範囲を拡大した国家資源調査法が制定され、12月に施行された。資源局は総動員計画の作成に着手し、翌年4月に第一回総動員計画会議が開かれて、1930～1932年に暫定総動員機関計画の立案が決定された。1933年7月に内閣は暫定総動員法期間計画綱領を議決した。さらに、翌年5月に緊急総動員計画を策定し、1936年7月に第二次期間総動員計画を完成した[4]。

　前述の軍需工業動員法は、戦時において国家は工場・鉱山・企業等を「管理・使用・収用」できると規定しているため、総動員計画の法律的な根拠と言える。

　一方で、満洲事変以降、日本は中国東北部でソ連の脅威に直面していた。参謀本部作戦課・石原莞爾は中ソ国境において満洲とソ連の軍事力の格差を感じていた。このため5年間はソ連との戦争を避けて満洲に重工業を建

設することを計画し、石原の主導した日満財政経済研究会（1935年設立）によって「日満経済圏軍需工業拡充計画」が提出された。これは参謀本部・陸軍省・関東軍等の検討を経て、1937年に「満洲産業開発5年計画(1937—1941)」として文書化された[5]。

この計画の外に、日満財政経済研究会は「昭和12(1937)年度以降5年間の帝国歳入及び歳出計画」（1936年8月）や「帝国軍需工業拡充計画」（同年11月）等を制定し、参謀本部と陸軍省に実現を極力要請していた。陸軍省は上述の諸計画に基づき、「重要産業5年計画要綱」（1937年5月）と「軍需品製造工業5年計画要綱」（6月）を作成し[6]、生産力拡充政策を実施する積極的な態度を明示した。

こうした背景の下、1937年2月に陸軍省が強く推す生産力拡充政策を重点政策とする林銑十郎内閣[7]が成立し、商工省から4月に「産業5年計画」と「生産力拡充5年計画」が提出された。この2つの計画内容は、1937年からの増産と、主要戦略品関連物資の輸入代替であった。増産計画プロジェクトには金属・鉱業・化学・機械器具工業・肥料・衣料品・食品工業などが含まれ、輸入代替産業は国際収支の危機を救うことを目的とする製品を指していた。陸軍省の計画は軍需産業だけを重視していたのにすぎなかったが、これと比較すると、商工省の計画は当時の産業と貿易構造に焦点を合わせ、日々悪化する国際収支を均衡させることを期していた[8]。生産力拡充計画を正式な結論とするために、1937年5月には企画庁が設置された[9]。

次いで、6月には第一次近衛文麿[10]内閣が成立し、蔵相の賀屋興宣[11]は「国際収支の調整」「物資の需給の調整」「生産力の拡充」を財政の三原則とし、国際収支と重要物資の需給調整の相互規制があってはじめて、生産力拡充計画の立案が可能であると強調した。こうして企画庁は生産力拡充計画に着手し、その目標は必要な軍需物資と国民生活の必需品の供給の確保、国際収支の根本的な改善にあった。具体的に言うなら、重要物資の自給自足のため日本本国と植民地の軍需関連部門の資源を開発し、さらに日本と植民地の生活必需品と、農林漁業の充実を図るものであった。国際収支の改善政策面では軽工業を中心とする既存の輸出産業以外は、新興の重化学工業品と農産品の輸出促進を期待し、輸出品工業原料供給（ほとん

どが外国からの輸入品）を確保し、このため輸入品代替として日本産の工業原料の使用を企業に奨励した[12]。

　企画庁の作業は日中戦争の勃発により中断を余儀なくされた。10月になると企画庁と国家総動員業務を主管する資源局が合併して企画院となった。これは、統制計画経済を構想する参謀本部ということができよう。企画院は経済統制の序列を徐々に展開してゆき、「生産力拡充計画大綱」(1938年4月)、「昭和13 (1938) 年から昭和16 (1941) 年生産力拡充4年計画」(同年10月)、「重要産業生産力拡充4年計画」(12月) を前後して提出し、1939年1月平沼騏一郎[13]内閣の閣議を「生産力拡充計画要綱 (1938—1941年)」が通過した[14]。

　この前に企画院は1938年に物資動員計画を作成した。日中戦争期間の外貨不足に対応するため軽工業の輸出産業化を強化して外貨を獲得し、民需生産を徹底的に抑えて軍需生産に転用するためである。4月に国家総動員法が公布、5月に施行されてその範囲が広がり、ほとんどは労務動員関係の勅令であった。同時に国家は電力管理法・石油資源開発法・工作機械製造事業法・航空機製造事業法・日本産金振興株式会社法・硫黄増産配給統制法等、資源増産と軍需品の増産を奨励する法律を制定した。このほか、綿糸・揮発油・飼料・硫酸アンモニウム・鉄鋼等の重要物資に対し、配給制を実施した。これ以降、政府は経済統制体制をしだいに強化し、たとえば石炭（9月に開始）、鉄くず・銅・鉛・錫（11月）の統制等を行った[15]。国家が経済活動に本格的に介入してきたことを象徴している。1939年1月、これらの動きは、「生産力拡充計画要綱 (1938—1941)」が内閣閣議を正式に通過した後、政府はしだいに経済統制体制を強化し、特に重要物資価格のコントロールに重点を置き、十分な生産力を掌握することを図った。同年9月に第二次世界大戦が勃発した後、当局は全面的に公定価格制を実施した。また食糧不足と電力不足（石炭不足に由来する）のため、政府は11月に米穀配給統制令を執行し、翌年4月に石炭配給統制令に基づき、生産と分配を統制するために「日本石炭株式会社」が設立された[16]。

　さらに1937年10月に企画院が設立され、日本の経済体制が政府による直接統制体制へと急速に変化したことを意味している。当時これが日中戦争のために適宜採用されたものだったとしても、この体制は結果として戦後

の1950年代前半まで継続された。

　前述の道筋を通して、この体制が形成された歴史的背景を知ることができる。軍需膨張と生産力拡充の進展の中で政府は国際収支の均衡を期待し、通貨膨張の勃発を抑制しようとしていた。実際は政府はすでに財政支出削減は不可能であり、公債を発行するために利率を上げられなかった。このため、内需の削減で輸入を縮小して、国際収支を均衡させるしかなかった。このため、当局は正常な政策手段ではなく、直接統制方式を採用して短期間に迅速な効果を期待した。

　一方では、統制経済の出現は、当時の資本主義体制を批判し、自由経済思想を否定する風潮にも関連があった。たとえば、知識階級を風靡したマルクス主義思想の立場から、積極的に資本主義を否定して社会主義を美化したり、また1920年代以降の世界資本主義経済の不安定とその結果としての世界経済大恐慌のために、資本主義体制に対して不信感を持つ者もいた。そのうえ1930年代の恐慌期にも、ソ連は「第一次5年計画」を経て、逆に急速に発展できていると社会主義的計画経済を礼賛し、さらにファシスト・イタリアとナチス・ドイツの「計画」経済の成果を過度に評価する者もいた。第一次世界大戦時の「国家総力戦」の経験を交錯させて、反体制的マルクス主義者・革新的な官僚・少壮軍人と財界人の一部は、直接統制経済と計画経済を共通する指導的な思想的基礎としていた。さらに当時、「満洲国」で軍人と若手官僚たちは計画経済を実際に試していくらかの成果を挙げていた。こうした国家と民間の計画経済への一連の憧憬は、戦争がはじまると政府が何のためらいもなく経済統制政策を発動した背景の一つとなったはずである[17]。

(2) 台湾石炭業統制政策の実施

　日本の国家総動員法の出現に伴い、台湾の「生産力拡充5年計画」も1938年に開始された。生産力拡充計画と経済統制体制の推進のために、総督府は機構を拡大した。たとえば食糧管理面では1936年10月に殖産局の下に米穀課が設置され、1939年7月には米穀局へと格上げされた。この他にも「公権力」強化の対策として、1938年7月に経済保安係、翌年12月には統制警察課が設置されて、経済の警察制度が確立された。さらに1940年2

月には物価調整課が重要物資の価格を管理するようになった。

　また、機関の整備・改変は中央政府部門だけのことではなく、1940年10月には勅令第170号が公布され、地方行政制度を改めて各州に産業部（農林・商工水産・経済統制・土地改良等の課を含む）を設置し、各庁と郡には勧業課を新設した。翌年1月にはさらに総督府企画部を拡大し、戦時統制経済の指導官庁系統が確立したと言うことができる[18]。小林躋造総督が1939年5月19日に発表した、台湾統制の三大標語（工業化・皇民化・南進基地化）[19]が行動に移されたとも言えるだろう。

　経済の領域では、最も重要なのは「重要産業団体令」が公布されたことである。この法令に基づき、「台湾糖業協議会」（1941年4月）、「台湾鉄工業統制協会」（9月）等が設立され、製糖・製塩を主とする製造業および交通運輸業・貿易業などが統廃合された。また金融部門では「台湾金融協議会」（8月）[20]が設立された。台湾当局はこうした種類の同業組合を組織して、統制経済体制を確立することを企図した。同時に、日本で頒布された一連の「物資統制令」に基づき、政府は特定の物資の輸出入・生産・分配・消費を支配した。台湾で統制を受けたおもな物資は、鋼鉄・銅・鉄くず・生糸・苧麻・ジュート・皮革・肥料・石油・石炭などであった[21]。

　石炭業統制方面では、生産力拡充計画は工業化の進展により燃料の需要急増をもたらし、動力源としての石炭の重要性が高まったため、政府がその生産販売を管理せざるを得なかった。政府は石炭業者が組織した既存の「台湾炭業組合」[22]を利用し、1937年8月には石炭商人が設立した「台湾石炭商組合」[23]を奨励し、生産面と分配面を管理しようとした。

　一方、新興産業の更なる勃興は、労働者の不足と、賃金高騰と物価上昇を引き起こし、石炭業生産が予定の目標に達することができないところにまで影響が及んだ。総督府は1940年に120万余円の予算を組み、奨励金や補助金方式で業者の増産と新炭鉱の開発を鼓舞し、赤字の業者の生産コストを補填した。その目標はおおむね以下の3点である。（1）石炭の持続的な増産（2）適正価格の決定と維持（3）配給の合理化。結局、当局はこの三大目標を達成するため、石炭業金融と石炭配給を同一機関に統合した。こうして1941年に「日本石炭株式会社」（1940年設立）をモデルとして、「台湾石炭株式会社」が組織された[24]。

台湾石炭株式会社は資本金700万円、14万株、1株の金額は50円であった[25]。計画組織委員会メンバーの12人は、総督府殖産局長が1941年初めに指定した。名簿は以下の通りである。加藤恭平（台湾拓殖株式会社理事長）・近江時五郎（近江産業合資会社代表）・神谷春雄（基隆炭坑株式会社常務理事）・顔欽賢（台陽鉱業株式会社理事長）・田端幸三郎（台湾電力株式会社副理事長）・西川純（武丹坑煤鉱和昭和炭業会社理事長）・広瀬辰之助（大阪商船株式会社台北支店長）・藤山勝彦（大日本精糖株式会社常務理事）・山田闡一（共同石炭株式会社常務理事）・山田政次（三井物産株式会社台北支局長）・山口勝（三菱商事株式会社台北支局長）・和田正彦（株式会社台湾銀行副総裁）等、12人であった[26]。各準備委員は数回の会議を経て、資金分担について以下のように議決した。台湾炭業組合250万円、台湾石炭商組合150万円、船会社と台湾拓殖会社100万円、台湾電力会社50万円、糖業連合会30万円、台湾銀行20万円をそれぞれ拠出する[27]。出資者の顔ぶれは石炭生産・運輸・消費・金融に関係する業種だと言えるだろう。

　台湾石炭株式会社は1941年8月6日に設立され、今川淵が社長に就任し、総務部長・岩崎弘重、業務部長・久間佐蔵、技術部長・山田闡一がそれぞれ担当し、台湾石炭商組合はすぐに解散された[28]。

　前述の分析のように、台湾石炭会社は時代の要求に応じて設立された。その目的は台湾石炭業の需給を調整して、適正価格を維持すること、また石炭資源開発を促進して、石炭業を健全に発展させ、各種産業の発展を図ることにあった[29]。この時代環境の背景は単に台湾一島を指すだけではなく、日本・朝鮮・満洲・中国を包括した「日本石炭業帝国」であった。日本と台湾当局は以下のように認識していた。台湾が戦時に各種生産力拡充計画を実施したため、多くの新興産業が現われ、特に交通運輸業・電気事業・化学工業・繊維工業・製糖業は発展し、石炭の需要増を引き起こした。将来的に石炭需要量はさらに増加するはずである。こればかりでなく、「日本石炭業帝国」（日本本国と植民地の満洲・中国を含む）の石炭需給計画の立場からみると、台湾は将来的に華中・華南一帯で急増している石炭需要へも供給するため、需要激増は避けられない趨勢であった。しかし現実には石炭の生産は自然条件に大きな制約を受けるので、一気に急増させることは不可能である。故に転ばぬ先の杖で、長期的に計画し、その需要状況

を予測して適切な生産計画を実施し、労働力と資材を確保し、生産コストの高騰を抑制し、増産による石炭の品質低下を防止しなければならない。石炭需要が増加して価格が上昇すれば、物価の上昇に影響をもたらすだろう。しかし石炭価格を抑制すれば生産業者への影響が大きいので、配給機関が一元化して石炭の規格と価格を統一し、輸出について統一して計画按配する必要がある。こうして石炭業を統制する「会社」が出現した。

この統制機構の業務は以下の通りだった。(1) 石炭とコークスの購買と販売 (2) 石炭とコークスの輸出入 (3) 石炭業への融資や投資 (4) 鉱山の調査・設計・探査の請負と委託 (5) 石炭業が必要とする各種器材とその他の資材の販売と貸出 (6) 石炭・鉱山業の経営 (7) 石炭の需給調整、適正価格維持、増産に必要な業務[30]。

この機関の配置の下での石炭流通過程については図1のとおりである。

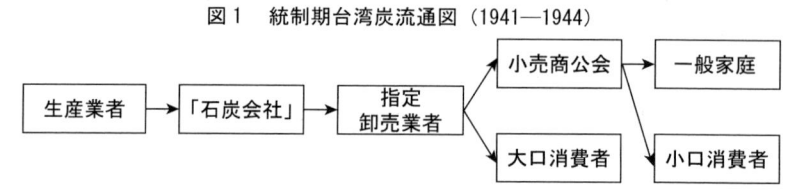

図1　統制期台湾炭流通図（1941—1944）

生産業者 → 「石炭会社」 → 指定卸売業者 → 小売商公会 → 一般家庭
　　　　　　　　　　　　　　　　　　　　→ 大口消費者 → 小口消費者

（総督府工鉱局の許可した配給販売計画より作成）（毎月消費100t以上）（100t以下）

この流通過程において、台湾石炭会社が配給と販売のすべてに責任を負い、消費者の申請を受けて審査し、配給販売を計画し、その計画を工鉱局に提出して許可を得たのち、一方で責任をもって石炭商に売買手続をさせて会計し、一方ではそれぞれの各生産業者に納品を通知する。各鉱廠は会社の通知処理によって納品した後に料金を精算するだけである。当時、指定された卸売商は原則として区域と業種によって定められ、消費者の需要を知り、官側は厳格にランク・統制価格・石炭商の手数料を監視し、商人による操縦を防いでいた[31]。

台湾石炭会社が設立されてまもなく（8月28日）、三井物産と三菱商事株式会社が石炭卸売業者に指定され[32]、この二大財閥関係企業が当時の全台湾の70％ほどの石炭量の販売権を掌握した[33]。同時に、総督府は「石炭配

給統制規則」（府令156号）を公布して、正式に台湾石炭会社に石炭の配給と国内販売の権利を与え、10月から施行された[34]。

台湾炭は国内で販売されるほかに、華南や東南アジアに輸出され、「日本石炭業帝国」の不足を補填した。1930年代以降は日本に移出される数量が倍増し[35]、内需も急速に上昇して、石炭の生産販売の全般的な統制のため、総督府は1942年11月に台湾石炭会社を東南アジアとフィリピンへの石炭輸出の配給者に指定した[36]。こうして、宗主国の政策を前提とした台湾石炭業の統制体制が確立した。

戦局の拡大と新興産業の隆盛に伴って、台湾炭への需要は日に日に高まった。このため配給販売過程を簡素化し、確実に石炭の生産販売状況を把握しようと、総督府は1944年4月に「台湾石炭配給統制令」（律令16号）と「台湾石炭配給統制令施行規則」（府令162号）を発布し、台湾石炭株式会社を「台湾石炭統制株式会社」へと改組した[37]。台湾炭の流通過程は図2のように改められた[38]。

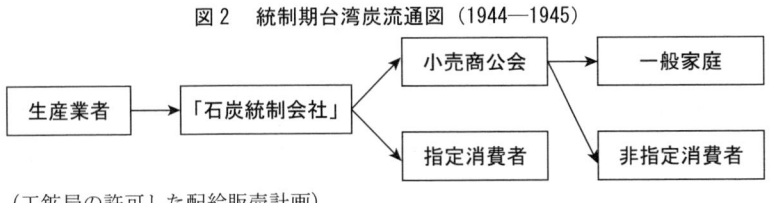

図2　統制期台湾炭流通図（1944—1945）

```
生産業者 → 「石炭統制会社」 → 小売商公会 → 一般家庭
                          → 指定消費者 → 非指定消費者
```

（工鉱局の許可した配給販売計画）

鉱山が産する石炭は会社により統一して処理されて、直接消費者にわたり、中間商はなくなった。当時は中小の工場が非常に多く、各地に分散していた。このため小売商公会は依然として存在の必要性があった。第二次世界大戦が終了してから、国民政府はこの会社を接収して「台湾省石炭調整委員会」に改組したが、役割は以前どおりであった。1954年に「台湾省煤業調節委員会」に再び改組し、生産と需給の調節を主な任務としたが[39]、日本植民地期の統制という役割を、ほぼそのまま続けていたと言えるだろう。

2. 戦時台湾炭生産販売構造の分析

　台湾炭の統制体制は、主として石炭の需給問題とそれにもたらされるコストと販売価格の間の均衡問題を解決するために形成された。しかし、このため石炭の取引は市場経済の動きとは遠く離れ、国家が主導する計画経済の範疇に入っていた。それでは、台湾炭の生産・消費構造がそれまでとちがった様相を見せていたのかどうかを検討したい。

(1) 生産構造
　まず表1から台湾炭の生産情勢を観察すると
(1) 1935年以降、台湾炭の生産量は明らかに増加の傾向にある。1939年には激増し、同年の総生産量は1935年の1.64倍強である。1941年に台湾炭の生産はすでにピークの285万トン余に達しており、1935年の1.79倍弱である。
(2) 鉱区数と鉱区面積も同じように増加の傾向にあるが、上昇の幅と生産量があまり一致していない。たとえば1939年の面積は502万アール前後で、1935年の1.27倍弱であるが、鉱区数のピークは1935年の1.79倍強である1943年である。鉱区面積は1945年が最も多く、860万余アールと1935年の2.17倍前後である。
(3) この現象の原因は2つあるだろう。まずひとつは、1941年以降にすでに採掘を中止した炭鉱が多くあることで、調査によれば1939年に実際に採掘していた鉱区面積は、登記されている面積のわずか62.2％であった[40]。もう一つの原因は、採掘できる石炭量が多くの炭鉱で減少したことである。このため鉱区数・面積の増加と生産量の増加の幅が釣り合わないという情勢があらわれた。

　この状況の下では、設立された台湾石炭株式会社の当初の目的のひとつ──石炭の継続的増産──は達成できない。

　こうした炭坑の生産規模はある程度は変化したのだろうか？台湾の石炭層は非常に薄く、ほとんどが1.5～2mしかなく、いちばん厚くても3m程度である。さらに地質変動が多くて石炭層の厚さがまちまちな傾向が見ら

表1　台湾炭産出量（1912—1945年）

産出量：t
面　積：a

年代	生産量	鉱区数	面積
1912	276,246	308	1,175,228
1913	319,371	346	1,383,591
1914	342,787	359	1,516,842
1915	379,368	351	1,509,049
1916	517,581	349	1,448,770
1917	673,008	456	2,623,257
1918	801,520	657	4,907,562
1919	1,086,907	784	6,193,723
1920	1,139,358	915	7,549,291
1921	1,029,410	857	6,883,877
1922	1,347,449	876	7,377,119
1923	1,444,921	844	6,963,917
1924	1,506,451	790	6,498,391
1925	1,704,581	665	5,693,908
1926	1,794,511	635	5,276,477
1927	1,857,257	660	5,490,374
1928	1,583,598	641	5,192,570
1929	1,530,025	597	4,913,704
1930	1,598,728	570	4,748,024
1931	1,421,544	521	4,208,930
1932	1,354,995	471	4,016,008
1933	1,533,103	472	3,953,950
1934	1,520,926	472	3,953,947
1935	1,596,672	468	3,961,969
1936	1,743,777	482	4,019,980
1937	1,953,346	494	4,114,441
1938	2,198,542	539	4,488,968
1939	2,618,877	579	5,022,640
1940	2,841,414	641	5,666,709
1941	2,853,832	700	6,541,827
1942	2,356,313	783	7,388,729
1943	2,237,725	840	8,190,684
1944	1,913,937	830	8,203,649
1945	794,558	834	8,603,017

出典：台湾礦業史編纂委員会『台湾礦業史』下冊（台湾省礦業研究会、台湾区煤礦業同業公会、台北、1969年）、2038—2039頁、2256—2257頁。

表2 産出量別炭坑数

単位：t

年別＼年産量	十万以上	五万〜十万	三万〜五万	一万〜三万	五千〜一万	五千以下	合計
1936	3	4	8	30	16	17	78
1937	4	3	5	33	24	19	88
1938	3	5	7	43	20	19	97
1939	3	5	9	59	30	25	131
1940	－	4	4	41	43	32	124

出典：台湾銀行金融研究室編『台湾之煤』（台湾銀行、台北、1950年）、11頁。

れた。以前、当局は炭鉱の採掘に系統的な規制をしておらず、むしろ「自由放任」政策を採っていたため、鉱区が非常に複雑に錯綜し、ほとんどが小規模な生産方式であった[41]。統制期でさえ、表2に明らかなように1936〜1939年の間、年間生産量が3万トン以下の炭鉱が総炭坑数の80.77％を占め、87.02％にまで増加している。特に1939年の増加は驚くほどで、表1に記載した1939年の生産量の激増は主に新しく開発された中小の炭鉱の出現によるものであり、大資本の炭鉱会社の生産量が限界に達し、当局がやっと新しい鉱区開拓に焦りはじめたことを意味しているといえるかもしれない。したがって、1935年以降の台湾全土の石炭生産量の増加（表1参照）は、中小の炭鉱の努力の「結果」である。自然条件の制限により、台湾石炭業は、国家が計画した経済体制の下でも生産のボトルネック突破の難しさを反映している。

前述のように、台湾石炭会社による増産奨励の効果はなかったが、それでは需要増加という状況に直面して、石炭の効率的・合理的な分配をすることはできたのだろうか？ 石炭の需給構造には比較的大きな変化があったのだろうか？ 次にこの点について検討していきたい。

(2) 需給構造

まず、表3と図3から台湾炭の需給構造の推移を見てみると、
(1) 販売量において国内販売量が占める割合は1932年から80％を超えて

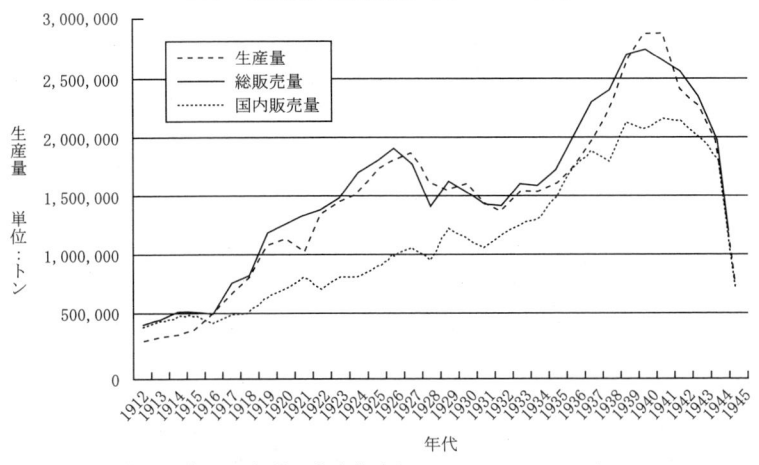

図3　台湾炭生産販売量（1912—1945年）

出典：台湾礦業史編纂委員会『台湾礦業史』下冊、2256—2257頁。

いて、1936年には88％弱という高率に達している。その後、日中戦争期の国外販売量の激増にともなって国内販売量の割合はやや減ったが、戦争末期には汽船による輸送が困難だったため、台湾炭のほとんどは島内で流通するのみであった。

(2) 数量については、総販売量と生産量は同数で、1935年から明らかに増加の傾向をあらわしている。1940年にはピークに達し、同年の総生産量は1935年の1.59倍である。

(3) そのうち国内販売量は1932年からしだいに増加し、1935年以降は増加の速度が上がり、さらに1939年には激増して1941年に214万トン前後という最高記録をあげた。同年の国内販売量は1935年の1.45倍弱である。

(4) 国外販売量は日中戦争期に2倍以上増加した。1940年に67万トン前後というピークに達し、これは1935年の2.92倍であった。しかし、数量は1924—1927年よりだいぶ低くなっている。

(5) その原因は日本植民地期の日本当局による「日本石炭業帝国」の構想と関連していた。すでに分析したように日本は台湾炭を華南と東

表3　日本統治期台湾炭生産販売量

年次	生産量(A)	販売量 総計(B)	国内販売量 合計(C)	本地用炭(D)	汽船用炭(E)	国外販売量 合計(F)	日本(G)
1912	276,246	419,810	390,484	249,998	140,486	29,326	2
1913	319,371	466,690	444,386	279,006	165,380	22,304	—
1914	342,787	526,856	483,679	275,235	208,444	43,177	1,614
1915	379,368	524,837	487,453	278,038	209,415	37,384	—
1916	517,581	511,543	422,724	266,506	156,218	88,819	10,549
1917	673,008	767,300	499,281	344,249	155,032	268,019	15,030
1918	801,520	820,296	529,942	376,696	153,246	290,354	8,268
1919	1,086,907	1,184,495	649,575	404,778	244,797	534,920	57,571
1920	1,139,358	1,258,755	710,383	487,863	222,520	548,372	90,295
1921	1,029,410	1,322,187	811,506	499,760	311,746	510,681	56,092
1922	1,347,449	1,375,426	717,919	518,158	199,761	657,507	188,794
1923	1,444,921	1,473,807	807,806	519,355	288,451	666,001	181,088
1924	1,506,451	1,685,712	813,858	485,736	328,122	871,854	198,618
1925	1,704,581	1,780,764	890,477	526,931	363,546	890,287	189,694
1926	1,794,511	1,881,412	991,662	608,962	382,700	889,750	136,497
1927	1,857,257	1,752,599	1,062,412	782,093	280,319	690,187	129,797
1928	1,583,598	1,397,102	953,160	657,235	295,925	443,942	79,147
1929	1,530,025	1,608,699	1,219,752	725,590	504,162	388,947	42,860
1930	1,598,728	1,520,667	1,136,875	640,641	496,234	383,792	41,633
1931	1,421,544	1,419,287	1,045,874	597,902	447,972	373,413	64,094
1932	1,354,995	1,407,351	1,174,532	622,321	552,211	232,819	61,830
1933	1,533,103	1,584,572	1,251,107	658,611	592,496	333,465	146,515
1934	1,520,926	1,570,513	1,303,126	681,341	621,785	267,387	105,350
1935	1,596,672	1,706,301	1,477,325	701,224	776,101	228,976	81,526
1936	1,743,777	1,976,904	1,735,394	895,105	840,289	241,510	114,134
1937	1,953,346	2,269,729	1,861,814	858,206	1,003,608	407,915	270,159
1938	2,198,542	2,369,038	1,782,288	885,478	896,810	586,750	439,544
1939	2,618,877	2,667,964	2,100,036	1,105,706	994,330	567,928	276,258
1940	2,841,414	2,706,635	2,038,758	1,169,476	869,282	667,877	284,703
1941	2,853,832	2,617,000	2,139,000	1,452,000	687,000	478,000	86,000
1942	2,356,313	2,519,000	2,104,000	1,755,000	349,000	415,000	146,000
1943	2,237,725	2,312,000	1,978,000	1,623,000	355,000	334,000	37,000
1944	1,913,937	1,941,763	1,807,023	1,426,316	380,707	134,740	—
1945	794,558	745,104	705,470	675,244	30,226	39,634	—

出典：台湾礦業史編纂委員会『台湾礦業史』下冊、2256－2257頁。
注：1、C／B％は総販売量に国内販売量が占める割合。
　　2、F／B％は総販売量に国外販売量が占める割合。
　　3、D／C％は本地使用石炭量が国内販売量に占める割合。
　　4、E／C％は汽船使用石炭量が国内販売量に占める割合。
　　5、G／F％は国外販売量に日本市場が占める割合。

(1912－1945年)

単位：t

その他 (H)	石炭貯蔵量	C／B % 1	F／B % 2	D／C % 3	E／C % 4	G／F % 5
29,324	11,478	93.01%	6.99%	64.02%	35.98%	0.01%
22,304	18,611	95.22%	4.78%	62.78%	37.22%	―
41,563	12,634	91.80%	8.20%	56.90%	43.10%	3.74%
37,384	17,472	92.88%	7.12%	57.04%	42.96%	―
78,270	47,957	82.64%	17.36%	63.04%	36.96%	11.88%
252,989	54,089	65.07%	34.93%	68.95%	31.05%	5.61%
282,086	128,506	64.60%	35.40%	71.08%	28.92%	2.85%
477,349	95,057	54.84%	45.16%	62.31%	37.69%	10.76%
458,077	103,060	56.44%	43.56%	68.68%	31.32%	16.47%
454,589	78,559	61.38%	38.62%	61.58%	38.42%	10.98%
468,713	45,242	52.20%	47.80%	72.17%	27.83%	28.71%
484,913	150,873	54.81%	45.19%	64.29%	35.71%	27.19%
673,236	80,353	48.28%	51.72%	59.68%	40.32%	22.78%
700,593	106,812	50.01%	49.99%	59.17%	40.83%	21.31%
753,253	83,023	52.71%	47.29%	61.41%	38.59%	15.34%
560,390	146,201	60.62%	39.38%	73.61%	26.39%	18.81%
364,795	198,339	68.22%	31.78%	68.95%	31.05%	17.83%
346,087	110,942	75.82%	24.18%	58.67%	41.33%	11.02%
342,159	145,716	74.76%	25.24%	56.35%	43.65%	10.85%
309,319	133,114	73.69%	26.31%	57.17%	42.83%	17.16%
170,989	80,520	83.46%	16.54%	52.98%	47.02%	26.56%
186,950	70,036	78.96%	21.04%	52.64%	47.36%	43.94%
162,037	74,762	82.97%	17.03%	52.29%	47.71%	39.40%
147,450	121,120	86.58%	13.42%	47.47%	52.53%	35.60%
127,376	152,637	87.78%	12.22%	51.58%	48.42%	47.26%
137,756	133,054	82.03%	17.97%	46.10%	53.90%	66.23%
147,206	132,187	75.23%	24.77%	49.68%	50.32%	74.91%
291,670	190,988	78.71%	21.29%	52.65%	47.35%	48.64%
383,174	242,006	75.32%	24.68%	57.36%	42.64%	42.63%
392,000	531,000	81.73%	18.27%	67.88%	32.12%	17.99%
269,000	363,000	83.53%	16.47%	83.41%	16.59%	35.18%
297,000	272,000	85.55%	14.45%	82.05%	17.95%	11.08%
134,740	225,822	93.06%	6.94%	78.93%	21.07%	―
39,634	140,663	94.68%	5.32%	95.72%	4.28%	―

南アジアへと移送販売したいという意図があったが、戦時の日台の軍需工業の発展と東南アジア侵略時の軍艦の補給の需要に台湾炭をあてたかったのである。
(6) この戦時の台湾炭の「任務」は、表3の汽船の石炭使用量に見られよう。1930年代に増加し始めて戦時にピークに達するが、太平洋戦争以降には国内販売量の20％に達しないほどに激減する。
(7) さらに、台湾での石炭使用量も1935年からしだいに増加して、1939年には激増しはじめ、1942年に最高の175万トン余を記録する。これは、1935年の2.5倍前後であり、国内販売量の83.41％という高い地位を占めた。

こうして台湾石炭株式会社の主な機能は、日増しに増加する国内市場の需要に応じて合理的に分配することであった。内需の拡大は当時の台湾工業化の結果であり、この工業化は前述の企画院が進めた生産力拡充計画と関連していた。

3. 台湾軍需工業化と石炭業の相関性

企画院は生産力拡充計画の作成時に、朝鮮・台湾・樺太など植民地の生産力を評定した。1939年度に提出した計画では、台湾での関連産品と日本帝国での地位は以下のとおりである。工業塩（100％）、無水エタノール（32.9％）、アルミニウム（24.3％）、パルプ（4.7％）、金（3.4％）[42]。これらの製品は当時すでに台湾の工場で生産され、業績がたいへんよかったために、生産力拡充計画の対象とされた。以下、業種別に分けて論述する。

(1) 工業塩

工業塩は化学工業の重要な原料の一つである。製造時にはおもな産品であるソーダ業に不可欠な原料であり、副生品であるにがりも鉱工業・医薬品等の製造原料、さらに軍需原料になる。結晶過程で析出される硫酸石灰（石膏）もセメント工業の重要な原料である[43]。工業塩が化学工業の中に占める位置は、鉄が機械工業に占める位置のように重要であると言えよう。レーヨンや化学繊維工業の苛性ソーダも塩を原料とし、同じように硝子工

業でも使用する。このほか、石鹸・歯磨粉・胃腸薬・味の素・染料なども大量に塩を必要とする。特に化学兵器は大部分が塩を原料とし、催涙ガスや毒ガス等、すべて塩の中の塩素を主要な成分としているし、防毒用品も重要な成分は塩である[44]。

日本の工業塩に対する需要は非常に切実であり、1926年に必要な工業塩はわずかに10万トンであったが、1936年には110万トンに増加し、このため帝国内植民地の工業塩の補充が急速に求められた[45]。

日本が外国から安価な工業塩（特にイギリスの製品）を輸入しないで、戦争準備段階に入ってから帝国内部の各地で補充したのはなぜだろうか？これは日本が大戦到来に臨んで工業塩の来源に「近主遠従主義」を採用して、なるべく帝国勢力がコントロールできる地域で生産された塩を利用したためである。塩の供給地は距離によって、近海塩・準近海塩・遠海塩に分けられるが、台湾・関東州・満洲・華北のものは近海塩に分類された。表4から日本の工業塩の供給状況を知ることができる。

表4から1930年代の前半には台湾工業塩の生産量は決して多くなく、日本工業用塩の主要な出所でもないことがわかるだろう。戦争準備期間に日

表4　日本工業用塩供給状況表

単位：1,000t

年	近海塩	準近海塩	遠海塩	計	台湾が占める量と割合
1932	169 38%	＊＊＊	272 62%	441	9 2%
1933	193 26%	105 14%	435 60%	733	無
1934	333 33%	52 5%	641 62%	1,026	無
1935	316 32%	95 9%	582 59%	993	20 2%
1936	567 52%	28 3%	492 45%	1,087	11 1%

出典：台湾総督府臨時情報部、『部報』第18号、1938年3月、4頁。

本は「近主遠従」目標として近海塩を80％、遠海塩を20％で達成しようとした。このためには近海部からの供給量を増加させることが不可欠であった。台湾は1937年に50,000トンへと増加し、1932年の5.5倍強となった[46]。

さらに日中戦争勃発前には台湾総督府はすでに大規模な工業用塩の生産を計画し、1937年2月には台南州に6,900ヘクタールを塩田用地として所有していた。また同年3月、日本曹達株式会社支配下の台湾製塩株式会社がにがり処理工場を完成させた[47]。

この後、1937年の対中侵略戦争の勃発にともない、大蔵省が同年12月に「内外地塩務協議会」を主宰し、自給自足のために化学工業用原料塩の増産計画を制定した。計画の中で、すでに占領している中国東北部と華北で塩田を開墾するほかに、台湾では1941年度に25万トン（1945年度には40万トンに増加）を負担しなければならないと定められた。この生産拡充計画を実現するために、台湾総督府の指導のもと、大日本塩業株式会社・台湾拓殖株式会社・日本曹達株式会社が共同出資し、1938年6月に製塩・にがりを利用した副産品・ソーダ業発展の3つの一貫した作業を目的とする、資本金1千万円の南日本塩業株式会社を創設した。布袋・北門・烏樹林等の地に塩田3,550甲を開拓し、355,000トンの塩の生産を計画した（けっきょく、専門技術を持つ人材不足、資材と労力の補充の困難により、1941年にわずか2,210甲が完成しただけで、生産量は215,200トンであった）。次いで、南日本塩業株式会社の事業基礎を固めるため、1939年に姉妹会社の南日本化学工業株式会社（資本金1,500万円）が創設され、副産品の利用とソーダ業の経営を分け、製塩業のもたらす欠損を埋めようとした。南日本化学株式会社でにがりからマグネシウムを精錬する際に産出する副産品が工業塩であり、これを処理してソーダとする。にがりは天日塩を生産する際の産物で（1939年度に約20万トン、1940年度に約30万トン）、もともとはすべて廃棄していた[48]。このため、この計画での経営を経たのちには、食塩・工業塩・マグネシウム・ソーダの生産作業は一貫して完成でき、台湾塩業は、台湾製塩会社と南日本塩業株式会社が南日本化学株式会社と組んで独占し換骨奪胎した近代工業となった。

どうして、日本は台湾にこのような大きな責任を負わせたのだろうか？盧溝橋事件以降、青島塩・山東塩の日本移入が途絶え、長蘆塩も輸入が困

難となり、遠海区域の塩への依存度を減らすことができなかった。また、中国塩の日本移入には戦争の影響がなかったとしても、結氷する関東州・満洲・華北からは冬期の移出はできない。近海区に属し、結氷の心配もなかったのは台湾だけだったため、日本は台湾に大きな期待を寄せ、積極的に台湾塩の日本移入量を増やしたのだ[49]。

1941年11月に日本の「工業振興第二次四年計画（重要産業生産力拡充四年計画）」(1942年度開始) に呼応して、台湾では工業を振興し、工業塩を利用する工業にさらに重点を置く「大工業化計画要綱」を制定した[50]。

1941年、台湾総督・長谷川清が会長をつとめ、台湾の有力会社の代表、日本の大蔵省・商工省・農工省・拓務省・陸海軍省等の28人の官民が「臨時台湾経済審議会」を開き、第一特別委員会で議決された「工業振興方策」の工業塩と関連して、海水・塩水・にがり等を利用して化学肥料工業を発展させ、さらに台南州の塩田適地に臭素製造所を増設するという件があった[51]。同年、総督府は南日本塩業会社と台湾製塩会社を2つの柱として他の小企業を合併した[52]。1942年7月1日、総督府は食塩専売規則を塩専売規則と改称し、工業塩も管理下に入れた[53]。同時に資本金1000万円の鐘淵曹達工業株式会社が創設され、新豊郡安順庄に工場を建設し、塩田666,615甲を築いた。そのうち官有地はわずか50甲、その他はみな私有地であった。この工場では主に工業塩を利用してソーダを生産した[54]。

ソーダ業は軍需工業と関連があり、ソーダ製造は電解法を主とするため、電解後の副産品は水素と塩素である。水素は人造肥料・人造石油等、化学工業の重要原料であり、塩素は植物油と硬化油を製造でき、また合成塩酸等にも使用できる[55]。硬化油は火薬や石鹸工業とむすびついている。このためソーダ業と軍需工業には実際に密接な関連があり、戦時の日本は軍需工業発展のためにソーダ業の最重要原料である工業塩の供給を増加させなければならなかった。

日本では当初、台湾から十分な工業塩を獲得しようと考えていなかった（このため表4の台湾塩の割合が小さい）。1931年9月に日本で開かれた第1回外地塩務主任官会議の会議後の報告には、日本とその植民地において、各種の塩（食用塩・工業塩など）に対する需要を総合的に調整することが目標である、とされる。彼らは各地区の塩業を調節して補完しあい、自給自足

の方針を確立することを望んでいた。台湾塩に対しては、食用塩を主とし、品質を改善して生産費用を減らし、日本の需要に合わせようと考えていた。工業塩方面では、関東州塩の供給を期待していて、関東州塩を日本工業塩の自給自足の最後の目標の供給者と考えていた[56]。

しかし、1934年10月に行われた第二次外地塩務官主任会議後の報告は、前回とは異なっていた。工業塩は日本産業および国防上の重要な資源であるが、大部分を海外からの輸入に頼っている。このため、当面の急務は日本国内での供給を増進し確保することである。日本国内の適地で増産に努めるほかに満洲国からの輸入にも努めねばならない。台湾では食用塩を確保するほかに、工業塩に対しても慎重に調査研究し、関連官庁と協議して生産計画をすすめるという内容であった。日本当局の台湾塩業への視線に変化が見いだせよう[57]。

こうした状況と当時の政治的軍事的情勢は密接に関連し、1931年の満洲事変の発生後、軍需工業の拡充必要は切迫し、食塩は軍需工業との関連で、需要は日増しに増加した。日本政府は増産とコントロールの強化のため、いわゆる「大工業化之総合性独占企業」を奨励した[58]。このため台湾塩業は戦争によって需要がさらに発展した。

1937年七七事変（蘆溝橋事件）が勃発して、日中全面戦争となり、日本は帝国内部塩の自給自足と外貨支出の削減のため、外国塩に輸入制限措置を取ったため、植民地の塩は更に有利な地位を占めた。この後、国際情勢が険悪になり、遠海塩への依存に対する不安は更に高まり、日本は戦時の需要と輸入工業塩への依存不可のために台湾での大規模な増産を企図し、台湾を日本の工業の重要な資源供給地にし[59]、あわせて帝国南進のジャンピングボードとしようと考えた。

(2) 無水エタノール

無水エタノールはアルコールの一種である。アルコールは動力源であり、その重要性は石油と同等である。各国はアルコールを液体燃料として、あるいはガソリンと混ぜて使用し、石油生産の不足を補った[60]。日中戦争開始後まもない1938年、日本帝国のアルコール生産量は約38万トン前後で、台湾の糖蜜から製造したものがほとんどであった。日本本国での需要はわ

ずか18万ヘクトリットル＜1ヘクトリットル＝100ℓ＞であり、その他の半分は中国に輸出していた。双方を比べてみると、当時、年産3,600—5,400ヘクトリットルの無水エタノールは主に化学工業の用途に用いられていた[61]。

実際には第一次世界大戦期間に早くも欧米各国は液体燃料の欠乏を体験していて、アルコールのガソリン代替の可能性を検討しはじめ、ガソリンに20％前後のアルコールを混ぜた時の能率は、ガソリンだけ使用したときよりもよいという結果を得ていた。ガソリンとアルコールを完全に溶解させるためには、水分量が少なくて濃度の高いアルコールが必要だった。このため、燃料としての無水エタノールの重要性が上昇したのである[62]。

日本帝国のガソリンに対する需要量は1925年には約505万ヘクトリットルであり、1939年には1,263万ヘクトリットル石以上に増え、その95％は自動車用の燃料であり、その他が飛行機と化学工業であった。生産面では、年産需要量の10％を占めるにすぎず、輸入石油への依存度が非常に高く、国防と国際収支の均衡のために、帝国政府は第70回議会で1938年度揮発油及酒精混用法案と、アルコール専売法案を通過させた[63]。

日本は台湾において早くから酒の専売法を実施していた。アルコール製造の主要原料は糖蜜であり、台湾の新式製糖工業の重要な副生品であった。台湾では1908年に台湾製糖株式会社が橋仔頭に創設されたのが、アルコール工場の嚆矢である[64]。その後、各製糖会社は相次いでアルコール工場を設立し、1943年には合計45か所、生産量は758,207ヘクトリットルという高さに達し、日本帝国圏内総生産量の90％を占めた[65]。

1935年以前には台湾アルコール工業製品は主に水分を含んだアルコールで、その後、日本当局の液体燃料を自給したいという希望によって無水エタノールとガソリンを混合して使用し、このため台湾のアルコール工業は無水エタノールの製造に力を尽した。1935年には日本帝国は毎年、無水エタノールの増産目標は320万ヘクトリットルであり、台湾への期待は100万ヘクトリットルであった。当時、糖蜜原料がだんだんと不足したため、糖業試験所の研究後、直接サトウキビ汁を原料として使用するようになった[66]。1939年1月、閣議で決定された「生産力拡充計画要綱」には1941年には無水エタノールの13倍強の増産を期待し[67]、前述のとおり、台湾の割

表5　台湾無水エタノール増産計画　1938—1947年

単位：石（100ℓ）

年次	糖蜜からの生産量	甘蔗汁からの生産量	甘藷からの生産量	計
1938	86,644	—	—	86,644
1939	91,990	37,729	—	129,719
1940	111,260	168,904	—	280,163
1941	129,411	388,957	—	518,368
1942	151,005	569,815	—	720,821
1943	173,630	749,140	—	922,770
1944	197,297	925,983	—	1,123,282
1945	222,072	948,169	287,182	1,457,424
1946	247,964	970,354	287,182	1,505,500
1947	275,071	992,538	287,182	1,554,792
合計	1,686,344	5,751,590	861,547	8,299,481

出典：魏嵒壽、茅秀生『台湾之発酵工業』（台湾銀行、台北、1952年）、19頁。
注：甘藷の年間使用量を240,000,000キロとする。

合は32.9％を占めていた。原料の糖蜜の増産には限りがあるため、台湾総督府中央研究所の牟田邦基は数度の実験を経て、台湾で多く生産されるサトウキビを利用した発酵法で無水エタノールを抽出する方法を発見した[68]。

実際には表5の示すとおり、1945年までに無水エタノールは依然として糖蜜とサトウキビ汁を主な原料としていた。60キロの糖蜜で無水エタノール15.5升が生産でき、60キロのサトウキビでできる無水エタノールはわずか7.2升ほどだった。南清酒精工場の記録によると1,000ガロン（37.85石）の無水エタノールを作るのに必要な原料の量は以下のとおりである。脱水剤0.6ガロン、糖蜜14.6トン、石炭4.1トン、水80,000ガロン、苛性ナトリウム（ソーダ）0.12キロ[69]。つまり、無水エタノール工業の発展は石炭と工業塩の需要を増大させるものであった。

さらに、ここに無水エタノールの生産量の推計から、その製造に必要な

表6 台湾の含水アルコールおよび無水エタノールの生産量と必要石炭量（1941-1950）

単位：石(100ℓ)／t

年次	含水アルコール（石）	無水エタノール（石）	無水エタノール生産における石炭必要量（t）
1941	336,766	198,195	21,469
1942	340,564	344,934	37,364
1943	470,218	244,549	26,490
1944	489,331	98,710	10,692
1945	360,164	16,802	1,820
1946	9,845,320	—	—
1947	4,106,816	—	—
1948	19,033,748	518,209	56,134
1949	19,824,795	2,733,463	296,095
1950	26,272,981	1,805,636	195,591

出典：魏喦壽、茅秀生『台湾之発酵工業』(台湾銀行、台北、1952)、47頁。
註：無水エタノール37.85石(1000ガロン)の生産に必要とする石炭量を4.1トンとして計算した。

石炭量は表6の通りである。この表からは以下のようなことがわかるだろう。
(1) 1942年の無水エタノールの生産量は、前年の1.74倍とピークに達しているが、表5と比較すると、生産量（予測）の47.85％でしかない。
(2) 無水エタノールの生産量は1943年に下降しているが、含水アルコールの生産量は逆に大幅に増加しているため、アルコールの総生産量は増加している。1944年の含水アルコール生産量はやや増加しているが、無水エタノールの生産量は大幅に減少している。このため総生産量は前年のわずか82.27％である。
(3) 表5の生産計画に見られる無水エタノールの継続的な増加状況と比較すると、実際の成果は計画にだいぶ遅れていたと言える。
(4) 無水エタノールの燃料石炭の需要量の変化は、表3の日本本土で使

用していた石炭量の傾向と一致している。

　現実には砂糖工場はアルコール製造時に石炭を必要とする以外に、製糖作業と鉄道による製品・原料の輸送時にも石炭を燃料とせざるを得なかった。1930年には砂糖1担（50キロ）を製造するのに石炭23.6斤を消費した[70]。台湾製糖業の日本植民地期の発展と変化は、台湾炭の国内販売量の成長を促進し、また当局が石炭業への生産販売統制を強める要因ともなった。

(3) アルミニウム

　製塩業とアルコール工業に対して、アルミニウム業は当時の新興工業と言えるだろう。主には電力を使用したので、石炭との関連性はあまり大きくない。日本の三菱財閥は日月潭水力発電所の完成後、1935年に資本金6千万円の日本アルミニウム工業会社を設立した。先に高雄に工場を設立し、1939年には花蓮に工場を建てて1941年から操業した。同社は東インドのビンタン島からボーキサイトを輸入し[71]、精錬してアルミニウム塊にしたものをすべて日本に輸送して、日本で完成品を製造し、それを台湾にふたたび輸送して販売した[72]。これは、台湾が原料を宗主国に提供し、宗主国の工業製品を消費する植民地の役割を果たしていたことを意味すると言えよう。

　飛行機の機体に使用するアルミニウムは重要な国防戦略物資であり、また戦時にはアルミニウムへの需要が増加することになる。日本はずっと輸入に頼っていたが、1937年にやっとボーキサイトからアルミニウムを生産し始め、1939年には国策会社の日本軽金属会社が積極的に生産を開始した。しかし、翌年、カナダ等の国がアルミニウムを輸出禁止にしたため、日本へのアルミニウム供給量が大幅に減少し、飛行機の機体製造の停滞をもたらした[73]。このため、日本当局は民需部分（鍋・弁当箱・やかん・魔法瓶等）に配給制をとることにし、台湾も宗主国の方針に従って、1941年に台湾家庭必需品株式会社（資本金65万円）が設立され、「台湾アルミニウム製家庭器物配給統制要綱」を実施し、アルミニウム製品の輸入と販売は一元化できた[74]。

　日本アルミニウム業公司高雄工場の戦時の年間生産量が最も高かったの

は、12,000トンで、日本帝国の総生産量の8.5％ほどを占めていたが、1945年3月に爆撃により操業停止した[75]。戦後国民政府の資源委員会はこの会社を接収し、台湾鋁業公司と改名した。1947年11月に操業再開したが、同年、資源委員会のアメリカ籍顧問のS. Trone が高雄に調査に赴き、製品の質の悪いことが明らかになった。彼の見積もりでは1948年の生産目標は4,000トンを基準とし、1トンあたりの生産コストは421.8米ドル（原料であるボーキサイト20,000トン、苛性ソーダ1,000トン、コークス2,600トン、コールタール650トン、氷晶石480トン、石炭15,000トン、電力12,000kWh を含む）であった[76]。

　アルミニウム精錬時には、電力が最も重要な動力であるが、しかし石炭とコークスも大量に必要であり、苛性ソーダも必要であった。このため、アルミニウム業の振興は大なり小なり石炭の内需市場に影響をもたらし、台湾塩業の転型に関係し、塩業の転型は燃料資源への依存性がきわめて高いことを意味していた。

(4) 紙パルプ

　紙パルプは紙とレーヨンの原料である。前述の日本帝国の「生産力拡充計画要綱」において、1941年までに製紙用の紙パルプの生産量は1938年比で20％増やし、同時にレーヨン用の紙パルプを4.5倍増やしたいとしている[77]。

　1938年版の日本化学工業年鑑によれば、世界の主要な木材パルプ生産国はアメリカ・カナダ・スウェーデン・ドイツ・フィンランド・ノルウェー・日本で、その生産量は1,500万トンを越え、世界の総生産量の80％以上を占めていた。主要な紙パルプ供給国のスウェーデン・フィンランド・ノルウェー・ドイツ・カナダは北半球北部の針葉樹林帯に属する国である。当時の日本の生産量は世界7位であったが、消費量は米・加・独・英に次ぐ5位であり、繊維工業の発展を示していた[78]。

　製紙業において、日本の生産量は世界5位、消費量は4位であった。さらに日本のレーヨン製造量は1936年にアメリカを抜いて世界1位に躍り出た。当時、日本が外国から輸入した紙パルプは、レーヨンに加工されてふたたび世界各地に輸出されていった。付加価値が高かったので、国際収支改善の助けになった[79]。外貨の需要が切実であった日本にとって、レーヨ

ン工業の発達は欠くべからざるものであった。

　さらに、製紙業とレーヨン業の成長は日本の木材パルプへの需要増加を刺激した。そのうち、1913年から1936年に製紙業でのパルプの消費量は73%増加し、1936年の消費は90万トン前後という高い水準に達した。レーヨンの紙パルプの需要量は1918年の59万トンが、1936年には3.151倍に激増し、185,972トンになった。さらに1936年の1,128,586トンの紙パルプ消費量中に日本帝国で生産できるのはわずか71%の802,565トンにすぎず[80]、その他の3割前後は輸入に頼らなければならなかった。

　企画院で提出した紙パルプ増産計画において、1942年度の紙パルプ需要量を170万トンと推計し、日本本土では135万トンの生産力があり、満洲国からの輸入が30万トン、足りない5万トンは海外からと見積もっている。生産予定の170万トンの紙パルプに必要な木材は2,000万トンという多さで、その時になって濫伐したとしても木材量は1,386万トンにしかならず[81]、日本の深刻な木材紙パルプの原料不足現象を明らかに示している。

　こうした状況の下、日本当局は木材パルプの代替のため、蔗糖生産時にできるサトウキビの搾りかすを利用し紙パルプ製造を研究していた。こうして、台湾には30万トンの紙パルプ生産を期待した[82]。

　甘蔗カスはもともと砂糖工場の燃料として使用されていたが、日本人の鈴木梅三郎は1917年に台南製糖会社宜蘭工場付近で、日本の製紙技術を導入して原料に安い石炭を利用して、甘蔗カスを原料とする製紙事業に従事した。この後、台湾の日本糖業資本が製糸業を副業とし、一連の試行錯誤を経たが顕著な成績はあげられなかった。1933年に日本人の萩原鉄蔵による技術開発が成功し、製紙企業家・大川平三郎が投資して、台湾製紙業ははじめて軌道にのった。さらに各製糖会社が続々と製紙業に加入した。そのうち、最大のものは大川の所有する台湾興業株式会社（1936年設立、資本金800万円、工場は羅東）、台湾紙漿工業株式会社（1938年設立、資本金1,000万円、大日本製糖・昭和製糖・鐘淵紡績株式会社が投資、工場は台中州）、新日本砂糖工業株式会社（1938年設立、資本金2,500万円、塩水港製糖株式会社が投資、1939年に塩水港紙漿工業株式会社と改名。工場は台南州の新営・花蓮・渓州）であった[83]。

　日本当局の計画による増産の下、台湾の紙パルプ生産量は1939年の2,005トンから翌年には14,818トンへと急増し、1941年にはさらに倍の30,

830トン、1942年には32,940トンとピークに達した[84]。しかしこれは当初の計画のわずか10分の1に達したにすぎない。

　数量的にはそうであっても、紙パルプの成長傾向は表3の本地で使用する石炭量の増加傾向と一致している。これは甘蔗カスによる紙パルプを製造時には燃料として石炭を使用していたためである。それまで製糖工場では甘蔗カスを燃料に使っていたが、紙パルプを製造するようになると、1トンの紙パルプに1トンあまりの石炭を消費するうえに、製糖の燃料は甘蔗カスを使えないのですべて石炭になった（石炭と甘蔗カスの使用量は2：1だった）。糖蜜を蒸留させてつくる無水エタノールにも必ず石炭が必要である。台湾で108万石の無水エタノールと30〜40万トンの甘蔗カス紙パルプを製造すると、1年に約200万トン以上の石炭を必要とし、積極的に炭田を開発するか、華北からの輸入が不可欠であった[85]。以前に分析したとおり、台湾の無水エタノールと紙パルプの生産量は期待した水準には達しなかったが、台湾炭の需要量がこのために確実に増加したことは断言できるだろう。

(5) 金

　台湾の地下資源の中で、炭鉱以外では金の埋蔵量は比較的豊かであり、19世紀には早くも採掘がはじまっていた。表7のとおりに、金の年間生産量は1904—1917年のあいだは150万グラム、この後しだいに減少し、1930年代以降には激増するという現象が現れている。当時、中心となった経営者は台湾北部の九份地区の台陽鉱業株式会社と金瓜石の武丹坑地区の金瓜石鉱山株式会社であった。前者は台湾本土の資本家である顏雲年と三井財閥が投資し、後者はすべて日本資本であった（1933年に台湾鉱業株式会社と改名）[86]。

　日中戦争勃発後、日本鉱業株式会社は台湾鉱業株式会社と合併し、日本政府は9月に産金法を発布して軍需に合わせ、金の生産を奨励するための基本的な法令とし、11月に台湾で金生産奨励制を始めた[87]。

　金生産を奨励する政策の下で、金鉱の調査・採掘・粉砕・精錬などの新工程設備にはすべて巨額の補助金が支給された。さらに当局は金を自由に売買することを禁じ、台湾銀行が全権で金の買収を担当し、1両（50グラ

表7　九份・金瓜石の黄金採掘量(1898—1945)

単位：グラム

年	九　份	金瓜石、武丹坑	合　計
1898	9,184	41,329	50,513
1899	38,777	122,288	161,065
1900	40,500	346,579	387,079
1901	42,236	582,836	625,072
1902	85,762	861,293	947,055
1903	150,693	809,756	960,449
1904	539,126	1,209,771	1,748,897
1905	506,208	974,651	1,480,859
1906	363,053	997,180	1,360,233
1907	330,813	866,370	1,197,183
1908	280,061	1,329,592	1,609,653
1909	250,447	1,329,138	1,579,585
1910	347,846	1,242,134	1,589,980
1911	337,064	1,298,535	1,635,599
1912	355,419	1,209,576	1,564,995
1913	230,550	865,213	1,095,763
1914	352,446	1,574,828	1,927,274
1915	650,637	994,428	1,645,065
1916	693,773	745,023	1,438,796
1917	789,135	754,042	1,543,177
1918	273,493	514,481	787,974
1919	237,493	332,112	569,605
1920	199,295	354,871	554,166
1921	381,547	494,715	876,262
1922	252,437	423,116	675,553

1923	91,817	378,210	470,027
1924	59,429	206,396	265,825
1925	40,021	199,057	239,078
1926	68,620	228,060	296,680
1927	248,959	200,290	449,249
1928	129,912	143,132	273,044
1929	248,075	209,400	457,475
1930	248,361	233,681	482,042
1931	315,517	226,533	542,050
1932	578,660	208,845	787,505
1933	580,720	1,564,000	2,144,720
1934	1,012,197	1,757,000	2,769,197
1935	1,131,902	2,030,000	3,161,902
1936	1,240,937	2,485,000	3,725,937
1937	1,359,302	2,561,000	3,920,302
1938	1,700,313	2,604,000	4,304,313
1939	1,294,862	2,479,000	3,773,862
1940	872,383	2,262,000	3,134,383
1941	991,048	2,506,000	3,497,048
1942	795,018	1,905,000	2,700,018
1943	609,957	855,000	1,464,957
1944	181,330	547,000	728,330
1945	7,269	7,000	14,269

出典　1、吉永勘一郎編『瑞芳礦山概況』（台陽礦業株式会社瑞芳坑場、台北県瑞芳、1933年）、7 — 9頁。

　　　2、台湾銀行金融研究室編『台湾之金』（台湾銀行、台北、1959年）、49—51頁、53—54頁。

　　　3、台湾礦業史編纂委員会『台湾礦業史』（台湾省礦業研究会、台湾区煤礦業同業公会、台北、1969年）、下冊、「台陽礦業瑞芳金鉱暦年産量統計表」1091-92頁、及び「台湾金属公司金瓜石「日礦」経営時期生産鉱砂暨産品統計表」1100頁。

ム）につき52円が支給された（公定価格は142.31円であるから、支給金は公定価格のわずか36.5％であった）。台湾での金生産量はピークに達し、日本政府が台湾で買い続けた金は70トンにもなり、台湾総督はこのために天皇から褒賞された。

　さらに増産のために、1939年に日本産金振興株式会社（1938年設立）と台湾拓殖株式会社（1936年設立）が半分ずつ出資して、台湾産金株式会社が設立され、基隆河流域と双渓流域の鉱床を調査し、七堵付近でボーリングし、擢基黎渓で金をとり、台東海岸・台東縦谷の奇莱河・卑南河の河流の砂金を調査した。しかし成績は悪く、1943年に操業停止した。

　当時、九份鉱区の主脈はほとんど掘り尽くされて金の産出量は減少し始め、請負業者はしだいに散り散りになり、また体力のある従業員は植民地当局に徴集されて労役についてしまい、労働者不足は深刻であった。1941年末の太平洋戦争以降は国際貿易は中断し、金は交易手段ではなくなり、植民地政府は1943年に台湾電力会社に台陽鉱業のシアン工場・高架ケーブルの買収を指示し、海軍に使用させて、金鉱は全面的に生産を停止した。金瓜石鉱山も操業停止を迫られた。1944年に「台湾決戦非常措置要綱」により近代的な選鉱設備の徴用が強化され[88]、50年前の一大金山は軍事優先の情勢のもとで廃墟と化した。

　金鉱工場の設備は比較的新しかったため、すでに大部分は電化しており、石炭は主要な原動力ではなかった。しかし、冶金のときにはコークスを投入し[89]、基隆一帯はまだ石炭を発電源としていたため[90]、金鉱業の発展は台湾炭の内需量を拡大させたと言えるだろう。

おわりに

　台湾石炭鉱業の発展にとって、日中戦争勃発以降は転換期であった。具体的にいえば、これ以前の台湾の工業化は緩慢であり、このため石炭の需要も多いとは言えなかった。台湾総督府も石炭業はあまり厳しく統制せず、自給自足分のあまりを華南や東南アジア地域に販売して、「日本石炭業帝国」の不足を補うことを期待する程度だった。

　しかし、総動員期に入ってからは、日本は台湾軍需工業の萌芽と成長へ

のきわめて大きな期待を抱くようになり、石炭の内需も拡大することとなった。

　石炭の増産は容易に成功するものではない。このため、生産販売の調整が当局の大きな課題となり、日本帝国の経済統制体制の確立と同時に台湾石炭会社は石炭業統制という重責を負い、石炭を各産業にうまく分配した。

　また一方では、日本は台湾に工業塩・無水エタノール・アルミニウム・紙パルプ・金などの戦略物資の提供を強く求めたため、石炭の消費量を確実に増加させた。こうした物資の生産量は「生産力拡充計画」の定めた基準には達しなかったが、しかし依然として、宗主国に農産物だけでなく資源と原料も供給する植民地・台湾を象徴していたと言えよう。実際に1932～39年の日台交易を見てみると、日本に輸送される砂糖・米・樟脳の比率がしだいに下がったが（90％から78.9％まで）、エタノール・鉱物・紙類の割合は逆に明らかに上昇している[91]。つまり、日本帝国における台湾の食料供給源としての地位は戦前と比べて低くなったが、しだいに工業原料品の重要な供給地になっていったのである。

　それでは、戦時の石炭業統制体制が残した遺産は何であろうか？

　まず、戦争期間に急速な発展を遂げた新興工業が、戦後、国民政府資源委員会と台湾省生産事業管理委員会に接収され、新たに公営企業となったことが挙げられよう。次いで、戦時政府の企業に対する行政指導と監督は比較的厳格であったため、こうした企業は生き残りと発展を求め、政府に強く依存することを免れた。このような、しかし当時よりもさらに密接な官庁・企業関係は、戦後にもなお存在した。とりわけ戦時、国民政府が中国大陸で経済統制体制を実行し、台湾を接収してからも、相変わらず同じような政策を行っていた。石炭業については、「台湾省石炭調整委員会」の機能が、生産指導と需給調整であり、日本植民地期の役割が継続していたということができるだろう。

---

1)　財団法人東亜経済調査局編『本邦を中心とせる石炭需給』（東亜経済調査局、1933年）、13—14頁。この他には水力が25％、石油と亜炭が１％程度の割合であった。

2) 東洋経済新報社編、『昭和産業史』第1巻、（東洋経済新報社、1950年）、11—12頁。大石嘉一郎編『日本帝国主義史3　第二次大戦期』（東京大学出版会、1994年）、191頁。
3) 陳慈玉「戦時日本対東北煤業的統制」、『中華軍史会会刊』期3（1997年12月）、659—688頁。
4) 中村隆英『「計画化」と「民主化」』（岩波書店、1989年）、71—72頁。
5) 中村隆英『「計画化」と「民主化」』、73頁。大石嘉一郎編『日本帝国主義史3　第二次大戦期』、400頁。石原莞爾（1889—1949年）は陸軍中将、1937年9月に関東軍参謀副長に任じられた。日中戦争の不拡大を主張して東条英機と対立し失脚。
6) 原朗編『日本の戦時経済　計画と市場』（東京大学出版会、1995年）45—46頁。
7) 林銑十郎（1876—1943年）、陸軍大学校卒。日露戦争に従軍し、日本駐韓国軍司令部に奉職、1913年ドイツ留学後、英国駐在、1923年国際連盟の陸軍代表を務め、1927年陸大校長に就任し、教育総監部本部長・近衛師団長・朝鮮軍司令官を歴任する。1932年大将に昇任し、1934年に陸軍大臣となる。1937年、組閣後に財界人を起用したが、この内閣はわずか4か月しか維持できなかった。
8) 原朗編『日本の戦時経済　計画と市場』、46頁。
9) 中村隆英『「計画化」と「民主化」』、73頁。
10) 近衛文麿（1891—1945年）、京都帝国大学卒。貴族院議員に任じられ、1919年西園寺公望に同行してパリ和平会議に出席、1937年6月に第一次組閣。日中戦争勃発後、「国民政府を対手とせず」という声明を発表した。1939年に内閣総辞職し、枢密院議長に就任。1940年7月、日米交渉を打開するため、松岡洋右外相を更迭し、第三次内閣を組閣。10月に米国との妥協の自信を失って辞職した。太平洋戦争勃発後は下野していたが、1945年12月、戦犯に指名され、16日に服毒自殺した。
11) 賀屋興宣（1889—1977年）、東京帝大卒。大蔵省に入省、主計局長・理財局長、大蔵次官・蔵相・貴族院議員を歴任。1939年、北支那開発株式会社総裁に任ぜられ、1942年、東条英機内閣の蔵相にふたたび就任。1945年9月、A級戦犯に指名され無期懲役の判決を受ける。1958年に釈放され、衆議院議員に当選。池田勇人内閣の法相や自民党の外交調査会長・社会保障調査会長・政務調査会長等の職を歴任。日米安全保障条約・日中・日韓交渉などでタカ派の長老とされた。1972年に政界から引退した。
12) 原朗編『日本の戦時経済　計画と市場』、47頁。中村隆英『「計画化」と「民主化」』、73頁。

13) 平沼騏一郎（1867—1952年）、東京帝大卒。裁判官に任官し、東京控訴院部長・司法省民刑局長・司法次官・検事総長・大審院長・司法大臣等を歴任する。1942年に右翼結社・国本社を結成し、日本大学総長を兼任する。翌年、枢密院副議長に就任し、1936年には議長に昇進。1939年1月に組閣し、国家総動員体制と精神面での復古主義の強化を提唱した。同年8月、独ソ不可侵条約締結時に、このドイツの行為を防共協定に違反した「複雑怪奇」な行動だとして内閣総辞職した。1940年、第二次近衛内閣の国務大臣となり、太平洋戦争末期には降伏に断固として反対した。戦後、A級戦犯として無期懲役となったが、病気のため仮釈放された。
14) 原朗編『日本の戦時経済　計画と市場』、48頁。中村隆英『「計画化」と「民主化」』、78頁。
15) 中村隆英『「計画化」と「民主化」』、75—77頁。
16) 中村隆英『「計画化」と「民主化」』、13頁、80—81頁。
17) 中村隆英『「計画化」と「民主化」』、9—10頁。Ortrud Kerde,"The Ideological Background of the Japanese War Economy", in Erich Pauer (ed.), *Japan's War Economy* (London & N. Y. : Routledge, 1999), pp. 23—37.
18) 楠井隆三『戦時台湾経済論』（南方人文研究所、1944年）、85頁。
19) 小林が東京の拓務省での記者会見時に公表した。『台湾日日新報』、1939年5月20日参照。
20) 楠井前掲書、89頁。
21) 安井常義『生産力拡充と経済統制』（台湾商工会議所、1943年）、9—10頁。
22) 「台湾炭業組合」は1933年に設立された。採掘と石炭価格を維持し、台湾石炭業全体の競争力強化、鉱業の改善・促進、同業者の共同利益を図ることを目的とした。
23) 楠井前掲書、234頁。
24) 台湾経済年報刊行会編、『台湾経済年報』第1輯（国際日本協会、1941年）、229、491頁。
25) 「台湾石炭株式会社設立要綱」、『台湾経済年報』第1輯所収、230頁。
26) 「台湾石炭株式会社設立経過」、『台湾礦業会報』第203輯所収、（台湾礦業会、1941年4月30日）、106頁。
27) 前掲「台湾石炭株式会社設立経過」、106—107頁。
28) 台湾礦業会修志委員会『台湾礦業会志』（中華民国礦業協進会、1991年）、488頁。「台湾石炭株式会社の開業と定款及株主名簿」、『台湾礦業会報』第205号（1941年10月30日）、121頁。今川淵は東京帝大卒、1924年台湾総督府民生部に

奉職し、殖産局課長・台南州知事・台北州知事と専売局局長等を歴任。1939年の退職後に台湾南方協会理事、1941年に台湾石炭株式会社社長に任ぜられる。岩崎弘重は東京帝大卒業後、三菱商事会社と日本穀産工業総務部長を務める。久間佐蔵の履歴については不明。

29) 前掲「台湾石炭株式会社設立要綱」、230頁。前掲「台湾石炭株式会社の開業と定款及び株主名簿」、121―122頁。
30) 前掲「台湾石炭株式会社設立要綱」、230頁。前掲「台湾石炭株式会社の開業と定款及び株主名簿」、121頁。
31) 台湾銀行金融研究室編「台湾之煤」(台湾銀行、1950年)、29頁。周憲文『日拠時代台湾経済史』第2冊、(台湾銀行、1958年)、182頁。
32) 『台湾礦業会志』、488頁。
33) 『台湾経済年報』第1輯、228―229頁。
34) 楠井前掲書、232頁。「台湾経済統制法」、『台湾経済年報』第3輯(国際日本協会、1943年)、479―480頁。
35) 陳慈玉「日拠時期台湾煤礦業的発展」(『日拠時期台湾史国際学術研討会論文集』所収、国立台湾大学、1993年)、401頁。
36) 楠井前掲書、378頁。
37) 『台湾礦業会志』、492頁。
38) 『台湾之煤』、30頁。『台湾礦業史』下冊、1817頁。
39) 『台湾鉱業史』下冊、1817―1818頁。陳慈玉『台湾礦業史上的第一家族―基隆顏家之研究』(基隆市立文化中心、1999年)、109―110頁。
40) 『台湾経済年報』第1輯、226頁。
41) 『台湾経済年報』第1輯、228頁。
42) 大石嘉一郎前掲書、403頁。
43) 朝鮮総督府『施政三十年史』(朝鮮総督府、1940年)、544頁。
44) 台湾総督府専売局塩脳課「台湾工業塩田の拡張」(『部報』第18号所収、台湾総督府臨時情報部、1938年3月)、2頁。
45) 前掲「台湾工業塩田の拡張」、2頁。
46) 前掲「台湾工業塩田の拡張」、3―5頁。
47) 楠井前掲書、73頁。
48) 『南日本塩業株式会社事業計画書』、1941年11月5日、中央研究院近代史研究所所蔵財政部塩務档(以下、塩務档と略称)、編号S―03―11―(1)。『台湾におけるマグネシューム及び曹達、生産計画に関する件』、1939年3月2日、塩務档、編号S―03―13―(1)。

49) 前掲「台湾工業塩田の拡張」、5頁。
50) 楠井前掲書、111頁。
51) 楠井前掲書、201—209頁。
52) 楠井前掲書、133頁。
53) 『台湾経済年報』第3輯、3頁。
54) 『鐘淵曹達工業株式会社関係書類』、1944年、塩務档、編号S—03—12—（1）。
55) 畠中泰治『台湾専売事業年鑑』（台湾と海外社、1939年）、282頁。
56) 台湾総督府専売局『熱帯産業調査書』下（台湾総督府、1935年）、61—64頁。
57) 前掲『熱帯産業調査書』下、64—67頁。
58) 周憲文「日拠時代台湾之専売事業」（『台湾銀行季刊』9：1、台湾銀行、1947年）、19頁。
59) 島津秀太郎「塩積込四十年史」（台湾総督府塩脳課編『塩専売記念特輯』に所収。台湾総督府、1939年）、128頁。
60) 楊選堂『台湾之燃料資源』（台湾銀行、1951年）、50頁。
61) 牟田邦基「燃料問題と無水酒精竝其将来性」（『台湾経済叢書』(7)所収、台湾経済研究会、1939年）、30頁。原資料の単位は石なので、1石＝1.80391公石で換算。以下、同じ。
62) 前掲牟田邦基論文、30—43頁。
63) 前掲牟田邦基論文、31頁。
64) 伊藤重郎編『台湾製糖株式会社史』（台湾製糖株式会社東京出張所、1939年）、322—323頁。この工場では1938年から無水エタノールの製造を開始した。
65) 楊選堂前掲書、50頁。
66) 楊選堂前掲書、50—51頁。
67) 安井前掲書、5頁。
68) 牟田前掲書、34、59頁。顔東敏『有機溶剤発酵工業化学』（復文書局、1991年）、27頁。
69) 魏喦寿、茅秀生『台湾之発酵工業』（台湾銀行、1952年）、19、36頁。
70) 『台湾礦業史』下冊、2282—2283頁。日本植民地期の製糖業とアルコール工業の発展と変遷については、稿をあらためて論じたい。
71) 台湾経済年報刊行会『台湾経済年報』第2輯（国際日本協会、1942年、377—378頁）。
72) 金成前「台湾鋁業乃発展与世界鋁業之趨勢」『台湾文献』22：4（1971年12月）、91頁。『台湾経済年報』第2輯、182頁。
73) 大石前掲書、188頁。

74) 前掲『台湾経済年報』第2輯、206頁。
75) 葉振輝訳『半世紀前的高雄煉油廠与鋁業公司――史料選訳』、（高雄市文献委員会、1995年)、1頁。大石前掲書、189頁の表10。
76) 葉前掲書、24頁。同工場は1963年になって日本植民地期の最高生産量までやっと回復した。
77) 安井前掲書、1－6頁。
78) 台湾経済研究会調査部「本邦パルプ需給策に就て―主として台湾の使命―」『台湾経済叢書』(7)、69―70頁。
79) 前掲「本邦パルプ需給策に就て」、70―74頁。
80) 前掲「本邦パルプ需給策に就て」、76―78頁の表6～8。百分率は筆者の計算による。
81) 前掲「本邦パルプ需給策に就て」、79―86頁。
82) 前掲「本邦パルプ需給策に就て」、88頁。台湾の甘蔗カスで35万トンの紙パルプを製造できると推計している。
83) 高淑媛「植民地台湾における洋紙工業の成立―バガス製紙を中心として―」、『現代台湾研究』第18輯、105―114頁。前掲「本邦パルプ」、83頁。
84) 前掲高論文、115頁の表6。
85) 前掲「本邦パルプ」、90頁。
86) 陳慈玉前掲『台湾礦業史的第一家族』6―12頁。
87) 楠井前掲書、223頁。
88) 台湾銀行金融研究室編『台湾之金』(台湾銀行、1950年)、38―40頁、42―43頁。
89) 前掲『台湾礦業史』下冊、1061頁。
90) 楠井前掲書、180頁。
91) 前掲『台湾経済年報』第1輯、618―621頁。

後　記

　今年もまた、ゼミ生をはじめとする学生・院生諸君との別れの季節がやってきた。昨年（2008年）から深まる危機的状況の中に、社会人として教え子たちを送り出すことは、もの凄く不安である。『歴史の終わり』の時代は、確実に終焉の時を迎えた。この不安は同時に、わたくし自身の息子や娘を、近い将来において同様な環境へと旅立たせる、父親としての心境に通底するものであり、「若く新しい人々」に対して、いったい私たちの世代は何を助言することが出来るのかという、深刻な自問をも喚起する。

　学者という職業を選択した時、すでにその表面的無力は察知していたと思う。歴史学という、日常性からはかけ離れた分野を専門としているが故、政策的提言など、即効性がある仕事とは無縁である。学生たちが出会う様々な困難に対して、有効な提案ができているとも思えない。

　今回の編集作業を通じて、またしてもこうした限界を考えさせられた。特に、読書力低下が指摘される20代前半の諸君を相手に、果たしてこの本を利用した教育ができるのか否か？　あるいは、彼ら彼女らに、この本を理解させる指導ができるのか否か？　等々、考え込んだらあまり楽観的な見通しはみいだせない。読者諸氏も、恐らくは同じような悩みを抱えているのではないだろうか。

　しかし、わたくしたちは、やはり歴史家である。現実の中から問題を発見し、先人たちの研究史を振り返り、図書館や文書館の一隅において史料を求め読解するといった、煩雑な、しかも無限に循環・連鎖するが如き作業を抛棄することは、職業的良心から決して行うことはできない。

　現在の世界が表象的現象のみによって構成されているのではなく、人間が創り上げた無限の成果が堆積した基礎の上に成立していることを、若い人々に伝え続けなくてはならぬのだ。将来的には何回も書き換えられるであろう歴史に対して、自説の崩壊を覚悟しながらも、新たなる解釈を加え、他者との対話を継続していく営為の中に、即効性や効率性はともなわないけれども、現状認識と将来展望の土台が存在しているという事を、高等教

育を受ける機会を得た諸君に、どうにかして伝えねばならないと痛感している。少なくとも本書に収録された論文は、「中国とは何であるか？」、「世界とは何であるか？」、「人間とは何であるか？」といった大いなる問いかけに対する、歴史学といった回路を迂回した各執筆者による、真摯な中間報告であるといえるだろう。無論これは、最終報告ではなく、最終報告が提示できるのかどうか、正直なところ覚束ない。けれどもわたくしは、こうした「無駄」を大切にする姿勢を、教え子たちに理解して欲しいと願いながら、微力ながらも歩み続けて行こうと思う。

　本書の刊行にあたり、立命館大学社会システム研究所所長の岩田勝雄先生には、研究会活動や本書発行にあたる各種ご配慮など、多くの支援を賜った。

　また、「中国企業文化研究会」における成果を、『社会システム研究』や『立命館経済学』に随時寄稿して下さった方々、この活動と並行的に進められた2004年度〜2007年度科学研究費補助金［基盤研究Ｂ（1）］「中国企業経営の文化的土壌と技術移転」にご参加下さった、奥村哲（東京都立大学人文学部教授）、久保亨（信州大学人文学部教授）、萩原充（釧路公立大学経済学部教授）、富澤芳亜（島根大学教育学部准教授）、陳慈玉（中央研究院近代史研究所研究員）、李培徳（香港大学亜洲研究中心研究員）、陳計堯（東海大学歴史学系副教授）の各位には、心よりお礼の言葉を申し上げたい。この期間、わたくしが立命館大学経済学部学生主事、副学部長という日用の糧をえるための世俗的仕事に精励しなければならなかった結果、メンバーの方々にはご迷惑ばかりをおかけしてしまった。債務超過がいつになれば解決できるのか、未だはっきりとした見通しすら立たない段階であるが、本書をもって負債返還の第一歩として行きたい。

　編集作業の最終段階において、編者に予期せぬ体調の変化が発生し、仕事を遅延させてしまった。早い段階から原稿をお寄せいただいた執筆者各位、立命館大学研究部各位のご海容を乞う次第である。とりわけ本書出版に係る業務を一手に担当して下さった人文社会リサーチ・オフィスＢＫＣ分室の山本祐子さん、プロジェクト研究期間中の実務を担当して下さった柏淳子さん、そして本書製作業務全般に対してたいへん丁寧な仕事をして下さった、ゆまに書房編集部の吉田えり子さんは、煩雑なことがらを編者

にかわって手際よく解決して下さり、本当にうれしい思いをさせていただいた。特に記してお礼を申し上げたい。
　4月にはまた、新しい学生や院生との出会いが待っている。その恵みに感謝しつつ、後記を擱筆したいと思う。

　　2009年3月11日

　　　　　　　　　　　　　　　　　　　　　　　　　　　　　　金丸　裕一

主要人名索引

あ行

愛新覚羅奕劻	22, 23
青木節	254
秋根昌美	257
朝倉盛明	100
油谷恭一	255
新井福三	101
アンデルセン	160
安東貞美	272
安藤久七	256
安藤実	89, 114
飯田旗郎	279, 281
郁達夫	159
石川文吾	279
石川芳次郎	251
石原莞爾	308
泉直次郎	96
今川淵	313
岩崎弘重	313
岩崎彌之助	99, 100, 101
上野深源	255
栄宗敬	147
袁世振	65, 72
袁昶	33
王禹卿	227
王雲五	162
王栄和	14
王学農	254
王新命	158
王靖	158
王文韶	34
王本朝	157
汪孟鄒	161
近江時五郎	313
大川平三郎	332
大木喬任	279
大島高任	100
大島道太郎	99, 100, 101, 107
大塚専一	94, 95, 98, 99
オールコック	15
岡本隆司	52
織田萬	53, 68, 70
小田切万寿之助	116

か行

夏丏尊	167
華潤泉	139
賀長齢	72
カールラーブ	109
黄延芳	227
郭順	227
郭嵩燾	36, 39
郭沫若	158, 159, 161, 162
角田芳太郎	173, 181, 182
加藤恭平	313
加藤繁	53, 54, 61, 63, 64, 68, 69, 70, 71, 72, 73, 74, 75, 76, 77, 78, 81, 82, 84
加藤為吉	192
加藤恒雄	256
狩野直喜	70
神谷春雄	313
賀屋興宣	309
川島卯小郎	179
河田公明	288
川村金太郎	256
菅和彦	90
管仲	77, 81
顔雲年	333
顔欽賢	313
魏源	52, 72
ギールス (Nikolai K. von Giers)	18
岸俊次郎	261
岸川忠嘉	298
久間佐蔵	313
許世英	225
龔照瑗	35
虞洽卿	214, 215, 219, 225, 226, 227, 228, 229, 230, 231, 233, 234, 236, 237, 238, 239, 240
隈本繁吉	272, 273
桑原知良	255
景学鈴	53, 54, 55, 56, 58, 59, 60, 65,

	69, 70, 71, 81, 83		16, 19
奚玉書	227	施蟄存	163, 164, 165
慶郡王奕劻→愛新覚羅奕劻		司馬遷	77, 78, 81
胡風	167	柴田善雅	248
顧炎武	58, 59	清水憲一	90
顧成天	58	清水實隆	100
呉調卿	191	下村宏	272
呉朗西	166, 167	朱達	64
江一平	234	朱宝峰	195
孔僅	79, 80	周文林	194
黄遵憲	18, 21, 25, 26, 28, 31, 32, 34	徐春榮	255
曠新年	157	徐懋庸	167
洪雪帆	162	徐用儀	22, 33, 34, 39
孝宗(明)	64	蒋介石	215, 263
香村小録	95	聶耳	265
古賀経五	255	章錫珊	162
小玉金次郎	182	升泰	34
近衛文麿	309	沈雨亭	196
小畑寅吉	181	沈松泉	160, 161, 162, 163, 164
小畑又十郎	181	鄒韜奮	167
小林運重	106, 107, 113	鈴木梅三郎	332
小林栄居	176	鈴木敏	98, 99, 100, 103
小林躋造	312	鈴木孫彦	275, 288
コワニー	100	スタッペン, ジュリアン・ファン	280
		須藤清	254
さ行		盛恩頤	255
左樹珍	53, 54, 56, 57, 58, 59, 60, 61, 64, 65, 66, 69, 70, 71, 72, 74, 75, 76, 77, 78, 80, 81, 82	盛宣懐	115, 116
		関一	279
		薛福成	12, 13, 14, 15, 16, 17, 18, 19, 20, 21, 22, 23, 24, 25, 26, 28, 29, 30, 31, 33, 34, 35, 36, 37, 38, 39, 40
左秉隆	18, 21, 23, 25, 26, 28, 30, 31, 32, 35		
蔡元培	166	曾紀沢	15, 18, 19, 33, 36
西郷仙太郎	256	曾仰豊	54, 61, 62, 63, 64, 69, 72, 73, 74, 75, 76, 83
西條八十	263		
斎藤良衛	298	孫毓汶	22, 33
佐伯富	58, 76, 80, 83, 84	孫晶	166
坂田国助	294		
佐藤昌一郎	89, 90, 114, 115	**た行**	
澤田敏一	256	第五琦	71
澤田又一	173, 183	高岡慎吉	255
沢田実	248	高世哲	257
サンダーソン(Thomas H.Sanderson) 14,			

高橋敏一郎	255	西和田久学	98, 103
高山勝行	96	二宮辰太郎	255
竹清富三郎	97	任貴祥	235
竹松貞一	174	根岸佶	237, 238, 240
巽良知	253	野田傳吉	257
田中長兵衛	113	野村久一	183
田端幸三郎	313	野呂影義	92, 100
張蔭恒	33, 36		
張謇	53, 54, 55, 59	**は行**	
張元済	166	巴金	166, 167
張之洞	14, 15, 36, 115	ハート, ロバート (Robert Hart)	29, 30
張静廬	158, 159, 160, 161, 162, 163, 164, 165, 167	萩原鉄蔵	332
		長谷川一夫	265
趙南公	159, 160, 161, 167	長谷川清	325
陳思和	166, 167	長谷川正直	257
陳来幸	215	服部漸	100
辻秀男	251	服部良一	265
丁汝昌	14, 15, 24	濱政弘	96
鄭振鐸	158	林銑十郎	309
テーラー (Frederic Tayylor)	147	原田宗助	92
デーン, リチャード	55, 56, 66	原田貞之介	279
寺井謹治	256	日浅不加之	291, 298
田漢	265	平沼騏一郎	310
田秋野	80	広瀬辰之助	313
杜衡	163	傳筱庵	230
陶澍	58	福海茂次郎	276
湯澄波	254	藤井忠一	252
東郭咸陽	79, 80	藤井宏	53, 54, 60, 61, 62, 63, 64, 66, 75, 80, 82, 83, 84
豊田勝蔵	294		
トローネ, S (S. Trone)	331	藤田三郎	255
		藤村道生	89
な行		藤山勝彦	313
内藤政共	92	藤山政孝	256
中澤達也	256	武帝 (前漢)	58, 75, 77, 78, 81, 82
永富雄吉	279	古市公威	105, 109
中山八郎	53, 54, 61, 62, 64, 66, 68, 69, 71, 72, 73, 74, 75, 76, 77	古城良知	255
		ブルデュー, ピエール	157
奈倉文二	114	ブロックホイス, E. J.	280, 282
鍋島卯八	258, 259	文公 (晋)	78
西川純	313	帆足寛	256
西川光	247, 258	方東亮	162
西原直一	257	外間政恒	257

穆藕初　　　　　147
ホプキンス, P. S.　259
堀十郎　　　　　192
堀江勝巳　　　　254

ま行

前田市治　　　　256
マカートニー, ハリディ (Halliday Macartuney)　14, 16, 17, 19, 23
松方正義　　　　99, 101
松前治廣　　　　255
的場中　　　　　100
マリシャル, アルチュール　280, 282
宮川竹馬　　　　258
宮崎貞之　　　　196
宮崎世民　　　　255
宮地貫道　　　　176
三輪為一　　　　257
迎由理男　　　　89, 116
メッガー, T (Metzger, T・A)　83
牟田邦基　　　　328
村上忠吉　　　　95, 96, 101
村瀬春雄　　　　279
茂木鋼之　　　　113
モーロア, アンドレ　288

や行

柳生一義　　　　294
谷田部愛　　　　192
山口正吾　　　　291, 298
山口勝　　　　　313
山田源右衛門　　192
山田健二　　　　255
山田闌一　　　　313
山田信道　　　　96
山田政次　　　　313
山中勇　　　　　279
山本幸雄　　　　256
俞徳淵　　　　　62
余璃　　　　　　14
葉淇　　　　　　62
葉聖陶　　　　　167

姚文棟　　　　　34
横山富吉　　　　275, 288
吉岡四郎　　　　255
芳川顕正　　　　105
吉田武夫　　　　174
米沢秀夫　　　　177, 180, 183
萬木章士　　　　256

ら行

李鴻章　　　　　13, 14, 18, 29, 30, 36
李香蘭　　　　　265
李志雲　　　　　162
李松雲　　　　　191
李小峰　　　　　167
李雯　　　　　　58
陸費逵　　　　　167
劉晏　　　　　　54, 58, 59, 65, 71, 81, 82
劉雋　　　　　　76, 83
劉鴻生　　　　　130, 131, 132, 137, 139, 142, 147, 233, 234
劉吶鴎　　　　　165
廖寿恒　　　　　22
林廬　　　　　　195
黎庶昌　　　　　33
レートン, ウィリアム　279
魯迅　　　　　　167
魯保　　　　　　64
廬芳　　　　　　161, 162, 163
ローズベリー (Rosebery)　34

わ行

和田維四郎　　　93, 94, 100, 101, 106, 107, 108, 113, 115, 117, 118
和田正彦　　　　313
渡辺淳　　　　　52, 53, 57, 58, 65, 84
ワルシャム　　　16, 21, 22, 23, 24, 25, 26, 27, 28, 29, 33

編者・執筆者・訳者紹介

編者

金丸　裕一（かねまる・ゆういち）
1962年横浜生まれ。早稲田大学第一文学部東洋史学専攻卒業、東京都立大学大学院人文科学研究科史学専攻博士課程単位取得退学。現在、立命館大学経済学部教授、（財）東洋文庫研究員。この間、中央研究院近代史研究所訪問学人、国立政治大学歴史学系兼任副教授なども務める。専攻、中国政治経済史・日中関係史。
〔主要著書〕（共著）本庄比佐子など編『興亜院と戦時中国調査』岩波書店、2002年、（共著）本庄比佐子編『日本の青島占領と山東の社会経済』財団法人東洋文庫、2006年。
〔翻訳〕（共訳）王樹槐『上海電力産業史の研究』ゆまに書房、2009年。
E-mail: kanemaru@ec.ritsumei.ac.jp

執筆者 （掲載順）

青山　治世（あおやま・はるとし）
1976年生まれ。愛知学院大学大学院文学研究科博士課程修了。博士（文学）。現在、愛知学院大学人間文化研究所嘱託研究員。
〔主要論文〕「清朝政府による「南洋」華人の保護と西洋諸国との摩擦——1886年の「南洋」調査団の派遣交渉を中心に——」（『東アジア近代史』第6号、2003年）、「清末における「南洋」領事増設論議——清仏戦争後の議論を中心に——」（『歴史学研究』第800号、2005年）、「在外領事像の模索——領事派遣開始前後の設置論——」（岡本隆司・川島真編『中国近代外交の胎動』東京大学出版会、2009年）。

山腰　敏寛（やまごし・としひろ）
1960年生まれ。鳴門教育大学大学院学校教育研究科修了（教育学修士）。現在、徳島県立城北高等学校教諭、立命館大学社会システム研究所客員研究員。
〔主要著書〕『中国歴史公文書読解辞典』（汲古書院、2004年）。
〔主要論文〕Introduction to vol. 10 of *Critical Readings on Japan, 1906-1948: ountering Japan's Agenda in East Asia, Series 1*.2008.「原敬の山東半島還付構想」（『立命館経済学』第57巻第4号、2009年）。

長島　修（ながしま・おさむ）
1947年生まれ。京都大学大学院経済学研究科博士課程修了。経済学博士（京都大学）。現在、立命館大学経営学部教授。
〔主要著書〕『日本戦時鉄鋼統制成立史』（法律文化社、1986年）。『戦前日本鉄鋼業の構造分析』

(ミネルヴァ書房、1987年)。『日本戦時企業論序説―日本鋼管の場合』(日本経済評論社、2000年)。『日本経済の新段階―情報技術革命とグローバリゼーション』(法律文化社、2002年)。

陳　計尭 (Kai Yiu Chan)

1968年生まれ。オックスフォード大学現代史学院博士。現在、東海大学歴史学系副教授。
〔主要論著〕"A turning in China's comprador system: KMA's changing marketing structure in the Lower Yangzi region, 1912 -1925", in *Business History* (a SSCI journal), Vol.43, No.2 (April 2001). *Business Expansion and Structural Change in Pre-war China: Liu Hongsheng and His Enterprises, 1920-1937* (Hong Kong, Hong Kong University Press, 2006). "Transformation of the Grain Market in Modern Shanghai: A Comparative Study of the Rice and Flour Trade, 1900-1936", *East Asian Economic Review* (東アジア經濟研究：京都大學大學院經濟學研究科附屬上海センター研究年報) (Shanghai Center for Economic Research, Graduate School of Economics, Kyoto University), Vol.1, 2006 (March 2007).

絹川　浩敏 (きぬかわ・ひろとし)

1961年生まれ。関西大学大学院文学研究科博士課程単位取得退学。現在、立命館大学経営学部准教授。
〔主要論文〕「中国人留日学生の文学運動」(『季刊中国』1997年夏季、1997年)。
〔主要著書〕共著『図説・中国20世紀文学』(白帝社、1995年)、共著『中国二〇世紀文学を学ぶ人のために』(世界思想社、2003年)。

許　金生 (Xu Jinsheng)

1962年生まれ。復旦大学歴史学碩士、博士 (経済学) 立命館大学。現在、復旦大学国際文化交流学院副教授。
〔主要論著〕「一・二八事変后日本在上海雑工業発展述評」(『近代中国』第13輯、上海社会科学院、2003年)、「上海近代工業発展史上における日系雑工業の位置と役割をめぐって」(『立命館経済学』第54巻第3号、2005年)、『近代上海日資工業史：1884―1937』(学林出版社、2009年)。

吉田　建一郎 (よしだ・たていちろう)

1976年生まれ。慶應義塾大学大学院文学研究科史学専攻博士課程修了。博士 (史学)。現在、日本学術振興会特別研究員 (PD)、立命館大学社会システム研究所客員研究員。
〔主要論文〕「戦間期中国における鶏卵・鶏卵加工品輸出と養鶏業」(『東洋学報』第86巻第4号、2005年)、「占領期前後における山東タマゴの対外輸出」(本庄比佐子編『日本の青島占領と山東の社会経済　1914―22年』財団法人東洋文庫、2006年)。
〔主要著書〕中国企業史研究会編 (共著)『中国企業史研究の成果と課題』(汲古書院、2007年)。

今井　就稔（いまい・なるみ）
1977年生まれ。現在、一橋大学大学院社会学研究科博士課程在籍中。
〔主要論文〕「戦時上海における敵産処理の変遷過程と日中綿業資本」（高綱博文編『戦時上海：1937〜45年』研文出版、2005年）、「日中戦争後期の上海における中国資本家の対日『合作』事業——棉花の買付けを事例として」（『史学雑誌』第115巻第6号、2006年）、「抗戦初期重慶国民政府の経済政策と上海租界——禁運資敵物品運滙審核辦法の成立過程」（『東洋学報』第90巻第3号、2008年）。

横井　香織（よこい・かおり）
1959年生まれ。兵庫教育大学大学院修士課程修了。現在、立命館大学社会システム研究所客員研究員。
〔主要論文〕「旧制高等商業学校学生が見たアジア」（『社会システム研究』第15号、2007年）、「日本統治期の台湾におけるアジア調査」（『東アジア近代史』第11号、2008年)、「井上雅二と南洋協会の南進要員育成事業」『社会システム研究』第16号、2008年）。

陳　慈玉（CHEN Tsu-yu）
1948年生まれ。東京大学大学院人文科学研究科博士課程修了。文学博士。現在、中央研究院近代史研究所研究員。
〔主要著書〕『台湾礦業史上的第一家族—基隆顔家研究』（基隆市立文化中心、1999年)、『日本在華煤業投資四十年』（稲郷出版社、2004年)、『生津解渇—中国茶葉的全球化』（三民書局、2008年）。

翻訳者
楊　秋麗（Yang Qiuli）
立命館大学経営学部兼任講師。

楊　素霞（Su-Hsia Yang）
南台科技大学応用日語系助理教授。

星野　多佳子（ほしの・たかこ）
立命館大学社会システム研究所客員研究員。

立命館大学社会システム研究所叢書 1
近代中国と企業・文化・国家

2009年3月19日　印刷
2009年3月31日　発行

編　集　　金丸裕一(かねまるゆういち)
発行者　　荒井秀夫
発行所　　株式会社　ゆまに書房
　　　　　〒101-0047　東京都千代田区内神田2-7-6
　　　　　TEL. 03-5296-0491　FAX. 03-5296-0493
組　版　　有限会社　ぷりんてぃあ第二
印　刷　　株式会社　平河工業社
製　本　　東和製本株式会社

ISBN978-4-8433-3170-5　C3022
定価：本体6,500円＋税
落丁・乱丁本はお取り替えいたします。